珍藏本
纪念版

汉译世界学术名著丛书

努尔人

——对一个尼罗特人群生活方式和政治制度的描述

（修订译本）

〔英〕E.E.埃文思-普里查德 著

褚建芳 译

2017年·北京

E. E. Evans-Pritchard
THE NUER
A Description of the Modes of Livelihood and Political Institutions of a Nilotic People
First Edition was originally published in English in 1940.
This translation is published by arrangement with Oxford University Press.
本译本根据牛津大学出版社 1969 年本译出。

汉译世界学术名著丛书
（120年纪念版·珍藏本）
出版说明

2017年2月11日，商务印书馆迎来120岁的生日。120年前，商务印书馆前贤怀揣文化救国的理想，抱持"昌明教育，开启民智"的使命，立足本土，放眼寰宇，以出版为津梁，沟通中西，为中国、为世界提供最富智慧的思想文化成果。无论世事白云苍狗，潮流左右激荡，甚至战火硝烟弥漫，始终践行学术报国之志，无改初心。

迻译世界各国学术名著，即其一端。早在20世纪初年便出版《原富》《天演论》等影响至今的代表性著作，1950年代后更致力于外国哲学和社会科学经典的译介，及至1980年代，辑为"汉译世界学术名著丛书"，汇涓为流，蔚为大观。丛书自1981年开始出版，历时三十余年，迄今已推出七百种，是我国现代出版史上规模最大、最为重要的学术翻译工程。

丛书所选之书，立场观点不囿于一派，学科领域不限于一门，皆为文明开启以来，各时代、各国家、各民族的思想与文化精粹，代表着人类已经到达过的精神境界。丛书系统译介世界学术经典，引领时代思想，为本土原创学术的发展提供丰富的文化滋养，为推动中国现代学术和现代化进程做出了突出的贡献。

为纪念商务印书馆成立120周年，我们整体推出“汉译世界学术名著丛书”120年纪念版的珍藏本，寄望既利于文化积累，又便于研读查考，同时向长期支持丛书出版的译者、编者和读者致以敬意。

两甲子后的今天，商务印书馆又站在了一个新的历史时间节点上。我们不仅要铭记先辈的身影和足迹，更须让我们的步伐充满新的时代精神。这是商务人代代相传的事业，更是与国家和民族的命运始终紧密相连的事业。我们责无旁贷，必须做好我们这代人的传承与创造，让我们的努力和成果不仅凝聚成民族文化的记忆，还能成为后来人可以接续的事业。唯此，才能不负前贤，无愧来者。

商务印书馆编辑部

2017年10月

分与合的政治变奏曲(代译序)

赵旭东[1]

《努尔人——对一个尼罗特人群生活方式和政治制度的描述》一书为英国人类学家埃文思-普里查德(1902—1973)的成名之作[2],此书最初是在牛津大学出版社出版,牛津大学是他教书和从事研究的地方,而人类学的"牛津学派"也是因这位人类学家的名字而受人瞩目的。这本书自1940年出版,迄今已经过去七十多年了,但牛津大学出版社仍旧在不断地再版重印,足见其影响之大。这种影响当然不仅是在社会人类学这个学科之内,它还超出了这个学科而影响到了政治学乃至一般社会科学的研究领域。

在英国传统的结构功能论人类学中,埃文思-普里查德总是以一位叛逆者的身份出现。他虽是马林诺夫斯基的学生,却经常讥讽其老师一派的理论,而私淑于法国年鉴派的社会学传统。1935年,他在牛津大学初识有着结构功能论人类学鼻祖之称的拉德克里夫-布朗(Alfred Radcliffe-Brown),从此便转向了法国学派的理

① 中国人民大学人类学研究所所长、教授,博士生导师。

② E. E. Evans-Pritchard,1940,*The Nuer:A Description of the Modes of Livelihood and Political Institutions of a Nilotic People*. Oxford:Oxford University Press.

论表述。1940年，他曾与另外一位牛津大学的人类学家福蒂斯(Meyer Fortes)共同编辑了一部政治人类学的开创性著作《非洲的政治体系》，此书便是由拉德克里夫-布朗专门写的导言，也为英国的政治人类学的风格定了调子。而在《努尔人》一书中，埃文思-普里查德对裂变制世系群的经典描述背后，实际影射出来的显然是法国社会学家涂尔干《社会分工论》一书的影子，这本法国社会学派的经典之作1893年出了法文版，1933年有了英文版。

关于他所关切的苏丹南部的努尔人，埃文思-普里查德一生为此专门写过三本书，其中最为著名的当然就是《努尔人》这部书了，其余两部都在20世纪50年代出版，分别为《努尔人的亲属制度与婚姻》(1951)以及《努尔人的宗教》(1956)。

一

在《努尔人》这部人类学经典著作中，埃文思-普里查德所要集中讨论的是在一个没有中央权力的社会中，秩序如何产生和维持？这是那个时代的社会科学家所共同关心的一个核心问题，不单单只有人类学家才会关心。埃文思-普里查德造访的努尔人部落，当时属于英国的殖民地苏丹的一部分，当时，努尔人反抗英国殖民统治的斗争刚刚结束。英国殖民者对于殖民地的惯常的统治方式是，维护当地的权威结构不加干预，实行间接统治。

正是这样的殖民政策，使研究当地人的政治制度显得特别必要和有现实的意义。对于苏丹境内的努尔人来说，情况更是如此。1885年，穆罕默德·艾哈迈德(Muhammad Ahmed,1844—1885)

领导的一次起义,攻占了苏丹首府喀土穆(Khartoum),英国著名的戈登将军(General Charles "Chinese" Gordon,1833—1885)亦在此役中毙命,而艾哈迈德的部下坚守这座城池达 13 年之久。这是一块充满当地人和殖民者矛盾的土地,这个时候人类学家出现了,他们怀揣着殖民政府的资助,声称可以为政府顺利统治出谋划策。他们确实不同于其他的对于当地人狂乱掠夺的学问家,而是以谦卑之心,处处为当地人争得应有的权利,但是不可否认,他们从来没有怀疑过殖民统治者自身统治的合法性。

同样,在当时的英-埃苏丹政府的资金资助之下,埃文思-普里查德对尼罗河畔的这个被称之为"努尔人"的人群进行了一项长期并极为详尽的人类学研究。他那时的身份是莱沃霍姆研究所的一名研究人员,同时获得了这个研究所的奖助去从事他的实地研究。就像当年的马林诺夫斯基和拉德克里夫-布朗受到了塞利格曼(C. G. Seligman)夫妇各方面的资助一样,埃文思-普里查德似乎也不例外,在其序言中,他除了叙述自己与他们有着 15 年的交情之外,还没有忘记提到他们对于他写作这本书的实际帮助和鼓励。显然,塞利格曼夫妇在英国的人类学界属于当之无愧的先驱,即便是在非洲的研究上也不例外,他们对靠近努尔人的施鲁克人(Shilluk)和丁卡人(Dinka)社会的研究成果,显然是这个领域最为基础的读物之一,埃文思-普里查德自然也是其读者之一。[①]

① E. E. Evans-Pritchard,1940,*The Nuer*, p. vii.

埃文思-普里查德称“努尔人”为一个“勇敢而彬彬有礼的民族”①,这并非是一位英国绅士的客套之语,而是那种丰厚的对于这个人民的描写,已经使得他油然而生出此敬语。而在这套民族志的描述背后,一个理论家的名字不能不提,那就是1935年秋天,曾经来过中国,并在燕京大学停留讲学两月之久的英国结构功能论人类学家拉德克里夫-布朗。如上所述,他与埃文思-普里查德也是在那一年认识的,在那之后,拉德克里夫-布朗只身来到中国,那时执掌燕京大学社会学系的吴文藻教授对此有这样一段记述,颇值得引述:

> 一九三五年秋,英国著名社会人类学家拉得克里夫-布朗 Alfred Radcliffe-Brown 教授,(以下缩写,简称“布朗氏”,)应燕京大学社会学系之聘,来华讲学,鄙人与之终日相处,先后凡两阅月。谈论辩难之间,大恨相见之晚。②

中国的社会学界在那样早的时间里,就把这位极为了不起的英国学者请到了中国,不论是像吴先生这样已经功成名就的学者,还是像林耀华、李有义等这样当时崭露头角的学生,大家都济济一堂,聆听这位来自英国的真正大师级的人类学家的教诲,这种情形要想重新复制,在今天已经是很难的事情了。

---

① E. E. Evans-Pritchard, 1940, *The Nuer*, p. viii.

② 吴文藻,1936,“布朗教授的思想背景与其在学术上的贡献”,《社会学界》,第九卷,第1页。

二

埃文思-普里查德从不否认,自己的理论思想的来源之一就是拉德克里夫-布朗;当然,还有另外一个人,那就是塞利格曼教授本人了。正像埃文思-普里查德的序言中专门提及的塞利格曼教授独具慧眼,注意到了他在书中所使用的“园艺”(horticulture)一词而非“农业”(agriculture)的妙处,这一点恰是人类学家的视角才能达致的一种自信,现实的场景无法让一位有着自己思考的人类学家,那么轻易地去接受书斋里的学者为田野的生活随意贴上去的那些带有想象性的各类标签。[①]

《努尔人》这本书可以看成是社会人类学的田野民族志的写作方法外加上英国独特的结构功能论的分析视角的一部集大成之作,不仅文字洗练,且内容极为紧凑,颇似一位驾轻就熟的民族志学者在返回书房之后的沉思之作,此非一般的罗列田野资料的冗长民族志的描述所能真正比拟。我们从这本书的阅读中,不仅了解了那个被称为“努尔人”的族群,而且,还从这种描述中切身体会到了一种人类学的社会结构分析手法独特的魅力所在,它使得人类学的知识积累由此而真正成为了一种可能。

此书细分为六章,就民族志而言,属于专项的民族志,专门集中于社会组织与政治生活的考察,但其所有讨论又绝非就政治而政治,就社会组织而社会组织,背后不断在追问一个社会中其秩序

① E. E. Evans-Pritchard, 1940, *The Nuer*, p. viii.

的基础究竟在哪里？他在暗暗地与霍布斯这位英国现代社会的启示者进行对话，试图以此去说明一种自发形成的秩序其运行的妙不可言。那秩序是深藏于人们的生计（livelihood）之中的。努尔人对于牛的兴趣，显然是其部族生活中极为表面的特征，但恰恰是这表面的特征，作为引子，使得政治秩序的出现成为一种可能，人们的生活实际上是在依靠牛这种动物的生活节奏来进行安排，靠牛的交换来扩大相互的社会连带，也靠牛的赔偿来结束一场争斗，如此便构成了此书第一章的内容，即“对牛的兴趣”。要知道这牛是生态环境中的牛，是逐水草而居的牛，努尔人的生活也因而是追随牛的足迹、在干与湿这两季中间做着一种周期性的摆动。这可能才是人类学家眼中的生态，也是该书第二章所要叙述的核心内容所在。这个生态同时还是具体时间和空间下的生态，是人生活在其中切身感受到的一种时间和空间，它们依旧是由人来加以区分的。这个讨论构成了该书第三章的内容。而后面接下来的三章构成本书中最为重要的讨论，那就是社会组织之中的政治生活。不同于我们很多人所熟悉的在国家这个“利维坦”巨灵约制之下的现代国家，那里的政治体系是一种不受高高在上的外在力量约束的一种体制，埃文思-普里查德将其称为裂变制。这种裂变制又恰恰是建立在一种“世系群体系”（lineage system）的分分合合的动态平衡的基础之上，这些便构成了努尔人社会与政治生活的独特性，这种独特性让我们有机会反省我们的制度存在的非原初性和非唯一性。

这个位于非洲中东部的族群开始与西方人的接触并未早于19世纪中叶，那时，西方的殖民者不仅与当地人的接触“是无足轻重的”,而且留下的文字记述,也正像埃文思-普里查德所指出的那样,印象是“表面的,甚至有时是失真的”。[①] 而后来白人的有关这个地区的报道也都为埃文思-普里查德所专门提及。尽管之前已经有了一些从不同的角度提供的极为有价值的民族志材料,但显然到他去做实地田野研究的时候,这些资料也仅仅局限在一种民族学的材料意义上,对于努尔人的社会生活显然是缺少关注的。埃文思-普里查德恰恰是在这个方面开始了他的独立的人类学探索,并且把政治制度的考察放在了首位,而把努尔人的家庭生活放在了后续描述的位置上,并在后来的一本远不如《努尔人》出名的有关努尔人的婚姻与亲属制度的《努尔人的亲属制度与婚姻》一书中做了比较详细的阐述。而《努尔人》一书的核心,恰如作者自己所说,“描述的是一个尼罗特人群获得其生活的方式及其政治制度”。[②]

三

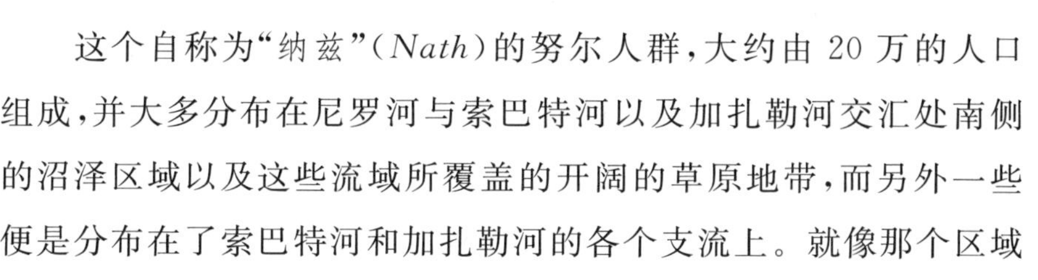

这个自称为“纳兹”(*Nath*)的努尔人群,大约由 20 万的人口组成,并大多分布在尼罗河与索巴特河以及加扎勒河交汇处南侧的沼泽区域以及这些流域所覆盖的开阔的草原地带,而另外一些便是分布在了索巴特河和加扎勒河的各个支流上。就像那个区域的其他非洲部族人的体貌特征一样,他们身体颀长、头颅较窄,与

① E. E. Evans-Pritchard,1940,*The Nuer*,p. 1.

② 同上书,第 3 页。

邻近的丁卡人极为近似，更为重要的是他们文化上的接近，二者共同属于东非文化区，并一起构成了尼罗特人的一个分支，以施鲁克人为代表的说施鲁克语的一些支系，诸如洛人（Luo）、阿努阿克人（Anuak）、兰果人（Lango）等，构成了与努尔人相对的另外一支。[①]分化也便由此而展开，并贯穿全书的始终。

在东非的文化类型中，我们首先看到了向下延伸出去的一种分化与对立，即第一级的尼罗河-含米特人（Nilo-Hamites）与尼罗特人（Nilotes）之间的分化和对立，第二级是尼罗特人中的施鲁克-洛人群（Shilluk-Luo group）与努尔-丁卡人群（Nuer-Dinka group）之间的分化和对立，第三级的努尔-丁卡人群中的努尔人与丁卡人之间的分化和对立。这是在一种共同性之下的差异性分化，比如努尔人在很多地方都具有相似性，从体质、语言到风俗，让人无法怀疑他们有着一种共同的起源。至于他们的分化与对立，却又实实在在地存在，但人们并不知其从何起源。但对于这个尼罗河区域的人群来说，这种分化和对立又恰恰是其政治体系的重要基础。但正像埃文思-普里查德所专门强调的，努尔人的政治制度是与其生态环境纠缠在一起的，二者之间存在某种契合性。[②]

而此种政治与生态的纠缠又是由人来连接起来的。人群的分化与整合，不仅是生态的结果，还是政治制度的根源。人群的范围有大有小，它可以被称为部落，部落又会分化成为裂变支（segments），还可以称此为氏族，氏族又有其世系群（lineages）以及年

① E. E. Evans-Pritchard, 1940, *The Nuer*, p. 3.

② 同上书，第4页。

龄组（age-sets）。这样的分分合合的形态构成了埃文思-普里查德对努尔人政治生活的基本理解，他将其视为一种裂变制（a segmentary system）。而这种裂变制的核心就在于，对于每一个裂变支中的群体而言，它内部成员的身份和地位相对于外人而言具有一种不分化的同质性。[①] 这是埃文思-普里查德讨论努尔人的政治制度的核心，也是他最具代表性的发现之一。

分化是讨论政治制度的基础。努尔人的社会与我们的社会一样，人构成了政治生活的核心。但这种政治绝不是我们今天大多数人追求的所谓民主政治，而是一种地缘政治。人们依随自己所居住的地方的不同而天然地形成了一种我们与他们之间的分化。努尔人和丁卡人又不同于有着自身中心化政治权力的施鲁克人，如果后者被称为民族（nation）的话，那么努尔人和丁卡人的群体就要被称为部落了。他们的人群被区分成了诸多的部落，这些部落之间并没有共同的组织或者说中心化的行政（central administration），在政治上，这些部落只能属于一种松散的联邦的形式。[②] 而所谓的政治，恰恰又是指在这些地域上分散开来居住的大大小小的部落之间的你来我往、分分合合以及明争暗斗。

而能够形成这样一种政治格局的基础恰恰在于，努尔人的社会不仅有一种地方性的社区共同体的认同，而且还有一种超越地方社区的联合起来一致对外的责任意识。由此便形成了一种以社区认同为基础的裂变分支的等级。最初一级的裂变支（primary

① E. E. Evans-Pritchard, 1940, *The Nuer*, p. 4.

② 同上书，第 5 页。

sections)涵盖的是最大范围的部落群体,因此所占据的地域范围也是最为广阔的。接下来还会有次一级部落裂变分支(secondary sections),它相比初级的裂变支,不论在涵盖的人数上还是占据的地域范围上,都小了许多。接着还会有更小范围的,几乎是类似村落一级的裂变支,即第三级裂变支(tertiary sections),它由许多小村落组成,并成为努尔人的社会中最小的政治单元。在这个政治的单元里,核心变成村庄,它由家户群体所组成。[①]

四

在努尔人的社会中,实际并没有一个由上而下进行统治的所谓政府的存在。在一种近乎是有秩序的无政府状态(an ordered anarchy)中,努尔人过着他们每一天的生活。他们甚至连一个有权威的酋长都不特别需要,那个在村落中最有声望的"豹皮酋长"(the leopard-skin chief)的名称可能只是一种不得已而加上去的翻译,在英文里实际找不到一个更为合适的词汇去翻译这个人物的实际名称,他往往是"一个没有政治权威的神圣人物"(a sacred person without political authority)。[②] 在这一点上,西方的法律观念对他们而言也是没有什么意义可言的,在这个意义上,努尔人社会不仅缺少政府,同时也缺少法律,即缺少一个独立自主、一碗水端平的权威存在,因此,也就不能有所谓真正的法律裁决以及对这

① E. E. Evans-Pritchard, 1940, *The Nuer*, p. 5.

② 同上。

种裁决的具体实施。[1]

虽然没有上述这些现代政治所要求的基本要素,但努尔人的社会并不缺乏政治。而且,努尔人社会的全部基础完全建立在一种以父系为核心的亲属关系之上,并依此来计算相互之间的关系,这种关系的主体是一个排他性的只包括男性亲属在内的世系群体系,显然,共同的祖先成为他们共同的认同来源。氏族属于一个最大的世系群,其构成的基础为一种基本的外婚制原则。从一个祖先下来的一些男性世系分支就构成了一个氏族的裂变分支。如此而可以有从最大世系群、较大世系群、较小世系群到最小世系群的不同等级的裂变分支的存在。而最小的世系群往往是人们平时经常会提起的一个世系群。在这个意义上,对于埃文思-普里查德而言,所谓世系群,其含义就是指"一组已故和在世的男性亲属,在他们之间,可以从谱系关系上推溯亲属关系",而一个氏族的范围会更大一些,它指的是"诸多世系群构成的族外通婚系统"。[2]

另外,世系群与政治群体之间亦有分别,前者乃是基于继嗣(descent)而出现的一个人群,它是亲属制度的世系群,是分散而扩展开去的,因此无法构成一个排他性的地方性社区。并且,亲属制度的价值观念,因为谱系性的继嗣,而可以在不同范围的层级发挥作用,这与有着一定地域范围限制并由特定层级的政治价值观发挥作用的政治体之间形成一种鲜明的对照。依照这一点,我们可以约略体会到努尔人社会中分化体系的复杂,这里既有亲属制

① E. E. Evans-Pritchard,1940,*The Nuer*,p. 6.

② 同上。

度的、政治地域的系统，也有一个更为复杂的年龄组系统(the age-set system)。每个成年男子都会经由成人礼而进入到某一个年龄组的层级中去，这是这个社会中的一种社会分层的逻辑，即你若是在那个年龄组，一辈子就都在那个年龄组，从年轻一辈的年龄组，到年长一辈的年龄组，最后，随着衰老和死亡，整个年龄组消失。不过，年龄组并不构成政治联合的基础，他们分散在各个部落之中，有共同的年龄组的认同，却不会发挥一种联合的政治功能。但是部落内部恰恰又是按照年龄组来分级的，由此而有一种年龄组的社会分层而非阶级的出现。①

埃文思-普里查德还进一步在努尔人的年龄组(age-sets)和年龄级(age-grades)之间做了一种区分。年龄组的成员是永久性的，在东非差不多都有这样的风俗，这是一个以名字联系在一起的有着近似年龄的一群人。而年龄级则是一系列的身份，比如武士以及长老，当个人长大以后就会通过不同的年龄级。值得注意的是，埃文思-普里查德在这里专门指出了年龄组与政治和世系群的制度之间的相似性的结构，这构成了努尔人个体认同的第三组群。

五

寻找一种理想的统治制度，其无须费一兵一卒，即可安定天下并使天下太平，这当然是结构功能论一派的人类学家以及殖民统治者都梦寐以求的事情。不过，埃文思-普里查德寻找出来的理想

① E. E. Evans-Pritchard, 1940, *The Nuer*, p. 6.

制度也许并没有那么理想，因为它充满着不太平。

他以为能够维持努尔部落裂变分支之间平衡并有秩序的是一种所谓的“世仇制度”。这里结构功能论遇到了一次重创，和谐和均衡创造秩序的基本假设受到震撼，内部本来是冲突的、混乱的世仇制度，却可以带来整个部落社区的和谐和有序。世仇竟然可以使社会的纽带加强，并不断地再生产，因而它不是在瓦解秩序而是在建构秩序，它是社会井然有序的根基，这是守本分的结构功能论的人类学家做梦也想不到的。后来对于这一点，人类学的曼城学派的领头人格卢克曼（Max Gluckman）在“世仇制度下的和平”这一问题上有其更进一步的发挥。①

值得再强调的是，努尔人的政治生活显然跟一种亲属制度紧密地联系在一起。通过裂变与联合，小的世系群可以越级而成为更大的世系群并与另外一个类似大小的世系群保持一种对抗的关系，这种关系成为努尔社会中一项基本的政治原则，概括说来就是埃文思-普里查德所说的那种“有序的无政府”。这里，有序便是有规则，无政府便是无须一个超越于各级世系群之上的具有核心权力的中央政府。不可否认，那里确实存在有类似领袖人物的“豹皮酋长”，但他绝非我们观念中的关于有权威的领袖人物的观念，他不过是一个具有象征意义的和事佬，于实际的统治毫无关涉，如果希冀秉持间接统治理念的殖民者试图依赖他来进行实际的统治，那显然就是对于当地人领导行为的一种误解。

① Max Gluckman，1956，*Custom and Conflict in Africa*. Oxford：Basil Blackwell.

埃文思-普里查德尽管比较完整地继承了拉德克里夫-布朗的结构功能论的分析传统,并对法国的社会学派的作品向来不遗余力地大加翻译和介绍,但他却又绝非只是会模仿的等闲之辈,他的裂变模式还可以有许多的启示人类学家思考的空间。也许,一个极为重要的启示就是人们认同中的变动性,人们不会僵化地把自己束缚在某一个既定的边界范围内,人们有许多大小不同的边界适用于日常生活之中,就像埃文思-普里查德所举的例子那样,当你在德国问一位英国人他的家在哪里的时候,他会说在英国。而如果在伦敦,遇到同一个人,问同一个问题时,那个人就会说在牛津郡了。[①] 关于这一点,后来的后现代主义的人类学家进行了进一步的发挥,如罗萨尔多(Renato Rosaldo)借用裂变模式强调了个人与群体认同的断裂性和情景性。[②]

埃文思-普里查德也并非是从一而终之人,他内心的紧张往往是通过不断地反叛来得到自我化解的。作为结构功能论者,他要精细地分析社会结构的运作规则,原则上这些规则是独立于历史和个体的活动而存在的。他的解释中常常包含有对最近历史事件的重新评述,但在他看来这些都是社会组织运作规则的例外,这是符合法国社会学传统的,即重要的是寻找出社会事实以及集体意识。但最麻烦的是,埃文思-普里查德经常看到的情况是,他的社会结构的分析所依赖的历史表述,恰恰并不能够契合于其应该具

---

① E. E. Evans-Pritchard,1940,*The Nuer*,p. 136.

② 参见:R. Jon McGee & Richard L. Warms,eds. ,1996,*Anthropological Theory:An Introduction History*. California:Mayfield Publishing Company,p. 191.

有的结构模式。结构分析常常会随着个体与历史情景的变化而发生改变,所能够抽象出来的社会事实往往也是让人有些莫名其妙的。这使他最终不得不抛弃了法国的结构功能论,到晚年的时候他无奈地承认,人类学与历史学差别无几,而与社会科学毫不相干。1951 年的时候,他悲观地写道:“社会人类学与其说是一门社会科学还不如说是一门艺术。”①

六

质而言之,由此书而可管窥英国社会人类学牛津大学一派的风貌,特别是在分析视角上,它有别于伦敦经济学院以马林诺夫斯基为代表的功能论学派。前者即是以《努尔人》一书的作者埃文思-普里查德为代表之一的结构论一派。

两派之间,尽管有观点上的分歧,但总体上又有其一致性可言。至少在实地的田野观察这一点上并无根本的抵触。每一学派的代表人物,都堪称田野研究的行家里手,每一位都有极具代表性的田野研究著述传于世间。国内最近数年所能翻译出来的经典人类学著作中,从民族志的角度而言,有很大一部分都是跟英国人类学的这一整体上并称为结构功能论的传统有着极为密切的关联,这也就不足为奇了。

就我的粗浅阅读而言,该书可以看成是社会科学视角的社会

① 转引自:R. Jon McGee & Richard L. Warms, eds., 1996, *Anthropological Theory*:*An Introduction History*. California:Mayfield Publishing Company, p. 189.

结构分析的典范之作，究其原因，首先在于其经验论的传统，即强调所有的讨论一定要建立在经验事实的观察之上。因此他的研究一定是具体而微的，绝对不是空洞的概念，或本质特征的抽离与综述。在《努尔人》这本书中，我们看到了尼罗河畔的一群人生活的实际样态，干旱、潮湿、牛群、临时搭建的棚屋、随干湿两季而迁徙的生活，所有这些，尽管我们每一个人都未必亲自经历，却并不觉得有什么抽象深奥之处，因为我们在阅读这些文字之后可以有一种感受，即他们的生活似乎与我们的生活有一样的具体性的存在，不存在什么抽象和不可理解之处，而社会的生活本来就应该是这样的具体和有细节，因此，人的相互性的理解才能是相通的。

埃文思-普里查德和马林诺夫斯基的人类学虽有明确的分野，但并非水火不容。深知英国人类学整体脉络之人，不会对此有太多芥蒂，他们多会利用各自不同而有优势的视角，去对现实的场景再做一种本土解释上的适应，而绝不会大惊小怪，生出担心自己站错队的忧虑，进而必会捍卫其中一方，而舍弃另外一方，结果东施效颦，好的东西没有学到，劣质的旧习却又复发，且得到了一种不由自主的自我强化。

我以为，功能论和结构论二者之间并无什么根本的对立，对于经验先行的社会科学而言，它强调一种看得见摸得着的可操作性，对人类学而言，是马林诺夫斯基将之推进到社会科学的领域中来。其核心所在，一是要观察到具体的人，二是强调人的需求的重要。社会与文化的设置因此而被看成是个人需求的表达，并通过一整套的社会安排而使之固定下来，成为了所谓的当地的风俗和习惯。这样，每个人只要按照此风俗习惯处事，基本的需求便可以得到满足,而不必有每时每刻的需求表达以及寻求需求满足的方式。这是人们建立起社会的初衷所在。由于有这样的以需求为其基础的社会安排,人与人之间、群体与群体之间,便相互紧密地联系在了一起。这是马林诺夫斯基的人类学理论,即他的文化论的主旨。后来费孝通作为其弟子在他所著《江村经济》以及编辑的《云南三村》两书中对此都有比较明显的体现。实际上,这应该是人类学探索研究的最为基础的一个步骤,即从整体上去注意社会的要素构成与个人需求表达之间的关联。马氏的研究更多集中在此,并将之发展到了一种极致,非深研其全部的著作,不足以真正领会人类学功能论一派的精髓,捕风捉影的批评和抛弃,显然是不足取的一种做法。

但从后来的发展看,功能论显然是缺乏解释视角的完整性。这一点西方学人批评最多,无须在此再多赘述。埃文思-普里查德,或者更应该说是拉德克里夫-布朗,在把社会分析的结构论引入到功能论中来起着举足轻重的作用。拉德克里夫-布朗与马林诺夫斯基可谓同时成名,又在同一年发表各自卓具影响的民族志作品《西太平洋的航海者》及《安达曼岛人》。但拉德克里夫-布朗更多是在社会比较上用力,因而注意到可比较的社会意义的结构关系,这就如同建筑物形态的千奇百怪无法捉摸,然就建筑结构进行一种细致的比较,形态类别上的差异便显露出来了。这套做法自然与法国涂尔干一派的社会分析传统有关,却又并非那么直接承袭,英国自己社会学的传统也是在背后的一种支持性的力量,这自不待言。

但无疑,埃文思-普里查德确实又是追随法国社会学学派的比较紧密的一位，这从他努力在促使法兰西所谓“年鉴派”的学术著作转译成英文上的积极表现便可见一斑。与此同时，他自己的研究也与拉德克里夫-布朗力为倡导的比较方法有了一种根本的分别。他更为集中于在一个具体的社会中来展开自己的结构分析，这是建立在功能考察之上的具体的结构分析，是一个社会内部时间和空间意义上的结构分析，其中最为著名也最具代表性的便是这里所译出的《努尔人》一书。细细品读过此书，你会明显体会到与那种重于描述、面面俱到的民族志有所不同的一种民族志材料的呈现手法。这可能是近于钩线式的白描，让人可以清晰地感受到考察对象的完整存在，并且还不是混乱的一堆，通过时间、空间、政治体系，通过世系群、裂变分支以及豹皮酋长等概念的次第呈现，我们的头脑中便有了一种关乎努尔人生活世界的一个整体印象。

努尔人生活在没有一种统一的中央权力存在的裂变制的社会中，但这绝不意味着这个社会就是无秩序可言的。恰恰相反，秩序会在一种世系群组织的自然的裂变过程中得到了一种反向的秩序生成。动态的平衡造就了此一社会中不可或缺的两项要素，即由上而下的社会组织的裂变以及由下而上的裂变分支之间的重新联合，就如中国文化中起核心作用的阴阳相生相克一样，发挥着其自身的调控社会的作用。这恰似一种费孝通所描述过的乡土社会的无为而治的社会组织一样，大约是不需要外力，而能自生出一种秩序来，这对于努尔人社会而言，并非是一种虚幻，而是真实的社会存在。

这里自然就引出埃文思-普里查德结构分析的第三点特征，那便是有关比较方法的问题。与拉德克里夫-布朗的社会比较有所不同的是,埃文思-普里查德会更多地用一个社会的分析材料,以此来启示我们对于耳濡目染又十分熟悉的社会进行一种比较性的反思。基本上,对于现代社会而言,其典范形态非现代西方社会莫属,这自不待言,而这个现代社会影响之深远,已非我们中的某一个人能够避而不见了,现代社会如何建构出来一种秩序,曾困扰着像霍布斯这样的现代性之初的西方的政治哲学家们,他们试图借助外在于社会的力来人造出一种秩序出来,这种秩序自然与传统的秩序形成大为不同。我们在读了《努尔人》之后可以清楚地感受到作为幽灵的霍布斯依旧存在。霍布斯先生费尽心机为由陌生人之间关系所构造的现代社会设计出来的理想图式,在埃文思-普里查德看来,显然并非具有一种人类的普遍性,而仅可能是由英国的政治哲学家所认为正确的一种社会组织的形态而已。在这一点上,努尔人的社会中政治组织的运作形式可以作为一种证明。

七

埃文思-普里查德熟悉并清楚霍布斯的这一构想,因而敏锐地注意到了与此模式根本不同的努尔人的生活境遇。在此意义上,埃文思-普里查德想要真正去比较的也许恰恰是在于此。因此,《努尔人》一书不仅是民族志的,还是方法论意义上的人类学经典,说它是一般人类学方法的典范之作也一点不为过。这种方法可称之为一种隐性的比较,即并非拉德克里夫-布朗所倡导的那种诸不同社会之间有如海边拾来的各种贝壳之间的明显差异的比较,而是并不对一些占据主流的支配我们生活的社会形式加以明确描记，而只是去提及并详尽描述一种另类的社会形态，其在社会构成的诸要素以及基本的架构上与前者存在着一种明显的差别。如此描述之后，反差与一种文化的震撼自然也就会全部呈现，无须再多费另一半的笔墨了。

况且，我们现代当下的生活岂又是通过完全一一对应的比较所能真正实现的呢？见仁见智则要看民族志写手所隐去不表的那一部分所体现出的学养高低，可能恰是这隐去部分的学养积淀决定着其民族志书写水平的高低。因此，流水账式的资料堆积的民族志，便一定不是最高等级的民族志了，在这一点上，你会切实体会到，作为民族志学家的埃文思-普里查德，他本人在这隐而不述方面的学问水准之超然不群了。这是很多学习人类学表述方法的学者读过此书所不曾真正能够察觉到的。在此多费了一些笔墨，以示警惕。

一本书，它如果能不断地重印，并为人所阅读，说明了其经典性的意义的存在；而一本书，如果说它不断被翻译成为其他的语言，则更说明了这本书跨文化的价值所在。但后者与前者有所不同的就是，在这种文字系统的转换过程中，意义和理解又都经过了一道手，其中产生的误读、误解以及误会，也是在所难免的，但文化从来都有个逐渐被接受和消化的过程。也希望此书可作为东西方人类学之间交流的一座桥梁以及通向未来人类学发展的一条便利之途。

最近，商务印书馆有意重刊此书，因涉及版权等细节问题，需要建芳一人独自承担重译之工作。最近他的这份艰苦卓绝的工作即将告成，专门致函，命写一篇序文。鄙人才疏学浅，如何敢擅言为此等名人名著撰写序言?不过,大约是机缘巧合之故,目前无旁人可为代笔,便欣然接受此项任务,仅以与此书的机缘及对此书的洞见而一抒心绪,并恳望学界宿儒有更多批判之语回报,如此当对中国人类学的发展有百益而无一害。是为序。

二〇一二年十二月七日

修改于中国人民大学四书堂

献　　给

纳赛尔区美国传教团的全体职员

唉！古实河外翅膀嚓嚓响声之地，
差遣使者在水面上，坐蒲草船过海。
（先知说）你们快行的使者，
要到高大光滑的民那里去。
自从开国以来，
那民极其可畏，
是分地界践踏人的，
他们的地有江河分开。

——《圣经》（修订版），《以赛亚书》第十八章1—2

目　　录

插页图目录

* 插页图 7、8、15、21 和 26 来自《苏丹札记》,插页图 25 和 28 来自 C. G. 塞利格曼和 B. Z. 塞利格曼的《尼罗特苏丹的异教部落》(乔治·罗德里奇父子有限公司出版),插页图 23 来自《习俗是金》(哈钦森公司出版),插页图 16 来自埃及政府自然科学部提供的图片。

其他未作说明的图片为本书作者所摄。

地图及文中图表目录

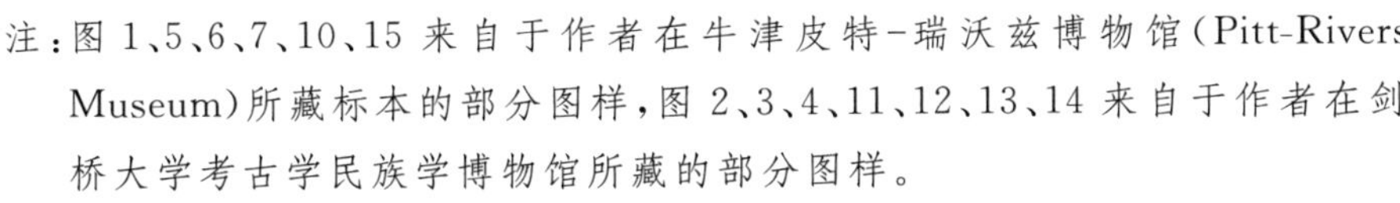
注:图 1、5、6、7、10、15 来自于作者在牛津皮特-瑞沃兹博物馆(Pitt-Rivers Museum)所藏标本的部分图样,图 2、3、4、11、12、13、14 来自于作者在剑桥大学考古学民族学博物馆所藏的部分图样。

家宅和畜栏区(东嘎兆克)

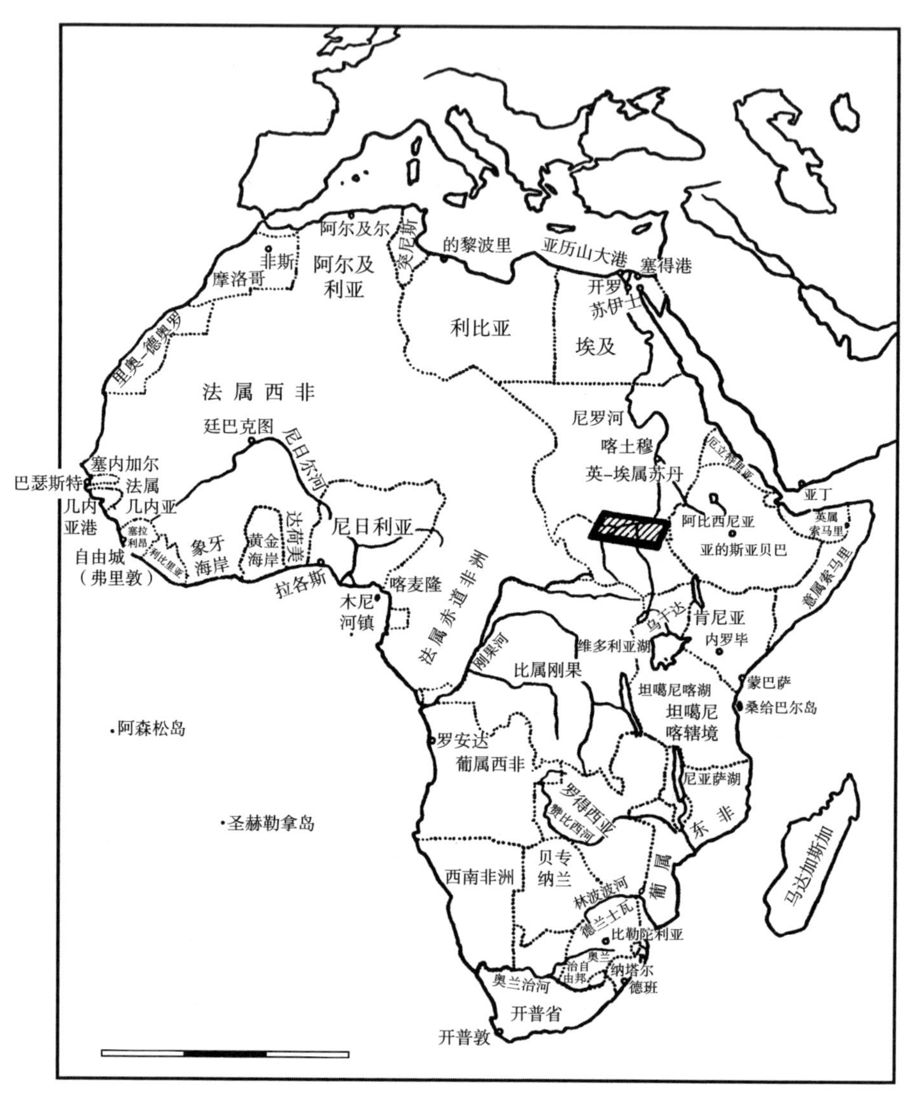

表示努尔人大致分布区域(阴影部分)的地图

序

我对努尔人的研究是在英-埃共管苏丹政府(Government of the Anglo-Egyptian Sudan)的要求和主要资助下进行的,英-埃共管苏丹政府还为研究结果的发表提供了慷慨支持。本研究的部分工作是作为莱沃霍姆研究基金(Leverhulme Research Fellow)项目而完成的。对于苏丹政府和莱沃霍姆研究基金委员会,我谨致以诚挚的谢意。

我非常感谢塞利格曼教授及其夫人在过去的十五年里对我的友好帮助。没有他们的支持与鼓励,本书的写作便可能无法完成。而且,尽管他们并未在努尔人中做过调查,但他们在其他尼罗特人群特别是施鲁克人(Shilluk)和丁卡人(Dinka)中所做的杰出研究,为其后将在这些地区进行的所有研究打下了基础。[①]

我感谢苏丹喀土穆和努尔地区的所有那些对我友好相待、热情帮忙的人:约翰·马菲爵士(John Maffey),时任行政总长;哈罗德·麦克迈克尔爵士(Harold MacMichael),时任内务书记;S. 希勒尔森(S. Hillelson)夫妇;C. A. 威利斯先生(C. A. Willis)、A. G.

① C. G. 塞利格曼(C. G. Seligman)和 B. Z. 塞利格曼(B. Z. Seligman),《尼罗特苏丹的异教部落》(*Pagan Tribes of the Nilotic Sudan*),1932。

波森先生(A. G. Pawson)、M. W. 帕尔先生(M. W. Parr)和 E. G. 科里顿先生(E. G. Coryton),他们曾先后在上尼罗河省(Upper Nile Province)任行政长官;P. 科里亚先生(P. Coriat)、A. H. A. 奥尔本上尉(A. H. A. Alban)、H. A. 罗米利上尉(H. A. Romilly)、J. F. 蒂尔尼先生(J. F. Tierney)、已故的 L. F. 哈默先生(L. F. Hamer)、B. J. 查特顿先生(B. J. Chatterton)、B. A. 刘易斯先生(B. A. Lewis)和 F. D. 科菲尔德先生(F. D. Corfield),他们都曾有一段时期任努尔地区的地方长官。对科菲尔德先生,我的朋友和校友(*amico et condiscipulo meo*),我尤表感激,他对我的工作表现出极大的兴趣,并慷慨地允许我使用了他的许多精美照片。

我也感谢纳赛尔区美国传教团的全体人员、尤尼昂地区(Yoahnyang)维罗纳会团(Congregation of Verona)的全体会众以及莱尔(Ler)地区教堂传教协会的全体会员。我希望向美国传教团的全体职员尤其是 B. 索尔小姐(B. Soule)致以特别的谢意,他们倾其住所、时间和知识来帮助我,毫无保留。我把本书献给他们,不仅是要表达我个人的感激之情,更是为了纪念他们为努尔人所做的尽心尽力的服务。

我还要向众多努尔人致以最热切的谢意,他们对我友好,宛若宾朋。我不愿只谈及具体的个人,而是要向这个勇敢而彬彬有礼的民族,表达普遍的敬意。

下面这些朋友和同事阅读了本书并向我提出了很有价值的批评与建议:C. G. 塞利格曼教授、A. R. 拉德克里夫-布朗教授(A. R. Radcliffe-Brown,他对我的工作的理论方面的影响对每一位社会人类学专业的学生来说都显而易见)、M. 福蒂斯(M. Fortes)博士和 H. M. 格卢克曼(H. M. Gluckman)博士。我特别要感谢福蒂斯博士。我对社会人类学的目标与方法的看法一直受到我们在多年合作中就此话题所做的多次交谈的影响,在这样的关系中,很难说清一个人到底吸取了什么,又给予了什么,因此,我由衷地承认,我从这些讨论中得到了极大启发。

在阅读本书校样的时候,塞利格曼教授向我指出,我对"园艺学"(horticulture)和"园艺的"(horticultural)二词的使用是不同寻常的。我并非有意背离惯常的用法。然而,我觉得,在出版方面目前尚有诸多困难的情况下,要把全书所有这些词语都改成"农业"(agriculture)和"农业的(agricultural)"是不近情理的事。那些更喜欢使用"农业"和"农业的"这些术语的读者满可以在阅读时自己做这种替换。

在本书所涉及的事实中,有相当大的部分以前曾被记载过,主要见于《苏丹札记》(*Sudan Notes and Records*)和《非洲》(*Africa*),我感谢这些杂志的编辑们以及《习俗是金》(*Custom is King*)的编辑允许我再次发表这些事实。同时,我也感谢这两个杂志的编辑和出版商,感谢乔治·罗德里奇父子有限公司(George Routledge & Sons, Ltd.)和哈钦森公司(Messrs. Hutchinson & Co.),感谢它们允许我使用了不少照片。

不少朋友为我提供了照片、示意图和图表。这已在插页图和文中图表目录中有所说明,但我仍希望在此向他们表示我的感激之情。他们是 F. D. 科菲尔德先生、H. E. 赫斯特博士(H. E. Hurst,埃及政府自然科学部部长)、B. A. 刘易斯先生、C. L. 阿姆斯特朗先生(C. L. Armstrong)、纳赛尔区美国传教团的全体职员、已故的L.F.哈默先生、E.S.克里斯平博士(E.S.Crispin)和塔里博·伊斯梅尔上尉(Yuzbashi Talib Ismail)。

在本书的准备过程中,W.R.基先生(W.R.Key)做了许多文秘整理工作,我在此向他致谢。

E.E.埃文思-普里查德

1940年1月

导　　论

一

从 1840 年维尔纳(Werne)、阿诺(Arnaud)和蒂博(Thibaut) 1
进行其磕磕绊绊的结伴航行之日起,到 1881 年马赫迪·穆罕默德·艾哈迈德(Mahdi Muhammad Ahmed)反叛成功,从而关上了人们进一步探索苏丹的大门之时止,数位旅行家经由横跨努尔地区的三条大河中的一条进入了这片地区。这三条大河分别是杰贝勒河[Bahr el Jebel,与宰拉夫河(Bahr el Zeraf)一道]、加扎勒河(Bahr el Ghazal)和索巴特河(Sobat)。然而,我无法大量利用他们的记载,因为他们与努尔人的接触不深,他们所记录下来的有关努尔人的印象只是表面的,甚至有时是失真的。关于努尔人的最精确、最少虚饰的描述是由萨瓦①(Savoyard)的猎象者朱尔·蓬塞(Jules Poncet)所完成的,他在努尔地区的边界生活了多年。②

① 法国的一个省的名称。——译者

② 我的信息来自于一些作品,其中包括费迪南德·维尔纳(Ferdinand Werne)的《白尼罗河探源》(1840—1841),[*Expedition zur Entdeckung der Quellen des Weissen Nil(1840—1841)*],1848;哈吉-阿布德-哈米德·贝[Hadji-Abd-el-Hamid Bey,即 C. L.

有关努尔人的更为晚近一些的信息来源是《苏丹军事情报录》(*Sudan Intelligence Reports*),它从1899年苏丹光复写到今天,其民族学价值近年来有所下降。在苏丹光复后的最初二十几年里,出现了一些由军官们所做的报道,其中包括不少很有意思的、常常是很敏锐的观察。[①] 1918年开始出版发行的《苏丹札记》(*Sudan Notes and Records*)为人们记录有关英-埃共管苏丹各族人民习俗的观察和论述提供了一个新的媒介,不少政治官员在该刊发表了有关努尔人的文章。在这些官员中,有两位在执行任务时被杀:C. H. 斯蒂甘德少校(C. H. Stigand)于1919年被埃利亚伯丁卡人(Aliab Dinka)所杀,V. H. 弗格森上尉(V. H. Fergusson)于
2 1927年被努翁(Nuong)的努尔人所杀。正是在这个刊物中,首次出现了对努尔人进行详尽而全面描述的尝试,这是由H. C. 杰克逊先生(H. C. Jackson)所进行的。尽管遇到了严重的阻碍,他仍

(接上页)杜·库雷(C. L. du Couret)]的《尼亚姆地区之旅——尼亚姆人,或长着尾巴的人》(*Voyage au Pays des Niam-Niams ou Hommes à Queue*),1854;布兰-罗莱(Brun-Rollet)的《白尼罗河与苏丹》(*Le Nil Blanc et le Soudan*),1855;G. 勒让(G. Lejean)的《地理学会简报》(*Bulletin de la Société de Géographie*),巴黎,1860;朱尔·蓬塞的《白尼罗河:旅游新闻年鉴摘要,1863—1864》[*Le Fleuve Blanc*(*Extrait des Nouvelles Annales de Voyages*,1863—1864)];J. 佩瑟里克夫妇(Mr. and Mrs. J. Petherick)的《非洲中心之行》(*Travels in Central Africa*),1869;恩斯特·马尔诺(Ernst Marno)的《青尼罗河与白尼罗河地区之旅,1869—1873年与1874年间在埃及苏丹及邻近黑人地区》(*Reisen im Gebiete des blauen und weissen Nil, im egyptischen Sudan und den angrenzenden Negerländern, in den Jahren 1869 bis 1873, 1874*)。其他作品在别处另有提及,尤其在(边码)第126—127页及第134页上。

① 这些报道是由陆军中校格莱亨(Gleichen)伯爵在其1905年版的汇编集《英-埃共管苏丹》(*The Anglo-Egyptian Sudan*)第二卷中用到的。

然完成了这项工作，这种精神使他值得我们给予极高的敬意。①

在我开始我的研究后，美国传教团的蕾·赫夫曼小姐（Ray Huffman）出版了一部书，维罗纳会团的J. P. 克拉佐拉拉神父（J. P. Crazzolara）发表了一些文章。② 尽管我本人在各个不同杂志发表的文章将在本书中以更集中的方式得以重印，或是将在随后的一卷书中重印，我仍要在这里提到它们，以使读者可以得到一个完整的文献目录。这些文章中的大量细节则已被我略去。③

① 斯蒂甘德少校（C. H. Stigand），“努尔人的武士阶层”（Warrior Classes of the Nuers），《苏丹札记》（*S. N. & R.*），1918，第116—118页以及“柯与白长矛的故事”（The Story of Kir and the White Spear），出处同上，1919，第224—226页；弗格森上尉（Capt. V. H. Fergusson），“努翁努尔人”（The Nuong Nuer），出处同上，1921，第146—155页以及“努尔牛的传说”（Nuer Beast Tales），出处同上，1924，第105—112页；杰克逊（H. C. Jackson），“上尼罗河省的努尔人”（The Nuer of the Upper Nile Province），出处同上，1923，第59—107页和第123—189页。[该文由喀土穆的厄尤哈达拉（El Hadara）印刷局以同一标题重印成一部书，没有日期，其中收入了科里亚（P. Coriat）的一篇23页的结语性文章，名为“嘎威尔努尔人”（The Gaweir Nuers）。]

② 雷·赫夫曼（Ray Huffman），《努尔人的习俗与民间传说》（*Nuer Customs and Folklore*），1931，共105页；克拉佐拉拉神父（J. P. Crazzolara），“努尔人的烹饪仪式”（Die Gar-Zeremonie bei den Nuer），《非洲》（*Africa*），1932，第28—39页以及“牛对努尔人的重要性”（Die Bedeutung des Rindes bei den Nuer），出处同上，1934，第300—320页。

③ 埃文思-普里查德（E. E. Evans-Pritchard），“努尔人，部落与氏族”（The Nuer, Tribe and Clan），《苏丹札记》（*S. N. & R.*），1933，第1—53页，1934，第1—57页，1935，第37—87页；还有“努尔人，年龄组”（The Nuer, Age-Sets），出处同上，1936，第233—269页；“努尔人的经济生活”（Economic Life of the Nuer），出处同上，1937，第209—245页，1938，第31—77页；“尼罗河畔努尔人中与孪生子有关的习俗”（Customs Relating to Twins among the Nilotic Nuer），《乌干达杂志》（*Uganda Journal*），1936，第230—238页；“旱季营地里的努尔人的日常生活”（Daily Life of the Nuer in Dry Season Camps），《习俗是金，R. R. 玛列特纪念文集》（*Custom is King, A Collection of Essays in Honour of R. R. Marett*），1936，第291—299页；“努尔人婚姻及家庭的某些方面”（Some Aspects of Marriage and the Family among the Nuer），《比较法学杂志》

关于一些努尔词语的词表是由布兰-罗莱和马尔诺编辑而成的。更为详尽的词表则已由斯蒂甘德少校和赫夫曼小姐写出，努尔语的语法也已由韦斯特曼教授（Westermann）和克拉佐拉拉神父写出。韦斯特曼教授的文章还涉及了一些民族学材料。①

二

3 我在本书中所描述的是一个尼罗特人群②获得其生活的方式及其政治制度。我所收集到的关于他们的家庭生活的资料，将在下一卷中发表。

（接上页）(*Zeitschrift für vergleichende Rechtswissenschaft*)，1938，第306—392页；“努尔人的计时”(Nuer Time-Reckoning)，《非洲》(*Africa*)，1939，第189—216页。塞利格曼教授及其夫人1932年所著《尼罗特苏丹的异教部落》中关于努尔人的那一章内容系从我的笔记中编辑出来的。

① 布兰-罗莱(Brun-Rollet)，“丁卡、努尔及施鲁克语诸人群的词汇表”(Vokabularien der Dinka-，Nuehr-und Shilluk-Sprachen)，《彼得曼通讯》增补本二(*Petermann's Mitteilungen，Erg*. Ⅱ.)，1862—1863，第25—30页；马尔诺(Marno)，“冯齐、塔比、博纳特及努尔语言小词典”(*Kleine Vocabularien der Fungi-，Tabi-，Bertat-und Nuehr-Sprache*)，《青尼罗河与白尼罗河地区之旅》(*Reisen im Gebiete des blauen und weissen Nil*)，1874，第481—495页；迪德里希·韦斯特曼(Diedrich Westermann)教授，“努尔人的语言”(The Nuer Language)，《东方语言研究所通讯》(*Mitteilungen des Seminars für Orientalische Sprachen*)，1912，第84—141页；斯蒂甘德少校(C. H. Stigand)，《努-英词汇》(A *Nuer-English Vocabulary*)，1923，第33页；蕾·赫夫曼(Ray Huffman)，《努-英词典》(*Nuer-English Dictionary*)，1929，第63页，与《英-努词典》(*English-Nuer Dictionary*)，1931，第80页；克拉佐拉拉神父(J. P. Crazzolara)，《努尔语法大纲》(*Outlines of a Nuer Grammar*)，1933，第218页。

②尼罗特人(Nilotes)，又译“尼罗人”、“尼洛特人”等，是生活在尼罗河及其支流流域的非洲民族集团之一。——译者

努尔人[①]称自己为纳兹[*Nath*,其单数形式是冉(*ran*)]。他们大约有二十万人,生活在从尼罗河与索巴特河和加扎勒河交汇处往南沿尼罗河两岸伸展开来的沼泽地带和开阔草原地带以及索巴特河和加扎勒河这两条支流的河岸上。他们身材很高,四肢颀长,头部较窄,这一点可从各个插页图中看出来。从文化上看,努尔人与丁卡人相似,这两个人群共同构成了尼罗特人群的一支。尼罗特人则属于东非文化区的一部分,关于这个文化区的特征和范围,目前尚无确切的界定。尼罗特人的另一分支包括施鲁克人(Shilluk)[②]和所讲语言与施鲁克语类似的各种人群[比如洛人(Luo)[③]、阿努阿克人(Anuak)、兰果人(Lango)[④]等]。尽管对这一分支的大部分人群,我们还所知甚少,但有一点是很有可能的,即这些讲施鲁克语的人群彼此之间要比他们中的任何一支与施鲁克人之间更具相似性。于是,我们便可尝试性地提出如下这种分类体系:

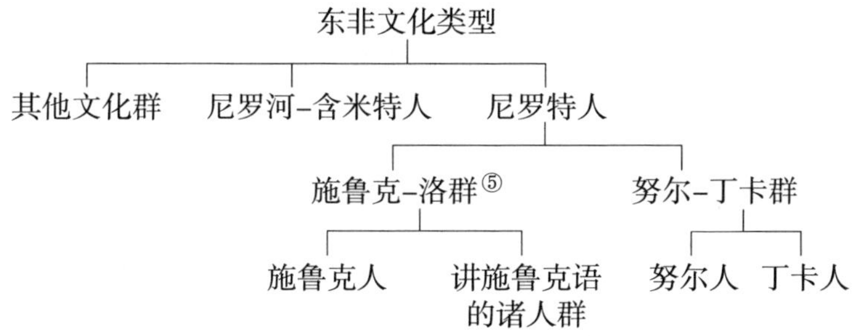

① 经过一个世纪的使用,"努尔人"一词已经成为约定俗成的用法。该词的起源很可能与丁卡人有关。我对该词的使用既有单数性的又有复数性的,分别表示"一个努尔人"和"努尔人群"。

② 又译"希卢克人"或"希鲁克人"。——译者

③ 又译"卢奥人"。——译者

④ 又译"兰戈人"。——译者

⑤ 又译"希卢克卢奥人"。——译者

尽管我们对努尔人和丁卡人之间产生分离的历史还一无所知，但他们的体形特征太过相像，他们的语言和习俗也过于相似，以致我们无法对其共同起源这一点产生任何怀疑。这个问题很复杂：比如，尼罗河西部的阿特沃特人（Atwot）看起来是努尔人的一个部落，但他们保持着许多丁卡人的习惯，[①]而努尔地区的吉坎尼
4 （Jikany）诸部落却据说是丁卡人出身。况且，这两个人群之间不断地相互接触，使得他们之间产生了血统的混杂和文化的借用。这两个人群都承认他们有着共同的起源。

当我们拥有了有关某些讲施鲁克语的人群的更多信息后，就有可能阐明尼罗特文化与社会结构的根本特征是什么。目前，进行这种确定还极为困难，我暂且不做这种努力，只在本书中对努尔人作一种朴素的描述，而对许多本可以在努尔人与其他尼罗特人群之间作出的显而易见的比较予以忽略。

政治制度是本书的主题，但若不把环境和生活方式考虑进来，政治制度就无法得到理解。因此，我在本书的前一部分对努尔人居住的地方和他们获取生活必需品的方式进行了描述。我们将会看到，努尔人的诸政治系统是与其生态特征相一致的。

本书的后一部分所主要讨论的群体是努尔人民、努尔部落及其裂变分支（segments）、努尔人的氏族（clan）及其诸世系群（lineages）以及努尔人的诸年龄组（age-sets）。每一个这样的群体都是一个裂变系统或构成了这个裂变系统的一部分，它们依照这个裂

① 蓬塞（Poncet），同前引书，第 54 页。他们在第 129 页的地图中以阿托特人（Atot）的身份出现。

变系统而得以界定。因此，当一个群体的成员依此相互交往或与群体外的人交往时，他们之间的身份地位是没有区分的。随着我们探究的深入，上面这些表述将得到阐明。我们首先要描述一下在一个地域性或政治性的系统中诸地域性的裂变分支之间的相互关系，然后再对其他社会系统与这个地域性或政治性系统的关系进行描述。随着这样的描述的进行，我们对政治结构的理解就会变得清晰显明，但我们在此可以将其作为一个初步的定义来加以表述：我们所指的是在一个地域性的系统内部，那些生活在空间上有明确界定的区域里并对自己的身份和排他性有所认识的人们群体之间的关系。在这些社区中，只有那些最小社区的成员们才会在彼此之间保持一种经常持久的接触。我们把这些政治群体与另一种类型的地方群体区分开来，后者可被称为家庭性群体，包括家、家户和联合家庭。它们不是，也不构成裂变系统的一部分，而且，在这样的群体中，各个成员相互之间及其相对于外人而言的身份地位是有所区分的。在家庭性群体中，社会纽带基本上是亲属秩序，合作式的团体生活是通常的样态。

努尔人的政治系统涵盖了他们与之接触的所有人群。关于 5
“人群”这一概念，我们指的是所有那些讲同一种语言，并在别的方面拥有同一种文化，且认为自己有别于类似的人们聚群的人。努尔人、施鲁克人和阿努阿克人各自拥有一片连续的领地，但一个人群也可能分布在彼此隔开的广大区域里，比如丁卡人。当一个人群像施鲁克人那样在政治上呈现出中央化的样貌时，我们就可以把它称为民族(nation)。另一方面，努尔人和丁卡人分为许多部落，这些部落没有任何共同的组织或中央管理机构，从政治上看，

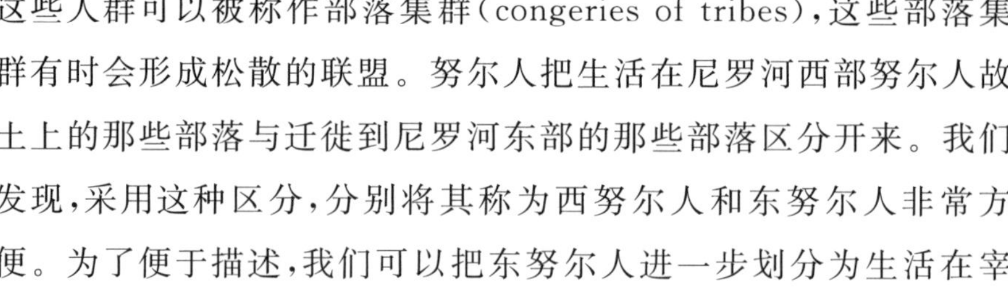

努尔人及其邻近地区的诸人群

这些人群可以被称作部落集群(congeries of tribes),这些部落集群有时会形成松散的联盟。努尔人把生活在尼罗河西部努尔人故土上的那些部落与迁徙到尼罗河东部的那些部落区分开来。我们发现,采用这种区分,分别将其称为西努尔人和东努尔人非常方便。为了便于描述,我们可以把东努尔人进一步划分为生活在辛拉夫河附近的诸部落和生活在索巴特河南北两边的诸部落。

插页图 1

年轻人(东嘎兆克)正在给朋友佩戴由长颈鹿毛做成的项链

在努尔人中,最大的政治性的裂变分支就是部落。他们没有更大的群体,除了把自己看成是一个独特的地方性共同体以外,还明确肯定其成员合在一起与外敌作战的义务,并对其成员因受到伤害而获得补偿的权利予以认可。部落被分成许多地域性的裂变支,这样的裂变支并不仅仅只是一种地理意义上的分支,因为每一裂变支的成员都把自己看成是独特的共同体,而且有时会据此采

取行动。我们把最大的部落裂变支称为一级支(primary sections),把一级支的裂变支称为二级支(secondary sections),把二级支的裂变支称为三级支(tertiary sections)。部落的一个三级支由许多村落组成,这些村落是努尔地区最小的政治单位。村落由一些拥有村舍、家宅和棚屋的家庭性群体构成。

我们从其与政治系统之间关系的角度讨论了世仇制度(feud)以及豹皮酋长(leopard-skin chief)在其中所起的作用。“酋长”一词可能是一个具有误导性的称谓,但由于我们找不到一个更恰当的英语词汇,因而它在语义上的模糊性足以使其留在这里继续使用。他是一个没有政治权威的神圣人物。实际上,努尔人没有任
6 何政府,他们的情形可被描述为一种有序的无政府状态。同样,如果我们把法律这一术语理解为由一个有力量使自己的决议得以实施的独立而公正无私的权威所做出的判决的话,那么,努尔人也没有法律。有迹象表明,在此方面正在发生某种变化,而在关于政治系统这一章的最后部分,我们对预言家的出现进行了描述,预言家即天神(Sky-gods)的灵魂所居住其中的人,我们指出,从这些预言家身上,我们可以察觉到政治发展的开始。豹皮酋长和预言家是仅有的在我们看来具有某些政治重要性的仪式专家。

在对政治结构做过考察之后,我们描述的是努尔人的世系群系统,并讨论了二者之间的关系。努尔人的世系群是父系的,也就是说,努尔人的世系群是由那些完全以男性为参照来把自己的继嗣关系推溯到一个共同祖先的人们构成的。氏族是可以依照族外通婚规则来加以界定的最大的世系群群体,尽管几个氏族之间承认存在父系上的关系。一个氏族裂变为几个世系群,这种世系群是

源自一个共同祖先的不同的继嗣分支。我们把由氏族分化而成的最大的裂变支称为该氏族的“最大世系群”,把最大世系群的裂变支称为其“较大世系群”,把较大世系群的裂变支称为其“较小世系群”,把较小世系群的裂变支称为其“最小世系群”。最小世系群就是当一个人被问及他是哪个世系群的时候,他在回答中所指涉的那个世系群。因而,世系群就是一组已故或在世的男性亲属,在他们之间,可以从谱系关系上推溯亲属关系,而氏族则是由诸多世系群构成的族外通婚系统。这些世系群性的群体与政治性的群体不同,其区别在于世系群性群体成员之间的关系是建立在继嗣关系而不是居住地域关系(residence)基础上的,因为世系群是分散居住的,并不构成排他性的地方共同体。此外,它们之间的区别还在于,世系群的价值标准常常在一种与政治价值标准不同的情境中发挥作用。

在从其与地域性裂变的关系方面讨论了世系群系统之后,我们简要描述了努尔人的年龄组系统(age-set system)。以年龄为基础,努尔人的成年男子们被划分到不同层级的群体当中,我们把这种层级化的群体称为“年龄组”(age-sets)。每一年龄组的成员都经过成丁礼而成为该年龄组的成员并一直保留在这个年龄组中,直到终老。这些年龄组并不构成一个往复循环的圈,而是形成
一个渐进的系统:年轻的年龄组经过若干相对年长的位置直到成 7
为年长的年龄组,此后,其成员逝去,这个年龄组也就成为一段记忆,因为其名称并不重新出现。仅有的具有显著意义的年龄级(age-grades)是少年期和成年期的年龄级,因此,一旦一个少年经过成丁礼进入了某个年龄组,他便会在其整个余生中都一直留在这个年龄级中。这里并没有像在东非其他地方所见到的那种武士

和长老的等级。尽管各个年龄组都清楚自己的社会身份，它们却没有任何团体性的功能。一个年龄组的成员可能会在一个小地方联合行动，但整个年龄组从不在任何活动中进行排他性的合作。尽管如此，这一制度仍是以部落为单位组织起来的，每一部落都根据年龄进行分层，这种分层是独立于别的部落而进行的，不过，邻近的部落可能会对其年龄组进行协调。

同所有别的人群一样，努尔人也存在性别上的社会分化。对于构成本书主题的结构关系来说，这种二分法有一种非常有限的、负面的意义。其重要性在于家庭方面，而不在政治方面，因此本书并未对其给予多少关注。我们不能说努尔人是分为各个阶层的。在一个部落内部，支配氏族的成员、其他氏族的努尔人和被并入到该部落的丁卡人之间，在地位上有轻微的差别，但是，可能除了在努尔人向东扩张的边缘地带以外，这种轻微差别所构成的乃是范畴上而不是等级上的区分。

简要来看，这就是本书的计划，也是我们给那些在描述本书所讨论的群体时最常使用的词语所赋予的意义。我们希望在探究的过程中对这些定义加以提炼。我们的探究指向两个目标：描述努尔人的生活以及展示他们的社会结构的某些原则。我们已经努力对他们的生活作出尽可能简洁的描述，我们相信，对于学习者加执政者[①]来说，一部短篇幅的书要比长篇幅者更有价值。因此，我们

---

① 这里的学习者（student）和执政者（administrator）两个词都是单数，而且它们前面只有一个共同的定冠词“the”，所以二者指的是同一个对象。考虑到作者在序言中曾经指出，其对努尔人的研究是“在英-埃共管苏丹政府的要求和主要资助下”进行的。“英-埃共管苏丹政府还为研究结果的发表提供了慷慨支持”，这里的“学习者加执政者”应该特指想要了解有关努尔人的知识的英-埃共管苏丹政府。在后面的正文中，作者也多次对有关努尔人的管理提出了或直接或含蓄的评论。——译者

删掉了大量材料，只记录了那些对本书所要讨论的有限主题来说具有重要意义的内容。

三

当英-埃共管苏丹政府要我做一项有关努尔人的研究的时候，
我犹豫了一下，然后便惴惴不安地接受了这项任务。当时，我急着 9
要在开始一项新任务之前完成我对赞德人(Azande)[①]的研究。我也知道，对努尔人进行研究将会是极其困难的。他们的土地和他们的性格一样令人难以捉摸，而我对他们又所知甚少，这使我确信，我将不会与他们建立起友好的关系。

我曾一直以为，而且现在也仍然这样以为，在我的大部分工作得以进行的那种条件下，对努尔人作出充分的社会学研究是不可能的。读者必定要对我所完成的工作进行评判。我要请他评判得别太苛刻，如果有时我的表述不充分且多寡不均，我会强调说这项研究是在极为不利的条件下完成的；努尔人的社会组织是简单的，他们的文化也是显而易见的；我所描述的内容几乎全部是以直接观察为基础，而不是靠从固定的信息报告人那里记下来的大量笔记来扩充。实际上，我连一个这样的信息报告人也没有。与大多数读者不同，我了解努尔人，因而必须要比这些读者们更为严肃地评判我的工作，而我所能说的是，即便本书暴露出许多不足之处，

① 这里的原文是“Azande”，系“赞德人”一词(Zande)的复数形式。按照汉语的表述习惯，本书将其译为“赞德人”。——译者

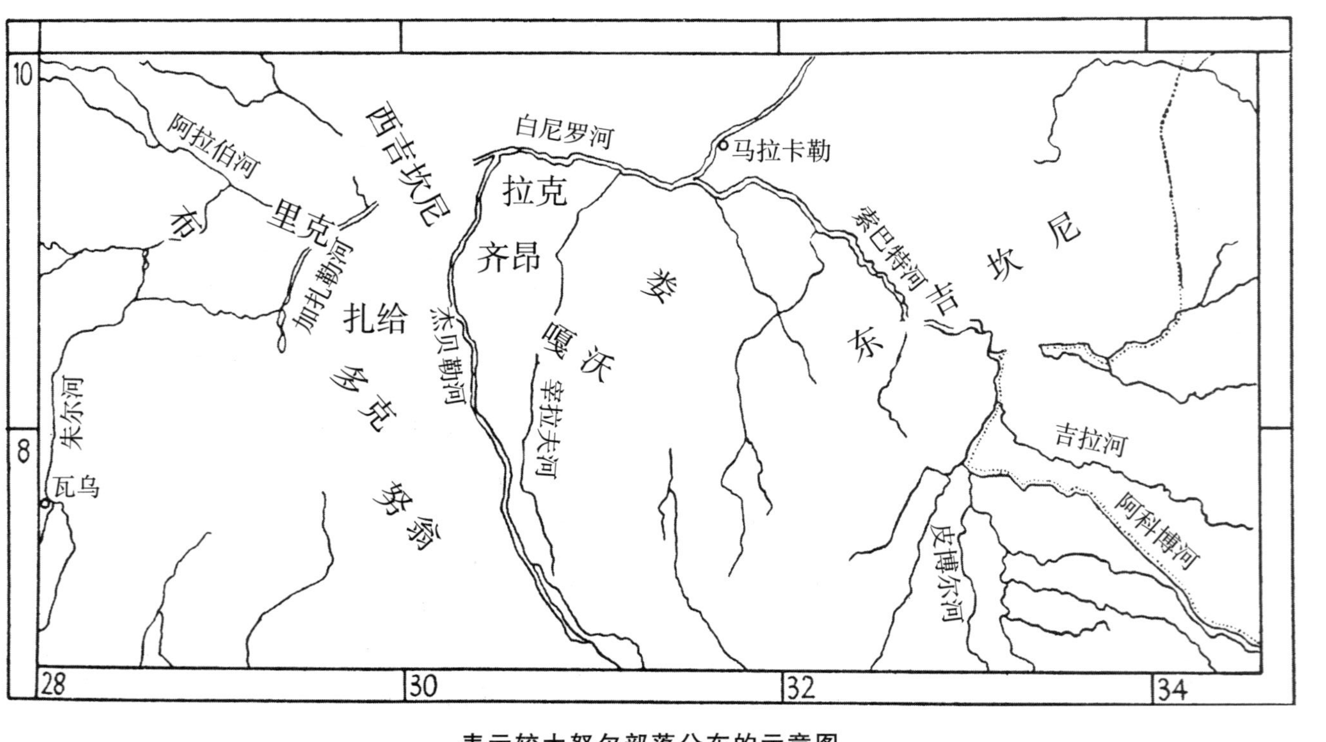

表示较大努尔部落分布的示意图

但它毕竟还是面世了，对此，我感到惊讶。一个人必须根据他所克服的障碍和他所经历的艰辛来评判自己的劳动，以这些标准来看，我并不为我的结果而感到惭愧。

如果我简单描述一下我当时从事研究的条件，读者可能会很感兴趣，因为这样一来，他们就更能作出一种判定，即哪些陈述可能是以可靠的观察为基础，又有哪些是根据不足的。

我于 1930 年年初到达了努尔地区。由于遇到了风暴天气，当我到达马赛时，我的行李并未一同到达，而且，由于一些与我无关的差错，我的食物储备并未从马拉卡勒(Malakal)[1]运过来，也没有人告诉我的赞德(Zande)随从来迎接我。我带着帐篷、一些设备以及在马拉卡勒买到的一点食物储备和匆忙挑选的两个随从——一个阿特沃特人和一个贝兰达人(Bellanda)——一起继续前行，到达了努尔地区(里克部落所在的地区)。

当我到达加扎勒河上的尤尼昂[2]时，那里的天主教使团极其
友好地接待了我。我在这条河的河岸处停留了九天，等着他们答 10
应帮我找的行李运送人员。到了第十天，只来了四个人，如果不是一位阿拉伯商人帮忙招来一些当地的妇女，我可能会被无限期地耽搁下去。

第二天一早，我动身去邻近的一个叫帕库的村落，在那里，为

① 苏丹中部的一个城市，上尼罗州首府，属于南苏丹的范围，位于尼罗河畔。——译者

② 趁着现在还早，我借此机会告诉读者，我对努尔人的姓名和别的词语的拼写与其发音并不一致。因此，对于任何一个作出不同拼写的人，我都不予反对。一般来讲，我所给出的是主格形式，但有时在正文、图表和地图中也会出现所有格形式。

我运送行李的人把帐篷和食品丢在某些家宅附近的一块没有树木的平地中间，便拒绝把它们运到再走约半英里即可到达的树荫中去。接下来的一天，我就忙着搭帐篷，并试图通过我那位能讲努尔语和一点阿拉伯语的阿特沃特随从劝说努尔人把我的住所搬到附近有水和树荫的地带，对于这一请求，他们予以了拒绝。幸运的是，一位名叫尼奥的年轻人主动过来与我接近，并在十二天后说服他的亲属把我的东西搬到了他们所住的森林的边上。自此以后，尼奥成了我在努尔地区的固定伙伴。

与南苏丹的大多数土著人一样，我的随从们也对努尔人感到恐惧，此时，他们更是怕得厉害，所以在经过了几个恐惧不安的不眠之夜后，他们匆匆忙忙地逃往加扎勒河，在那里等候开往马拉卡勒的下一艘汽轮，我则被孤零零地丢下来与尼奥在一起。在这段时间里，当地的努尔人对我的任何事都不帮忙，只是到我这里来要香烟抽，如果要求得不到满足，他们便表示出不高兴的样子。当我为了我和后来终于赶来的赞德随从们吃饭而射中猎物时，他们便把猎物拿走，在灌木丛中吃掉。当我向他们提出抗议时，他们便回答，既然是在他们的土地上把猎物打死的，他们就有权享用它们。

在这个早期阶段，我的主要困难就是不能自由地与努尔人交谈。我没有翻译人员。努尔人中也没有人能讲阿拉伯语。我既没有足够的关于努尔语言的语法知识，而且，除了三份简短的努-英词表外，我也没有一本词典。结果，我第一次考察的全部时间和第二次考察的很大一部分时间都被用来努力掌握足够的努尔语以便以之进行询问。这个任务的艰巨程度，只有那些在没有翻译人员帮助，也没有足够书本指导的情况下努力学习一门非常困难的语

言的人才能充分理解。

离开里克以后,我与尼奥和两位赞德随从去了娄(Lou)部落 11
所在的地区。我们驱车到了默特底特(Muot dit),打算在那儿的湖边住下来,但到了以后才发现那里荒无人烟,因为相对于那里一年一度的集中而言,还为时尚早。当我们找到几个努尔人时,他们却拒绝说出附近努尔人营地的分布情况。在经过了相当多的周折之后,我们才找到了一个营地。我们在那里搭起了帐篷,当营地的人们在默特底特安顿下来时,我们随他们一起住了下来。

我在默特底特的日子过得很愉快,也很有收获。我和许多努尔年轻人交上了朋友,他们都很卖力地教我学习他们的语言,并向我表示,虽然我是一个外来者,但他们并不认为我是一个令人讨厌的人。每天我都用几个小时的时间与这些小伙子们在湖里捕鱼,并在我的帐篷里交谈。我开始觉得我的信心回来了,假如当时的政治情况再好些的话,我会留在默特底特的。一天早晨,一队政府武装在太阳升起时包围了我们的营地,搜查两名在最近一次叛乱中担任首领的预言家,他们带走了几名人质,并威胁说,如果不把那两位预言家交出来,他们就会抓走更多的人。我觉得自己陷入了一个很尴尬的境地,因为这种事情可能还会发生。于是,不久以后,我就回到了我在赞德的家中,只在努尔人中完成了三个半月的工作。

任何时候在努尔人中进行研究都会有困难,而在我到访的那段时间里,他们异乎寻常地充满敌意,因为他们在前段时间刚刚被政府武装打败,而政府为了确保他们最终屈服又采取了一些措施,这引起了他们深深的怨恨。努尔人经常对我说:“你们袭击我们,

却说我们不能袭击丁卡人”；“你们用火器打败了我们，而我们只有长矛。如果那时候我们有火器，我们就会彻底打垮你们”；如此等等。在我走进牛营时，我不仅被看成一个陌生人，而且还被看成一个敌人，他们很少试图掩饰他们对我在场的反感，拒绝回答我的问候，甚至在我与他们搭话时扭头走开。

在我 1930 年对努尔地区的那次调查结束时，我学会了他们的一些语言，但对他们的习俗，我却所记极少。1931 年的旱季，我回到那里重作努力。我先到纳赛尔的美国传教团住了两个星期。在
12 那里，我得到了美国及努尔工作人员的慷慨相助，然后，我到了念丁河(Nyanding)[①]上的努尔人的牛营——这是一个很不走运的选择，因为那里的努尔人比我此前所遇到过的那些人更充满敌意，而且，那里的条件也比我过去所经历过的任何条件都更严酷。那里的水少而污浊，牛因为牛瘟而奄奄一息，牛营中到处是成群的苍蝇。那里的努尔人不愿为我搬运食品和设备，而且，由于我只有两头驴子，其中一头又跛了脚，挪动地方便成为不可能的事。最后，我想方设法找到一辆货车，才终于摆脱了困境，但这已是在经受过努尔人那种令人极度崩溃的样子之后的事了。由于他们千方百计地阻止我进入他们的牛营，而我又很少有来访者，所以我几乎被断绝了与那里的努尔人进行交流的机会。我所做的探询努力被顽强地阻碍着。

努尔人是破坏别人问询方面的专家，直到你已同他们一起住了几个星期，如果你想让他们说出最简单的事实，向他们解释最单

① 又译“尼扬丁河”。——译者

纯的行为，他们都会坚定不移地让你的一切努力都化作徒劳。我在赞德地区几天内所得到的信息比在努尔地区用好几个星期所获得的信息还要多。过了一段时间以后，那里的人们开始到我的帐篷里来串门，到这里来抽香烟，甚至来开玩笑或闲聊，但他们既不愿让我去他们的风屏（windscreen）[①]，也不愿谈论严肃的事情。我所提出的许多关于他们习俗的问题都被他们用一种技术拦住，我可以把这种技术推荐给那些深受民族学家好奇心的烦扰而颇感不便的土著们。下面这段对话是有关努尔人这种方法的一个例子。这段对话是在念丁河上的交谈的开始部分，尽管谈话的主题有一定含糊性，但如果愿意合作的话，很快就会解释清楚。

我：你是谁？

括勒：一个人。

我：你叫什么名字？

括勒：你想知道我叫什么名字吗？

我：对。

括勒：你想知道我叫什么名字？

我：对，你到我的帐篷里来看我，我想知道你是谁。

括勒：好吧。我叫括勒。你叫什么？

我：我叫普里查德。

① 这是努尔人为了遮挡盛行的风而搭建起来的庇护所。一般以联合家庭为单位，围绕其共同的畜栏，把草根或高粱秸秆捆扎起来，背风围成半圆或排成几排而成。详见本书第二章第三节的有关描述。——译者

括勒：你父亲叫什么名字？

13 我：我父亲也叫普里查德。

括勒：不，不可能那样。你不可能和你父亲叫同样的名字。

我：这是我的姓。你姓什么？

括勒：你想知道我姓什么吗？

我：嗯。

括勒：如果我告诉你，你想怎么办呢？你会把它带回国吗？

我：我不想怎么办。我只是想知道，因为我在你们的牛营里住。

括勒：噢，好吧。我们是娄。

我：我没问你你们的部落是什么。这我知道。我在问你姓什么？

括勒：你为什么要知道我姓什么？

我：我不想知道了。

括勒：那你为什么还要问我？给我些烟。

我打赌，即便是最有耐心的民族学家，在这种敌对的情况下也不会有什么进展。人只有为此发疯的份儿了。实际上，如果允许使用一个双关语的话，那么在只同努尔人接触的几个星期后，人就会表现出最明显的“努尔人神经症”(Nuerosis)①的症状。

在念丁仍未取得任何实质性的进展，我便动身去了索巴特河

① Nuerosis 一词与神经症的英文词 Neurosis 在拼写上类似，在此，作者借这种双关语来表示与努尔人打交道是很让人头疼的事。——译者

上雅克瓦克(Yakwac)的一个牛营，在那里，我把我的帐篷搭在距他们的风屏几码远的地方。除了在美国传教团的一小段时间以外，我在这里住了三个多月，直到雨季开始。与通常的情况一样，我在最初也遇到了一点困难，但我后来终于开始觉得自己成为一个社区的成员了，他们也这样接受了我，尤其是在我获得了几头牛以后。当雅克瓦克营地的努尔人返回他们在内地的村落时，我无法跟他们同去，便打算再去里克地区。但一场严重的疟疾把我送进了马拉卡勒医院，后来又到了英格兰。五个半月的工作就在这第二次考察中完成了。

随后我在埃及任职，在此期间，我在《苏丹札记》上发表了几篇随笔性的文章，这些文章构成了本书的基础，当时我并未料到还会有机会来造访努尔人。然而，1935 年，莱沃霍姆理事会批准了我的一项为期两年的研究基金，要对埃塞俄比亚的异教加拉人(Pagan Galla)①进行深入研究。由于外交上的原因，这项研究被推
迟，我就用了两个半月的时间在苏丹-埃塞俄比亚的边境上对东阿 14
努阿克人(Eastern Anuak)进行了概括性的调查。当我终于进入埃塞俄比亚时，意大利的入侵迫近了，我不得不放弃了对加拉人的研究。这也使我得以在那里的努尔人地区住了七个星期的时间，一方面对以前的笔记进行了修改，另一方面又收集了更多的资料，从而推进了我对努尔人的研究。我探访了住在皮博尔河附近的努尔人，又见到了我在纳赛尔传教团和雅克瓦克的朋友，并在念丁河河口附近的东吉坎尼(Eastern Jikany)度过了大约一个月的时光。

① 北非埃塞俄比亚的一个部族名。——译者

1936年，在对肯尼亚境内的尼罗河洛人进行了概括性的调查之后，我在努尔地区度过了最后七个星期，到访了其在尼罗河西部的那一部分，尤其是里克部落的卡鲁勒支（Karlual）。这样一来，我在努尔人中所住的时间总共约有一年。我认为，要对一个人群进行社会学研究，尤其是在恶劣的情况下对一个难于相处的人群进行研究，一年的时间是不够的。但是，在1935年和1936年的这两次探访中，由于严重的疾病，我的调查不得不在还未成熟时便过早结束了。

除了在整个研究过程中一直身体不适，在研究初期遇到了猜疑和固执的拒抗、没有翻译人员、缺少足够的语法和词典以及未能找到通常的那种信息报告人以外，随着探究的进行，还产生了另外一个困难。当我与努尔人的关系更为友好、对他们的语言更为熟悉时，他们便不断来探访我，男人、女人、男孩子，从清晨到深夜，在一天当中，在我的帐篷里，几乎没有一刻是在没有到访者的情况下度过的。我刚一开始与某人谈起某一习俗，另外一个人就会打断我们，谈起他自己的事，或是讲些笑话。男人们在挤奶的时间来，其中有些人一直聊到中午。接下来是女孩子，她们刚刚挤完奶，到这里来非要引起我的注意不可。已婚妇女不是这里的常客，但假如没有成年人前来把他们赶走的话，男孩子们一般会在我的帆布篷中久留不去的。这些无休无止的造访带来了不断的玩笑戏谑和插话打岔，尽管这为我增进有关努尔人语言的知识提供了机会，却给我带来了很大的负担。不过，如果一个人选择在努尔人的营地中住下来的话，他就必须服从努尔人的习俗，而努尔人是坚持不懈
15 的、不知疲倦的造访者。这给我带来的最大的不便在于，我的一举

一动都暴露在大庭广众面前，很长时间以后，我才对此有所适应，不过，我始终未能完全习惯在一群观众面前，或是在这个营地的人们的众目睽睽之下进行最为隐私的活动。

由于我的帐篷总是在努尔人的家宅或风屏的中间，而且我的询问不得不公开进行，因此，我很少能够与他们进行秘密的谈话，也从未成功训练出能讲述一个文本并给出详细描述和评注的信息报告人。不过，我被迫与努尔人建立起来的亲密关系弥补了这一不足。由于我不能使用那种通过固定信息报告人来工作的更容易更省时的方法，我不得不求助于对这个人群日常生活的直接观察和参与。从我的帐篷的门里，我可以看到营地或村落中正在发生着什么，而每一时刻都有努尔人在我身旁相陪。这样，我所遇到的每一个努尔人都被当作一种知识来源而加以利用，我的信息便被零零碎碎地收集起来，而不是——姑且这么说——由选好并训练出来的信息报告人大块大块地提供的。因为我不得不与努尔人进行如此密切的接触，所以，尽管我能对赞德人作出详尽得多的介绍，但我对努尔人的了解却要比对赞德人的了解更深。赞德人不让我像他们自己那样生活，努尔人却非要我像他们那样不可。在赞德人那里，我被迫住在他们的社区之外，而在努尔人那里，我不得不成为他们社区的一员。赞德人把我看成比他们优越的人，努尔人却把我看成与他们平等的人。

我不做意义深远的断言。我相信，我已理解了努尔人的主要价值标准，并能对他们的社会结构作出真实的概括，但我把本卷书看成是且已设计成对一个特定领域的民族学的贡献，而不是一个内容详尽的社会学研究。因此，如果它被这样接受的话，我将感到

欣慰。关于努尔人,还有许多我没有看到或没能探查到的东西,因此,别人还有很多机会在同一领域、在邻近的人群中进行调查。我希望人们会这样做,同时还希望有一天我们能对尼罗特人的各种社会系统有一个相当完整的记录。

第一章　对牛的兴趣

一

一个物质文化像努尔人的那样简单的人群是高度依赖其所处 16
的环境的。尽管努尔人所种植的高粱和玉米比一般人想象的要多,但他们仍然是卓越超群的牧民。由于土壤和地表水条件以及所拥有的牛的数量的不同,有的部落耕种较多,有的部落耕种较少,但所有努尔部落都把园艺看成是由于牲畜短缺而强加在他们身上的苦差,因为在内心深处,他们是牧民,他们唯一感兴趣的劳动便是照顾牛。他们不仅靠牛来获取许多生活必需品,而且还以牧人的眼光来看待世界。牛是他们最心爱的财产,他们甘冒生命危险来保护自己的牛群或去窃夺邻人的牛群。他们的大部分社会活动都是与牛有关的,因而,从牛入手(*cherchez la vache*)便是给那些想要了解努尔人行为的人的最好建议。①

努尔人对邻近人群的态度以及他们同这些人群的关系受到他们对牛的关爱及其对得到牛的渴望的影响。他们很看不起那些极

① 努尔人对牛的兴趣已有早期到该地来的旅行家们作过强调。参见马尔诺,前引书,第343页;维尔纳,前引书,第439页;库雷,前引书,第82页。

少有牛或根本没有牛的人群，比如阿努阿克人，而他们与丁卡诸部落的战争也是为了要夺取牛群和控制牧场。每一个努尔部落及其分支都有自己的牧场和水源，他们的政治分界（fission）与这些自然资源的分布紧密相关，而这些自然资源的所有权则普遍以氏族和世系群的形式来表达。发生于各个部落分支之间的争端常常是关于牛的，而牛也是对这些争端之常见结果诸如丧命与肢残的赔偿。豹皮酋长和预言家是以牛为争议焦点的诸多问题的仲裁者，或是需要用公牛或公羊来献祭的各种情形的仪式代理人。另外一种仪式专家就是“乌特·高科”（*wut ghok*），即牛人（the man of
17 cattle）。类似地，在谈到年龄组和年龄级时，我们发现自己正在描述人与牛的关系，因为努尔人从少年到成年的转变很清楚地以成丁礼时人与牛关系的相应变化为标志。

小型的地方性群体合在一起共同放牧牛群，也联起手来保家护牛。在旱季里，当他们围着一个共同的畜栏在一圈风屏中居住时，这种团结一致的情形最为明显，但在湿季，当他们分开居住时，也可见到这种团结合作的情形。单个的家或户无法独自保护和放牧他们的牛群，因此，在考虑地域性群体的凝聚力时，必须要从这一事实出发。

亲属关系网络把地方性社区的各个成员联结到了一起。这种亲属关系网络是通过族外通婚规则的运作而形成的。族外通婚的规则常常以牛的形式来表达。婚姻联盟因支付牛而形成，该仪式的每个阶段都以牛的被转手或被宰杀为标志，而且，婚姻中伴侣及其子女的法定地位也以他们对牛的权利和义务来界定。

努尔人的牛归家庭所有。在一个家户中，尽管户主的妻子们有使用奶牛的权利，他的儿子们也拥有一些公牛，但是，只要这个户主还在世，他就可以对这个家户的牛群进行全权处理。当他的儿子们依照长幼次序一个一个地到达婚龄时，每个人都要从这个牛群中分走一些奶牛用作结婚的聘礼。在一个儿子结婚之后，必须要等到牛群又恢复到原来的规模时才能轮到下一个儿子结婚。一家之主去世以后，牛群仍是家庭生活的中心。努尔人强烈反对把牛群分散减少，至少要等到所有的儿子都已结婚为止，因为在他们看来，这个牛群是整个家户所共有的，大家享有平等的权利。当一个家户的儿子们结婚后，他们与他们的妻子和孩子们一般住在邻近的家宅中。在旱季的早期，人们可以看到这样的联合家庭围着一个共同的畜栏，住在一圈风屏中，而在这一年随后时期所建的大型营地里，人们则会发现这种联合家庭在一排排的风屏中占据着一个与其他家庭有明显分界的区段。在兄弟之间，当他们各自有了家庭和自己的孩子以后，在很长一段时间内，这种以牛而形成的纽带联结都会延续存在，因为当他们中任何一个的女儿出嫁时，其他兄弟都可以从她的聘礼中获得很大一部分财富。此外，出嫁女孩的祖父母外祖父母、舅舅、姑姑和姨，甚至关系更远的亲戚，也会从她的聘礼中得到一部分财富。在婚礼中，牛被从一个畜栏牵 18
进另一个畜栏，这种变动与世系群的谱系关系相应，从习俗上看，努尔人的亲属关系便依照这种支付方式得以界定，在婚礼中被清楚地予以强调。这种亲属关系也由献祭肉品在父母双方亲属间的分割所强调。

牛在努尔人生活和思想中的重要性在个人的名字中得以进一步体现。男人们常常被呼以表示其最喜爱的公牛的形状和颜色的

插页图 2

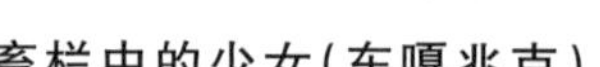

畜栏中的少女(东嘎兆克)

插页图 3

给不安分的奶牛挤奶(娄)

名字，女人们则从公牛和她们为之挤奶的奶牛身上取名。甚至小男孩们在牧场上一起玩耍时，也以公牛名（ox-name）来彼此相称——那里的小孩子通常从他和他母亲为之挤奶的奶牛所生的小公牛身上取名。常见的情形是，男人们在一出生时便得到一个公牛名或奶牛名（cow-name）。有时，一个男人传给后代的名字是他的公牛名，而不是他的血统名（birth-name）。这样一来，努尔人的族谱听起来好像一个畜栏中的牲口清单。努尔人在语言上把自己等同于他所最喜爱的公牛，这一点不可能不影响到他对这头牛的态度，对欧洲人来说，这一习俗是有关努尔人牧人心态的最引人注目的证据。

既然牛作为必不可少的食物来源和最重要的社会财富，是努尔人最为珍视的财产，那么，为什么牛在仪式中起着至为重要的作用就很容易理解了。努尔人通过他的牛来与鬼魂和神灵建立联系。如果一个人能够获取一个畜栏中每一头奶牛的历史，他就不仅同时获取了主人的所有亲属及姻亲关系，而且还获取了他们的所有神秘联系。奶牛被供奉给主人及其妻子所属世系群的神灵以及某段时期曾在他们任何一个身上附体的个人的神灵。其他牲畜则被供奉给死者的鬼魂。通过沿着奶牛或公牛的脊背擦抹粪灰，人们便可以同与这头牛有联系的神灵或鬼魂发生联系，并请它给予帮助。努尔人与死者和神灵进行交流的另外一种途径便是献祭，如果没有以公羊、公山羊或公牛来献祭，努尔人的任何仪典便不完整。

从以上对努尔人的某些制度和习俗的简要概述中我们已经看到，他们的社会行为大部分是直接与牛有关的。如果对他们的文化进行更全面的考察，结果便会表明，到处都存在着对于牛的占支配地位的兴趣，比如，在民间传说中便是如此。他们时时刻刻都在谈论他们的牛。我曾用了一些时间与年轻人聊天，却 19
失望地发现，除了牛和女孩子以外，我们实际上什么也没谈，甚至关于女孩子的话题，也不可避免地转到关于牛的话题上来。不管我从什么样的话题开始，也不管我从什么角度来谈论这些话题，我们很快便会谈论起奶牛和公牛，小母牛和小公牛，公羊和绵羊，公山羊和母山羊，小牛、小羊和小山羊。我已经指出过，这样一种强迫性的着迷——对一个外来者来说看起来是这样的——不仅要归因于牛对于他们的巨大的经济价值，还要归因于牛在他们庞大的社会关系中起着联结作用这一事实。努尔人倾向于把所有的社会过程和关系都以牛的形式来界定。他们的社会习语乃是关于牛的习语。

这样一来，一个要在努尔人中生活并希望对他们的社会生活有所理解的人必须首先掌握一套用来指涉牛和牛群生活的词汇。只有在明白了那些关于颜色、年龄、性别等烦琐难记的牛的术语之后，人们才能弄懂那些发生在诸如婚姻协商、仪式场合以及法律争端等情境中的复杂讨论。

尽管园艺和渔业在努尔人的经济中起着重要作用，牧业仍然处于优先的地位，因为牛不仅具有营养方面的用途，而且在其他方面还有着一种一般意义上的社会价值。关于这种一般意义上的社会价值得以显现的几种情形，我已有所提及，但我并未对牛在努尔人文化中所起的每一点作用都作记述，因为它们在许多社会过程中都有着重要作用，包括我曾提到的那些过程，但这些过程不在本书所讨论的有限范围之内。看来有必要在这些方面作一个梗概性的介绍，以便读者可以明白努尔人对牧人艺术的热衷是由范围远比单纯食物需要广泛得多的兴趣所激发的以及为什么牛在他们的生活中是一种占支配地位的价值所在。随后，我们将要问的问题是，这种价值是如何与环境条件相联系的？二者结合起来对我们解释努尔人政治结构的某些特征来说有多大的帮助？

二

在 20 世纪以前，努尔人所拥有的牛要比现在多得多，当时他们所耕种的高粱也很可能比现在少。他们的牛群数量因不断爆发的牛瘟而减少，而这种牛瘟至今仍在大量毁坏着牛群。虽然我所
20 亲眼目睹的牛瘟发作已经非常严重，但在过去，其破坏性很可能更大；不过，在那个时候，好战的努尔人总能通过袭击丁卡人来弥补这种损失。所有的努尔人都一致认为，在上一代人中，他们的牛更多，对于聘礼和恤财（blood-wealth）的支付是 40 头牛，有时是 50 头到 60 头，而现在，新娘的亲属并不指望会得到 20 头到 30 头以上的牛。现在我所要说的是，从总体印象来看，努尔人在牛的数量上远比施鲁克人富有得多，但不如更受命运偏爱的丁卡人富有。

要想对牛的数目作统计调查，即使在一个很小的区域内，也很困难，而且，努尔人肯定会对此举感到厌烦。因此，根据已有的为数很少的一些估计数字，我的估算是，每个牛棚中平均有 10 头牛、5 只羊。一个一般大小的牛棚所能容纳的成年母牛不会超过 12 头左右。由于一个牛棚约有八人左右，牛的数量很可能不会超出

人口数目很多。在畜群中，主要是奶牛，很可能占三分之二左右。本书中的许多插页图都显示了努尔人那里的牛的样子。努尔人说，如果背部有一大块隆肉，则表明这种牛是贝尔(Beir)种；如果有一对很长的长角，则这种牛是丁卡种。

有些部落拥有的牛比别的部落多。娄部落所在的地区被认为特别适于放养牛群，也以其牛群规模之大而闻名。东吉坎尼地区在牛这个方面曾一度非常富有，但他们的牛在流行性的疾病中损失了不少，迫使他们扩大了耕种的范围，直到现在，他们的牛群仍在恢复之中。牛在各个地方都是均匀分布的。几乎没有人家无一牛，也没有人占牛无数。尽管牛是一种可以积累的财富，但一个人所能拥有的牛的数目却从不会超出他的牛棚的容量，因为一旦他的牛群达到足够的规模，他或他家的一个成员便会结婚。结果，牛群的规模降至二三头，随后的几年便要使牛群的规模再行恢复。每个家户都会经历这种相互交替的贫穷与比较富有的时期。婚姻和时疫使得牛群的规模不会积累太大，财富上的不等并不伤害人们的民族感情。

在我们着手对努尔人的政治系统进行考察时，应该记住的一
点是，直到最近几年以前，他们很可能一直过着一种纯粹的畜牧式 21
的生活，比现在更具有游牧的特点，他们的牛群规模的缩小可能是其持续不断地采取攻击行为的部分原因。

三

虽然牛对努尔人来说有着许多用途，但它们却主要被用来供

奶。牛奶和黍谷[①](高粱)是努尔人的主食。在这个地区的某些地方,尤其在娄部落的地域中,高粱的供应很少能持续一整年,当高粱被吃光时,人们便以牛奶和鱼为生。在这样的情形下,一家人的生活便可以由一头奶牛所产的奶来维持。在所有的地方,高粱作物的产量都不稳定,大大小小的饥荒时有发生,在遇到饥荒时,人们就以鱼、野生植物的根、水果和植物种子为食,但主要靠其牛群所产的牛奶为生。即便是在高粱很充足的时候,它也很少单独为食,因为努尔人觉得,如果没有牛奶、乳清或液体奶酪,高粱饭便不好消化、难以下咽,尤其对小孩子来说,更是消化不了。他们把牛奶视为对儿童来说必不可少的食物,他们相信,如果没有牛奶,儿童就不会身体健康、幸福快乐,因此,儿童的需要总是首先要予以满足的,甚至如同在食物匮乏时期所发生的情形那样,大人们还要从自己的口中节省出牛奶来给孩子喝。在努尔人的眼中,最幸福的时刻便是一家人拥有好几头正在产奶的奶牛的那段时光,因为在那段日子里,孩子们会得到良好的营养,而且还会有富余的牛奶来制作奶酪、资助亲属和招待客人。一个家户一般都能保证小孩子的用奶,因为如果他们没有正在产奶的奶牛的话,一位亲属就会借给他们一头或是送给他们一部分牛奶。这种亲属间的义务关系是大家所公认的,而且会被慷慨大度地履行,因为努尔人认为,孩子的需要是邻居和亲属们都应该关心的,而不仅仅只是父母自己

① 在原书中,作者对黍谷(millet)一词的意义使用并不一致,有时特指某种黍谷,即高粱(这一点也可以从本书的插页图中看出来);有时则指包括高粱在内的一类谷物。因此,凡是表示高粱的,本书就将其译为高粱;凡是表示更大范围的一类谷物的,本书就将其译为黍谷。——译者

的事。然而，也有一些偶然的情形，在一场流行性的瘟疫之后，或程度轻一些的话，在这个群体的两个或三个年轻人结婚之后，整个村舍甚或整个村落都可能会经历一段牛奶短缺的时期。有时，牛奶不足也可能是因一个村落的奶牛倾向于在大约相同的时间内停止产奶所致。

努尔人根据产奶的多少来衡量奶牛的价值，在此方面，他们对每一头奶牛的功绩都了如指掌。如果一头奶牛产奶很多，那么它
的小牛也会比产奶少的奶牛的小牛得到更高的评价。对他们来 22
说，奶牛从来就不仅仅是一头奶牛，而总会是一头好奶牛或一头坏奶牛。假如有人欠了努尔人一头奶牛，那么在偿还债务时，如果所偿还的奶牛不中他的意，他就不会接受。假如你问一个牛营中的努尔人在这群牛里哪头奶牛是最好的，哪头是最坏的，他会立刻告诉你答案。在给它们打分时，他很少考虑那些在公牛身上可以使他感到高兴的审美方面的品质，尤其是丰满度、颜色，以及角的形状，而是选择那些标志一头好奶牛的品质：宽阔松软的脊背，突出的腰腿骨，大的乳脉以及多皱的乳房。在判断奶牛的年龄时，他会注意其从任意一侧臀部通向尾部的沟的深度、其牙齿的数目和锋利程度、其步态的稳健程度及其角上的环纹的数目。努尔人的奶牛有着我们所熟悉的那种一般家养奶牛所具有的瘦骨嶙峋、皮包骨头的特征。

挤奶的工作由妇女、女孩和尚未行成丁礼的男孩来做，每天两次。男人们是被禁止挤奶的，除非是在没有女人或男孩在场的情况下，比如在旅途或征战的途中。挤奶的人蹲在奶

牛旁边，每次挤一个奶头，她先把一个带有瓶颈状开口的葫芦在大腿上平稳地放好，再把牛奶挤入窄窄的葫芦口里（见插页图3和插页图5）。她用拇指和食指挤奶，但是，其他三指虽然是并拢的，奶头却在某种程度上被向着整只手挤压。这是一个既有挤压又有牵拉的动作。她用双手扶住葫芦，把它向下挤住自己的大腿，从而使其保持在适当的位置上。在使用罐子或是一个开口较大的葫芦来挤奶时，挤奶的人便用两膝把它夹住，每次挤两个奶头。偶尔，人们也可见到两个女孩子一边一个地同时给一头奶牛挤奶。假如奶牛在挤奶时躁动不安，就会有一个男人把手伸进牛嘴里，抓紧它的嚼子[①]，让它保持安静，如果它乱踢乱蹬，人们便会把一根绊绳套在它的两条后腿上，把它们拉紧到一起（见插页图3）。有人告诉我，他们有时会给那些在挤奶时习惯性地躁动不安的奶牛在牛鼻子上扣上环。

挤奶的过程如下：把小牛松开，它的颈上还戴着系绳，便会立刻向母牛跑去，疯狂地吮吸母牛的乳房。这样，牛奶便开始流出来，努尔人认为，如果小牛不先去吮奶的话，奶牛便会把奶憋住，不让它流出来。努尔人一般不去用手轻拍奶牛的乳房，除非小牛已经死了，因为他们认为这对母牛是有害的。

---

① 其英文原文为“muzzle”。一般译为“口络”、“口套”或“嘴套”，表示戴在牛、马、狗等家畜头上，免其乱咬的装置。有人认为，“口络”一词是对“口笼”的误用。这里，该词指的是一种戴在牲口嘴里用以防止其乱咬乱动，使其保持安静的装置，相当于中文的“嚼子”或“口嚼子”，故有此译。在本书后面的行文中，该词有时表示牛、马、狗等四足动物的突出的口鼻部。在这种情况下，本书则将其译为“口鼻部”。——译者

> 当小牛吮到了一点奶之后，便被人拽开，同时还在拼命挣扎、抵抗，人们把小牛拴到母牛的桩上，在那里，它来回蹭着母牛的前腿，母牛则用舌头舔舐它。至此，女孩挤好了第一遍奶，当地人称作韦克（*wic*）。当奶牛的乳房变软、变空时，人们便 23
> 又把小牛松开，这一过程重复进行。第二遍挤奶叫作题泼·因迪特（*tip indit*），意思是更大的题泼。按照规律，每次只挤两遍奶。但是，如果是一头很好的奶牛，且又处在产乳的高峰期，则在第二遍之后还会把小牛松开，再挤第三遍奶，这叫题泼·因托特（*tip intot*），即较少的题泼。当女孩挤完奶后，她便用奶牛的尾巴揩净大腿和储奶器，把小牛松开，让它吃掉剩下的牛奶。挤第一遍奶比第二遍用时较长，产奶也较多；第二遍则比第三遍产奶较多。早晨挤奶要比傍晚挤奶的产量多。

一系列的测量表明，每天四到五品脱的牛奶可被视为努尔人的奶牛在其产奶期的一般平均产量，其产奶期平均约为七个月。然而，我们必须记住的一点是，这只是对人们所消费掉的牛奶量的一种估计。在挤奶之前、之中和之后，小牛也吃了一部分牛奶。而且，很可能就像努尔人所说的那样，有些奶牛为它们的小牛保留了一部分牛奶，因为在挤过奶后，小牛往往还要再到母牛那里吸吮几分钟的奶，然后奶牛才不再让它们吃奶，踢走它们或是不断走动，使它们够不着乳房。有些时候，会有小孩子把小牛拉开，自己去挤母牛的乳房，舔食流到手上的奶，或者跟小牛一道吸吮母牛的奶头，但作为一般规律，小牛会把剩余的牛奶吃掉。因此，一头奶牛每天的总产奶量可能高达七到九品脱，这一点看来要比英国奶牛

的产奶量多得多。供人们消费所用的奶的产量小这一点并不奇怪，因为努尔人的奶牛没有经过任何人工喂养，鲜嫩的牧草常常很难得到，它们不得不经受极其艰苦的条件。此外，必须强调的一点是，英国奶农们所要的只是牛奶，而努尔牧人们则既想要牛奶，又希望保住每一头小牛。人类的需要必须服从小牛的需要，如果要使牛群长久发展下去，这是首先要考虑的事。

图 1　搅乳葫芦

牛奶以各种各样的方式为努尔人所消费。鲜牛奶被人们喝掉，尤其是被小孩子们喝掉，有时也与高粱粥就在一起来吃。在旱季的酷热天气里，当人们很想清清爽爽地痛饮一番，而食物又有所不足时，鲜奶便主要由成年人喝掉了。一些牛

奶还被储存起来，在炎热的天气中，它不久便很快地变酸、变
稠，在这种条件下带上了一种特殊的味道。努尔人喜欢在手
头留有一葫芦酸奶，以备有人来访时用来待客。在每天所产 24
的奶中，有一部分会被留下来做奶酪，如果有好几头奶牛正在
产奶，人们就会留下一头专门供做奶酪之用。待搅拌的牛奶
被倒进一个葫芦里，这个葫芦不同于平时存放饮用牛奶的葫
芦。然后，牛奶被转到一个搅乳葫芦里(见图1)，在这儿存放
数个小时，除非搅乳葫芦发出难闻的气味，否则人们并不清洗
它们，因此，在前一次搅乳时留下来的酸便使这一次倒进去的
牛奶凝结起来。存放过后，便有妇女或女孩前来搅拌，她坐在
地上，两腿在前面伸着，把搅乳葫芦举起来，猛地向下一颠，把
它放到自己的大腿上，在那里摇晃几次，然后再重复这些动
作：这是一种简单却冗长费时的搅乳方式。当牛奶开始形成
凝乳时，她就往葫芦里倒入少量的水以使其凝结好并增加乳
清的数量，为了使凝乳有一定黏稠度，有时还可能会加入一些
公牛尿。凝乳形成后，搅乳的妇女便把牛奶倒入一个杯状的
葫芦中，并用一个蚌类贝壳把凝乳舀出来，倒进另外一个在棚
屋中悬挂着的葫芦容器中。乳清与鲜牛奶混在一起，主要由
妇女和男孩子们喝掉。每一天她们都会加进新的凝乳，并不
时地往凝乳中搅拌一些公牛尿，以防止凝乳变质。她们不断
地添加新的凝乳，可能要持续几个星期，直到最后在急火上把
凝乳煮沸，这样，被称为列兹·因·波(*lieth in bor*)的凝乳就 25
变成了深黄色的固体的奶酪，她们称之为列兹·因·卡(*lieth
in car*)。煮沸一段时间以后，她们把剩下的液体倒入一个葫

芦里，把上面的一层油撇掉，用来佐粥喝。奶酪被装入一个圆形葫芦，放进一个绳网内，在棚屋的屋顶上悬挂起来，这个圆形葫芦的壁壳有一片已被切离开，因此，细绳可以从这小片壁壳中穿过，使它起到一种滑动盖子的作用（见图2），如果在容器外面涂上一层牛粪，使外面的空气无法进入，奶酪便可保存几个月不坏。这样，牛奶便可以以奶酪的形式储存起来。它既可以与粥一起来吃，也可以用来给身体涂油。

努尔人也在早晨给绵羊和山羊挤奶，但他们对羊奶的产量并不怎么在意，挤出来的羊奶由小孩子们喝掉，并不用来进行奶制品的加工。妇女们给羊挤奶，小孩子们和小羊们则吃掉母羊乳房中剩余的奶。由于小羊们跟着母羊在牧场上跑了一整天，傍晚时妇女们便不再给母羊挤奶，但是在白天，饥饿的牧童们经常去挤母羊的乳房，从自己的手缝中吸吮渗漏下来的羊奶。

在关于挤奶和对奶的加工的描述中，有几点值得强调：(1)现在的牛的数目和分布使努尔人不能像自己所喜欢并且可能曾经一度经历过的那样，过一种完完全全的牧人生活。即使根据最大方的估计，一个牛棚每天的平均产奶量很可能也不超过十二品脱，或是每人一品脱半。因此，对于努尔人来说，一种混合型的经济形式便必不可少。(2)此外，由流行病和聘礼的转换交割所造成的家户资源的起伏波动，也因这种以牛奶为主要食品的食谱的有机特征而进一步加剧，因为奶牛只在生下小牛之后的某段特定的时期产奶，而且产奶量也不稳定。这样一来，从牛奶这方面来看，一个单

个的家庭并不是一个自给自足的单位，因为它并不总能保证足够的供给。因此，由于牛奶被视为必不可少的，努尔人的经济单位必然要比单纯的家庭性群体大。(3)为了对奶制品进行补充，就需要一种谷物性的食品，这一点与努尔人的环境条件一起，使努尔人不能过一种完全纯粹的游牧生活，但是，奶制食品使他们能够在每一年的一部分时间里过一种游牧生活，并赋予了他们好动和捉摸不定的特点，这一点已由他们的历史所表明，而且，在最近由政府向他们发动的一次战役中，也表现出了这一点。由于每天不断更新，牛奶既不需要储藏，也无须运输，但从另一方面来看，这也意味着努尔人必须直接依赖水源和草木植物，这样，他们不仅可以，更是被迫过一种游荡不定的生活。这种生活养成了他们的牧人品质——勇敢、好 26
战、不畏饥饿与艰苦——而不是塑成了农民的那种勤劳特征。

四

努尔人之所以对牛感兴趣，还包括想吃煮熟或烤熟的牛肉这点原因。他们饲养畜群并不是为了屠宰，但在举行仪典时，他们常常用绵羊和牛来献祭。总有任何时候都适合为其举行献祭以表敬意的鬼魂或神灵，而且，这样的献祭往往早就被人们所期盼着了，因此，当人们想要美餐一顿时，他们并不缺少恰当的借口来找出一个献祭的节日。[①] 在丧葬仪式中，努尔人用有繁殖能力的奶牛来

① 美餐一顿和献祭的节日在原文中都是 feast，有节日和盛筵二义，这里兼有二者，故作此译。——译者

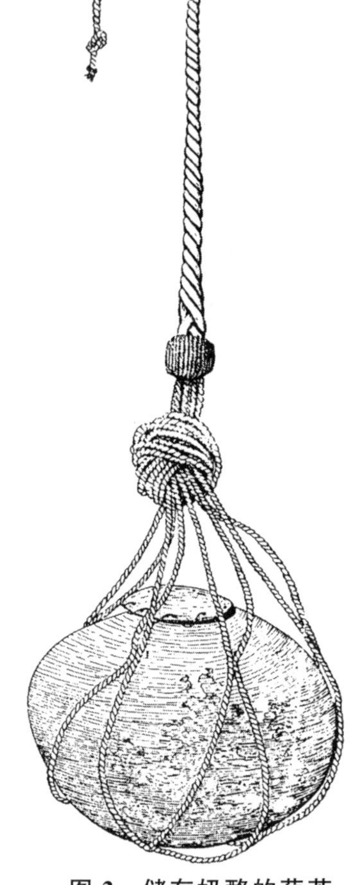
图 2　储存奶酪的葫芦

献祭，但在别的场合里，他们只宰杀不能生育的母牛。在献祭中，大多数人所感兴趣的是仪式的节庆特征，而不是其宗教特征。有时，如同在婚礼上那样，举行这种仪式的人并不是吃肉的人，而在其他典礼中，则会有一种全体性的对屠后动物躯体的争夺。在这些场合里，努尔人毫不羞惭地表现出对肉的欲望，而他们也承认，有些人举行献祭是没有正当理由的。在某些年景里，年轻男子们在雨天为了宰杀一头公牛大吃一顿而聚到一个家宅里乃是一种习俗。然而，除了在这样的场合以外，人们是不应该仅仅为了吃肉而杀死一头公牛的——人们甚至认为那头被杀死的公牛会诅咒他们——他们只是在遇到严重饥荒时才这么做。娄部落的牛很多，他们有一个不好的名声，即为了吃肉而宰杀公牛，对此他们感到很羞耻。然而，尽管如此，在努尔地区的任何地方，一般都没有为了取食而杀牛的情形，人们甚至从不会仅仅因为想吃肉而杀掉绵羊或山羊。在一些不重要的场合下，人们往往杀死绵羊或山羊来做献祭，因为它们的价值较小。

自然死亡的任何一种动物都会被吃掉。甚至当一个年轻人最喜欢的公牛死去时，也肯定会有人劝说他与大家一起把这头牛吃掉，而且，据说如果他不这么做，他的矛便会为这种耻辱而向他复仇，于是，在将来的某个场合，他的矛便会刺伤他的手或脚。努尔人非常喜欢吃肉，并且宣称，对于一头奶牛的死，“心和眼睛会很悲伤，而胃和牙齿却很快乐”；“人的胃向大神祈求这些赏赐，而不管头脑的意愿”。

尽管公牛被用来献祭并被人们吃掉，它们却并非仅仅出于这 27
一目的而被努尔人所看重，它们还可以被人们用来展示炫耀，还可以使人们享有因拥有它们而被赋予的声望。牛的颜色和牛角的形状很重要，但其最基本的品质还在于形体的大小和胖瘦，腰腿骨看上去不应很明显这一点被认为是尤其重要的。努尔人非常喜欢牛背上有一大块隆肉，在它们走动时一颤一颤的，为了加大这一特征，他们常常在小牛出生后不久便对这块隆肉进行操作处理。

> 与东非别的游牧人群一样，努尔人也从牛颈处取血，这在旱季营地里是一种补充性的食物，在那里，一般每天傍晚都会见到至少有一头奶牛被取了血。为了烹饪做食，奶牛被人们取血的情形要比公牛更为常见。这种手术被称为巴(*bar*)，包括下列步骤：把一根细绳紧紧绑在牛颈上，使其静脉凸显出来，在静脉被细绳分开的靠近牛头的这一端，用一把小刀把一条静脉刺破，小刀上缠着细绳或草，以免刺入得太深。血喷射出来，当一只大葫芦被装满后，人们便把细绳松开，血就不再往外流了。一些牛粪被涂抹在伤口处。如果有人细心检查一下奶牛的脖子，就会见到一排小的疤痕。经过这种手术后，奶

牛显得好像有点头晕，走起路来也稍微有些不稳，但就其经历
28 而言，看来情况仅此而已，并不更糟。实际上，就像努尔人所说的那样，这种手术可能对它们更有好处，因为它们过着一种慵懒缓慢的生活。取出来的血由妇女煮沸，直到变得相当黏稠为止，可被用作给高粱粥调味的肉料；另外一种情况是，男人们把牛血留在容器里，直到凝成一个血块，在余火中将其烤熟以后，把它切碎吃掉。

努尔人并不把奶牛血当成一种主食，奶牛血在他们的食物构成中所占的比例也不大。实际上，尽管他们承认烤牛血很好吃，却说他们做这种手术并不是为了取食，而是为了对牛有好处。他们给奶牛放血是为了放出那些导致疾病的坏血，从而治愈奶牛的各种身体上的不适。努尔人还说，放血会使奶牛长胖，因为第二天它会更充满活力，吃起草来胃口更好。此外，在他们看来，给牛放血还可以减低奶牛与雄性交配的欲望。努尔人说，如果奶牛与雄性交配次数过多，最后便会失去繁殖能力，相反，如果不时地给它放点血，它就会只要求交配一次，并怀上小牛。在雨季，人们给牛放血有时也是出于医学方面的原因，这时人们往往吃得很饱，便把牛血送给照管畜栏的男孩子们以及他们所养的狗。有的时候，他们在小牛的鼻子上切开些小口，让牛血流到地面上，以使小牛长胖。我曾见过努尔人多次刺破自己的腿和腰背部，以激发自己的速度和力量。

以下两点看来对我们非常重要：(1)虽然努尔人并不为了取食而宰杀牲畜，但事实上所有的牲畜最终都会成为他们的盘中之餐，

因此，他们有足够的肉食来充饥，并没有猎食野生动物的迫切需要，他们很少从事狩猎活动。(2)除了在牛疫流行的时候以外，努尔人吃肉的场合通常都是仪式性的，正是仪式的这种节庆特征使其在这个人群的生活中具有了大部分的意义。

五

除了奶、肉、血以外，努尔人的牛还为他们提供了大量的家庭必需品，当我们想想努尔人所拥有的物品是多么稀少时，我们便会明白牛作为一种原材料的重要性了。牛的身体及其产品具有如下的用途：

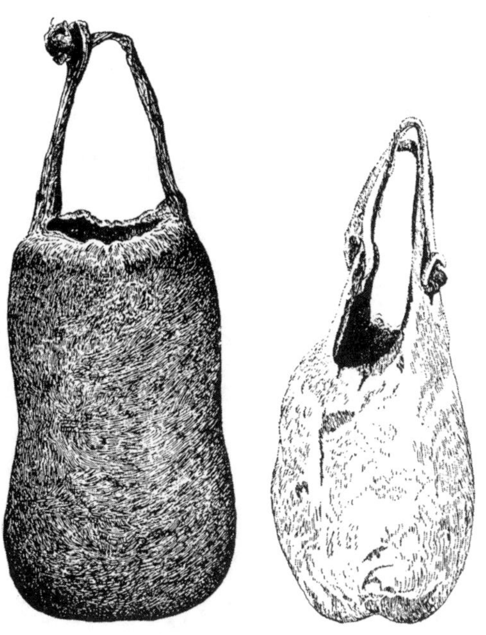

图 3　用公牛和长颈鹿的阴囊制成的皮袋

它们的皮被用来做床、做托盘，被用来运送燃料（见插页图17），被用作拴系绑缚及别的用途的绳索，被用作连枷（见
30 图15）及套在公牛脖子上的皮轭（见图4），也被用作鼓面。在制作管子、矛、盾以及鼻烟容器等物时，也会用到它们。公牛的阴囊被制成袋子，用来盛放烟草、匙勺以及其他小的物品（见图3）。牛尾上的毛被制成流苏，由女孩子们用作跳舞时的装饰品，也可用来装饰人们最喜爱的公牛的牛角（见插页图4）。牛骨可被用来制造臂环，并可用作搅拌器、捣具和削刮器。牛角被削成小匙（见图14），也被用来制造鱼叉。

牛粪被用作燃料，也被用来抹墙、抹地板以及牛营草屋的外壁。在不太重要的技术加工过程中，牛粪也被用作一种粘贴剂，用来保护伤口。烧剩的粪灰被用来搓擦男人们的身体，被人们用来染发并把头发弄直，被用作漱口剂和牙粉，被用于制备睡垫和皮袋，还被用于各种仪式。牛尿被用来搅拌和制作奶酪，被用于准备葫芦容器，被用来鞣制皮革，并被用来洗手洗脸。

羊皮被已婚妇女作为一种缠腰布而穿戴起来[见插页图23(a)]，被用作坐毯，被制成袋子盛放烟草和黍米，还被割成条条块块由年轻人在跳舞时缠在脚踝上作装饰。至于羊粪羊尿，则没有人会用到它们。

贝都因阿拉伯人（Bedouin Arab）素有“驼背上的寄生者”之称。在某种程度上，我们也可以比较公正地把努尔人称为“牛身上的寄生者”。然而，我们所汇编出来的这份清单看起来似乎并未涉

插页图 4

角上挂有流苏的公牛(娄)

插页图 5

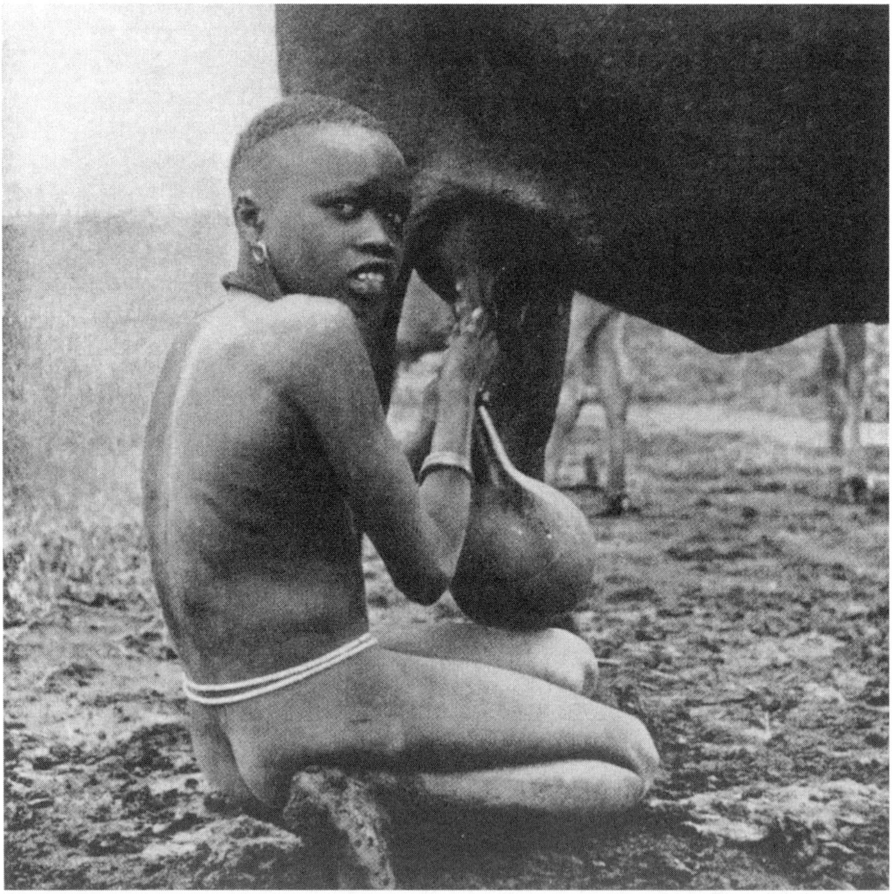

挤奶的女孩(娄)

及多大范围的用途，但努尔人的物质文化是如此简单，因此，这份清单代表了他们技术中相当大的部分，而且涵盖了努尔人所高度依赖的那些事项。比如把牛粪用作燃料，在他们所生活的地区，要想找到足够的植物燃料来做饭都是很困难的事，更不用说在每一个牛棚和风屏中都昼夜燃烧着的巨大的灶火了。

我们已经看到，除了它们所具有的许多社会用途之外，努尔人还把牛作为两种必不可少的食品的生产者而对其给予直接关注，这两种食品即牛奶和牛肉。我们现在知道，牛的经济价值更大。如果再考虑一下在第一小节曾简要提到的那种更为一般意义上的社会价值，我们便已会注意到，在努尔人中，有一种对于一个单一对象的过度强调，它支配着其他一切兴趣，并与那些已成为游牧人群鲜明特征的品质如简朴、专心、保守等相一致。

在随后的几个章节中，我们将描述牛的需要即水、牧草以及免 31
遭食肉猛兽攻击和叮咬昆虫侵扰等是如何被努尔人照顾到的；我们还将指明，这些事项是以什么样的方式来决定人类的日常活动并影响他们的社会关系的。现在，我们先把这些范围更大的问题放到一边，我们在此要问的是，既然努尔人如此依赖于他们的牛，并如此看重它们，那么他们是不是很有能力的牧民呢？力陈他们对自己的牲畜给予了其知识所允许范围内的无微不至的关怀照顾并不必要，比较切实的做法是，对他们的知识是否足够加以探究。我们特别注意了努尔人的实践与传统的农作习俗不相一致的地

方，并对导致这种不一致的原因进行了考察。现在，我把一些更为明显的困难以及我对努尔人畜牧实践所作的某些一般性的观察记录如下：

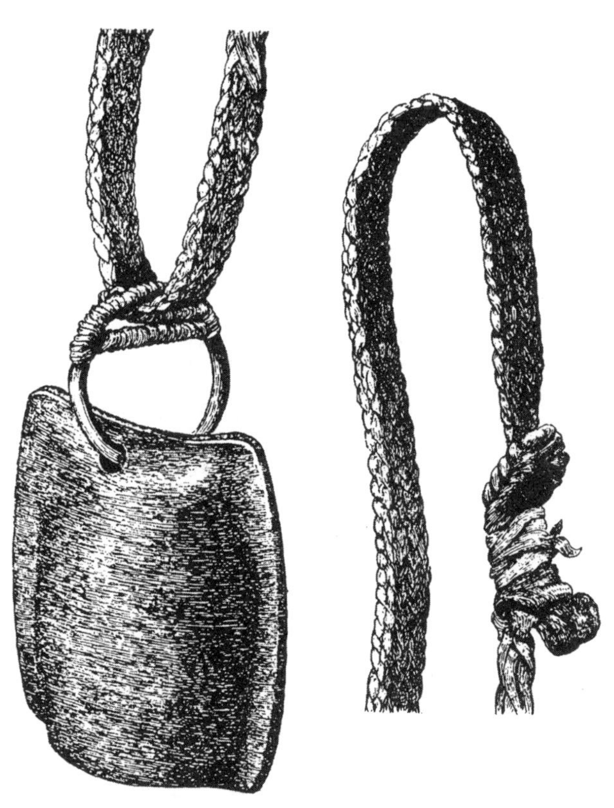

图 4　牛铃和牛轭

1. 由于中午奶牛并不被带回畜栏，小牛每天便会有好几个小时的时间得不到喂养。然而，苏丹兽医部部长威廉斯上尉告诉我说，努尔人的公牛有着很好的名声，它们与苏丹任何地方的公牛一样优秀，因此，在它们还是小牛时，它们的发展不可能受到严重的阻碍。在雨季，他们很少在上午九点到十点之前给奶牛挤过一次

奶后在下午五点左右再挤一次，而在旱季，奶牛可能早在上午八点的时候就被赶到牧场，直到大约下午五点半的时候才回来，这样一来，奶牛便有大约十个小时的时间不能给小牛喂奶。然而，这种长时间的间隔是难以避免的，因为在旱季里，放牧的地方常常很远，而且，由于缺少好的牧草，奶牛需要比雨季更长的时间才能吃饱。在雨季里，黎明时分便去放牧牛群，中午把牛群赶回家以便让奶牛给小牛喂奶和反刍，是一件很简单的事情，东部非洲许多人群就是这么做的。但努尔人说，当牛从它们那热气腾腾、烟气缭绕的牛棚里出来时，在去牧场吃草之前，总喜欢在畜栏里歇上一会儿。而它们此时懒洋洋的样子似乎证实了努尔人的这一说法，这种懒洋洋的样子与其在旱季营地里露天过了一夜之后急着要去吃草的情形形成了鲜明对比。努尔人认识到牛棚中的热和烟对牛是有害的，但他们认为蚊子更厉害。此外，他们要等到露水蒸干以后才去放牧，33
他们认为，这样才能减少牛产生消化问题的危险，因为在雨季里，地面又冷又湿，直到晚些时候才有所好转。另外一个使他们让牛在畜栏里晚出来的原因是，如果很早就把牛放开，它们很快便会吃饱，然后就会开始四处乱走，因为它们在雨季里通常并不聚在一起。

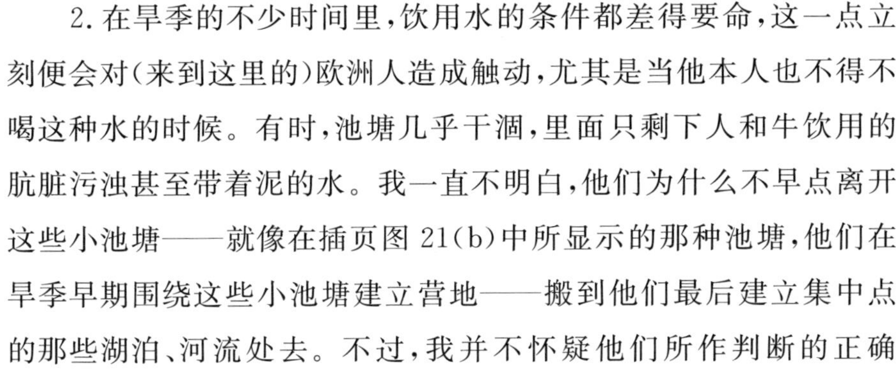

2. 在旱季的不少时间里，饮用水的条件都差得要命，这一点立刻便会对（来到这里的）欧洲人造成触动，尤其是当他本人也不得不喝这种水的时候。有时，池塘几乎干涸，里面只剩下人和牛饮用的肮脏污浊甚至带着泥的水。我一直不明白，他们为什么不早点离开这些小池塘——就像在插页图 21(b)中所显示的那种池塘，他们在旱季早期围绕这些小池塘建立营地——搬到他们最后建立集中点的那些湖泊、河流处去。不过，我并不怀疑他们所作判断的正确

性，因为他们完全清楚，脏水对牛来说既不好喝，又没好处，而且，只要条件允许，他们就会不辞劳苦，以便确保他们得到能够满足需要的足够多的净水资源。在搬迁营地时，除了水源条件以外，他们还要考虑许多他们迫切需要得到的东西：牧草、渔场、埃及槲果（*Balanites aegyptiaca*）[①]的收获以及对第二季高粱的收获等等。

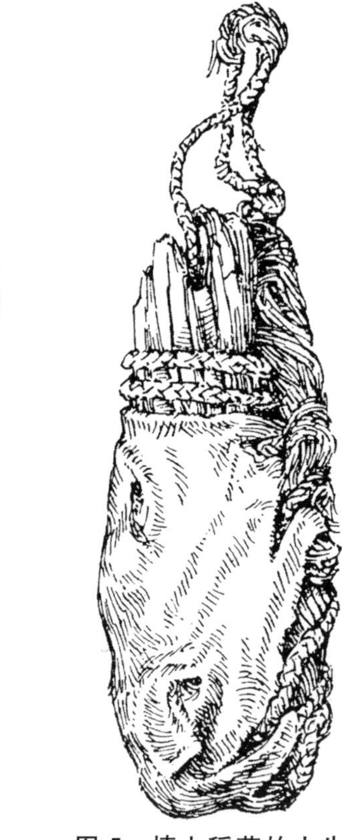

图5　填上稻草的小牛头

3. 与某些东部非洲人群不同，努尔人并不保留太多未经阉割的动物。如果要说他们在此方面犯了什么错误的话，那么这种错误就在于，他们保留的种畜太少了。根据有限的几次观察，我估计，大约每三十或四十头成年奶牛对应一头成年的未经阉割的公牛。努尔人尽量选择其最好的奶牛所生下的小牛，作为留种用的公牛，以使他们能够从中培养出好的奶牛。他们说，如果不把大多数小公牛阉割掉，奶牛就会不得安宁，畜栏里就会有不停的争斗，牛棚里就会有不断的骚动。小牛要长到大约十八个月到两岁大的时候才被阉割："此时，它的母亲已经生下了另外一头小牛，肚子里还怀上了第三头小牛。"阉割时，小牛被摔倒在地，阴囊被人

① 一种野枣，又译"沙漠枣"（英文名为 desert date 和 Egyptian myrobalan，Balanites aegyptiaca 是其学名），参见第二章第七节的有关介绍。——译者

用矛割下来，睾丸被拉出来割掉。小牛失血很少，很快就复原了。小牛在任何时候都有可能因献祭的需要而被阉割，但是，如果不是为了献祭的话，努尔人更愿意在旱季做这种手术，因为这样会比雨季减少发炎的可能性。如果公牛之间发生争斗，努尔人并不阻止它们，除非它们属于同一个牛群，在传统上，这种争斗常常被人们用来引述，将其视作世系群分裂和迁移的原因。在献祭时，大量的 34
小公牛和阉割过的公牛被宰杀掉。

4. 从未生过牛犊的小母牛直到第三年才有公牛与之交配。通过其在畜栏中的行为表现，努尔人就可以知道一头奶牛什么时候发情：它会变得躁动不安，低声叫个不止，不停地甩动尾巴，嗅别的奶牛的阴门，并企图爬到它们身上。如果奶牛在草场上已经交配过了——因为公牛跟着牛群一起去吃草——怀孕的最初迹象据说是外阴的变化。如果你问一个努尔人，一个在某一时刻已经交配过了的奶牛什么时候会生小牛，他们会立即回答你，而且说得很精确。他们说，如果一头奶牛没有任何严重的疾病，它将繁殖大约八头小牛。

> 在我的经验中，小牛的死亡率非常低。努尔人对它们给予了无微不至的照顾。当人们看到一头奶牛快要第一次生小牛时，它的主人便会整个晚上坐着不睡地陪着它，或者跟它一起去牧场，以便为它助产。对于已有生育经验的奶牛，人们会让它自己来生，但通常会有一个男人在场，以便在有什么麻烦时给予帮助。当奶牛在灌木丛中生小牛时，他必须在场，因为刚出生的小牛非常娇弱，不能跟着母牛一起走，因此母牛就要

与它在一起，这样它们就可能会与牛群分开，成为野生猛兽的猎物。如果小牛尚未出生就死在奶牛的子宫里，努尔人就会想办法把它弄出来。当有必要在子宫里给它翻转正位时，他们也会进行这种正位手术。如果胞衣落不下来，或者如果奶牛不去舔舐小牛，他们便给母牛施用药物。当小牛死掉以后，他们会借助各种手段来使母牛产奶。他们用稻草做成假的小牛头（见图 5），并在上面抹上些母牛的尿；或者，尤其是当母牛流产之后，他们便做成假制的整头小牛，插入木桩作为牛腿，把它放到母牛前面，把它的头推向奶牛的乳头，同时轻轻挤压、拉拽奶牛的乳头，还会有个男孩子在一旁向奶牛的阴道里吹气。

35

图 6　小牛的断奶环

努尔人说，如果一头小牛在只有一两天大的时候就死了母亲，那么它也就会死掉。但是，一旦它尝过了初乳之后的卡克·听·波（*cak tin bor*），即“白牛奶”，它就可以被人们救过来了。人们会用手拿着一个带漏斗嘴的小葫芦喂它吃奶，并会采取各种办法找到另一头正在产奶的奶牛来给它喂奶。由于努尔人认为——这一点看起来似乎是错误的——让小牛喝掉初乳上面的那层被污染了的牛奶是危险的，因此，在让小牛吮奶之前，他们会把这层脏奶弄掉。如果因为一时疏忽而让小牛先去吮吃了奶，他们就会给小牛吃一种泻药。他们认为，如果牛奶中有血，那将是更为严重的事情。

在出生后的最初三四天，除了被放掉的那部分以外，母牛的所有的奶都由小牛吃掉。接下来，人们便叫来住在附近的近亲，让他们来吃粥。在这种粥上面，他们泼上了取来供人吃的第一次奶。在这种典礼上，小牛尾尖上的毛被割掉，它的主人向上面吐一口唾沫，然后在母牛背上挥舞它们，因为如果不这样做的话，小牛便会生病，因为它对人们偷走它的奶感到愤恨。然而，在此之后他们仍然可能会说："我们还没有与小牛一起分吃牛奶"，因为在最初的两个星期里，为了使小牛强壮起来并使其牙齿长得结实坚硬，他们取奶很少。当小牛更加强壮的时候，他们便会取走更多的奶。这时他们就会说，小牛与人们分吃了［布兹(*buth*)］奶。小牛会接着吃奶，直到母牛重又怀上小牛，不让它再吃时为止。断奶装置并不是非用不可的，但是，如果奶牛在怀孕时仍给小牛喂奶，而在牧场上把奶牛与小牛分开又行不通时，他们就会在小牛的口鼻部周围放上一个用荆棘编成的环(图 6)。这个环并不影响小牛吃草，却使它不能吮奶，因为当小牛吮奶时，环上的蒺刺便会刺痛母牛的乳房，母牛就会把小牛踢开。从这一介绍中，我们将会看到努尔人是怎样解决既要让奶牛为主人产奶，又不剥夺小牛获取必要营养的机会这一牧人问题的。

在湿季的村落中，在成年牛群去了牧场以后，小牛便被关
在牛棚里，直到傍晚；在旱季的营地里，它们会被拴在树荫下。 36
下午，人们会给它们喝水，男孩子们还会给它们割来青草，尤其是蒲恩稻[(*poon*)[1],即巴蒂野生稻(*Oryza Barthii*)],这种稻秧非常肥嫩。在大约三个月大的时候,它们便在牧童的看护下,与较大的小牛一起去牧场吃草。但它们与母牛是分开的,被赶向与早些时候成年牛群所走方向相反的方向。在大约一岁大的时候,它们便与成年牛群一起活动了,此时,它们的母亲们则又怀上了小牛。

我们以后还会有机会进一步谈及努尔人对牛的关注及其方法的智慧之处。在这一小节里,我只是给出了几个例子,来阐明在我的研究过程中所形成的一个一般性的结论:在他们现在的生态关系中,努尔人牧养牛的技艺在任何重要的具体方面都不可能得到改进;其结果便是,在他们所拥有的知识范围以外,任何更多的知识对他们都没有什么助益;而且,正如随后将要得到指明的那样,如果不是他们不停地彻夜守护与照料,牛是不可能在其恶劣的环境条件里活下来的。

七

我们已在前面提到,努尔人可以被称为牛身上的寄生者,但我们可以有同样的理由说,奶牛是努尔人手上的寄生者,因为努尔人

---

① *poon*,《新英汉词典》译作“红厚壳属树木”,尤指琼崖海棠树木;《现代英汉综合大辞典》译作“胡桐”;其他小型词典没有该词。但据上下文来看,此处的 *poon* 为斜体,所指的应是一种草本植物,而在后面的章节中,它表示一种野稻,因此,此处将其译作“蒲恩稻”。参见第二章第七节有关内容。——译者

的一生都被用来确保牛的健康和安宁。为了让牛过得舒适，他们建造牛棚、点燃火堆、打扫畜栏；为了牛的健康，他们从村落搬到营地，从一个营地搬到另一个营地，又从营地搬回村落；为了保护牛群，他们会与野兽搏斗；为了让它们看起来更漂亮，他们制作出装饰品来打扮它们。在努尔人的悉心照料下，它们过着一种从容、慵懒、闲散的生活。实际上，努尔人与牛的这种关系是共生性的：通过彼此之间的互惠性的服务，人和牛维持着各自的生命。在这种亲密的共生关系中，人和牛之间形成了一种最为紧密的单一性的共同体。在下面的几个段落中，我将对这种亲密关系给予关注。

在营地里，大约在黎明时分，努尔人从牛群中间醒来，心满意足地坐在那里看着它们，直到挤完牛奶。然后，他们或者把牛群赶到牧场上在这一天里看着它们吃草，赶着它们去喝水，为它们创作诗歌，再把它们带回营地，或者留在畜栏里喝牛奶，给它们做系绳 37
和装饰品，给小牛喝水或给予小牛别的照料，打扫畜栏，并把牛粪晒干来做燃料。努尔人用牛尿洗手洗脸，尤其是当牛在挤奶过程中撒尿的时候更会如此，他们喝牛奶和牛血，在用文火焖烧着的牛粪旁边铺上一张牛皮，在上面睡觉。他们用牛粪灰涂抹身体、梳理头发、清洁牙齿，用由牛角制成的饭匙吃东西。当牛群在傍晚时分从牧场上回来的时候，他们用由牛皮制成的绳子把每头牛拴在木桩上，然后坐在风屏中注视它们，看着妇女和孩子们给它们挤奶。努尔人了解其牛群中的每一头牛，也了解其邻居和亲属们的牛群中的每一头牛：比如牛的颜色、牛角的形状、它的怪癖、乳头的数目、它的产奶量、它的历史、它的祖先世系以及它的后代。索尔小姐告诉我说，大多数努尔人都知道一头牛的母亲及其母亲的母亲

的特征是哪些，有人还能知道它向上推溯到五代的祖先的特点。努尔人对自己的所有的公牛的习惯都很了解。比如，一头牛如何常常在晚上吼叫不停，另一头如何喜欢在返回营地时给牛群领头，还有一头如何常常猛然地把头昂起，这种动作超过了其他牛所习惯的次数。他知道哪一头奶牛在挤奶时躁动不安，哪一头不愿喂养小牛，也知道哪一头喜欢在去牧场的路上喝水，等等。

如果他是个年轻人，他就会找来一个男孩子，在早晨牵着他最喜爱的公牛——他便以这头公牛取了名——绕着营地走走，他自己则在公牛后面又唱又跳；晚上，他常常在牛群中间走来走去，一边摇着牛铃，一边唱着歌赞美他的亲属、心上人和他的公牛。当他的公牛在傍晚回家时，他会亲昵地抚摸它，往它背上擦粪灰，给它从腹部和阴囊处捉虱子，为它把肛门上粘着的牛粪弄掉。他把它拴在自己风屏的前面，以便一醒来就能看见它，因为再没有什么东西能比自己的公牛更能使他感到满足与自豪了。他能展示得越多，他就越高兴，为了让它们看起来更动人，他在它们的角上挂上了长长的流苏，在牛群从牧场返回营地的路上，每当它们猛然昂头和摆动流苏的时候，他就可以在旁边欣赏了。他还在牛颈处系上了牛铃，当牛儿在牧场上吃草时，这些牛铃便会发出叮叮当当的声音。甚至是小公牛，也被它们的主人——一些男孩子们——打扮上了一串一串的小木珠和铃铛(见图 13)。有些小公牛注定会在

38 后来被阉割掉，它们的角一般也要被削削砍砍，以便长成其主人所喜欢的形状。这种手术被称为恩嘎特(*ngat*)，很可能在小牛出生后的第一年末进行，而且通常是在旱季里进行，因为据说如果在雨季给小牛砍角的话，它就可能会死掉。在做这种手术时，小牛被摔

倒在地，几个人把它压住不让它乱动，有人用矛把它的双角斜斜地切断。此后，它的双角便会沿着切口的方向生长。在手术中，小牛看起来非常痛苦，有时我曾听到努尔人把这种痛苦经历与年轻人向成年人转变的成丁礼相比。

当努尔人谈起公牛时，他所惯常的那种愁眉不展的样子便一扫而光，他会热情洋溢地谈论它，同时把双臂举起，让你看他是怎样让牛的双角沿着一定方向生长的。"我有一头很漂亮的牛，"他说，"那是一头长着斑纹的牛，它的背上有一块很大的白斑，一只角长到了口鼻部的上面"——与此同时，他把双手上举，一只手举到头顶上面，另一只胳膊从肘部弯过来，把手横在面前。在歌唱和跳舞时，他们会大声叫着自己公牛的名字，并举起胳膊模仿它们的角。

努尔人对牛的态度因其社会生活中情境的不同及其社会发展中的变化而各异。小孩子刚一会爬，便被带到牛群和羊群中，与它们建立密切联系。畜栏是他们玩耍的场所，他们在牛、羊的粪便中翻来滚去，身上一般总是沾满了牛粪、羊粪。小牛、绵羊和山羊是他们玩耍时的伙伴，他们常常把牛、羊拖来拖去，在它们中间爬来爬去。他们对这些动物的感情很可能受着取食欲望的支配，因为奶牛、母绵羊、母山羊等常常给他们喂奶，直接满足他们饥而欲食的要求。婴儿刚一能喝畜奶，母亲就会把他抱到母羊那里去，让他直接从母羊的乳头中喝温热的鲜奶。

年纪大一些以后，男孩女孩们的游戏围绕着牛而展开。在营地里，他们用沙土做牛棚，而在村落里，他们则用弄湿了的粪灰或软泥做牛棚，然后再把用泥做成的非常精致的泥公牛、泥奶牛等放进玩具畜栏里（见图 7）。在玩放牛和婚礼的游戏时，他们便会用

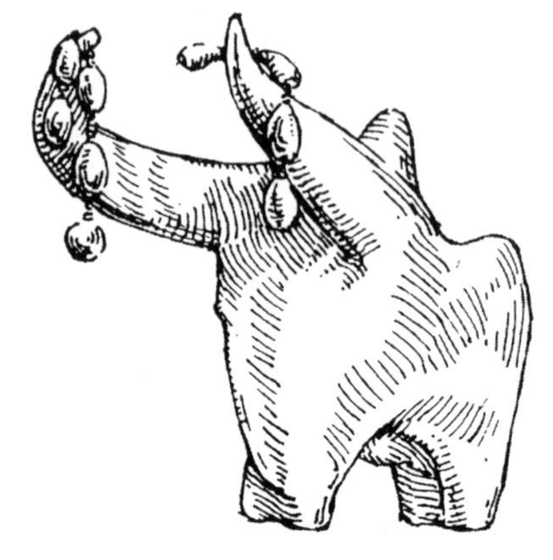

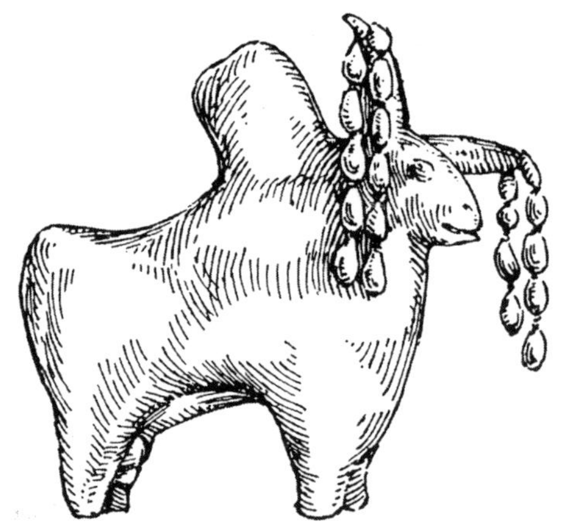

图 7　饰有流苏的泥塑公牛

这些泥牛来做道具。在孩童时期，他们的第一次任务就是与牛有关的。当他们的母亲给羊挤奶时，很小的小孩就会拽住它们不让它们乱动，当母亲给奶牛挤奶时，他们就负责拿葫芦，并把小牛从
39 母牛乳头那里拉开，把它们拴到母牛的前面。他们用葫芦接尿，给自己洗澡。当他们稍大一点、身体也强壮一些时，就要清扫牛棚和畜栏，帮着挤奶，到牧场上放牧小牛、绵羊和山羊。此时，他们与牛的关系便由食物及游戏上的接触变成了劳动上的接触。在这个年

龄，男女之间在对牛的兴趣方面开始出现分化，而且，随着他们逐渐长大，这种分化越来越明显。女孩和妇女们的劳动被限制在牛棚和畜栏里，多数与奶牛有关；而男孩子们则要到牧场上去放牧小牛，同时也会在畜栏里帮忙做点活计，在行完成丁礼后，他们便要 40
放牧成年牛群，而在畜栏里也主要把关注点放到公牛身上了。妇女们是挤奶女工；男人们则是牧民。此外，对于一个女孩子来说，奶牛基本上是牛奶和奶酪的提供者，而且，在她长大、结婚、为丈夫一家挤奶拌奶时，情形依然如此。然而，对一个男孩子来说，奶牛则是他家牛群的一部分，其中，他也有一份财产所有权。在他的女性亲属们结婚时，这些奶牛便加入到了他的牛群里，有朝一日，当他结婚时，他会把它们带过来。在结婚时，女孩子便与这个牛群分开；而男孩子则仍是这个牛群的主人。当男孩子长成一个青年人并经过成丁礼而变为一个成年人以后，牛对他来说便不仅仅只是为他提供食物和让他劳动了。它们还是他用以向别人展示自己和缔结婚姻的一种手段和途径。只有当一个男人结了婚，有了孩子，建立了一个独立的家户，有了一个属于自己的牛群以后，当他成了一位长老和一个有一定身份地位的人之后，他才常常用牛来献祭，把它们用到神圣事业中，在仪式中使用它们。

努尔人和他的牛群之间形成了一个有着一致利益的合作共同体，为了维护这种共同利益，二者的生活都要进行调整，他们这种共生性的关系是一种紧密的身体接触的关系。牛是驯良的，对于人的照顾与引导会很快做出反应。在他们所共同居住的家中，没有什么大的文化障碍把人与牛分开，相反，努尔人在他们的牛群当中是完全赤裸的，他们与牛群的接触也极为密切，这就向人们展现

了一幅典型的原始状态的图景。我请读者看一下本书中的一些图例，比如卷首插页图及插页图 3、5、17，它们比我的言语词汇更能使读者对这种畜栏中的生活的原始特色有所了解。

对努尔人来说，牛不仅是吸引他们的兴趣的对象，有其巨大的经济用途和社会价值，而且，它们与人们有着最为密切的关系。此外，如果不考虑它们的用途，它们本身便是一种文化终极目标，仅仅占有和亲近它们，便可满足努尔人的心愿。在它们身上，努尔人倾注了他最切近的兴趣和最长远的抱负。与其他任何东西相比，只有牛才更能决定努尔人的日常行动，支配着他的注意力。我们已经提到，因为牛对努尔人有着广泛的社会及经济用途，他们对牛有一种过度的关注。这么多身体、心理及社会的需要都可通过这

41 一资源而得到满足，因此，努尔人对牛的关注并不是分散到许多不同的方向，而是倾向于带着一种过度的排他性集中在这个单一对象上面，并且指向他们自身，因为这一对象与他们自身有着一定程度的身份一致性。现在，我们将对某些语言材料加以简要考察，从这些材料中，我们将会看到关于这种过度膨胀的单一性兴趣以及我曾间接提到过的人与牛的身份认同方面的进一步证据。

八

一个人群在其生活中某个特定领域内的语言丰富性是人们借以对这个人群的兴趣的方向和强度迅速作出判断的指标之一。正是因为这个原因，而不是因为它的内在重要性，我们才把读者的注意力引到努尔人关于牛的词汇的种类和数量上来。与所有的游牧

尼罗特人一样，努尔人使用了大量的关于牛以及关于放牧和奶制品加工任务的词汇和短语，在如此庞杂的语汇当中，我们只选出一类进行评论：他们用来描述牛的术语，这种描述主要根据牛的颜色来进行。[①] 这些术语不仅仅是一种使努尔人能够在实际的畜牧情境和与牛有关的社会背景中确切地谈论他们的牛的语言学技术，因为它们一方面在牛与野生动物之间建立了联系，另一方面也在牛与其主人之间建立了联系；它们被用于某些仪式范畴；而且还极大地丰富了诗歌的语言。

在给一头努尔奶牛取名时，人们必须要注意到它的颜色以及这些颜色在它身上的分布方式。当它的颜色不止一种时，这些颜色的分布便成为人们为它取名时所依据的重要特征。在努尔人的语言中，有十种基本的颜色术语：白色[波(*bor*)]、黑色[卡(*car*)]、棕色[路奥(*lual*)]、栗色[多尤(*dol*)]、茶色[彦(*yan*)]、鼠灰色[娄(*lou*)]、赤褐色[齐昂(*thiang*)]、沙灰色[里兹(*lith*)]、蓝色与草莓色间杂的颜色[伊尤(*yil*)]以及赭色[桂尔(*gwir*)]。当一头奶牛只有一种单一的颜色时，努尔人便以这些颜色术语之一来描述它。一头牛可能有两种或两种以上的颜色，但被称为夸尼(*cuany*)的两种以上颜色的组合非常罕见。通常情况下，牛的颜色组合是由

① 关于这一被忽略了的题目，我在1934年的《东方研究学院简报》(*Bulletin of the School of Oriental Studies*)上发表了“恩告克丁卡人关于牛的名字的形象描述”一文。文中对邻近的一个人群的某些信息做了记载。

44 白色和另外一种颜色组成的，图8和图9表明了这种组合的十二种常见的分布情况。然而，还有更多的颜色组合，至少还有二十七种，其中一种最为常见的组合就是各种各样的条纹状或斑纹状的皮毛样式[尼昂(*nyang*)]。

在描述一头牛时，努尔人常常既表明了这头牛的颜色的分布形式，又表明了与白色相组合的那种颜色。于是，一头公牛可能全身都是鼠灰色的(娄)；可能主要是鼠灰色，而面部是白色的[科威·卢卡(*kwe looka*)]，或背部是白色的[卡·卢卡(*kar looka*)]，或者身上有一些白色斑点[比尤·卢卡(*bil looka*)]，或者肩部为白色[若尤·卢卡(*rol looka*)]，或者腹部为白色[仍·卢卡(*reng looka*)]；可能是带有斑纹的鼠灰色[尼昂·卢卡(*nyang looka*)]；可能是白色带有大块鼠灰色毛斑[瑞奥·卢卡(*rial looka*)]或中等大小的鼠灰色毛斑[科瓦克·卢卡(*kwac looka*)]或鼠灰色臀部[兆克·卢卡(*jok looka*)]的，等等。在努尔语中，至少有一打术语来描述白色和鼠灰色的不同组合，而且还有同样数目的术语来描述白色与其他任何一种颜色的组合。为了阐明范围广大的各种不同颜色组合的术语，我们再举另外一个例子：在任何一种颜色的奶牛身上都可能会见到一侧肩部为白色和一条前腿为白色的组合[若尤(*rol*)]，比如若尤·卡拉(*rol cara*)、若尤·彦(*rol yan*)、若尤·齐昂(*rol thiang*)、若尤·伊利(*rol yili*)等。[①] 也

① 在上文中，没有 *yili* 一词，而有 *yil* 一词，译者认为二者可能有一处为拼写错误，也可能因为努尔人发音略有差异，作者作了音译，故此处暂作此译。——译者

1.扎克（棕色或茶色）
兆克（其他颜色）
2.科威（所有颜色）
3.吉兹扎克（茶棕色）
库尔（其他颜色）
4.库（茶棕色）
比尤（其他颜色）
5.若尤（所有颜色）
6.帕（茶棕色）
瑞奥（其他颜色）

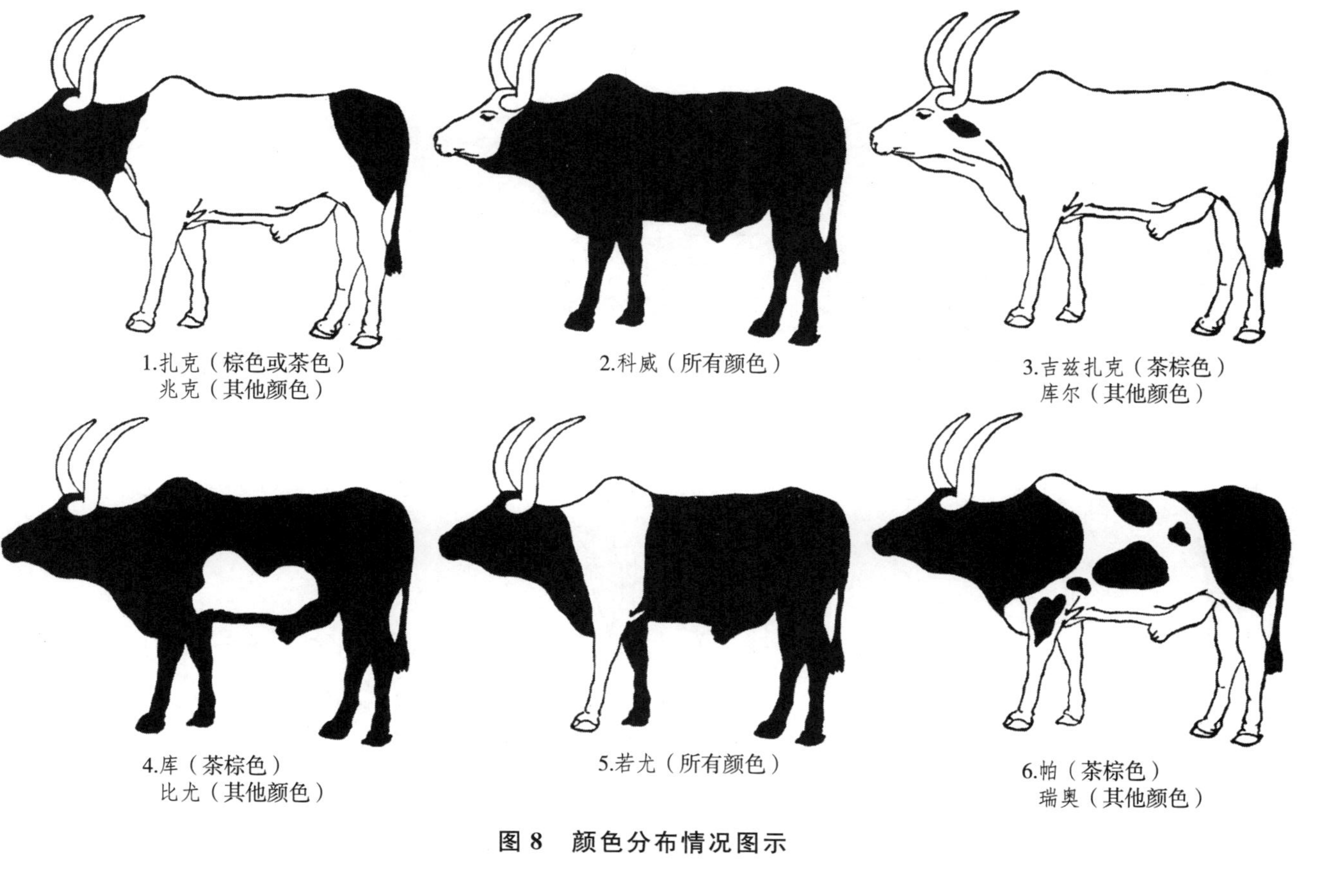

图 8　颜色分布情况图示

7.科瓦克（所有颜色）
8.威亚（黑色）
贡（鼠灰色）
9.尼奥（茶棕色）
括尔（其他颜色）
10.仍（所有颜色）
11.丁（茶棕色）
卡（其他颜色）
12.科沃尤（所有颜色）

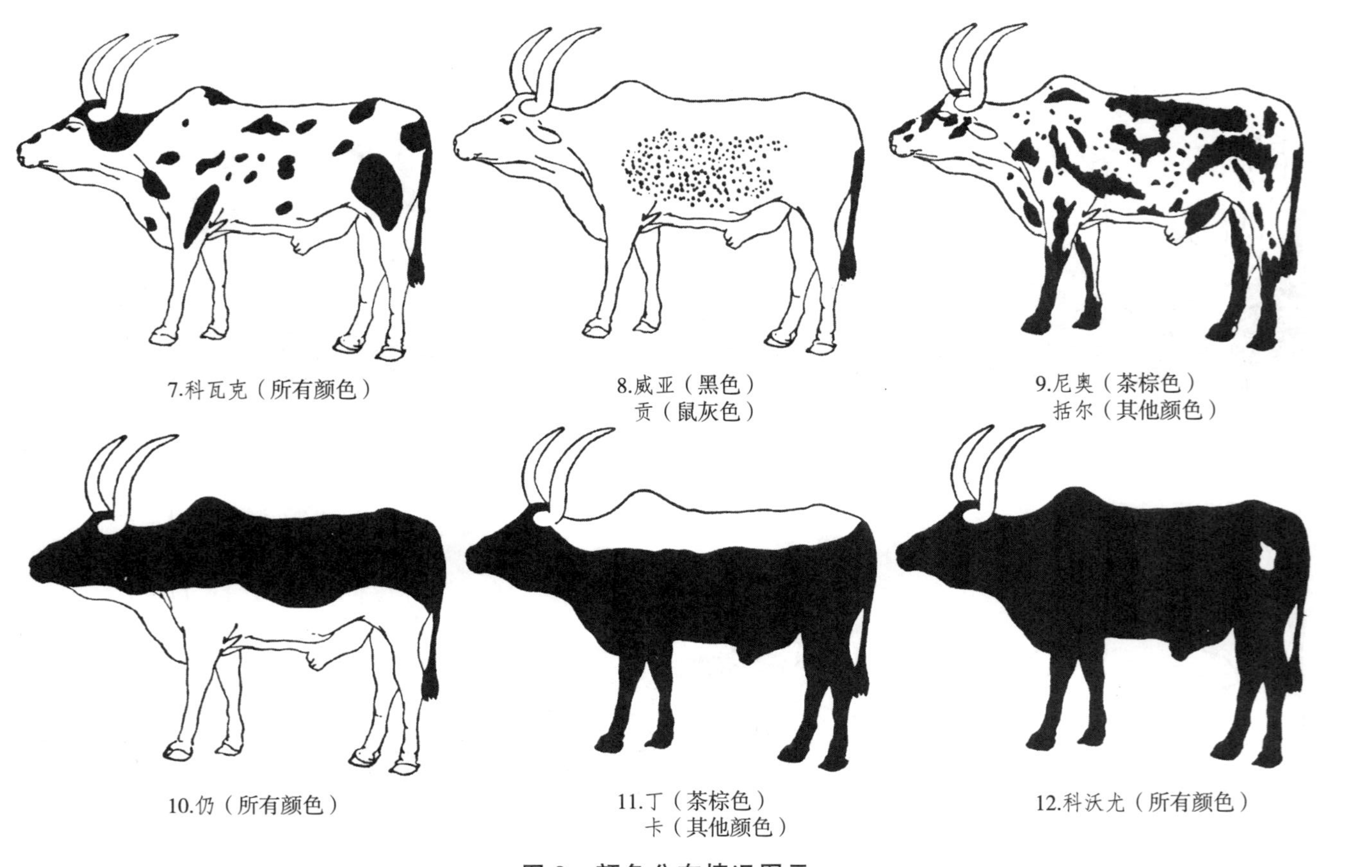

图 9　颜色分布情况图示

可能会有一种形式的颜色分布与另一种形式的颜色分布组合到一起的情形，在这种情况下，这两种颜色分布的组合本身就构成了可资参考的术语，没有任何必要再去指出分布中的具体颜色是什么了，比如，一侧肩部白色和一条前腿白色这种颜色分布（若尤）可能与面部白色组合到一起[科威·若奥（*kwe roal*）]，与黑色斑点组合到一起[若尤·科瓦克（*rol kwac*）]，与小小的斑点组合到一起[若尤·括尔（*rol cuor*）]，与棕色毛斑组合到一起[若尤·帕阿拉（*rol paara*）]，与白色背部组合到一起[卡·若奥（*kar roal*）]，与面部白色、双耳黑色这一分布形式组合到一起[库尔·若奥（*kur roal*）]，如此等等。至少有二十五种术语含有若尤这种颜色分布，同样，别的颜色分布与其他各种颜色及颜色分布之间也有着各种各样范围广泛的组合种类。

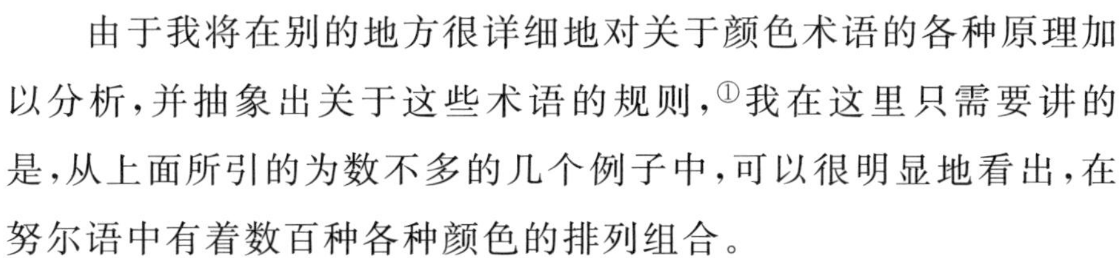

由于我将在别的地方很详细地对关于颜色术语的各种原理加以分析，并抽象出关于这些术语的规则，[①]我在这里只需要讲的是，从上面所引的为数不多的几个例子中，可以很明显地看出，在努尔语中有着数百种各种颜色的排列组合。

有些颜色和颜色组合是与动物、鸟、爬行动物和鱼类有关的，这种关联常常由二级参照术语和仪式性的用法所表现出来，比如，娄（鼠灰色）就是鸨；尼昂（有条纹的）就是鳄鱼；里兹

① “努尔人关于牛的术语”（Nuer Cattle Terms），载于《苏丹札记》。

> （沙灰色）与曼列兹（*manlieth*）即灰茶隼有关；齐昂（赤褐色）就是克利根牛羚；德外［（*dwai*）棕色带白色条纹］就是母泽羚；科威［（*kwe*）面部为白色的］就是鱼鹰；科瓦克［（*kwac*）带斑点的］就是豹；括尔［（*cuor*）有小斑点的］就是秃鹫；贡［（*gwong*）带斑点的］就是珍珠鸡；尼奥［（*nyal*）带棕色斑点的］就是蟒蛇；等等。这些语言学上的身份认同以及其他颜色
> 45 关联引出了关于这些术语的充满奇情异想的细节，比如，一头黑色的公牛可以被称为儒奥·弥姆（*rual mim*），意思是燃烧的木炭，或者被称为翁·卡（*won car*），即乌云；一头棕色的公牛则可能被称为瑞耶姆·多尤（*riem dol*），意思是红色的血，或者被称为瑞尔·多尤（*rir dol*），即红色的树眼镜蛇；一头蓝花皮毛的公牛可能会根据蓝色的苍鹭而被称为巴尼·叶尤（*bany yiel*）；一头鼠灰色的公牛可能会被称为杜克·娄（*duk lou*），即森林中的树荫；如此等等。这些充满奇情异想的名字大大增加了努尔人关于牛的术语的丰富性。

除了用来表示颜色、颜色分布以及颜色关联的大量的词汇以外，努尔人还可以根据牛角的形状来描述他们的牛，而且，由于公牛的双角都被修剪过，因而，除了几个充满奇情异想的名字外，至少还有六种一般性的称呼在使用。表示牛角形状的词语又使努尔人关于牛的术语的数目大大增加，因为它们可以与许多关于颜色和颜色分布的术语组合起来，比如，一头双角弯曲到头部上方、几乎彼此相接的沙灰色奶牛被称为多特·列兹（*duot lieth*）；一头短角、有瑞奥（*rial*）毛斑（即白色中有大块的鼠灰色毛斑）的奶牛被

称为考特·瑞奥（*cot rial*）；一头一只角横在自己面前的有斑纹的公牛则被称作诂特·尼昂（*gut nyang*）；如此等等。牛、绵羊和山羊的耳朵常常被砍切成不同的形状，努尔人也可以根据这些砍切成的形状来描述这些牲畜，他们通常据此对绵羊和山羊进行描述。与人们在牛中所发现的情形相比，绵羊和山羊有着许多非常不同的颜色混杂的情形，但是，上面所提到的那些描述牛的术语可被用来涵盖所有的颜色组合，因为它们从来就不是对颜色分布的精确描述，而是代表了理想的颜色分布模式，任何一种实际的颜色分布都接近这种或那种理想分布模式。

此外，还有一系列别的排列组合方式，它们是由表示动物性别或年龄的前缀所创造出来的，比如，图特（*tut*），表示种公牛；杨（*yang*），表示奶牛；撒克（*thak*），表示阉割过的公牛；纳克（*nac*），表示未生过牛犊的小母牛；孺阿兹（*ruath*），指的是小公牛；兜（*dou*），指的是小母牛；考尤（*kol*），即尚未开始去牧场吃草的小牛；等等。这样，人们便可以说一头图特·玛·卡·卢卡（*tut ma kar looka*）、一头兜·玛·瑞奥（*dou ma rial*）或一头撒克·玛·夸尼（*thak ma cuany*），等等。实际上，如果我们要把那些表示牛群和羊群动物的所有可能的特点模式都计算一下的话，我们就会发现，有数千种表达方式——这是一个给人深刻印象的、复杂的衍生系统，它有力地证明了牛的社会价值。

此外，正如我们曾经提到的那样，每一个努尔男子都从那些描述自己某头公牛的术语中取一个名字，这样的公牛名是同龄伙伴中更愿意使用的称呼。年轻人一般从自己成丁礼时父亲送的公牛身上取第一个公牛名，但他后来还可能会从自己牛群中最让自己 46

欢心的任何公牛身上另取别的名字。男子们以这些名字称呼彼此，跳舞时则把这些名字极力修饰渲染，用它们对伙伴狂呼乱叫。当他们带着牛在营地里向人们炫耀自己时，也会不停地唱起这些名字，他们还会在自己的诗歌中唱起它们，并在用矛刺人、刺动物或鱼时大声喊着它们。

在称呼一位努尔男子时，他们可能会用一个与一头公牛相同的名字，如比瑞奥[Bi(l)rial]、科瓦克沃尔[Kwac(c)uor]、沃科瓦克(Werkwac)等等。但一般来说，这个术语中有一部分被略去不用，另一部分则在前面加上一个新的术语作前缀，这一新的术语通常描述了公牛所佩戴的装饰品或它的某些特征，而不是被用来确定公牛自己的名字。比如露兹(*luth*)，表示一个大牛铃(见图4)，杰尔(*gier*)，表示一个小牛铃，露厄(*lue*)，指的是一条长流苏，德霍尔(*dhuor*)则指一条短流苏(见插页图4)，瓦克(*wak*)表示牛铃的叮当声；朗(*lang*)则指系在公牛项圈或系绳上的铜铃(这样的铜铃可以在插页图2前景中的牛身上见到)，若特(*rot*)表示公牛的吼叫声，科外(*cwai*)表示牛的丰满度，而博一(*boi*)则表示闪亮的白色；等等。于是，如果一个男人最喜欢的公牛具有一种瑞奥式的颜色分布(带有大块鼠灰色毛斑的白色)，他就可能被称为露兹瑞奥(Luthrial)、杰尔瑞奥(Gierrial)、露厄瑞奥(Luerial)、德霍尔瑞奥(Dhuorrial)、博一瑞奥(Boirial)，如此等等。当公牛名被同龄伙伴们在舞会上彼此使用时，前面一般要加上一个舞蹈名(dance-name)，选择这些舞蹈名是为了与

> 这些人的公牛名相协调，在所有这些词语的形成过程中，声音的和谐悦耳被认为是极其重要的。努尔人的公牛名数量庞大而又深奥难解，在对它们进行描述时，与对牛的颜色进行描述时一样，我不仅是只从我所掌握的大量名称中选出了很少的一小部分，而且，我所选出来加以阐明的都是最为简单的例子，而对那些更为晦涩难懂的例子，我则忽略未提。

牛的名字，尤其是公牛的名字，还有男子们的公牛名，在努尔人的歌中有着大量运用。与大多数游牧人群相似，努尔人是富于诗意的，大部分努尔男子和妇女都会创作诗歌，在舞会及音乐会上演唱，或者创作者自娱自乐地创作，在牧场独自放牧或在营地的畜栏里与牛在一起时反复吟唱。不管在什么地方，当他们感到高兴时，年轻人便会突然唱起歌来，赞美他们的亲人、心上人以及他们的牛。我对两首歌的第一段作了意译，第一首是在傍晚，在一天的工作完成之后，女孩子们坐在一起时唱的；第二首是在其创作者高兴时唱的。

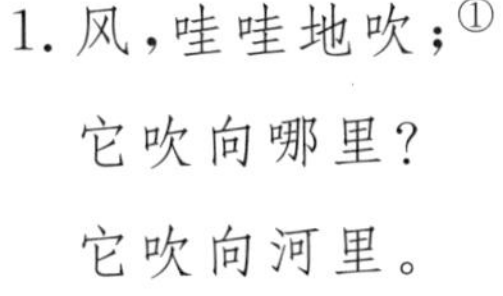

1. 风，哇哇地吹；[①]
   它吹向哪里？
   它吹向河里。 47

---

① 从字义上看，这里的意思是“我的风”。歌者迎风奔跑，似乎想借此来增加风力。这是在牧草繁茂时节刮起的北方的风，此时奶牛产奶很多：于是便有了前三句诗与后面的诗句的联系。

那头短角奶牛啊，乳房鼓鼓地去了牧场；[①]
让尼亚嘎克为她挤奶吧，
牛奶就要把我的肚子填饱。
你呀，骄傲的尼亚沃，
还在与若尤尼昂吵个不休。[②]
这块土地被陌生人践踏了呀，
他们把我们的饰品扔到了河里，
他们从河岸上给自己汲水。[③]
我的黑头发妹妹呀，
我不知道该如何是好，
我的黑头发妹妹呀，
我不知道该如何是好。
我们都不知道该怎么办了呀，
凝望上天的星神，我们虔诚祈祷。[④]

2. 那头好白牛是我的母亲，
我们是我妹妹的人，
是尼亚瑞奥·布的人。
我与我那黑臀的白牛一样好，
当我去追求那迷人的少女时，

---

① 在去牧场吃草之前，这头奶牛拒绝给小牛喂奶，也不让人挤奶。

② 尼亚嘎克是诗人的妹妹。骄傲[格外兹(*gweth*)]是一个女孩子尼亚沃的舞蹈名。若尤尼昂是一个年轻人的公牛名。

③ 这里的陌生人就是政府军。诗中所提到的从岸上汲水令人费解。

④ 黑头发是一位女孩的名字。由于外族入侵，努尔人感到茫然不知所措，最后一行是向神祈祷，请他帮他们摆脱困境。

我不是女孩子不接受的人。
我们在晚上偷偷地追求女孩子，
我，还有科威兆克·尼亚德昂。[①]
我们把牛赶过了小河，
我，科尔周克，
还有我母亲的妹妹的儿子，
布兹·诘特扎克。
两角长长伸展着的大牛啊，我的朋友，
你曾在牛群中叫个不停，
你是布·玛罗阿的儿子的牛。[②]

关于牛的术语及其用途，我们无须再为其添加更多的例子，以 48
阐明我们所讨论的乃是一大堆词语的集合，如果安排整理一下的话，我们可以把它们汇编成一个相当重要的词语宝库。我只需强调的是，这一复杂而庞大的词汇集合并非技术性和仅由特定类别的人所使用的词汇，而是由每一个人在日常社会生活的多重情境中所使用着的词汇。我只不过提到了这一与牛有关的语言学领域之一部分中的一部分。我本可以介绍得更详尽一些，但充其量，我也只是对该领域进行了一种业余性的概观，这一领域还需要更为广泛、更为专业性的研究。我的目的在于引起人们对它的关注，并

① 第一和第四行所指的牛是诗人的牛。科威兆克是诗人的一个朋友，其母是尼亚德昂。

② 布兹是一个朋友的出生名，他的公牛名叫诘特扎克。诗人是布·玛罗阿的儿子，他在最后几行把公牛说成是自己的朋友。

向人们展示，如何可以从这个角度来对努尔人的这种支配性的兴趣进行探讨。这一主题必然是很庞大的，因为正如我们所见到的那样，牛是努尔人的核心，围绕这个核心，他们的日常生活得以组织起来；牛还是一种媒介，通过这个媒介，努尔人的社会和神秘关系得以表达；如果不借助牛，要想与努尔人讨论他们的日常事务、社会关系、仪式行为，或者实际上任何主题，都是不可能的。努尔人对牛的兴趣也并不局限于它们的实际用途与社会功用，而是体现在他们的造型艺术和诗歌艺术之中。在这种艺术中，牛是首要的主题。于是，努尔人对牛的过分关注便在语言中以一种惊人的程度显著地表露出来，而且，不管是什么主题，这种语言都通过一种非借助牛不可的方式，持续不断地把注意力集中在它们身上，从而使其成为努尔人生活中高于一切的价值标准所在。

九

关于努尔人对牛的过分关注，另外一种阐释的方式——也是我们为此提供的最后的例证便是，注意一下努尔人是如何轻易且经常性地为牛而战的，因为人们是为了他们所极其看重的东西并从这样的价值标准出发而去冒生命危险的。

目前，牛是努尔人敌视和怀疑政府的主要原因，这种敌视和怀疑与其说是由现行的税收制度造成的，不如说是由早先那种几乎等同于对牛的掠夺的收税巡逻以及更早的埃及政府时期公然进行的掠夺征讨造成的。努尔人同丁卡人之间的战争几乎完全是攻击性的，并且总是为了占有牛群和侵占牧场而发动的。牛也一直是

努尔人自己之间发生争斗的主要原因。实际上，在成功地掠夺了 49
丁卡人的牲畜之后，他们之间常常会因战利品的分配问题而产生另外的争斗。此外，努尔部落之间也为了牛而互相袭击。于是，里克部落袭击吉坎尼部落、仍延（Rengyan）部落以及别的西部部落，在别的地方，沿着部落与部落的边界，对牛的劫掠普遍存在，因为从另一个部落中“偷”［科沃（*kwal*）］牛被认为是值得称道的事。同样，在一个部落的内部，在各个分支之间以及在同一分支的个人之间，甚至在同一村落或家宅内部的个人之间，也存在着因牛而发生的争端，这种争端常常会引起械斗。努尔人为了一点小事便会械斗起来，当与奶牛性命攸关时，他们更愿意、也更经常地彼此械斗。在这样的问题上，近亲之间也会发生械斗，家庭也就随之解体。当在对牛的归属问题上出现争执时，努尔人便会不再顾及各种告诫，也不再考虑体面与否，而是显露出自己那种不在乎形势是否对己有利，也不惧怕任何危险，充满狡诈、诡计多端的特点。正如我的努尔随从有一次对我所说的那样：“对于钱来说，不管多大数目，几镑、几十镑、几百镑，都没关系，你尽可以信任努尔人，放心地走开，一去就是几年，然后再回来，他是不会偷的；但对一头奶牛来说，那就是另外一回事了。”

努尔人说，毁灭人类的恰恰就是牛，因为“为牛而死的人比为其他原因而死的人要多”。他们有一个传说讲述了在兽类共同体解体之后，它们各走各的路，过着自己的生活，这个时候人类如何杀死了奶牛和野牛的母亲。野牛说，她要在灌木丛里袭击人类，为母亲报仇；奶牛却说，她要留在人类居住的地方，引起他们关于债务、聘礼及通奸的无休无止的争端，使他们之间因这种争端而进行战争，产生死亡，以此来为母亲报仇。所以，奶牛与人之间的这种世仇，从无法追忆的远古时代以来就已经存在了，一天一天地，奶牛通过引起人们的死亡而为母亲的死亡报仇。因此，努尔人这样说起他们的牛，“它们将与人类同归于尽”，因为人类会因为牛而全部死掉，他们将与牛一起灭亡。

但是，我们决不能就此认为努尔人总是处于不断的混乱之中：他们随时准备抵制任何对其有关牛的权利的侵犯行为，正是这一事实，使得那些把自己看成是同一群体成员的人们在处理彼此间的关系时总是小心翼翼的。进而，我们可以这样说，由于牛极其脆
50 弱，加之它们需要广阔的生活空间，它们只适于在人们对于争端解决中的习俗惯例有了广泛认可的情况下才能生存下来，或者换句话说，只有当一种拥有广大地域的部落组织和一种范围更为广大的社区感存在时，它们才能生存下来。

为了牛的所有权而发生的械斗以及为了所谓债务追收和损失补偿而发生的对牛的争抢，与那种并未宣称自己对牛拥有什么权利，而是依靠强力进行掠夺的行为有所不同。与部落内部的战争截然不同的是，努尔人对外族人群所发动的战争几乎全都是为了劫掠。因而，努尔人对丁卡人所发动的战争是有别于大多数原始战争的，这种区别在于，它的主要目标就是为了获取财富，因为牛就是一种财富，它不仅可以维持很长时间并自我再生，而且还很容易侵夺和运送。不仅如此，这种财富还能使入侵者在这块土地上生活下来，而不需粮食供应。庄稼和住房可以被毁坏，但牛却可以被抢走并带回家。这一性质使得游牧人群持有一种偏好，即喜欢战争的艺术，而不喜欢和平的艺术，这一性质意味着努尔人并非完

全依赖于他们自己的牛群，而是可以通过劫掠来扩充自己的牛群，从由牛瘟造成的破坏中恢复起来。事实上，在很长一段时期内，他们通过劫掠的方式增加了他们的畜群规模，因而补充了他们的食物供给；这一条件也塑成了他们的性格、经济和政治结构。在他们看来，战斗中的技能和勇气是最崇高的美德，抢掠是最体面也是获利最多的职业，而某种程度的政治一致性和统一性则是必不可少的。

这里，我们急于要补充说明的一点是，仅从牛和牧场的角度来对努尔人与丁卡人之间的战争作出解释乃是一种过于简单的还原法。诚然，他们之间的敌意是以牛的形式表现出来的，对牛的欲望也确实能对战争的某些特点以及与战争有关的政治组织的某些特征作出解释，但是，要想充分理解这种战争本身，我们必须要把它看成是一个结构过程（structural process）。我们将在后面从这一角度把这种战争呈现出来。

现在，我们将转而对努尔人以及他们的牛在其中占据一部分的生态系统作一简单考察，以揭示他们从事对牛的畜牧管理实践的条件以及在某种环境中这种实践在多大程度上影响着他们的政治结构。

第二章　生态特征

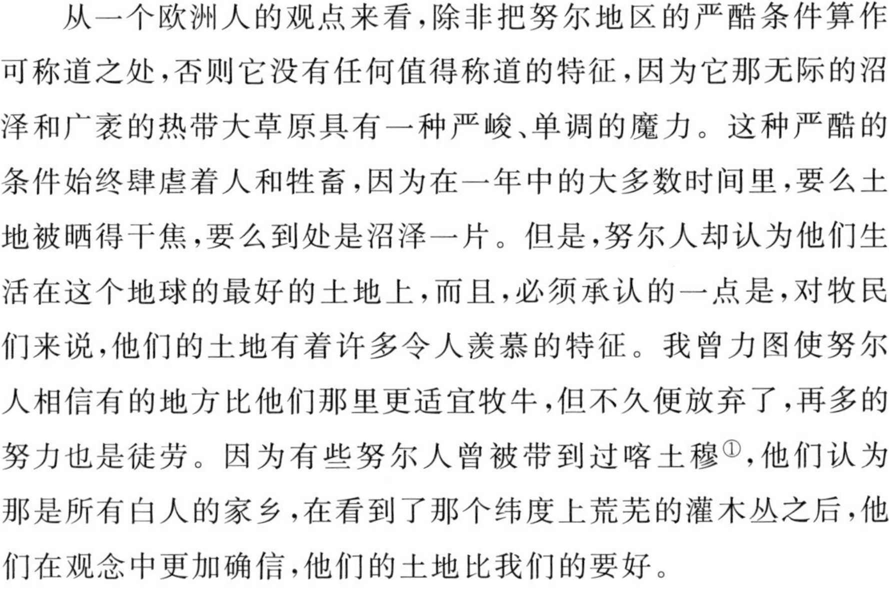

一

51 从一个欧洲人的观点来看，除非把努尔地区的严酷条件算作可称道之处，否则它没有任何值得称道的特征，因为它那无际的沼泽和广袤的热带大草原具有一种严峻、单调的魔力。这种严酷的条件始终肆虐着人和牲畜，因为在一年中的大多数时间里，要么土地被晒得干焦，要么到处是沼泽一片。但是，努尔人却认为他们生活在这个地球的最好的土地上，而且，必须承认的一点是，对牧民们来说，他们的土地有着许多令人羡慕的特征。我曾力图使努尔人相信有的地方比他们那里更适宜牧牛，但不久便放弃了，再多的努力也是徒劳。因为有些努尔人曾被带到过喀土穆①，他们认为那是所有白人的家乡，在看到了那个纬度上荒芜的灌木丛之后，他们在观念中更加确信，他们的土地比我们的要好。

牛群良好生长所必需的青草要靠适宜的土壤和水的条件而存在。努尔地区的土壤是高黏性的黏土，在干旱季节里被太阳晒裂，出现深深的裂缝，而在雨季里则又被雨水浸透。它们能够保持水

① 此处原文拼写为 Khartoum，现在也有人将其拼写为 Khartum。——译者

分,因而能使某些草类在干旱的月份存活下来,使牛有牧草可吃。然而,如果不是有许多较高的土丘给努尔人提供了洪水泛滥时期的庇护场所,并使他们得以在那里从事园艺活动的话,他们和牛是无法生存下来的。

地表水一部分来自于降雨,另一部分则来自于那些穿越努尔地区的河流所发的洪水。这些地表水对青草的生长来说是绰绰有余的。在一般的年景中,雨季开始于每年的四月份,此时会降一些阵雨,天空中也总是乌云密布,但直到五月底雨季才真正来临,降雨才多起来。在七八月份,雨季到达高峰,此时天气凉爽,在清晨和傍晚时甚至还有些冷,一天当中大部分时间乌云蔽日,西南风盛行。在十月份,阵雨变小,次数也变少,而到了十一月中旬,开始刮起北风,降雨通常也就彻底停止了。北风沿着尼罗河谷一直吹个不停,直到次年的三月份。在三月份和四月份,
天气非常炎热。在努尔地区的所有地方,降雨量相当均匀,尽管 52
人们所感受到的降雨的影响更多,因为黏土床保持大量的水分,平坦的土地阻碍了地表水排干,一年一度的河流洪水也会同时暴发,但这里所降的雨并不像更东部的埃塞俄比亚平原上的雨那样大,也不像更南部的维多利亚尼罗河盆地以及尼罗河-刚果河分水岭地带的雨那样大。

对努尔人生活有着极大影响的主要河流已在第 8 页[①]的地图中标示出来。它们是尼罗河本身,在努尔地区被称作杰贝勒河,其中的水来自大湖群高原(the Plateau of the Great Lakes);它的西

① 文中所指本书页码,均为英文原书页码,即此中文版的边码。——译者

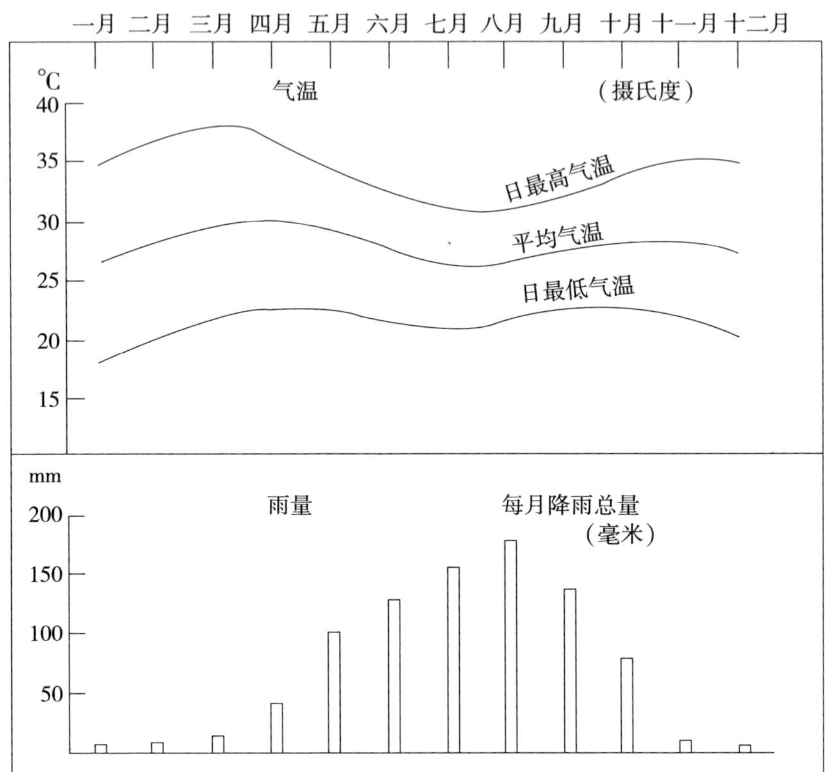

努尔地区的温度与降雨估计(埃及政府自然科学部)

部支流加扎勒河和阿拉伯河(Bahr el Arab),其中的河水来自于从尼罗河-刚果河分水岭流下来的溪流;巴罗河(Baro),其下游支流被称为索巴特河,该河源自埃塞俄比亚高地(Ethiopian High-
53 lands);还有皮博尔河(Pibor),它也源自埃塞俄比亚高地,并流向大湖群高原北坡和苏丹平原,但范围较小。宰拉夫河是杰贝勒河的另一条河道。[①] 所有这些河流都在雨季里暴发洪水,而且由于

---

① 对这些河流的精彩描述可参看赫斯特和菲利普斯:《尼罗河盆地》,1931年第1卷(H. E. Hurst and P. Phillips, *The Nile Basin*, vol. i, 1931)。

地势平坦，整个努尔地区都变成了沼泽地。

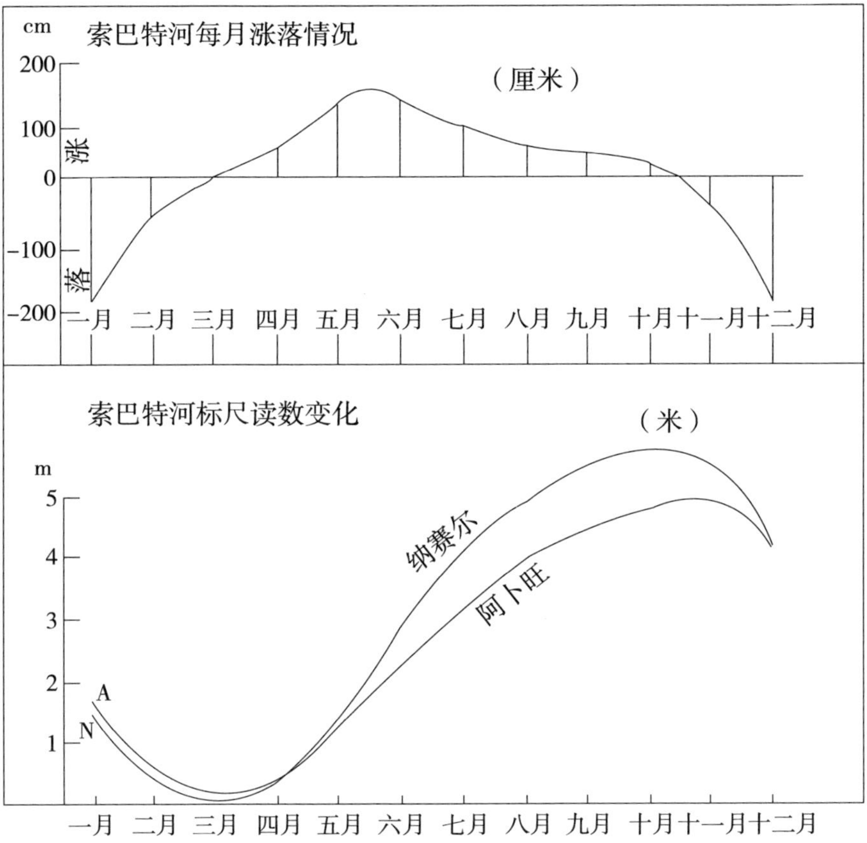

索巴特河每月涨落情况　（厘米）

索巴特河标尺读数变化　（米）

索巴特河的涨落（埃及政府自然科学部）

整个努尔地区几乎就是一个地势完全平坦的平原，每逢雨季便长满了齐腰深的草丛，在溪流附近，这些草丛更高更粗，到达高个努尔人的肩膀。这与苏丹境内纯粹大草原的延伸态势几乎吻合。到处都是一块块的荆木丛，但放眼四望，却常常没有任何树木 54
映入眼帘，只有一片荒芜延至天际［插页图 6 及插页图 11(a)和(b)］。在河岸较高的地带，有时会有一条林带沿河而生，但从不

延伸到远远的内陆。在索巴特河以北，也就是在它的下游，纯粹的大草原被荆木草原取代，跨过东努尔地区的南端，便进到一个公园似的草原森林，越向南边深入，这样的林丛就越茂密，不过，在靠近杰贝勒河时，就变成了沼泽地。在西努尔地区南部疆界的边缘，是多铁矿的地带，同样也覆盖着草原森林。作为一条规律，每当河流洪水泛滥时，便没有了堤岸，河流两边的土地就变成了沼泽，上面交织着大量宽阔的泻湖，常常与主河道并行。对于杰贝勒河、加扎勒河的大部分以及阿拉伯河来说，情形尤其如此，特别是杰贝勒河和加扎勒河，它们在多雨季节里还被地表水连成一体。宰拉夫河被沼泽地所连结的程度较小，而索巴特河的下游则根本没有这种沼泽。

就像在插页图 19(b)中所看到的那样，这个大平原上交织着沟沟洼洼，这些沟洼沿各个方向四处流动，常常互相交叉，同时又与主河流连在一起。无论延伸到哪儿，这些沟洼都具有小河流的样子，尽管里面很少有水流动。当这里下起雨时，主河流的洪水便溢进这些沟洼，形成一个水路网，这就防止了水从饱和的土壤中流走。因此，雨水遍布于慢慢扩大着的水潭之中，直到六月中旬，除了偶尔的几处高地以外，整个大地都被雨水淹没。这些水一直保持在数英寸的深度，直到九月份。努尔地区呈现出一副草丛密布的大沼泽地景象；哪里有浅沟洼和村落坐落其上的岛屿，哪里有土脊和土丘，哪里就有溪流、泻湖和池塘。当降雨减少时，河水也在大约同一时间开始回落，索巴特河的河水回落得最快(第 53 页的图表)。接下来，灼人的太阳很快便会把地表水蒸干，此时，溪流开始给河流供水，而不再是从河流溢出的水的渠道了，到十一月中旬

十月份的典型热带草原(西努尔地区)

插页图 7

a. 高坡上的家宅(娄)

b. 高坡上的家宅(娄)

时，杂草便已干枯得足可点燃了。到十二月底时，这里的大部分土
地已被烧过荒并且龟裂出深深的裂缝。因此，这里的湿季和旱季 55
非常明显，季节的更替也很突然。

缺雨可能比河水低浅更严重，但二者都会给努尔人带来不便以致引起饥荒，因为在黏土床中无法保留充足的水分使草能够在大火后重新生长；内陆水源可能很快枯竭，迫使人们比想要的时间更早地迁往湖泊和河流；还可能会发生沼泽地牧草短缺的情况，而这些牧草又是牛在旱季末所赖以生存的主要依靠。雨水不足还可能破坏高粱的生长。另外，整个非洲东北地区的低降雨量很可能会导致努尔地区的雨水不足与河流枯竭同时发生。西努尔地区受干旱的影响要小于东努尔地区，而在尼罗河以西，在从村落很容易到达的地方，总有水存在。这似乎主要是由于杰贝勒河和加扎勒河的河床一点也不下渗的缘故，因为它们已被长年的溪流注满，而且它们还有大量的沼泽和湖槽。高降雨量和河流高水位也可能一起来临，在这样的洪水之年里，牛很难找到足够的牧草来维持生命。

努尔地区的主要特征有：(1)它是绝对平坦的。(2)它的土壤是黏土性的。(3)地上覆有稀疏、纤细的丛林。(4)这里在雨季中布满高高的杂草。(5)这里有很强的降雨。(6)这里贯穿着年年暴发洪水的大河流。(7)在降雨停止河流水位下降之际，这里常常遭受严重的干旱。

这些特征相互交织在一起，构成了一个环境系统，这个环境系统直接制约着努尔人的生活，影响着他们的社会结构。由于起决定作用的因素是如此复杂和多变，因而，在这个描述阶段，我们不去竭力把其全部意义都总结出来，而是要向自己提出一个更为简

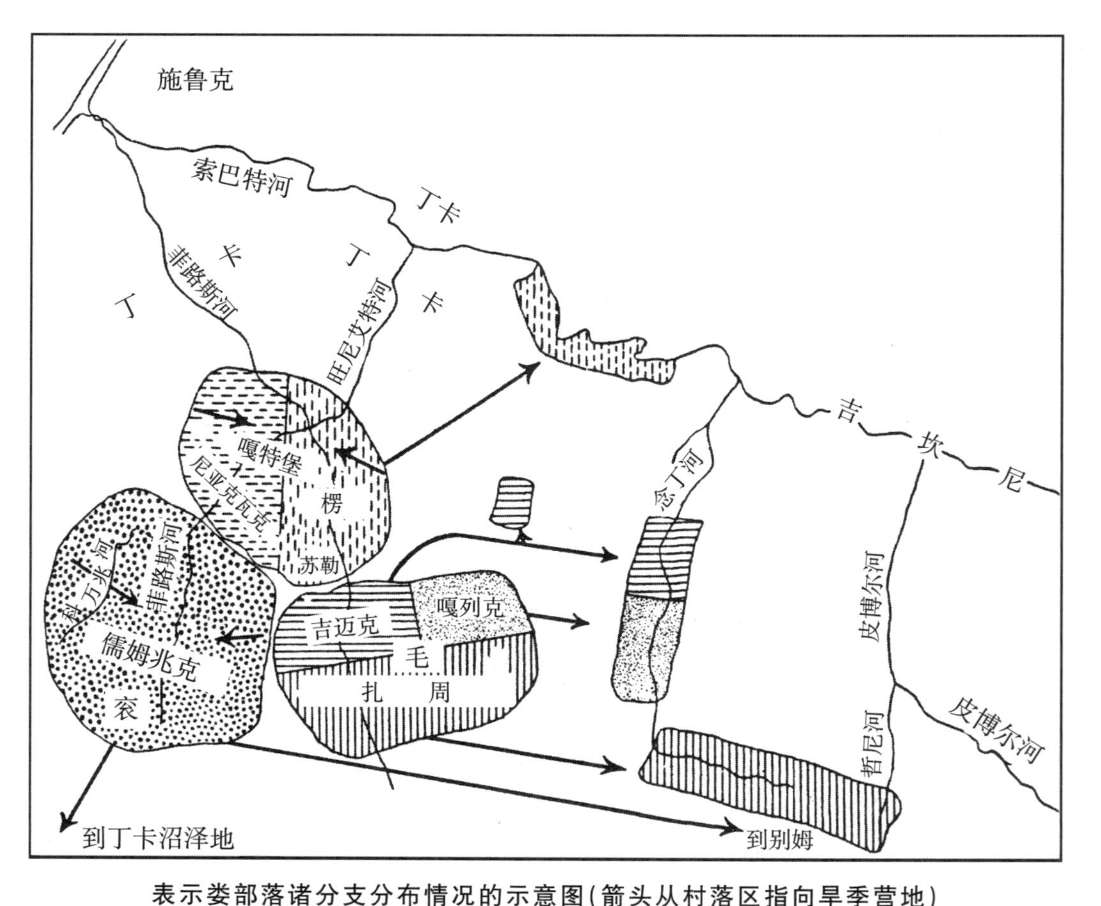

表示娄部落诸分支分布情况的示意图(箭头从村落区指向旱季营地)

单的问题：作为牧人、渔人和园艺者，努尔人在多大程度上受制于他们的环境？我们已经阐释过，他们的主要兴趣是在他们的牛群身上，现在，我们首先要讨论一下，这种兴趣与物质条件结合起来，是如何使某种生活方式成为必需的。

这里，我们仅提出两种更为一般性的观察结果。(1)尽管努尔 57
人有一种混合型的畜牧-园艺经济，但同园艺相比，他们的土地更适合畜牧养牛，因此，环境的偏好与他们兴趣上的偏好相一致，而且不会使这种平衡朝着有利于园艺的方向发生变化。如果不是因为牛瘟的话——它是最近传入的东西——人们便可能会过上一种纯粹的畜牧生活，但是，正如我们在后面将要看到的那样，纯粹的畜牧生活会有朝不保夕的不确定性。(2)除非是在一些好地方，否则，努尔人是不可能整年生活在一个地方的。洪水驱赶他们和牛群寻找高地以求躲避，而在干旱季节里，这种高地上缺乏水和牧草，迫使他们不得不再度搬迁。因此，他们的生活必然是迁徙性的，或者更严格地讲，是随季节变化而在高地和草地之间往返迁徙的。促使他们随季节而变更居所的一个更深层次的原因是，他们目前不能仅靠牛产品来维持生活。以牛奶和牛肉为食物的饮食习惯必须以谷物和鱼来做补充；尽管最适于种植高粱的地方是内陆地区，在隆起地带的边缘，但在通常远离这些隆起地带的河里，却可以捕到鱼。

二

水的过量或不足是努尔人面临的首要问题。在雨季里，必须把牛从包围着这块土地的一片汪洋中保护起来，因为假如它们不得不

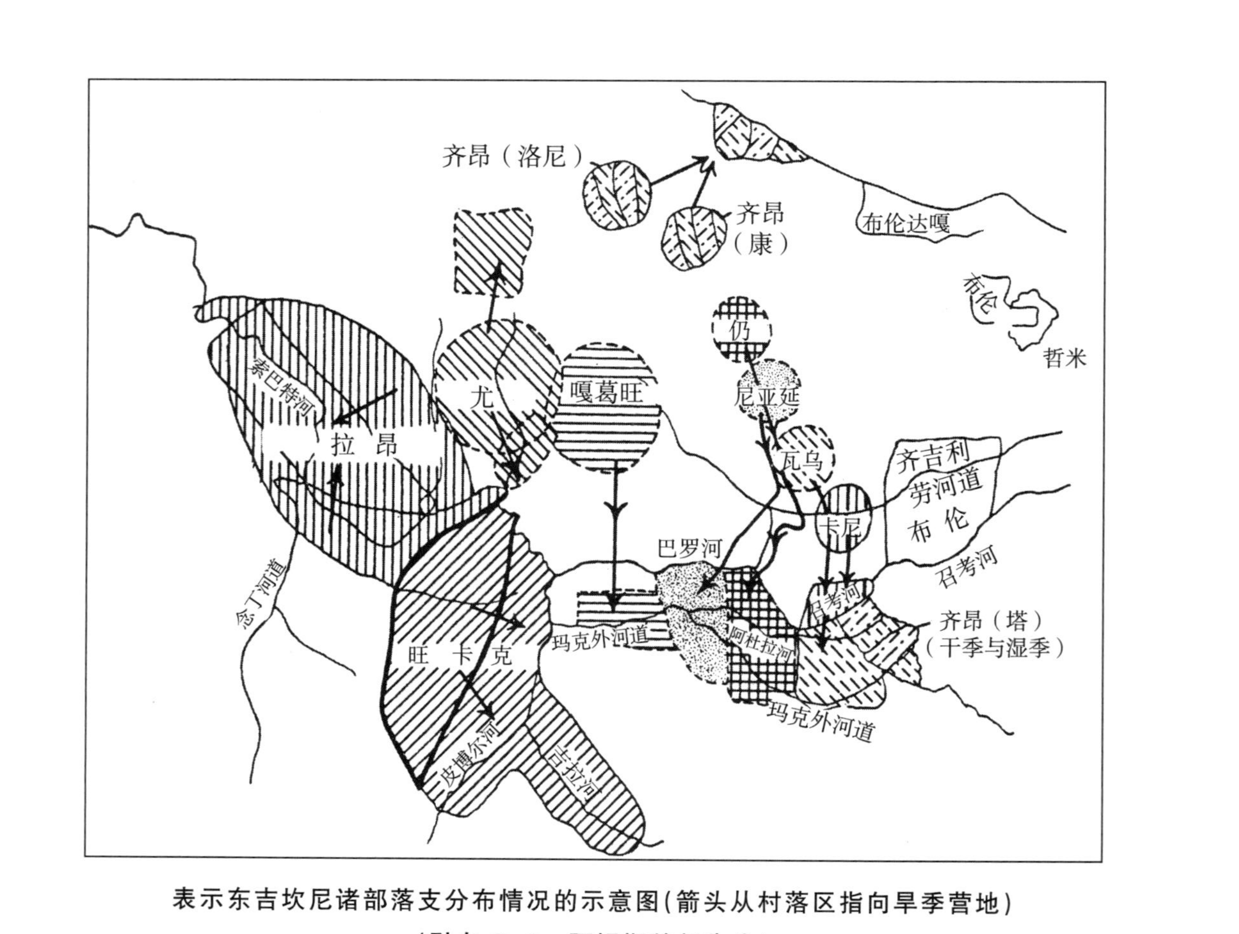

表示东吉坎尼诸部落支分布情况的示意图(箭头从村落区指向旱季营地)

(引自 C. L. 阿姆斯特朗先生)

长期站在水中的话，就会很快患上蹄病。村落的位置只能选在能够给人和牲畜提供这种保护的地方，即稍高一些的地块上。当雨季结束时，村落附近的水源很快干涸，因为，很自然地，最高、最干的地点被选来建造棚屋和畜栏，这时就有必要搬到池塘、湖泊、泻湖、沼泽和河流那里了。由于有大量河流穿过努尔地区，而且它们通过沟渠网络为这个地区提供了彻底灌溉，因此，人们要找地表水并不难，尽管可能要到很远的地方去取。就目前所知道的情况而言，只是在娄、嘎沃(Gaawar)和东吉坎尼的部分地区，人们才经常被迫在旱季的高峰期里在溪流的河床上打井。二十年前，这种打 59
井取水的情形在娄部落里可能比今天更常见，因为他们那时还不能无争议地得到地表水，而今天，这个部落的大多数分支都能享用地表水。这种水井每年都要重打，它的直径有 2 英尺到 3 英尺，深度达 20 英尺到 30 英尺，开凿它们需要花费两天或三天的辛苦劳作。井内的水大约有一英尺深，新鲜而洁净，水井要经常清淤，为此，井壁上凿有一级一级的脚窝[插页图 15(b)]。每个家户都有自己的水井，周围围着浅浅的泥水槽，他们的牛每天到泥水槽里饮三次水。为了给它们汲水，需要花费相当多的劳力，还得费神不要让绵羊和山羊把这里的水弄脏，这些羊有自己专门的水槽。为了这些水槽，有时会爆发牲畜之间的角斗。

水的问题与植被问题密切相关。在其季节性的迁徙中，努尔人既要寻找饮水，也要寻找牧草，他们把牛带到他们所知道的水、草都可以找到的地方。当牧民们把牛从营地赶往牧场时，他们并不是随意地领着它们过平原，而是有目的地向着多肉质牧草延伸的方向前进。也很可能的是，不仅努尔人的日常活动和季节性迁

徙受到牧草分布的影响，而且其活动的延伸方向也受其生活环境的控制。努尔人声称，他们并未侵入过恩告克丁卡人（Ngok Dinka）的土地，因为那里的牧场太差，由于同样的原因，他们对施鲁克王国也没什么兴趣。

雨季早期是牲畜长膘的季节，因为此时牧草开始萌生，或者在经过漫长的旱季后重新生长，牛可以尽情地把这些刚长出来的嫩草吃个够。随着雨季的推进，地面被洪水淹没、植被疯长，吃草变得困难起来，而在高降水的年头，这还可能成为一个严重问题。牛必须要靠村落土脊上长满的短草为生：这是迫使努尔人在雨季居住在这些地方的另外一个原因。雨季结束时，土脊上这些被过度放牧过的草很快便枯萎下来，而平原上疯长着的草又妨碍着牛群的活动，无法再提供好的牧草。因此，一旦青草变干，努尔人便赶
61 紧烧掉它们，因为有些种类的牧草在烧过后的几天里就发出新芽——这很可能是指那些长着长根足能从黏土床中吸收所保持的水分，并且有一种丛生性的结构来保护其核心成分免遭火焰烧毁的草。在干旱的年份里，要不是有这种烧荒的习惯，牛便不可能存活下来，至少在内陆如此。烧荒过后，牛便不再受地表水和疯长着的草丛的困扰，而可以随意走动，美美地享受这些新长出来的嫩草了。当水开始缺乏，牧草也开始不足时，努尔人转而依靠常年有水的地方，在这里搭建大型营地，牛则可以以无数沟洼中到处可见的丰富的沼泽植物为食，产出好奶。五月，当新雨季正式来临时，他们就可以返回他们的村落了。努尔人所拥有的牛很少，他们可以开拓的空间却很大，而且他们又是以游牧的方式来生活的，这就保证了在任何地方都不会有严重的过度放牧。

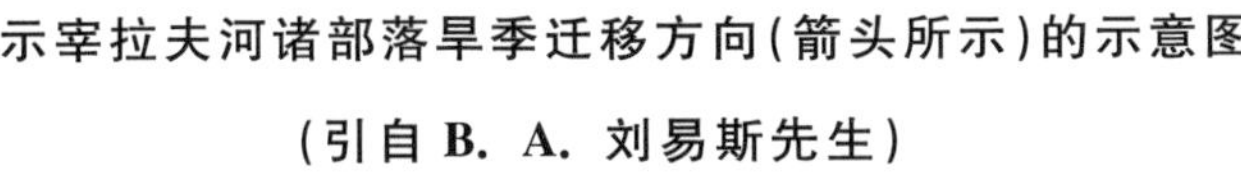

表示宰拉夫河诸部落旱季迁移方向（箭头所示）的示意图

（引自 B. A. 刘易斯先生）

因此，水供应和植被的变化迫使努尔人进行迁徙，并决定着他们迁徙的方向。在后面的一节中我们将会看到，捕鱼是迁徙中所要考虑的另一个重要因素。在十一月末或十二月初，年轻人和一些女孩子们把牛从村落中赶到营地里去，留下年长的人们收割第二季高粱作物并修葺棚屋和畜栏，这些营地一般在几英里以外的地方。通常，几头正在产奶的牛要留下来给小孩子们供奶。这些早期营地[威克·吉奥姆(*wec jiom*)]建在池塘附近曾烧过荒的地方。在娄地区，人们通常把营地建在荆木林中，那里的埃及榭果很丰富，但在努尔地区的许多地方，尤其是在尼罗河以西，营地则被建在溪岸上，以便捕鱼。当第二季收获结束以后，如果牛群离村落足够近的话，就会被赶回村落吃高粱秸秆。当池塘干涸、牧草枯竭或者捕鱼变难的时候，年轻人就开始搭建新营地，已婚的人们也加入进来，其间，他们可能数次搬迁营地，直到一二月份时才在湖边或河边定下最后的营地[威克·迈(*wec mai*)]场所。早期的营地较小，里面住的是几位亲属，但随着季节的推进和水的短缺，营地越来越大，最后的营地可能会容纳数百人。

62 娄、东吉坎尼以及宰拉夫河诸部落在旱季中迁移的情形已在本节的示意图上表示出来。在索巴特河诸部落中，娄部落会尽可能长时间地留在内陆，在水多的年份里，他们整个旱季都可能会留在内陆，依靠那些较深的池塘取水，其中一些池塘很大，甚至大到足可以被称为湖，比如默特托特(Muot tot)、默特底特、法丁(Fading)、法多伊(Fadoi)、贡贡(Gwong-gwong)、尤雷(Yollei)、泰普卓(Tepjor)和恩叶柔(Nyerol)。

如果被迫离开这些湖的话，一级支衮(Gun)就向北迁移到索巴特河附近，向西南迁移到推克丁卡(Twic Dinka)境内由洪水冲击而成的宰拉夫河平原上，一级支毛(Mor)则向东北迁移到念丁河畔，向东迁移到哲尼(Geni)河畔与皮博尔河畔。过去，如果娄迁到这些营地地点的话，便经常会发生械斗，因为索巴特河的两岸被掌握在巴拉克丁卡(Balak Dinka)人的手里，阿努阿克人和贝尔人则对他们在哲尼河与皮博尔河畔的居住权有所争议，而他们向西南方向的迁移则对丁卡人的牧场造成了侵越。甚至念丁河下游支流也不属于娄，而属于嘎兆克(Gaajok)。因此，在那个时候，可能只有在绝对必要时，他们才迁往这些地方。

东吉坎尼不像娄那么需要迁移。不过，在干旱还未变得相当严重之前，他们便已全都转到河流或沼泽附近了。嘎兆克部落的三个一级分支按如下的路线迁移：拉昂(Laang)集中到索巴特河河畔，旺卡克(Wangkac)向东南迁移到皮博尔河与吉拉河(Gila)的两岸，而尤(Yol)则要么在沃考河(Wokau)和索巴特河交汇处附近搭建营地，要么向北沿着马查尔(Machar)沼泽的边缘建立营地。嘎葛旺(Gaagwang)部落迁到玛克外河道(Khor Makwai)的西端。嘎扎克(Gaajak)部落诸一级分支按下面的路线迁移：北部的齐昂诸支[康(Kang)和洛尼(Lony)]迁往达加河(Daga river)，而南部的齐昂分支[塔(Tar)]以及仍(Reng)、尼亚严(Nyayan)、瓦乌(Wau)和卡尼(Cany)诸分支则在巴罗河、召考河(Jokau)、阿杜拉河(Adura)与玛克崴河(Makwei)的河岸上建营而居，主

> 要在埃塞俄比亚境内。
>
> 三个宰拉夫河部落都依赖于杰贝勒河、宰拉夫河以及流入这两条河的溪流，这一点在刘易斯先生的示意图中已标示出来。生活在宰拉夫河左岸的嘎沃部落在该河附近的高地上搭建他们的村落，无须在旱季迁往远方。
>
> 西努尔人主要把营地搭建在距其村落不远的内陆溪流边。里克部落的卡鲁勒一级支大多先在陆夫溪流(Loogh)边集中，随后再迁往考(Cal)和旺塔克河(Wangtac)的河畔，陆夫溪流以及考河和旺塔克河都与加扎勒河相连。多克(Dok)把营地搭建在内陆溪流河床的池塘附近。西吉坎尼迁往加扎勒河边缘的吉坎尼沼泽地。关于西努尔人在旱季的分布情
> 63 况，无须给出更多细节，实际上，我也无法添加这些细节，我们便可这样说，他们的迁移距离要大大少于大多数东努尔部落，尤其要比娄部落少得多。

从某种程度上看，尽管不同的村落和部落分支在集中的时间、地点以及在集中的规模上，因气候条件的不同而各异，但它们每年却往往在大约相同的时间进行迁移，且到访相同的池塘。然而，在通常情况下，主要的旱季营地每年都在同样的地点建成。当雨季在五月份开始时，年长的人们便返回村落清整土地准备播种，在六月份时，青年男女便带着牛加入到他们当中来。在年轻人返回村落时，整个营地在当天就被拆完，牛被赶回村落，沿途能不停就不停。与之相反，从村落向营地的搬迁很少如此一致和急迫。在十一月给草烧过荒后，两三个家庭中的年轻人们便会在其喜欢的时

间和地点搭建起一个小型营地。几天后，可能会有同村的其他人赶来加入该营地或可能搭建一个单独的营地。在那些村落点上，仍有水和一些牧草，农园和家宅中也还有活计需要完成。因而，营地变村落是一夜即成的，而村落变营地则是慢慢完成的。到旱季高峰时，每个人都住进了营地，村落里则毫无声响，一片荒芜。

因此，一年由村落期和营地期组成，营地期分为旱季早期和旱季晚期。在旱季早期，年轻人从一个小营地迁到另一个小营地，而在旱季晚期，每个人都集中到围在永久水源旁的较大营地里，直到返回村落时才离开。

三

努尔人被迫回到村落是为了防备洪水和蚊子，也是为了进行园艺劳动，而干旱和植被的荒芜又把他们赶出村落进入营地，从事捕鱼劳动。我简要描绘一下这些村落和营地。

在地点方面，有些部落比别的部落条件要好。娄部落和东吉 64
坎尼诸部落在这方面尤其幸运，但在西努尔地区，尽管有许多合适的土脊，但这里的土地的受淹程度却很严重。而且，就我所看到过的地方而言，里克和多克这两个部落的各个分支所处的地理位置比位于它们中间的那些部落要好，除了这两个部落所在的地方以外，在西努尔地区，任何大小的较高地块都很少。

对于一个村落点来说，其所需要的不仅仅是搭建房舍的空间，而且还有放牧和种植的空间。许多村落位于那些在洪水时期有堤岸的河流旁的土丘上（插页图 7 和插页图 16）——这些土丘的表面由腐殖土堆集而成——牛在土丘的坡上或附近的荆木林中吃草，人们还在这里耕种农园。更为常见的情形是，家宅沿着沙脊一字排开(插页图 8)，这些沙脊长约一二英里，宽几百码，它们是可使家宅之间有更大空间划分的场所，它们的背后是农园，前面是牧场。在努尔地区的某些地方，尤其是在我所提到的自然条件好些的部落里，那些较高的地块有时绵延数英里，除了那些穿越较高地带的窄窄的沟洼附近以外，人们可以在这些较高地带上随处搭建房舍。在这些绵延着的较高地带上，到处点缀着一小群一小群的家宅，家宅周围环绕着农园和牧场，把彼此分隔开。努尔人更喜欢在这种具有更大隐私性的条件下生活，而对真正的村落生活没有任何兴趣。

通过把村落建在高出来的地面上，努尔人使自己和牛生活在高于洪水的地方——洪水在下面的大平原上无所不在——而且在某种程度上免遭那些滋生于积水中的蚊群的叮咬。在西努尔地区，我曾看到人们所居住的土脊脚下修有低矮的泥坝，用来在发生大洪水的年份里把水拦在外面。由于他们总把村落搭建在最高的地方，六月之后天天都下的骤雨便从土坡上流下去，因此，畜栏中的硬地面很快就干了。关于这些雨到底有多可怕，可以从插页图 14 中判断出来，这是在八月份的一场中度阵雨中我从帐篷的篷布下拍摄的。关于洪水是如何把除各个村落点以外的所有地方都淹没的，可以在插页图 12 上看到，该图显示的是十月里的一个高粱
65 园，位于一个比平原高一些的土地上。1936 年 10 月，一个相当干旱的年头，在西努尔地区的一次旅行中，除了必须跨过大量的深沟深洼之外，我们在数英寸深的水中差不多连续走了十七天。在娄

和东吉坎尼的一些地方，尤其是在嘎扎克，人们在稀疏的荆木林中搭建房舍，但一般来说，努尔人更喜欢在空旷的地带建立村落，甚至在附近有树林的地方也是如此。因为这样一来，他们的牛就可以得到更好的保护，免受野兽、害虫与湿气的侵害，而且，显然地，还因为高粱在林地里长得不太好。在空旷地带搭建村落似乎还可以免受白蚁的破坏。

努尔人的家宅包括一个牛棚和几个棚屋。他们的牛棚的规模和工艺令所有的旅行者称慕不已。牛棚的形状以及棚屋的外观，可从好几幅插页图中看到，而它们的构造方式则在科菲尔德先生的照片中有精彩描绘（插页图 18）。唯一需要解释的是，棚顶是由立在棚内的树干所支撑着的。尽管在西努尔地区，由于缺少森林，人们用成捆的高粱秸来代替木椽，但努尔人的牛棚和棚屋却都由枝条和泥灰做成。建造和修缮工作一般在旱季早期进行，此时，有大量的稻草可用于搭盖屋顶，有足够的高粱为前来帮忙的人们提供啤酒。在雨季里，人们从牛棚起，沿着畜栏两侧并绕着棚屋插上篱笆，以控制牛的活动，防止它们弄乱家宅、破坏庄稼（插页图 17）。放牧以及对草和树木等等的使用是村落社区中所有成员的共同权利。

家庭经常改换他们居住的地方，从村落的一个地方到另一个地方，从一个村落到另一个村落，就小村落而言，假如死过许多人，牛长得不好，或者村落内曾有过械斗，或者牧场以及耕种园地也都枯竭，那么整个村落社区就可能会搬往新的地点。大约十年以后，较小土脊上的牧场和农园都会呈现出明显的枯竭迹象，而棚屋和牛棚在大约五年之后也需要重建。

在旱季的营地里，男人们睡在风屏里，女人们睡在蜂窝状的棚屋(beehive-hut)里，或者男女都睡在蜂窝状的棚屋里。这些脆弱
66 易损的庇护所树立在离水几码远的地方，一般围成半圆或排成几排，背对着盛行的风，它们是简单搭建起来的，把草根，偶尔也用高粱秸，紧紧地捆扎在一个窄沟里做成风屏，把草尖紧紧绑在一起，外面涂上畜粪，棚屋就做成了[插页图 15(a)，插页图 19(a)和插页图 21(b)]。风屏内整个空间都被一塘粪灰所占着，男人们可以躺在上面，围着塘火睡觉，风屏的开口对着畜栏。如果人们只打算在一个地方住上几天，他们就常常睡在空地上，不再费事地搭建风屏和棚屋。这些简单居所在几小时内就可以搭建起来。

四

对努尔人的迁徙起决定作用的另外一个环境因素是虫害的泛滥，这是一个至今仍然存在的威胁，因为假如主人不给牛提供一些保护的话，它们就会在苍蝇和扁虱从早到晚的叮咬中几乎得不到片刻休息，而被搅扰致死。

在雨季里，蚊子成群成群地飞舞。它们那洗劫式的叮咬从七月到九月一直很严重，在此期间，只要太阳一落山，人和牲畜就不得不躲进棚屋和牛棚里寻求庇护。棚屋门被紧紧关闭，通气孔被堵上，火也被点起来。在牛所居住的牛棚的中央，点着一大堆粪火，弄得满牛棚都是浓烟，以致人们连牛都看不见。年轻男子躺在粪火上方的平台上，如果烟变稀薄了——虽然门紧闭着，但烟还是会从草顶上跑掉——他们就下来再添上些粪便。靠这种办法，牛

可以在夜里得到一些休息。在雨季末，当牛还在村落里时，它们一直被关在畜栏中，直到它们的主人去睡觉，这时，它们被关进牛棚，以防狮子的侵袭。在这个季节，火堆不用添柴太多，因为地表水没有了，高粱被收割了，草也一同被收割了，蚊子也就不那么厉害了。后来，当别人去了营地以后，那些留在村子里的人常常在畜栏里竖起风屏，同所有留下来的奶牛一起在外面过夜。在旱季里，除了在池塘和沼泽附近以外，蚊子已经不见了，而从一月到五月，即便在水的附近，它们也不再侵扰人畜了，于是，牛群可以睡在空地上。不过，它们还是被风屏包围着，在风屏里面，主人们睡在粪火的一 67
边，从火上冒起的烟四处弥漫，笼罩着营地。

> 另外一种令人讨厌的昆虫是剑蝇（seroot fly）。它的出现带有季节性，尽管在别的时间里有时也会出现，但在五月到七月的多云天气里最盛。剑蝇从早晨便开始叮咬牛，并追随着它们到牧场，在那里，它们把牛叮咬得十分厉害，以致后者常常会血渍斑斑地被赶回营地。在营地里，人们点起粪火，给牛提供保护。在这样的日子里，牛只能时断时续地吃草，连两三个小时的时间也不到。另外一种叮牛的蝇是螫蝇（*stomoxys*），它在整年里都盛行，在旱季和雨季早期更甚。可能正是这种牛蝇，通过它们的喙直接把锥体虫从一头牛身上传到另一头牛身上，导致部分努尔地区尤其是东吉坎尼地区出现了锥体虫病。因为尽管努尔人对舌蝇所具有的那种致命特征都很了解，但可能除了在其东端以外，舌蝇在努尔地区并未发生过。还有别的昆虫搅扰着努尔人的牛，但对于它们在这

> 个纬度上是否传播疾病，我们还一无所知。在这些昆虫中，可以提一下如下几种：八脚牛虱，这是一种努尔人在傍晚返回营地时要从牛身上清除掉的昆虫，尽管这种清除不够经常和系统；一种被称为萨科瓦克(*tharkwac*)的昆虫，这种昆虫据说生活在牛身上，不过它的叮咬并不引起流血；一种名叫蔑克(*miek*)的蝇；还有普通黑蝇，其外形与我们家里的苍蝇相像，它们在炎热天气中严重困扰着牛群——潮湿、阴冷的天气似乎能杀掉它们。红兵蚁偶尔在牛棚中成群出没，以致当地上落满灰屑时，人们不得不把牛挪开，但它们在努尔地区是很罕见的。尽管毫无疑问的是，用烟可以在某种程度上把这些昆虫驱赶开，但对它们中的大多数来说，努尔人都束手无策。

从个人经验来讲，我可以说，在努尔地区，人们持续不断地经受着昆虫的折磨，尤其是普通黑蝇和蚊子。很明显，它们的光顾使牛深受其苦，几乎无疑的是，这种不断的骚扰会降低牛的活力并影响其产奶量，因为它们很少能得到真正的休息。在这种情况下，它们的坚强品质和忍耐力是极为出色的。

由于南苏丹的几种舌蝇能把锥体虫病原传给牛，因而，对努尔
68 人来说幸运的一点是，在他们那里并未出现过这样的牛蝇。毫无疑问，这种免疫性的存在是因为那里缺乏成荫的丛林，而后者则可把主要原因归为那里的洪水，把部分原因归为那里的烧荒。在沿埃塞俄比亚断崖的山麓小丘延伸的林带中，舌蝇十分盛行，阻止了努尔人尽可能地向东深入，因为很明显，他们从阿努阿克地区撤离的原因之一就是由于牲畜的死亡。从舌蝇这一点来看，在其目前

所处的地域上，努尔人占了一个比南苏丹大多数人群更好的位置。

另外一个具有重大意义的考虑就是许多微生物的存在，它能引发人和牛的疾病。对于这个话题，我们无法讲得太多。然而，就牲畜而言，我们可以说，它们饱受许多不同疾病之苦，努尔人通常对它们做一些治疗，即便这种治疗就算有效，关于其疗效到底有多大这一点也仍是令人怀疑的。最严重的两种传染病是牛的胸膜肺炎和牛瘟，在有些年份里，胸膜肺炎可能会导致牛群中很高的死亡率。牛瘟是在不到五十年以前，随着阿拉伯人的侵入而传入苏丹的，那个时候正是博伊洛克(Boiloc)年龄组举行成丁礼的时期，努尔人把牛瘟传入以前的那段时期称为“牛的日子”。一旦牛瘟侵袭了牛群，人们便拿它毫无办法，但他们知道，应该对被传染的牛予以隔离。现在，他们对这种瘟疫已经习以为常，以致他们一般会采取预防措施，当牛瘟在旱季里流行时，把牛群分开，让它们住在相隔很远的营地里，这样一来，不管牛瘟在该地区哪一处爆发，放在另一处的牛便可以幸免。努尔人知道，从牛瘟中恢复过来的牛对这种病患的再次发作具有免疫力，因而，尽管他们知道它所生的小牛并不享有同样的免疫力，但它的价值还是被看得更高。索尔小姐告诉我，努尔人声称他们能通过刮牛角尖观察其表层下面的颜色来判断牛是否感染过牛瘟。如果是白色的，则牛是免疫的。尽管在牛瘟爆发的年份里会面临饥饿的威胁，但努尔人还是以顺从和超然的态度面对这种瘟疫。

牛瘟曾在牛群中造成并仍在继续造成着严重的破坏。关于这 69
种生态平衡的紊乱导致了什么样的社会变迁以及这种社会变迁的范围有多广，无法做出确切的估计。由于聘礼由牛构成，在婚姻的

插页图 8

在平坦处建有牛棚的沙脊(多克)

插页图 9

从小舟上叉鱼(索巴特河)

安排上，必然会有一段时间相当混乱，但在今天，通过降低所要支付的牛的数量，稳定局面已经形成。聘礼支付中的这种对新的社会基础的评估似乎并未在凶杀谈判中达成，在凶杀谈判中，谈判双方并不像婚娶中的双方那样具有良好愿望，尽管努尔人承认聘礼和恤财的数额应该一同升降，但直到现在，他们似乎仍在按旧时的赔偿比例索要恤财。对于这个问题，我们无法做出准确陈述，但很可能的一点是，世仇比以前更不容易解决，结果，部落间的关系也受到影响。我们还可以这样推想：牲畜的减少已经导致了生活标准的普遍下降，因为气候条件使人们不可能通过从事更多园艺劳动来对生活水平加以足够补充。毫无疑问，努尔人种植了比以前更多的高粱，但在总的食物供给，尤其是在维系保障方面，他们的生活水平肯定有所下降。在下一节中，我们将会看到，努尔人既不可能以一种纯粹的园艺经济，也不可能以一种纯粹的畜牧经济生存下来，至少在牛瘟传入以来如此。他们必须要有一种混合经济，而且，靠其中一个方面只能得到有限的弥补。努尔人靠大范围地袭击邻近的丁卡人来寻求对他们所遭损失的补偿，把自己所遭受的牲畜损失转嫁到丁卡人身上。我们知道，努尔人在牛瘟传入他们那里以前，便袭击过丁卡人，但很可能的情况是，牛瘟这一更大的刺激因素使他们更具侵犯性，他们的对外关系已经受到了这一因素的影响。其他可能的影响也可以提一下，尤其是在亲属关系方面，但是，对于这些影响的重要性，人们只能进行猜测，因此，我们仅把我们的考察对象限定在那些可被认为已经在努尔人的经济和政治生活中发生了的影响上。

五

我们曾在第一章中提到，为了生存，努尔人不得不采用一种混
合经济，因为他们的牛群并不为他们提供充足的营养。在下一节
中，我们将会看到，他们的高粱收成常常少得可怜且很不确定。因 70
此，鱼便成了食物中不可或缺的一项，捕鱼活动影响着他们的季节
性迁移。

河流里满是各种各样可以食用的鱼类，在旱季里，这些鱼类可以大大补充努尔人的食物组成，使他们能够在庄稼无收或牛瘟泛滥的年份里生存下来。在选择营地地点时，对捕鱼机会的考虑并不亚于对水和牧草的考虑。不过，努尔人并不认为自己是靠水产为生的人，他们瞧不起像施鲁克那样的人，他们说，施鲁克人主要以捕鱼和猎取河马为生。尽管有这种优越性流露出来，努尔人仍然喜欢捕鱼，并享受着丰盛的鱼筵给他们带来的那种幸福感。沿着巴罗河和索巴特河，可以看到无牛的捕鱼营地［他们称之为考(*kal*)］，在这些营地里，除了少量的谷物、山羊奶和偶尔的猎物以外，人们在数周的时间里仅仅以鱼为食。从这一事实中，我们可以对他们在旱季高峰期的捕鱼量必须要有多大作出判断。这些住在无牛营地里的人是穷人，要么一头牛也没有，要么有一两头奶牛寄养在富裕的亲戚家里，因为对努尔人来说，只要有一线之路，没有人会愿意离开牛而生活，这些人为别的努尔人所不齿，被认为有着阿努阿克人或巴拉克丁卡人的血统。由于机会不同，一些努尔部落比别的部落捕鱼要多。因而，相对于拥有水路网络的东吉坎尼

地区来说,娄地区的人们捕鱼较少。各个部落和部落分支都小心翼翼地守护着他们的捕鱼权,如果不想引起械斗的话,若要在一个池塘里大量捕鱼,就必须先获得主人的许可。

河流的涨落和地势的平坦使努尔地区有着季节性的洪水,正是这种季节性的洪水使得努尔人可以如此大量地捕鱼,因为这些鱼已被洪水从河流中挟带出来进入溪流和泻湖,在那里,它们很容易被人们捕杀,而当它们在河流里时,凭着努尔人那些简单的捕鱼方法,是很难捕到它们的。最好的捕鱼季节是十一月份和十二月份,此时河流水位开始回落,排走溪流和泻湖里的水,可以在溪流和泻湖的合适的地方筑坝,当鱼挣扎着要冲过堤坝到下游去时,

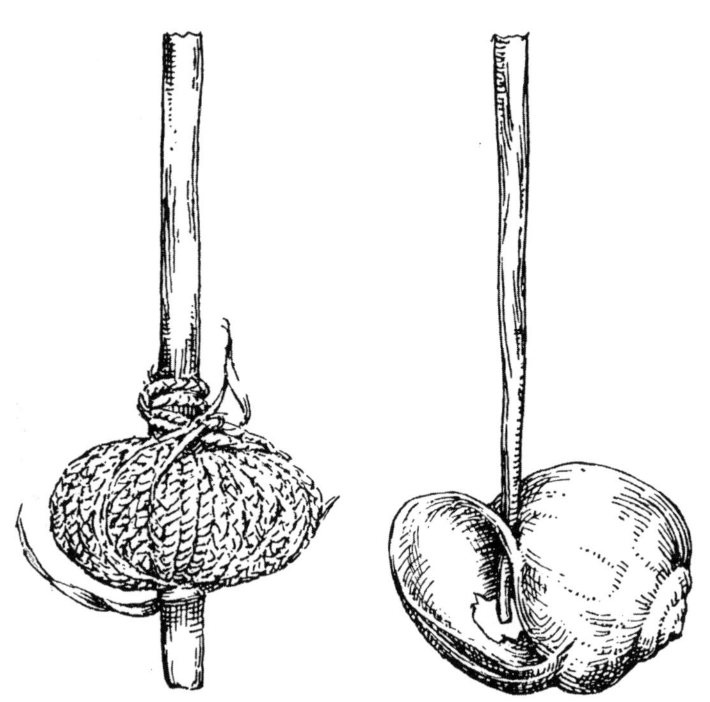

图 10　诱捕鱼的工具

他们便用长矛从坝上叉鱼。从堤坝上捕鱼主要在夜间进行，捕鱼人的身后点着篝火，注意力集中在放到堤坝上游的一排柳条上，当鱼撞击柳条露出水线时，捕鱼人便用长矛在水线各处叉刺。我的 71
朋友，已故的哈默先生，曾拍过一张关于日出的照片，被复制在插页图 22(a)中，他估计说，从一道堤坝上一夜可以捕获上百条鱼。水回落时，堤坝随之被降低。

随着旱季的推进，大量的鱼被困在没有出路的湖泊和泻湖之中，随着这些湖泊和泻湖的干涸，它们被困在越来越小的水域中，被单个的捕鱼者们用有倒刺的矛和长鱼叉捕杀[插页图 10 和插页图 22(b)]，而在旱季的季末，它们则会被人们用驱逐法大量捕杀，其中，弯齿鱼叉和捕鱼篮也可能会被派上用场。整个旱季，捕鱼量都一直相当高，在用驱逐法捕鱼时期略有增长，而在四五月份雨季
开始时上升到第二个高峰，此时河流重又开始上涨，把鱼带到浅 72
滩，在这里，在芦丛和杂草间，它们很容易被叉住。努尔人回到村落以后，就很少捕鱼了，人们只是在零星的泻湖里用长矛叉鱼，因为村落主要是在内陆上，远离水域，而且溪流太深且常有鳄鱼出没，影响着捕鱼。此外，鱼被洪水冲得分布范围很散，还有疯长的沼泽地植被保护着它们。那些坐落在大河岸上的村落中的努尔人有时坐在中空的独木舟上(插页图 9)用长鱼叉捕鱼，但努尔人很少有好的独木舟——而且，这些独木舟还是他们从阿努阿克人那儿换来或偷来的——因为他们所得到的木材和所掌握的技术，都使他们仅能简单地烧空棕榈树和西克莫树的树干造船。

努尔人是使用长矛的能手，却不是很灵活的渔民。除了用鱼叉和长矛从船头以惊人的速度叉到一些跃出或浮上水面的鱼以

外，努尔人从来看不到猎物，而是要么把长矛向杂草和芦丛中可能有鱼的地方随意乱刺，要么安插草秆和柳条来显示鱼的出没。有一个神话讲到，从前所有的鱼都可以被人眼看到，但后来大神让它们在水中无法被看到了。尽管鱼叉也常被使用，但努尔人的主要武器却是有倒刺的长矛。当他们用长矛在浅水滩中捕鱼时，他们有时把用麻绳缠绕而成的球或巨型蜗牛的壳绑在木棒上（图 10）击水引鱼。他们把鱼烤熟或煮熟来吃。

六

努尔地区的野味也很丰富，不过，努尔人并未广泛利用这种食物资源。那里有大群大群的克利根牛羚和矮脚马，别的羚羊类动物也很多；水牛、大象与河马则到处可见。除了肉食性动物、猴子、一些小型啮齿动物以及斑马以外，努尔人什么动物都吃，在娄部落境内的南部地区，旱季里总有斑马奔跑游荡，人们猎杀斑马是为了要得到它的皮和尾巴。狮子也很多，尤其是在尼罗河以西地区，它们对牛群来说是一种严重的威胁，但只有当它们和豹子们在畜栏里或牧场上攻击牛时——这种情况是经常发生的，尤其是在旱季
73 早期——努尔人才会杀掉它们，豹皮由酋长披在身上。除了瞪羚和长颈鹿以外，努尔人很少外出猎取野生动物，他们只是捕杀那些走近营地的动物。实际上，不能把他们看作是热衷于狩猎的人，甚至可以说他们是带着一定程度的屈就感来看待狩猎的，他们认为，只有没有了牛才会使一个人来狩猎，他不是随随便便就这样做的。牛群和羊群为他们提供了肉食，这一事实很可能是他们对狩猎缺

乏兴趣的部分原因，不过，他们对狩猎缺乏兴趣也与他们所在地区的自然特点有关，因为那里空旷的平原使人们几乎没有机会能成功地用矛捕获到猎物。

除了鳄鱼和甲鱼以外，努尔人不吃任何两栖动物。鸵鸟、鸨、鹧鸪以及珍珠鸡、鹅、鸭、水鸭和其他水鸟都很丰富，但努尔人认为，对于成年人来说，吃这些东西是丢脸的，除非是在十分严重的饥荒里，否则，可能只有孩子、没有牛的穷人以及特别年老的人才吃这些东西。即便如此，他们也只是在极少的情况下才吃这些东西，而且是在灌木丛里偷偷地吃的。努尔人不养家禽，而且，一提起吃这些东西，他们就会显得极其反感。同样地，他们也不吃鸟蛋。他们也不吃任何昆虫，但在十二月份和一月份烧过荒以后，他们会把野蜂的蜂蜜收集起来，在灌木丛中吃掉，或在家中就着粥吃掉。

唯一一个拥有一两支以上猎枪的部落是东嘎扎克，该部落是从埃塞俄比亚得到这些枪支的。努尔人用狗和长矛狩猎，靠的是他们的敏捷、耐力和勇气。因此，在雨季是无法狩猎的，不仅仅因为疯长的植被妨碍追赶猎物，而且，由于到处都有大量的水和牧草，猎物能够选择落脚的场所。在旱季高峰期，这些动物们被迫和人们在相同的池塘、泻湖、河湾中饮水，而且，干旱、光秃秃的大地使得人们可以毫无妨碍地追逐，因为除了追逐长颈鹿以外，努尔人是靠视线而不是靠野兽的脚印狩猎的。只有被狗撕咬的瞪羚和宁可攻击而不愿败退的野牛才能被一两个人抓住。其他动物，如克利根牛羚、矮脚马以及雄鹿，则只有当它们走近营地，可被一大群年轻人截断退路时，才被捕杀。我曾在索巴特河目睹过几只动物被捕杀的经过，它们在河岸朝向内陆的一边被围住，并被赶进芦丛 74

中，在那里，唯一逃跑的办法就是泅水渡河。在这个地区，或许还有其他地方，第一场大雨过后，努尔人在饥饿的驱策下离开营地寻找长颈鹿的踪迹，对它们穷追不舍，直到追上它们。这只是在第一次降雨的时候才可能成功，此时，动物们仍旧不得不靠近营地喝水，它们的大蹄子陷在潮湿的泥里，降低了它们活动的速度。努尔人，尤其是宰拉夫河畔的努尔人，以猎获大象的勇气和技能而著称，大象被他们一大群人围住，用长矛刺戳。

因此，与他们的捕鱼一样，努尔人的狩猎也具有简单的特征。他们很少用灵巧的办法，而且，除了刺轮夹子以外，他们也不使用任何机械装置。在大多数努尔地区，这种夹子是由丁卡移民们所使用的，娄部落的某些努尔人也使用它们，不过，他们认为这是丁卡人的发明，因而有点瞧不起这家什，认为对于拥有牛的人们来说，这种工具是不值一用的。但对穷人来说，则可以使用它，他们可以用它来获得肉食甚至牛，因为长颈鹿毛用来做项链是价值极高的，比如，在许多插页图中[尤其在插页图 1 和插页图 28(b)中]，都可见到努尔人戴着那样的项链。于是，人们可以看到，一个营地的几个人在布置夹子，而另外的人却无动于衷。在旱季末尾或雨季早期，地表水还很有限，地面还不太湿，不会把皮套索腐坏，这时，人们便把夹子设置在饮水池塘的周围。1930 年，在索巴特河上，大量长颈鹿被人们用刺轮夹子捕获，但这一年似乎是一个例外的年份。即便要说努尔人曾经挖过陷阱捕杀猎物的话，那也极为罕见，而且仅在丁卡部落的边界地区才可见到。至于为了用长矛或棍棒捕杀从火中逃出的动物而把从一年一度的烧荒中幸存下来的一片一片的草点燃，这也是非常偶然而不经意的举动。在西

努尔地区，很可能也在其他地方，尽管不是在索巴特河上，人们会在旱季里沿着河马的踪迹到达其夜间吃草的地方，用鱼叉捕杀它们。然而，努尔人认为，捕杀河马并不是他们的事，而是施鲁克人和某些丁卡部落的习惯，甚至即使在努尔人猎杀河马的那些地方，据说也仅是那些拥有的牛不多的人们才这样干的。我们可以下结论说，狩猎并没有给努尔人带来很多肉类食物，而他们对这一活动也并不十分看重。

七

在大多数年份里，野生的果子、种子以及根茎并不是努尔人食 75
物中的重要一项。他们的土地上基本没有树，因此果子也很少；只有“野枣”(埃及榊果)能提供大量食物，这种野枣偶见于尼罗河以西的某些地方及尼罗河以东更为广阔的地带。这种野枣的果实大约在一月份到三月份成熟，核仁和甜果肉都可食用。许多别的果实也被人们食用，主要是被孩子们吃掉。对这些果实中的大多数来说，行过成丁礼后的年轻人就不再吃了。在旱季早期，在池塘和泻湖里能找到睡莲[齿叶睡莲(*Nymphaea lotus*)]，它们的种子和根茎的味道非常鲜美。“野稻”(巴蒂野生稻)的种子也被采集起来，生长于村落点上的许多野生植物则被用作粥的调味品。在饥馑之年里，野生植物的收获备受关注。此时，“野枣”便成了极受欢迎的食品，人们采食各种各样的果子，这些果实主要成熟于旱季的早期，当饥饿不太严重的时候，人们是不会理睬它们的，此时，人们还要利用灌木薯蓣(bush-yams)以及野高粱和其他草类的种子作为食品。

八

需要指出的是，捕鱼、狩猎和采集是旱季的职业活动，它们在这个季节里为不充裕的牛奶食品提供了必要的补充。在湿季，当这些活动不再适宜，牛奶产量也往往减少的时候，大雨一方面引起了使这种食物供应遭受损失的变化，另一方面却为即将取代这些活动的园艺劳动创造了适宜的条件，而在旱季，从事园艺是不可能的事情。因此，食物供给在全年中的变化以及它们在各个季节能否满足生活所需，是由生态变化的年度周期所决定的。在湿季，如果没有谷物，努尔人的处境就会很危险；不过，由于谷物可被储藏起来，因而，在某种很小的程度上，他们可以做些防备以抵御旱季的饥荒。

气候条件，连同这个地方的洪水和平坦的地势，使得中部非洲的大多数粮食作物不能在努尔地区种植，而努尔人尤其不走运，因
76 为他们没有任何根茎作物可以作为饥荒之年的备用粮食。在旱季没有大面积灌溉的情况下，他们能否种植他们现今所种品种以外的庄稼？这一点值得怀疑，而且，这同他们的游牧生活方式也不相容。这些庄稼并不构成一个令人印象深刻的名单。主要粮食作物是黍谷[普通高粱(*Sorghum vulgare*)]，一年收获两季，他们还在棚屋附近种上一些玉米，并把他们唯一的农园蔬菜——豆[豇豆(*Vigna*)]间种在高粱地里。除了这三种粮食作物以外，他们还在棚屋的屋檐下种植一些烟草，还种上一些葫芦，让它们攀长在畜栏的栅栏上。高粱以粥和啤酒的形式来消费；尽管有些玉米被做成粥来吃，但主要还是烤着吃；豇豆是炖着吃或者与粥一起煮着吃

的；烟草被放在烟斗里作为鼻烟来吸或者被放在嘴里咀嚼；那些葫芦，依其各自的种类，要么被食用，要么被做成盛奶的容器。

在这些作物中，作为主要的庄稼，高粱是唯一一种我们不可对其耕种一带而过的，我们需要对其耕种作更多的介绍。一旦移栽后生长起来，它就能很好地经受住那些对大多数植物来说是致命的条件，而且，值得注意的是，各种品种的野生高粱在这个纬度上都生长得很繁茂。玉米也能在恶劣条件中生存下来，但是，尽管它对努尔人很重要，因为它是在他们食物短缺或耗尽时最先收获的粮食，但除了在巴罗河两岸以外，其产量却微不足道。努尔人对许多种类的高粱作了区分，主要是依靠种子的颜色来进行的，他们知道哪种是早的，哪种是晚的，成熟的顺序如何，哪种可以生产好的粥面，哪种有甜茎可以咀嚼。这种植物在能保持水分的黑土中生长得很茂盛，但也表现出很强的适应能力，在努尔人建立村落的更多沙的土壤中也可以成熟，只是在这些地方它的抗旱力要差，而且是否可以播种第二季也很不确定。在努尔地区，东吉坎尼可能是最好的高粱种植地，尽管在许多地方，洪水淹没得太多，无法种植第二季，但这里是我见过的唯一一个通常能确保出产足够谷米来供养其人口的地方。我没有到过宰拉夫岛的拉克（Lak）和齐昂这两个部落区，据说那里也是不错的谷物生长地。

即便是高粱，在死水中也长不好，因此，农园必须建在较高的 77
土地上。在环境条件允许人们把家宅建在一大片土地上的地方，家宅之间几乎处处都可用来开辟农园，但在家宅沿土脊一字排开的地方，可做的选择就少了，因为土脊的背面太硬，不能保持充足的水分，而且需要供放牧之用。因此，人们是在土脊顶峰与低浅平

地之间在棚屋和牛棚的后面进行种植的。在西努尔地区，人们经常在有点坡度的高地上搭建一些小坝来防止水从农园流走。相反，如果是在土脊斜伸进平原的地方，高粱可能会遭受洪水冲淹，这时人们就会挖掘排水渠，把多余的水排进灌木丛，这种排水渠有时有数英尺深，五十多码长。这些农园在家宅后面形成一条连续的线，如果那儿有充裕的土地进行耕种，人们就不到别的地方耕种了。如果没有足够的土地，他们就跨出村落的界限，沿着土脊——这些地方太湿，不适合建房，但对高粱园来说，不太会受洪水的冲淹——进行耕种，或者到附近的树林中进行耕种。

就努尔人耕作的规模来说，每个人都拥有足够的土地可以使用，这样就不会出现使用权纠纷的问题。他们认为，一个人理所当然有权耕种其家宅后面的土地，除非已经有人在耕种这片土地了，而且，人们可以选择村外未被其他农园占用的任何地点进行耕种。新来的人总是以某种方式同该村里的某些人有亲属关系，而亲属们是不会因农园而发生争执的。此外，由于努尔人村落的构造形态方面的原因，其人口规模与可耕作土地的面积是大致相关的，这是因为，在适宜耕作的土地有限的地方，用于建房的空间也有限。

我们已经提到，一旦移栽后生长起来，高粱便会表现出对气候变化的极强的抵抗力。困难在于如何让它移栽后生长起来。在播种后不久，常常会有一段很短的干旱期，其间，嫩芽常常会枯萎、死掉。有时，这是由于饥民们播种太早造成的，但这往往又是不可避免的，因为如果在种植之前等待时间太久，高粱就会遭受黑穗病，
78 无法正常地结实和成熟。大暴雨也常常把秧苗打倒在黏泥中或冲走其根部的土壤从而对它们造成破坏。就我所知，在努尔地区，无

论哪个季节，都会有干旱或过多的雨水使庄稼在播种以后受到某种程度的破坏。当高粱度过脆弱的秧苗期后，大象又会造成很大的破坏，我知道有个村子的农园曾连续三年遭到大象的部分破坏。当高粱成熟时，织鸟就来抽取年税，但努尔人毫不采取行动来把它们吓走，除非它们数目太大，以致整个收成都面临被吃光的危险时，他们才这样做，这时，他们便在农园里立起看鸟台。在有些年份里，蝗虫会造访此地，从而引发迅速而大面积的破坏，但我不清楚这种情况发生的频率如何。在作物生长的各个阶段，珍珠鸡、乌鸦、鸵鸟和一些小羚羊都会造成很大损失，而水羚则对第二季庄稼表现出极大兴趣。有时——尽管我认为这种情况很罕见——如果农园离村落有一段距离，努尔人会在农园里搭建棚屋来保护高粱免受这些毁坏，但一般来讲，他们对此很少给予关注，希望由于住所离这里很近，而使动物们不敢前来破坏。如果这点不起作用的话，他们会以超然的态度接受现实结果，有时显得几乎漠不关心。

园艺日历

4月	5月	6月	7月	8月
播种玉米			收获玉米	
	播种第一季高粱			
		播种豇豆		
			播种扎克高粱	
			播种烟草	

9月	10月	11月	12月	1月
收获第一季高粱				
	收获豇豆			
		收获扎克高粱		
	收获烟草			
播种第二季高粱			收获第二季高粱	

上面所示的日历是一种近似的情况，因为播种和收获的
时间有赖于第一场大雨开始的时间，而这场大雨在每年的开
始时间是各不相同的。对那些能在河岸上的家中或其附近度
过旱季的人们来说，园艺季节通常开始于三月末，但大多数人
则不得不等到四月份或五月份才能返回他们的村落，然后才
79 能开始整理农园。已婚的人们通常在五月份的前半个月返回
村落，开始收拾家宅周围的土地准备种玉米。在五月末，或在
六月份，年轻人带着牛回到村落，帮助清理去年的高粱园，并
参加锄新地的艰苦劳动。大量的杂草与高粱一同生长，人们
不得不至少除三次草，有时可能四五次。给第一季庄稼除草
越多，第二季所需的除草量就越少。

当第一季庄稼还在成熟时，邻近的地带就被清理好，准备种第二季庄稼[插页图 11(b)]，在八月底或九月份，第一季庄稼收割前不久，第二季庄稼就播下种了。在第一季庄稼的茎秆被砍掉之后，从其根部长出一些新芽，第二季庄稼便与这些新芽一起生长起来。在东努尔地区，第二季庄稼的播种是在直立着的庄稼之间或农园之外新开垦的土地上进行的，但在西努尔地区和宰拉夫岛的部分地区，由于土地被洪水淹得很严重，第二季庄稼被种在准备好的土丘上。我再次请大家看一下插页图 12——这些土丘在该插页图中有所展示，因为该图极好地表现了雨季里努尔地区的样子，并把努尔人的园艺活动所面临的不利情形清晰地表达出来。第二季庄稼也必须除草数次，而且，由于这个农园在下一个雨季里还要用来播种第一季庄稼，现在除草越彻底，那时所要做的工作就越少。在

在浅滩上叉鱼(索巴特河)

插页图 11

a. 旱季里的热带大草原(娄)

b. 为后期播种清理高粱园(娄)

> 努尔地区的许多地方，第二季同第一季的产量差不多同样大，而且，很可能在当地条件不利于一种庄稼的地方，这些条件却有利于另一种庄稼。看来，尽管第二季种下的高粱需要很多水分，而且如果雨水过早下完，它们生长得就不旺盛，但从老茎上长出的高粱在较干旱的条件下却生长得最好，甚至可能会因后期的大暴雨而出现腐烂。因此，总有一种庄稼可能会成熟，而且，在适宜的条件下，二者都会生长得很旺盛。
>
> 在娄和东吉坎尼部落的某些地区，那种被称为扎克[*jaak*，即硬秆高粱(*Sorghum durra*)]的慢熟黍谷的种植技术是从丁卡人那里照搬过来的。被选来进行耕作的地方并不在每年烧灌木丛时进行烧荒，而是在来年的雨季早期当新草从旧草丛中长出来时进行。尽管这种高粱有一定缺陷，但它在一些地方还是比较流行的，因为它不需要太多的清理和除草，而且抵抗力也很强。

努尔人对庄稼的轮作一无所知，实际上也没有什么庄稼可以轮作；他们对粪肥也一点不懂，尽管牛粪以及杂草和灌木烧成的灰无疑可以作肥料用。他们从来不会把家宅的农园搁荒一年，以便 80
让土壤能恢复一下地力，而是一年又一年地种植，直到土壤地力完全耗尽，这时，他们就换一下家宅的地点，常常是搬到一个新的村子里住上几年。不过，他们知道每年的耕作意味着土壤的进一步退化，并能通过高粱植株的大小、产量的大小以及某些只在肥力用尽的土地上繁茂生长的野草的出现来判断土壤的贫瘠程度。他们在农园年年耕作，连续五到十年，休耕几季以后，对其进行检测，看

其土壤是仍旧质硬、板结，还是松散、质软，可以栽种新的庄稼。另一方面，在远离村落的灌木丛中种植的农园里，没有邻居农园的限制，人们便可能每年在老田的一端锄垦一片新地，而抛弃另一端肥力耗尽的地块。

努尔人的农园很小。在一般年景里，如果他们在旱季非常节约，主要靠牛奶和鱼维持生活的话，大部分努尔地区的人们刚刚有足够的谷物维持到下个收季；而在坏年头里，他们可能会一连数周都没有粥喝，提到这一点要比度量本身更能使读者对努尔人农园的规模获得一个清晰的了解。还可提到的一点是，努尔人并不搭建粮仓，而是从他们的棚屋里找一些足够用来存放东西的小草箱和陶器来存储粮食。然而，要想判断高粱对于努尔人的重要性，用其数量来判断不如用其在努尔人整个食物供给中的地位来判断，因为高粱并不仅仅只是高营养价值食物中的一种辅助品，而是一种必不可少的食物，因为如果没有它，努尔人维持生活的压力就会更大。努尔人完全承认这一点，一点也不鄙视园艺，而且，从总体上看来，他们是勤奋的园艺者。

不过，他们认为园艺是一种倒霉的必需活动，包含着艰辛的、令人生厌的劳动，而不是一种理想的职业，他们倾向于按照这样的信念行事：牛群越大，从事园艺活动的需要就越小。他们是牧民而不是农民。当我让他们注意到他们并未好好照看的农园或者向他们谈到庄稼没有防御好鸟兽时，他们却泰然自若，因为对他们来说，尽管忽视牛是很没面子的事，但没照看好农园却不会带来什么强烈的情感不安。当我问他们为什么不种更多的高粱时，我经常
81 得到这样的答复：“哦，这是我们的风俗。我们有牛呢。”

作为结论，我想强调以下几点：(1)努尔人所耕种的谷物的量仅够其成为他们食物供给中的一个元素，而要单靠它来维持生活就不够了；(2)在他们当前的气候和技术条件下，园艺劳动量的显著增加将不会有什么增益；(3)游牧性的价值标准支配着对园艺的兴趣，这是与生态关系相符合的，这种生态关系以园艺为代价，有利于牧牛业的发展。因此，尽管牛瘟已使牧牛业变成一个比以往更不稳定的职业，但努尔人的价值标准和生态关系合在一起，共同维持着他们对牧牛业的偏好。

九

我们已经提到，在其既定的生态关系中，努尔人必须要有一种混合型的经济，因为任何一种食物来源都不足以维持他们的生活，而且，每个季节中占支配地位的食物生产活动都是由生态周期所决定的。因而，不同种类的食物成分彼此之间有一种由生态所决定的关系，我们可以把这些关系粗略地勾勒一下。

各种奶制食品、做成粥和啤酒的高粱、少量的玉米、鱼以及肉是努尔人食谱中的主要品类。在全年当中，牛奶都是主食，尽管在临近雨季末期时，由于放牧不充足，奶牛的产奶量往往可能减少。而且，据说有一个趋势，即成批成批的奶牛在第一个收季之后生小牛，因而，在几周之前，它们便停止泌乳——如果真是这样的话，那么这可能是二月份和三月份的炎热天气使母牛发情的缘故。这种季节性的趋势以及牛和高粱对努尔人食物的各自贡献，在一个传说中有所凸显，在这个传说中，奶牛和高粱产生了争执。奶牛说高粱是一个毫不重要的人，是她的奶使人们维持着一整年的生活，而在饥荒时期，人们还可以吃她的肉活下去。高粱回应说，奶牛的说法无疑是有道理的，但在自己成熟之际，孩子们非常高兴，因为他
82 们可以嚼甜茎秆，用手搓粒吃，而且，还会有大量的粥和啤酒。奶牛争辩说，不管怎样，没有牛奶的粥是很难喝的，而且，到高粱成熟的时候，她的奶就会被吃完。很难证明牛奶产量的这些变化，也很难估计它们的重要性，但牛奶产量在旱季略有升高这一趋势在后面的图表中有所显示。

在第一个收季和动身前往旱季营地之间的数月里，大量高粱被做成粥和啤酒而被人们消费掉。如果收成比较好，人们喜欢每天在营地里喝粥，当营地里的谷物供应不够时，女人们就到村落里取来补充。当营地解散，人们返回村落时，又开始酿起啤酒，高粱的消费量便增加起来，在好年头里，在新庄稼成熟之前，一直有足够的高粱可满足需求。在一般年景里，如果他们比较节省，注意在营地里不用掉太多粮食，那么他们刚刚能度过这几个月。只有在最富饶的地方，他们才能确保整年之中都有足够的粮食供应。在大多数地方，在充足和匮乏之间总有一段非常窄小的边际区域，而在坏年头里，挨饿的情况并不少见。如果庄稼歉收，人们就要靠牛奶、鱼以及野果来度日，而在极端窘困的时候，他们甚至会杀些牲畜以供食用。牛瘟被认为是更严重的灾难。如果牛瘟和庄稼歉收在同一年中发生，人们便会想要把较老年龄组的人除掉。过度的干旱或大洪水可能会造成极大的苦难，它们对庄稼和牧草都有损害。

捕鱼也有好年头和坏年头。一般而言，大部分努尔地区在雨季的高峰期对鱼的消费都很低，甚至完全没有。在干旱天气开始

时，他们对鱼的消费迅速上升到一个高峰，从这个极其充裕的顶点下降以后，在整个旱季里，努尔人对鱼的消费一直相当稳定，而在雨季早期则再次上升。家畜的肉主要是在收获庄稼以后进行献祭和设宴时来吃的。在旱季里，努尔人是很少杀牛的，而且，在我的经验中，他们也不宰杀许多野生动物。因此，尽管肉食的匮乏因给奶牛放血以及在发生牛瘟的年头里把牛的尸体吃掉而在一定程度上得以弥补，但每年这个时候的肉消费量是非常低的。从总体上看，肉的消费曲线是与谷物的消费曲线一致的。尽管我们不能忘记的是，在饥荒之年里，主要是在一月份到四月份的时间里，灌丛 83
产品(bush product)是非常有用的，但在一般年景里，我们无须考虑对这些灌丛产品的消费。

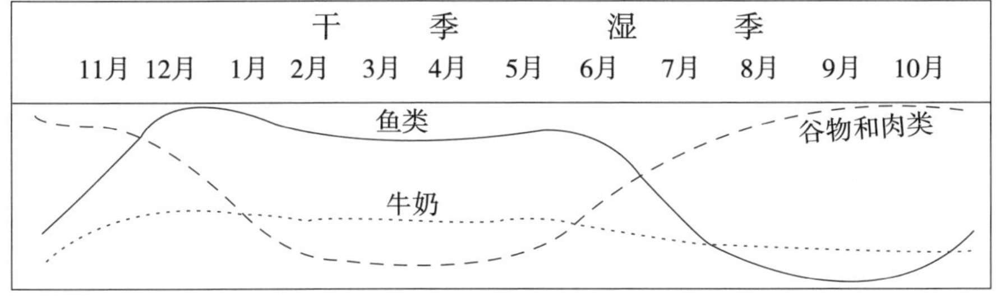

这是一张关于相对消费量的图表，这种相对消费量只是以一种真实的近似来表示的。从这张图表中可以看到，从一月份到六月份，鱼在很大程度上取代了谷物和肉，成为努尔人的主要食物，而在最可能发生牛奶短缺且很少有鱼或根本无鱼可捕的时候，恰好正是有大量粥和啤酒的时候。努尔人所称的“饥饿的月份”是指从五月份到八月份的那几个月，此时鱼的供应迅速减少，而玉米和高粱却还在成熟过程之中。食物充裕的月份是从九月份到十二月

中旬的那几个月，此时有充足的高粱，一般还有大量的肉，而这段时期的末尾则是捕鱼的最好时候。努尔人说，他们在雨季里长了肉，又在旱季里瘦掉了。我想我们可以下结论说，即便在一般的年景里，努尔人也不会获得他们所需要的足够多的营养。他们的食物配比很均衡，但在某些季节里，他们却得不到足够的食物，而且，他们也没有任何剩余可供自己在屡屡发生的食物匮乏年景里维持生活。努尔人的大量风俗和思想都要归因于这种食物不足的影响。在他们的一个传说中，努尔人满怀渴望地讲到，从前，人的胃如何在灌木林中过着一种独立的生活，以烧荒草时被烤熟的昆虫为生，因为“人被创造出来的时候没有胃。它是与人分开着被创造出来的”。一天，人在灌木丛中走路，遇到了胃，就把它放在现在的位置上，胃在那儿可以进食。尽管它在自己单独生活的时候，只要有一点食物就能使它满足，但现在它却总觉着饿。不管它吃了多少，很快就要再吃一顿。

84 食物的数量和种类上的季节性变化有着社会学方面的重要意义，这是出于几个方面的原因，尽管它们并不都是和本研究有关的。然而，注意到下面这点很重要：高粱充裕是努尔人在雨季里举行庆典的主要原因，因为如果没有粥和啤酒的话，这种庆典的仪式便很少会完整，而且，由于这种仪式是由献祭组成的，因而也就需要由肉来构成。婚礼、成丁礼以及各种宗教庆典在雨季和旱季早期，一般是在第一季高粱收获之后举行。这也是袭击丁卡人的主要季节。努尔人说，饥饿和战争不是一对好伙伴，在完全干旱的季节里，他们太饿，难以打仗，而且很显然的一点是，那时他们不会像在雨季里那样很容易为了个人或社区的争执而动手互殴。在雨季

里，他们有充足的谷物和肉，尤其在婚礼舞会上更是这样，有时他们还会喝得微醉。在旱季里，青年们对跳舞也不那么感兴趣，而在雨季里，他们会寻找一切机会跳舞，毫不在乎参加婚礼要走很远的路，在这种婚礼上，他们可以从黄昏一直跳到清晨。村落的生活节奏与营地的生活节奏是不同的。由于雨季高峰期洪水的缘故，这些联合性的活动主要发生在湿季的开始和末期，尤其是在湿季的末期。

时有发生的食物匮乏以及在一年中大部分时间里把食物充足期与饥荒期分隔开来的那段窄窄的边际期，使得较小的地方性群体的成员彼此之间形成了高度的相互依赖关系。可以说，这些较小的地方性群体有着共同的食物储备。虽然每一个家户都有自己的食物，做自己的饭，各自满足其成员的需要，但男人们却常常在别人家里吃饭，妇女和儿童也去别人家吃饭，不过次数要少得多。这种情况非常普遍，以致从外部看来，整个社区好像都参与到一个联合储备中来。他们的好客规则及其关于鱼、肉分配的习俗使他们共享食物的情形远比仅仅陈述其所有制原理所能提示的情形要广泛得多。青年男子们到附近的所有牛棚中去吃饭；每个家户都举办由其邻居和亲属所参加的啤酒宴会；同样是这些人，在协同帮忙干苦活累活的劳动聚会上，会享受到食物和啤酒的款待；在营地里，男人们造访朋友的风屏，到那里去喝牛奶，这被视为很正当的
事，而且，他们还备有一葫芦酸奶专为客人们饮用；当一头公牛被 85
用于献祭或有人杀了一只野生动物后，这些肉总会被以这样或那样的方式而广泛分发掉；如果有人捕到了鱼，别人想要一些的话，人们便希望捕鱼者把所捕到的鱼送出一部分给要鱼的人；当缺少

牛奶或谷物时，人们会互相援助；等等。这种食物上的互助与共同消费在密集的旱季营地里表现得尤为明显，它属于家庭及亲属关系的范畴，而不是本研究的范畴。这里，我只想强调以下几点：(1)这种共享食物的习惯与共享行为一样，在一个人人都可能会时不时地遇到困难的社区中是很容易理解的，因为使人们慷慨起来的恰恰是食物的匮乏，而不是食物的充足，这样一来，每个人便都可以确保不会挨饿了。今天处于困境之中的人获得另外一人的援助，那个人明天可能会处于类似的困境，需要别人提供帮助。(2)尽管最大程度的食物共享行为是在较小的家庭和亲属群体中进行的，但在同村和同营地的成员之间也有很大程度的互助和好客行为，以致我们可以说这些社区实行着一种共有经济，在本书中，这些社区被看成是努尔地区最小的政治群体，在其内部，亲属关系、姻亲关系以及年龄组关系等都被视为理所当然的。

十

我已从其与生态环境关系的角度考察了努尔人的食物供应问题，现在，我将从同样的角度对他们的物质文化作一个简要介绍。在努尔人一生下来的时候，他便不仅进入到一个自然环境，而且也进入到一个作为人类劳动产品的人造环境中；这个内在世界是从外在世界中构建出来的，它的形式和内容受着自然资源的严格束缚。我既不奢望，也无法描述它的技术程序，为了在一定程度上对我自己的这一疏漏进行弥补，我将把大量显示努尔人手工制品例子的插页图和插图收入到本卷及下一卷书中来。然而，对其从事生产的有限条件进行某些一般性的介绍看来还是适宜的。

努尔地区缺乏两种在原始工具生产中起着极其重要作用 86
的原材料——铁和石头。努尔人在铁制品方面一直条件很差。直到最近以前，他们仅有很少很少的铁矛，被作为传家宝而珍藏起来，他们所用的是拉直了的羚羊角和公鹿角、乌木以及长颈鹿的肋骨，上述这些东西至今仍被使用着，尽管几乎全部用于舞蹈之中(图 2)。木锄头是用来从事园艺活动的，至今仍然有时这么用。即便在今天，铁铃(图 4)也非常罕见而珍贵，而铁指环和铁手镯在过去则是重要的财产。人们在日常生活中用木铃、象牙以及皮制的指环和手镯来代替它们。努尔人对冶炼一无所知，对制铁工艺也所知甚少。我从未见过铁匠铺，尽管那里当然也有一些铁匠，但他们的工艺却是粗陋的，而且可被看作是最近的一项革新，至少在努尔大部分地区是这样的。他们把从阿拉伯商人那里买来的长矛在冷空气中敲平。

努尔地区也缺少各种硬石头。实际上，在村落外面，我从未看到过一块石头。它们有时是从邻近地区弄来的，被拿来用作锤子，用来弄平铁饰品、摩擦皮肤，如此等等。碾谷法似乎是最近才引入的。碾棍由荆木做成，磨石则由烧好的沼泥做成，沼泥里掺着敲得细细的陶瓷碎片(图 12)。努尔人也用黏土、泥和沙制作罐子、谷箱、烟斗、玩具、灶石和火屏，用它们建造牛棚和棚屋的墙壁，用它们涂抹地面以及家宅中那些他们希望保持平滑清洁的地方。

大自然没有把铁和石头赐给努尔人，在送给努尔人木材方面也很吝啬。努尔地区的大树很罕见。荆木和低处灌木为他们提供了用以建房以及做矛杆、弯叉杆、木棒（卷首图和插页图 8）、碾槌、颈枕、篮子和簸箕的木料。在努尔地区，可能任何树木都不适合用来雕刻，努尔人也没有任何木制器皿。甚至他们用来制作长矛的乌木也不是在他们的土地上找到的。田皂角树（Ambatch-tree）生长于一些沼泽地区，用它可以做成防身棒、烟草袋、枕头和座位（插页图 29）。牛棚和畜栏内所烧着的火用的是干牛粪，木柴仅在厨房中使用——草和高粱秸有时也被用来代替木柴。草、高粱秸以及某些植物也被用于各种不同的目的：椽子、风屏、屋顶材料、绳索、编织品等等。人们种植葫芦是为了用来制作盛奶的器皿。

由于缺乏铁和石头，努尔人就利用植物和泥土材料来替
87 代。动物产品也是有价值的材料来源，这一点可以从第 28 页和 30 页上关于牛的身体及其身体产品的用途的清单中看出来。野生动物的身体在某些但不是很多用途方面可以替代牛身体的用途，比如，克利根牛羚和矮脚马的皮可以做睡毯，水牛皮可以做鼓皮，长颈鹿皮可以用来做绳索，长颈鹿阴囊可以用来做袋子（图 3），野牛角可以做匙具（图 14），各种动物的骨头和皮革以及象牙可用来做臂环、腿环、腕环、指环等等诸如此类的东西。它们还能用于牛产品所不适合的方面，尽管这里的范围也很有限，例如，河马和野牛的皮可用于做盾牌和凉鞋，大象皮也被用来做凉鞋；角和肋骨，正如上文所提到的那样，可以用来做矛尖；豹皮和香猫皮可以用来做仪式和庆典的

服装，如此等等。鸵鸟蛋和陆地巨蜗的壳可加工成腰带，陆地巨蜗壳还可在收获季节用来收割高粱穗。

为了让读者就努尔人的环境对其经济所施加的限制以及他们力图克服本地自然资源匮乏的方法获得一种一般性的了解，我简要介绍了努尔人对动物产品的使用。与前面有关牛的用途的清单联系起来考虑，我们可以这样说，努尔人并未生活在铁器时代，甚至连石器时代也算不上，而是生活在这样一个时代，不管如何称呼它，在这个时代里，动物和植物为他们提供了技术上的必需品。

食物以及其他原料的缺乏可以通过贸易来弥补。然而，努尔人似乎很少从事贸易。在他们的铁制武器和铁饰品中，可能有许多都是经由丁卡人之手从所谓朱尔人[Jur peoples，即邦果-米图人群(Bongo-Mittu group)]那里以及尼罗河以西诸丁卡部落中那些能打造铁器的分支中得来的。尽管其中一些确实由贸易得来，[①]但大多数则无疑是战利品。东嘎扎克部落曾用铁同埃塞俄比亚的加拉人交换象牙，但我对阿比西尼亚人(Abyssinian)于19世纪末征服西部加拉之前是否有大量的铁来源于此表示怀疑。在20世纪初，有一些贸易把象牙从努尔地区运到戈雷(Gore)[②]和萨瑶(Sayo)[③]两地的埃

① 蓬塞，前引书，第44页。

② 戈雷是埃塞俄比亚西南部高原上的一个城镇的名字，也有人将其译为“戈尔”。——译者

③ 萨瑶是埃塞俄比亚西南部奥罗米亚州西沃莱加地区的一个市集小镇的旧称，现名为登比多洛(Dembi Dolo)。——译者

塞俄比亚市场上，这种贸易一直持续到最近还有。在这些市场与宰拉夫岛地区的主要供应地之间，隔着相当远的距离，在旱季，或在某些季节里，东嘎扎克地区的人们带着牛、烟草以及长矛头来到宰拉夫岛，而把象牙带回家。一个好的象牙能
88 卖到二十头牛的价格。[①] 大约在几年以前，这种贸易被禁止，因而，其历史可能不长，因为早期的作者们并未提供任何信息能让我们认为这种贸易在苏丹光复和阿比西尼亚人征服西埃塞俄比亚之前就已存在了。从 19 世纪中叶开始，努尔人和阿拉伯人在宰拉夫岛上曾有一些象牙贸易。交换中好像已用到金属饰品和威尼斯玻璃珠。努尔人那时可能已经从巴罗河与吉拉河畔的阿努阿克人那里贩运烟草，可能还有一种特殊的独木舟，但更可能的情况是，他们通常靠劫掠来得到这些东西。这里，我不讨论那些今天仍然存在的由阿拉伯小店主所做的小生意，他们生活在主要河道的各个地方，过着一种艰辛而又一般赚不到什么钱的生活。努尔人从他们那里得到长矛、锄头、鱼钩、饰物，偶尔也有铁砧、碾石等等，他们从努尔人手中购买牛皮，有时也买些牛。因此，努尔人的经济并未受到很大影响。努尔人是不出卖自己的劳动力的。

因而，我们可以得出结论说，贸易在努尔人中是一种极不重要的社会过程。许多原因可以用来解释这个事实。我仅稍稍提及一些。除了牛以外，努尔人没有什么可以用来交易的东西，而他们并不想把牛卖掉；他们所热切渴望的一切就是拥

---

① H. 高登少校(Bimbashi H. Gordon)：《苏丹军事情报录》，第 107 号，1903 年。

有更多的牛，而且，除了没有东西用来换牛这一困境以外，他们可以通过袭击丁卡人来更容易也更令人心满意足地增加牛群的规模；他们很少与相邻的人群保持友好关系以使他们之间的贸易能够繁荣地发展起来，尽管他们同丁卡人和阿努阿克人可能有一些零星的交换活动，但从那些人手中获得的物件可能大多数是战利品；努尔人没有货币，没有市场，而且，除了人工搬运以外，也没有运输手段；等等。另外一个原因，也是需要强调的一点就是，努尔人对他们的牛群有一种占支配地位的兴趣。这种狭窄的兴趣焦点致使他们对别人的产品漠不关心，实际上，他们觉得根本不需要它们，并且常常表现出轻蔑之意。

在努尔地区内部，很少有交易活动，因为原材料在各地的分布没有高度专门化，也没有任何差异。除了下一节中提到的小商品和少量帮工的交易以外，我所见到的唯一一种交易就是牛的交易，主要是公牛，是在饥荒之年里，娄部落的人们用牛换取东嘎兆克谷物的交易。我想，尽管按照努尔人的说法，在坏年头里，同一地区内的人们也有时用牲畜换一些谷物，但这种交易不太可能发生在英国占领这块土地之前。

我们将会看到，努尔人的技术水平很低，与食物供应的匮乏和 89
贸易活动的稀少连在一起考虑，可以认为，这种水平很低的技术对努尔人的社会关系以及他们的性格特征有某种影响。可以说，社会关系很狭窄，村落和营地里的人们在道德情感上被紧紧地结合在一起，因为这样一来他们便高度相互依赖，他们的活动也往往是

一些联合性的行动。这在旱季体现得最为明显，此时，许多家庭中的牛被圈在一个共同的畜栏中，并被作为一个统一的牛群赶往牧场，日常活动被协调成一种共同的生活节奏。

在我指出一种非常简单的物质文化以另外一种方式使社会联系的范围变窄的时候，我是冒着被指责为在作无稽之谈的危险的。从一种观点来看，技术是一种生态过程，即人类行为对自然环境的适应。从另外一种观点来看，物质文化可被视为社会关系的一部分，因为物质客体是社会关系赖以运行的链条，物质文化越简单，通过它所表达出来的关系的数量就越多。我举几个例子，但不作深一步解释。简单家庭附着于棚屋，家户附着于牛棚，联合家庭附着于村舍，村落社区附着于它的土脊，而各个村落社区彼此之间则由小路联结起来。牛群是核心，亲属群体围绕着它聚集在一起，其成员之间的关系是通过牛来运作并以牛的形式来表达的。一件很小的人工制品就可能是人们之间的关系（nexus），例如，作为礼物或遗产而从父亲传给儿子的长矛便是他们关系的一种象征，并且是这种关系得以维持的纽带之一。因而人们不仅创造了他们的物质文化，并使自己附着于它，而且还通过它建立了他们之间的关系，并依据它来看待这些关系。由于努尔人的物质对象的种类很少，每一种类中的样本也很少，它们的社会价值便因其作为许多关系的媒介而得到提高，结果，它们经常被赋予仪式性的功能。此外，社会关系并不是沿着许多物质联结的链条扩散开来的，而是被贫乏
90 的文化窄化到几个简单的兴趣中心上。可以认为，这一点导致了一种小范围的关系-形式，它们在较小的地方性和亲属性的群体中具有高度的团结性，因而，我们可以期望发现一个简单的社会结构。

可以说，努尔人性格特征中的某些突出特质是与他们的低技术水平和匮乏的食物供给相一致的。我再一次强调，他们的生活是粗劣而令人不适的。我相信，所有曾与努尔人一起生活过的人都会同意认为，尽管他们在物质方面很贫穷，但他们在精神方面却很自豪。他们已经习惯了艰辛和饥饿——对这两者都表示不屑，因而能够顺从地接受最不幸的灾难并勇敢地忍受它们。他们对匮乏的物产也表示满意，他们蔑视其他所有的东西。他们这种幼稚的自豪会令陌生人大吃一惊。他们彼此信赖，对亲属忠诚而慷慨。在某种程度上甚至可以把他们那种明显的个人主义归之于对其亲属和邻居们的固执要求的一种抵抗，对于后者的这种要求，他们只能顽强抵抗，而没有别的办法。我所提到的那些品质，如勇敢、慷慨、耐心、自豪、忠诚、顽固以及独立，是努尔人自己所称颂的品质，可以看出，这些价值标准是与他们的简单的生活方式以及由此而产生的那套简单的社会关系极为适合的。

十一

对于一般被称之为经济的那些东西，没有必要写更多的内容。在关于亲属关系和家庭生活的描述中可以对它们进行更深层次的思考。我只想请读者记住下列情况：(1)我们不能从努尔人的经济关系本身来看待它们，因为它们总是构成了各种一般性的直接社会关系的组成部分。因而，劳动的分工乃是不同性别、不同年龄的人们之间以及配偶之间、父母与孩子之间、某种类型的亲属之间等等的一般性关系的一部分。

(2)努尔人有一些专门分工，但这只是偶尔才有的。他们没有任何可称之为专业的职业。有些妇女做的壶罐、碾石、篮子会比别人的更好；只有铁匠可做某些物品；只有几个人懂得如何制作那种年轻人戴上用来显示其忍耐力的紧紧箍在臂上的手镯并知道如何把它戴上，如此等等。想要这些东西的人们要么会以亲属的名义去要，要么会送给制作者一些高粱以答谢他的劳动，要么会在将来某个场合送给他一份礼物。想要这
91 种东西的人和制作这个东西的人总是属于同一个地方性社区，并且彼此之间自己进行交涉，那里没有通过第三方作中介来进行的物质交换或服务交换，他们之间总有某种一般性的社会关系，而他们的经济关系——如果可以如此称呼的话——必须要服从于这种一般性的行为模式。(3)这里几乎没有财富上的不平等，也没有阶级特权。一个人不会去索取超出生活所需之外的物品。如果索取了多余的物品，他只能通过把它们分送出去的办法来处理它们。诚然，牛是可以被积聚起来的，但事实上，除了预言家们所保存的几个神圣牛群以外，它们并未被积聚起来。正如我们曾经解释过的，周期性的牛瘟能把各个牛群拉平，而且，除此以外，当牛群达到一定规模时，它的主人——如果可以把许多人对之有某种权利的牛群说成是有一个主人的话——在道义上就有权处理掉一部分，要么将其用于自己结婚所需，要么用来资助某位亲戚结婚。牛有时还被借给别人，主人有权得到比所借出的牛更好的牛作为回报，比如，借出一头公牛得到一头小母牛；但人们只把牛借给那些与自己有一种确定的社会关系的人。(4)从

> 某种狭义上讲，简单家庭可被称作经济单位，但我们已经看到，它并不是自给自足的，一个范围更大的群体的积极参与常常是必要的，比如，在建筑、捕鱼以及狩猎活动中便是如此。同样明显的一点是，单个家庭自己无法既在远方的牧场上放牧牛群，同时又到别处放牧小牛、在畜栏里照顾更小的小牛、挤奶、搅拌牛奶、打扫畜栏、准备干粪作燃料、做饭等等。在既是亲戚又是邻里的人们之间，可以见到协作性的活动。当协作对于完成某种任务来说并不很必要时，也会有大量的互助行为，比如，在除草和收割时，就会有这种情况，这是因为，请人来帮忙是一种惯例性的做法，因为给予帮助的义务是一般性的亲属关系的一部分。(5)必须也要看到的一点是，捕鱼、狩猎、放牧以及我所描述过的其他活动，从某种意义上看，总是集体性的行动，因为即使在没有主动协作的时候，整个社区也是被动地参与其中的。单独一个男子可以赶着牛群去牧场，单独一个男孩可以在河流浅滩中捕鱼，单独一个妇女可以做饭，但是，他们之所以能做这些事情，仅仅是因为他们属于一个社区，因为他们的活动被联系在一个生产系统里。传统支配着目标和手段，而社区的组织和潜在力量为任务的完成提供了必要的协作和安全保障。我们已经提到过，从外面来看，
> 整个村落社区可以说是正在消费着一个共同的食物贮备，而从 92
> 同一角度来看，整个社区也可以说是生产了这些食物储备。

我可以重申下面一点，以此作为本节的结论：努尔人之间的经济关系是一般性的社会关系的一部分，由于这些关系主要属于一

插页图 12

十月的高粱园(仍延)

插页图 13

高粱园中的少女(多克)

种家庭性或亲属性的范畴，因而，它们不在本书的讨论范围之内。然而，我必须强调的一点是，村落中不同裂变支的成员之间有着紧密的经济关系，而且，一个村落中的所有的人们都有着共同的经济利益，形成了一种团体(corporation)。这种团体拥有自己专门的农园、水源、鱼塘和牧场，旱季里在一个密集的营地里牧牛，并且在防御、放牧以及其他活动中联合行动；在这种团体中，尤其在小村落里，人们在劳动方面有大量协作，在食物上也共同分享。在今后关于村落的研究中，必须把所有这些都考虑进去。必须进一步强调的一点是，气候条件同畜牧生活方式一起，要求人们必须建立起超出村落范围之外的关系，也为更大范围内的政治群体赋予了一种经济目标。我们以后将对这个论断进行更严密的考察。

十二

我想强调下面几个一般性的观点，以此来对从前两章中得出的结论进行总结，它们对研究努尔人的政治制度有着特殊的意义。

1. 生态关系似乎处于一种平衡状态。只要当前的关系存在，牧牛、园艺以及捕鱼就能进行下去，但无法得到改善。人们在这种与大自然的斗争中保持生活水平，但不会有所提高。
2. 混合经济之所以必需，是因为它是生态平衡的必然结果。牛瘟使人们不能完全依赖于奶食品；气候条件使人们不能完全依赖于谷物；而水文变化又使人们不能完全依赖于鱼而生存。这三个因素结合在一起，使努尔人能够生存下来，它们的季节性分配决定着努尔人在一年中不同时期的生活方式。

3. 这种生态特征给这种混合经济赋予了一种偏向性，使其有利于牧牛业，而这种偏向性在牛瘟传入以前肯定比现在要 93
强烈得多。这一点与牛在努尔人的价值标准序列中处于最高地位的情况是一致的。

4. 纯粹的定居生活和纯粹的游牧生活都与努尔人的经济格格不入，他们的经济需要季节性的迁移放牧。湿季村落的位置和规模及其旱季迁移的方向是由他们的生态特征所决定的。生态节奏把努尔人的一年划分成两部分：湿季和旱季，在湿季里，他们生活在村落中；而在旱季里，他们生活在营地中。营地生活又分为两部分：早期阶段和后期阶段，早期阶段营地较小，也是暂时的；而在后期阶段，人们大量集中在每年必至的地方。

5. 缺乏食物、低水平的技术以及贸易的缺乏使得较小地方性群体的成员们直接相互依赖，并往往使他们形成经济性的团体，而不仅仅是附有某种政治价值的住所性的单位。相同的条件以及在艰苦条件下所进行的畜牧生活使得生活在远大于村落的区域内的人们之间形成一种间接的相互依赖关系，并迫使他们接受一种政治性的俗例。

6. 过去的迁移趋势、现在的季节性迁徙以及想要通过袭击丁卡人来弥补牛群损失的愿望，强化了比村落更大的单位的政治重要性，因为由于经济和军事上的原因，村落并不能很容易地维持一个自给自足的独立体的地位，这样一来，我们就可以把政治系统主要作为比村落社区更大的地域性裂变支之间的一组结构关系来加以讨论。

第三章　时间和空间

一

94 在本章中，我们回顾一下我们就努尔人对牛的兴趣以及他们的生态特征所作的描述，并展望一下对他们的政治结构的描述。努尔人的生态特征限定着并以其他方式影响着他们的社会关系，但是，他们为其生态关系所赋予的价值意涵对于理解社会系统来说具有同等重要的意义。社会系统是生态系统内的一个系统，它一部分依赖着生态系统，一部分依靠自身而存在。几乎大部分，也可能是全部的时间和空间概念，都决定于物质环境，但它们所体现的各种价值标准仅是许许多多对物质环境的可能反应之一，并且还依赖于那些属于另外一种现实的结构原则。在本书中我们不是描述努尔人的宇宙观，而是描述他们的政治制度以及其他制度，因此，我们的兴趣主要在于生态关系对这些制度的影响，而不是社会结构对生态关系的概念化所具有的影响。因此，举一个例子来说，我们并不对努尔人如何根据其世系群结构的模式来把鸟类划分到不同世系群中去进行描述。所以，本章是本书两部分之间的一座桥梁，不过，我们只沿一种方向来过这座桥。

在描述努尔人的时间概念时，我们可以区分出两种类型，一类概念主要反映他们与环境的关系，我们称之为生态时间，另一类概念则反映他们在社会结构中彼此之间的关系，我们称之为结构时间。这两类概念都表示事件的前后延续关系，这些事件对社区来说有着极大的利害关系，因此它们总被人们所谈起，并在概念上相互联系。较长的时间段几乎完全是结构性的，因为与它们相联系的事件乃是诸社会群体的关系上的改变。而且，以大自然的变化以及人们对这些变化的反应为基础的计时被限制在一个年度周期内，因而无法用它们来区分比四季更长的时段。还有，二者都具有有限的、固定的标志。季节及月亮的变化年复一年地重 95
复着，因而在任何一个时间点上，努尔人都会对他面前的事物有概念上的知识，并能据此预测和组织自己的生活。同样，一个人在结构上的未来前景也已被固定下来并被安排到不同的时段中去，因而，如果一个男孩能够活得足够长的话，那么，在其通过社会系统的注定历程中，他所经历的所有身份地位上的变化便是能够提前预见的。对于一个在社会系统中生活的个体来说，结构时间似乎完全是向前进行的，但是，正如我们将要看到的那样，从某种意义来讲，这是一种错觉。生态时间看起来是，也确实是周期性的。

生态周期是一年。其最显著的节奏就是从村落到营地的往返搬迁，它是努尔人对雨季和旱季气候之分的反应。一年［儒昂(*ruon*)］有两个主要季节，托特(*tot*)和迈(*mai*)。托特从大约三月中旬到九月中旬，尽管它并不涵盖整个雨季阶段，却与降水量曲线的上升区段大体相应。在九月底和十月初，雨可能会下得很大，而

在一年中属于迈这一半的几个月里,整个大地仍然被洪水浸淹着,因为迈开始于雨量下降而不是停止的时期,并大致涵盖了降水量曲线的回落阶段,从大约九月中旬到三月中旬。因此,这两个季节仅仅是接近于我们所划分的雨季和旱季,而努尔人的分类则倾向于概括了他们对时间的运动的看法,他们在边际月份里的注意方向与实际的气候条件是同样重要的。可以说,在九月中旬,努尔人便开始把注意力转向捕鱼和牛营的生活,觉得村落居住和园艺已经成为他们过去的事。他们开始谈论营地,好像他们已经在那里一样,并渴望着搬迁。这种浮躁不安的情绪在旱季末更为明显,此时,人们注意到多云的天空,开始把注意力转向村落生活,并准备拆掉营地。因此,由于边际月份既属于一组活动但又预示着另一组活动,因而它们既可以被划为托特,也可以被划为迈,因为关于季节的概念来自于社会活动而不是来自于决定它们的气候变化,

96 而且,对于努尔人来说,一年就是一段村落居住期[此英(*cieng*)]和一段营地居住期[威克(*wec*)]。

我曾提到过那些与雨季和旱季相联系的重要的自然变化,其中一些变化已列在(边码)第 52 页和 53 页的图表中。我在上一章中也曾描述了当自然变化对人们的生活产生任何程度的影响时,人们所作出的相应的生态性迁移。我还指出了努尔人的时间概念所主要以之为基础的那些社会活动方面的季节性变化,并从经济方面对此作了详细记载。关于自然、生态与社会这三个方面的节奏的主要特征,下一页的图表已经表示出来。

除了太阳和月亮以外,努尔人还观察其他天体的运动、风的方向与强弱以及某些鸟类的迁徙,但他们并不以此来调节自己的活

动，也不用它们作为季节性计时的参照点。那些非常明显地界定着季节的特征就是那些控制着人们的迁移活动的特征：水、植被、鱼的洄游等等。正是牛的需要以及食物供应的变化主要把生态节奏转变成一年中的社会节奏，而雨季高峰和旱季高峰生活模式的对照则为计时提供了概念标杆。

除了托特和迈这两个主要季节以外，努尔人还认识到它们之中所包含的作为过渡阶段的两个附属性的季节。这四个季节并非截然分开，而是有所重叠的。就像我们把夏天和冬天看作是一年的两半，同时也谈春、秋一样，努尔人把托特和迈看作是一年的两半，同时也谈日韦尤（*rwil*）和吉奥姆（*jiom*）这两个季节。日韦尤是指从营地迁往村落以及清整农园和种植的时间，从大约三月中旬到六月中旬，在雨季达到顶峰之前。尽管它与托特本身有所不同，人们还是把它算作一年中托特这一半的一部分，托特本身指的是完全的村落生活和园艺时期，从大约六月中旬到九月中旬。吉奥姆的意思是“风”，是指从大约九月中旬到十二月中旬的一段时
期，在这段时期内，持续不断的北风开始刮起来，人们收获庄稼、从 98
堤坝上捕鱼、焚烧灌木丛、搭建早期营地。尽管它与迈本身不同，人们还是把它算作一年中迈那一半的一部分，迈本身从大约十二月中旬到次年的三月中旬，此时，主要营地已经建好。因此，大致来说，有两个含有六个月的大季节和四个含有三个月的小季节，但是，这些划分不能过于僵化地来看待，因为它们并不是十分精确的时间单位，而是有关生态关系与社会活动变化的相当模糊的概念化表达，而生态关系与社会活动则是不为人们所察觉地从一种状态进入到另一种状态之中的。

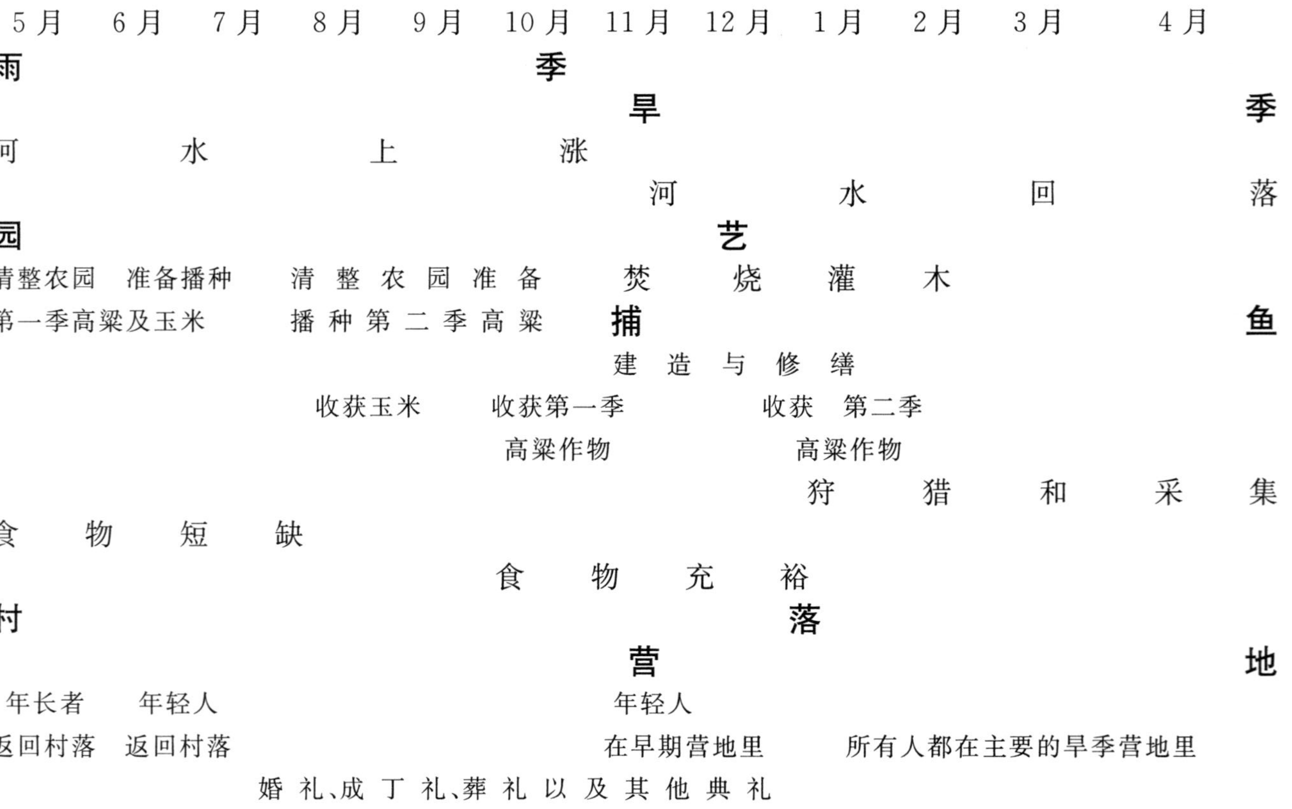

5月 6月 7月 8月 9月 10月 11月 12月 1月 2月 3月 4月
雨季
旱季
河水上涨
河水回落
园艺
清整农园 准备播种
第一季高粱及玉米
清整农园准备
播种第二季高粱
焚烧灌木
捕鱼
建造与修缮
收获玉米
收获第一季
高粱作物
收获 第二季
高粱作物
狩猎和采集
食物短缺
食物充裕
村落
营地
年长者
返回村落
年轻人
返回村落
年轻人
在早期营地里
所有人都在主要的旱季营地里
婚礼、成丁礼、葬礼以及其他典礼
劫掠丁卡人的主要季节

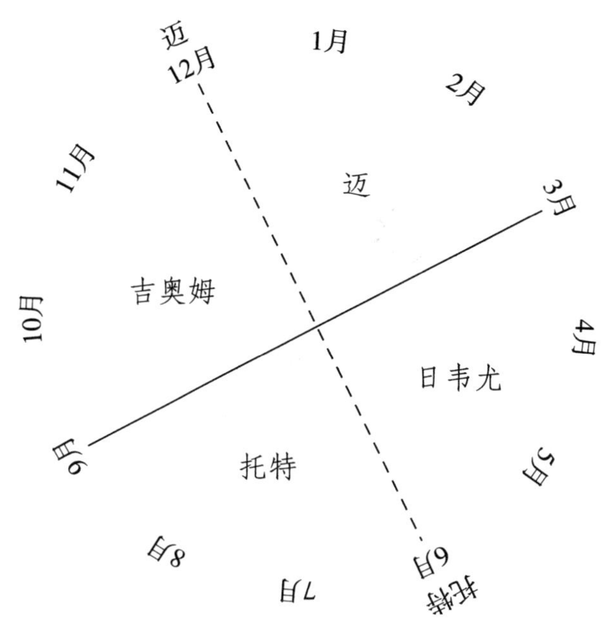

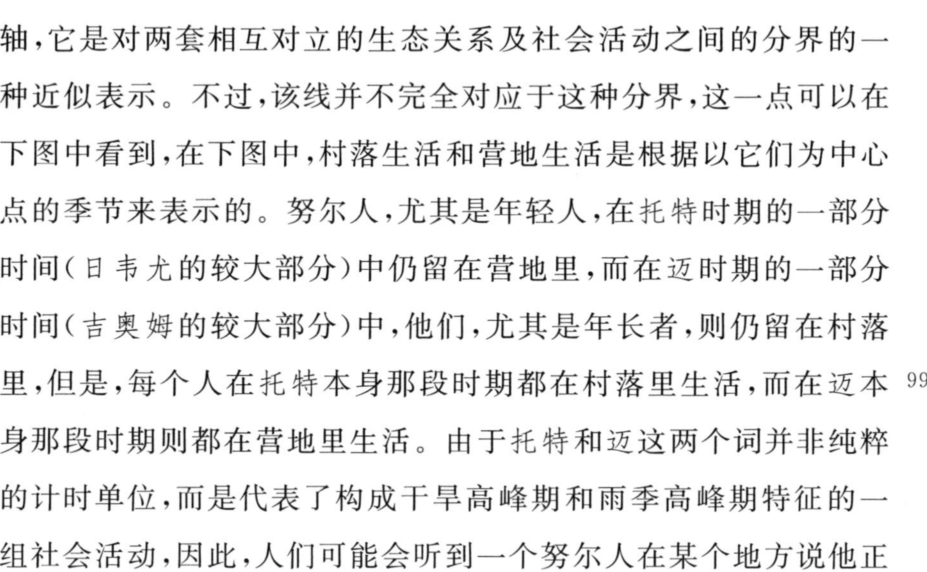

在上图中，从三月中旬到九月中旬画有一条线，那是一年的中轴，它是对两套相互对立的生态关系及社会活动之间的分界的一种近似表示。不过，该线并不完全对应于这种分界，这一点可以在下图中看到，在下图中，村落生活和营地生活是根据以它们为中心点的季节来表示的。努尔人，尤其是年轻人，在托特时期的一部分时间（日韦尤的较大部分）中仍留在营地里，而在迈时期的一部分时间（吉奥姆的较大部分）中，他们，尤其是年长者，则仍留在村落里，但是，每个人在托特本身那段时期都在村落里生活，而在迈本 99
身那段时期则都在营地里生活。由于托特和迈这两个词并非纯粹的计时单位，而是代表了构成干旱高峰期和雨季高峰期特征的一组社会活动，因此，人们可能会听到一个努尔人在某个地方说他正要去托特或迈。

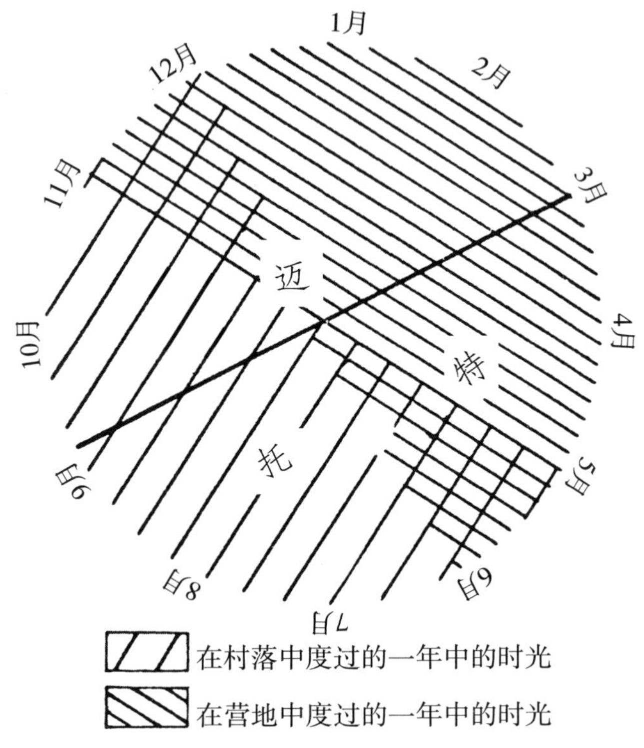

提亚(*teer*)	9—10 月	杜翁(*duong*)	3—4 月
拉兹(布尔)[*lath* (*boor*)]	10—11 月	葛瓦克(*gwaak*)	4—5 月
库尔(*kur*)	11—12 月	德瓦特(*dwat*)	5—6 月
题奥泼·(因)迪特 [*tiop* (*in*)*dit*]	12—1 月	考尼沃特 (*kornyuot*)	6—7 月
题奥泼·(因)托特 [*tiop* (*in*)*tot*]	1—2 月	派亚特尼(派耶聂) [*paiyatni*(*paiyene*)]	7—8 月
泼特(pet)	2—3 月	梭尔(*thoor*)	8—9 月

一年有十二个月，每个大季有六个月，大多数成年努尔人都能

按顺序把它们说出来。在下面所给出的月份表中，我们无法给每个努尔名字配上一个与之相当的英文名字，因为我们的罗马月份是与月亮无关的。然而，我们可以看到，在下表中，一个努尔月份通常被与之相当的两个英语月份所涵盖，而且一般而言，它往往与英语月份中的第一个月份而不是第二个月份相吻合。

如果努尔人始终如一地坚持计数月亮圆缺的变化序列的话，100
他们很快就会陷入他们的太阴历困境之中，①但是，每个月都有某些活动与之联系，这种联系有时在月份的名字中体现出来。这种日历是活动周期和概念周期之间的一种关系，这二者是不能分开的，因为概念周期是依赖于活动周期并从中获得意义和功能的。因此，十二月制是不会妨碍努尔人的，因为这种日历是根基于生态变化的周期之上的。在库尔这个月里，人们搭建第一个捕鱼堤坝和第一个牛营，而由于人们正在做这些事情，因而这段时间必然是库尔月份或接近库尔月份的这段时间。同样，在德瓦特这个月里，人们拆掉营地返回村落，而由于人们正在迁移，所以这必然是德瓦特月份或接近德瓦特月份的那段时间。因此，这种日历保持得相当稳定，在努尔地区的任何一个分支里，人们对当前月份的名字一般都有一致的认识。

在我的经验中，努尔人并未大量使用月份的名称来表示事件的时间，而是通常代之以在该事件发生时正在进行的显著活动，比如在早期营地的时候、在除草的时候、在收获的时候等等，而且，他

① 在东吉坎尼人中有关于闰月的证据，但我无法肯定这一点，在努尔地区的别的地方我也没有听到有人提过这一点。

们这样做是很容易理解的，因为对他们来说，时间就是活动之间的一种关系。在雨季里，高粱生长的各个阶段以及在对其进行培育的过程中所经历的各个步骤经常被用作参照点。由于放牧活动在各个月份与季节中基本没有多大差别，因此，它们不能作为合适的参照点。

在月与日和夜之间没有任何时间单位。人们在表示一两天以上的时间以前所发生的事件时，常用同时发生的别的事件作参照，或是通过计数其间所隔的“睡眠”或“出太阳”的次数来表示，不过，以“出太阳”次数表示事件发生时间的情况不像以“睡眠”次数表示事件发生时间的情况那么常见。他们有表示今天、明天、昨天等的术语，但它们没有任何精确的涵义。当努尔人希望提前几天对所要发生的事件进行界定时，比如舞会或婚礼，他们是用月相来作参

101 照的：新月、月盈、满月、月亏以及下弦月的亮度。当他们希望精确表示时，便会说在月盈或月亏的哪个晚上某事要发生，他们把月盈和月亏各算为十五个夜晚，而把一个月算为三十个夜晚。他们说，只有牛和阿努阿克人能在别人看不见月亮的时期看见它。仅有的用来表示夜间月相序列的术语就是那些描写它在满月之前及之中的外形的术语。

太阳的运行轨迹决定着许多参照点，表示事件时间的一种常见方法就是指出那个时候太阳在其轨道中在所要到达的那块天空。还有许多精确程度不同的表达方式描述了太阳在天空中的位置，不过，在我的经验中，最常使用的是那些表示太阳更显著不同的运动的表达方式：破晓、日升、正午、日落。可能值得注意的是，在上午四点和六点之间的参照点几乎与一天中其他时间的参照点

同样多。这可能主要归因于在这两个小时里由地球与太阳关系的变化而造成的明显对比，但是，还可以提到的一点是，这两个小时里的参照点比其他大部分时间尤其是下午一点到三点之间的冷清时间里的参照点更多地被用来指导人们的活动，如踏上行程、醒后起身、把牛拴到牛栏里、猎捕瞪羚等等。还有许多描述晚上时间的术语。它们只是在一个很有限的程度上决定于星体的运行轨迹的。这里，我们又一次看到，在白天和夜晚之间的过渡时期比夜晚的其他时间有更丰富的术语，可以用前面提到的同样理由来解释这一事实。此外，还有许多用来区分夜晚与白天、上午与下午以及一天中已过时光与未过时光的表达方式。

与那些描述日常例行活动的表达方式相比，在对一天进行划分的术语中，除了那些最常用的术语以外，很少有人用到它们。每天的计时器就是牛钟表(cattle clock)，即放牧任务的回合进程，一天的时间以及一天中时间的推移，对努尔人来说基本都是这些任务的继替延续以及它们之间的关系。更好的分界点是把牛从牛棚
牵到畜栏、挤奶、把成年牛群赶往牧场、给绵羊和山羊挤奶、赶着羊 102
群和小牛去牧场、清扫牛棚与畜栏、把羊群和小牛赶回家、成年牛群返回、挤晚奶、把牲畜关进牛棚。努尔人通常用这样的活动点来把事件协调到一起，而不是用太阳在天空中运动的具体位置来进行协调，因而有人说："我将在挤奶的时候回来"，"当小牛们回到家时我就出发"，如此等等。

当然，生态性的计时最终完全是由天体的运动所决定的，但只有某些单位和标志是直接以这些天体运动为基础的，比如月份、日、夜以及白天与黑夜的某些部分，而且，这些参照点之所以受人

关注并被选作参照点，仅仅是因为它们对社会活动具有重要意义。正是这些活动本身，主要是某种经济性质的活动，构成了这种计时系统的基础并为它提供了大部分单位和标志，而时间的推移也是在各种活动彼此间的关系中被感知的。由于活动依赖于天体的运动，而天体的运动只有在与活动相联系时才有意义，所以，人们常常可以用两者中的任意一种来表示某一事件的时间。从而，人们可以说“在吉奥姆季节里”或“在早期营地里的时候”、“德瓦特这个月”或“返回村落的时期”、“当太阳暖和起来的时候”或“在挤奶的时候”。天体的运动使得努尔人可以选择那些对活动来说具有重要意义的自然参照点。于是，在语言的运用中，夜晚，或者更确切地说是“睡眠”，是比白天或“有太阳”界定得更为明确清晰的时间单位，因为它们是有关社会活动的没有区分性的单位，而对月份或者更确切地说是“有月亮”来说，尽管它们是有关自然时间的具有明显区分性的单位，但它们很少被用作参照点，因为它们并不是有关活动的具有明显区分性的单位，而日、年以及一年中的主要季节则完全是有关职业活动的时间单位。

从努尔人有关时间看法的这一特点，我们可以得出某些结论。
103 在整个一年中，时间的价值并不相同。因而，在旱季营地里，尽管日常放牧任务按照与雨季一样的顺序，一个接一个地进行，但它们却并不同时发生，由于季节条件的严酷，尤其是水与牧草的缺乏，它们更是一种精确的常规活动，需要更大的协同性与合作性的行动。另一方面，在常规任务以外，旱季生活中一般是没什么事情发生的，而且，从一个月到另一个月，生态关系和社会关系比雨季里单调得多，在雨季里，经常会有宴会、舞会和仪式典礼。当我们把时间看作是活动之间的关系时，就会理解，它在雨季和旱季具有不同的内涵。在旱季里，日常的计时是更为统一和精确的，而根据月亮变化情况所进行的计时更少受人关注，这一点从他们更少使用月份名、在谈到月份间的顺序时更少自信以及他们所具有的东部非洲共同特征中表现出来，这种共同特征就是：两个旱季月份共有同一个名字（题奥泼·因·迪特和题奥泼·因·托特）且这两个月份名的顺序经常互换。时间的进度也可能会有相应的变化，因为对时间的感知是计时系统的函数，但我们无法对这个问题做出确切阐述。

尽管我已谈过时间以及时间单位，但努尔人并无任何与我们语言中的“时间”一词相当的表达方式，因此，他们不能像我们那样谈论时间，好像它是实际存在的某种东西，可以流逝，可以浪费，可以节省，如此等等。我想，他们不曾有过与时间竞争或者必须把活动与抽象的时间推移协调起来的情感体验，因为他们的参照点主要就是这些活动本身，这些活动一般来说具有一种缓慢从容的特点。由于没有任何各种活动所必须要精确遵从的自主性的参照点，各种事件都遵循一种逻辑顺序，但它们并不受一种抽象系统的控制。努尔人是幸运的。

另外，他们在估算两个事件之间的时间的相对长短时，所用的办法也非常有限，因为他们很少有时间单位，更没有界定明确的或系统化的时间单位。由于没有小时或别的小的时间单位，他们无法计量太阳的各个位置之间或日常活动之间的时间间隔。诚然，一年被划分成十二个太阴历单位，但努尔人并不把它们算作一个单位的各个组成部分。他们可以说出一件事发生于哪个月，但在

104 用抽象的数字符号来推算事件之间的关系时，却有极大困难。他们在根据活动、活动的前后序列、社会结构以及结构差异来思考时要比用纯粹的时间单位来思考容易得多。

我们可以得出结论说，努尔人在年度周期以及年度周期各部分内的计时系统是一系列有关自然变化的概念化表达，而参照点的选择则是由这些自然变化对人类活动所具有的意义来决定的。

二

从某种意义上说，所有的时间都是结构性的，因为它是对各种并行、协同或合作活动——即一个群体的运动——的概念化表达。否则，这种时间概念便不可能存在，因为它们对群体内的每个人来说都必须具有一种相同的意义。对于所有那些彼此间通常有所交往的人们来说，挤奶时间和吃饭时间都是近乎相同的，从村落到营地的迁移尽管对于特定的一群人来说可能有着特殊的内涵，但在努尔地区的各地，这种迁移都有着近乎相同的内涵。然而，有一点我们可以说，由于时间概念不再是人们对自然界的依赖关系的反映，而是对各社会群体间交往互动的反映，它便不再是由生态因素所决定，而是更多地由结构性的相互关系所决定的。

年是生态时间中的最大单位。努尔人有表示前年、去年、今年、明年、后年的词汇。这样一来，在过去几年中所发生的事件就成了计时的参照点，而且，依据使用它们的人们群体的不同，如联合家庭、村落、部落分支、部落等等，这些参照点也有所不同。表示某个事件所发生的那一年的最常用的方法之一就是提及村落的人们在何处搭建他们的旱季营地，或者提及他们的牛所遭受到的某些灾难。联合家庭可以用他们牛群的小牛的出生来估算时间。尽管由于缺少数字来对日期予以注明，没有人能在不作冗长计算的情况下说出某件事发生于多少年之前，但是，婚礼和别的典礼、械斗以及袭击同样可以作为时间点。此外，由于时间对努尔人来说 105
是一种对一个群体有突出意义的诸多事件的顺序，每个群体都有自己的参照点，结果，时间便与从当地角度来看的结构空间发生关联。当我们检视不同部落，或者有时是相邻部落对各年的命名时，这一点就很明显了，因为这些名字乃是部落所经历的洪水、虫害、饥荒、战争等等。随着时间的推移，关于这些年的名字便被忘记，超出这种粗略的历史计算界限以外的所有事件都渐渐隐入到许久以前的模糊背景之中。从其作为对一个部落具有重要意义的一系列突出事件这个意义上讲，部落的历史时间要比更小群体的历史时间追溯得更远，但五十年很可能就是它的极限了，而且，从当前往回追溯得越远，它的参照点就越稀疏、越模糊。

然而，努尔人还有另外一种粗略表示事件在何时发生的方式，它不是用年度的数量而是通过以年龄组系统为参照来表示的。此时，事件之间的距离不再像我们所理解的那样是以时间概念来估算的，而是作为人们群体之间的关系以结构距离来估算的。因而，它与社会结构是完全相应的。于是，一个努尔人可以说某事件发生在苏特（*Thut*）年龄组出生之后或在博伊洛克（*Boiloc*）年龄组举行成丁礼期间，但没有人能说清它是在多少年以前发生的。这里，时间是以年龄组来估算的。如果一个丹衮嘎（*Dangunga*）年龄组的男子对人说某事件发生在苏特年龄组举行成丁礼期间，他是在

说这件事发生于他这个年龄组的三个年龄组以前，或者说它发生在六个年龄组以前。对于年龄组系统，我们在第六章中有所讨论。这里，只需要说明的是，我们无法精确地把以年龄组进行的计时翻译成用年度进行的计时，但我们能大致估计出，在前后相连的两个年龄组开始产生之间有十年的时间间隔。现存的年龄组有六个，它们的名字不是循环使用的，已逝去的年龄组的顺序除最近的一个以外很快便被忘记，这样，以年龄组来进行的估算有七个单位，它们涵盖了不到一个世纪的时期。

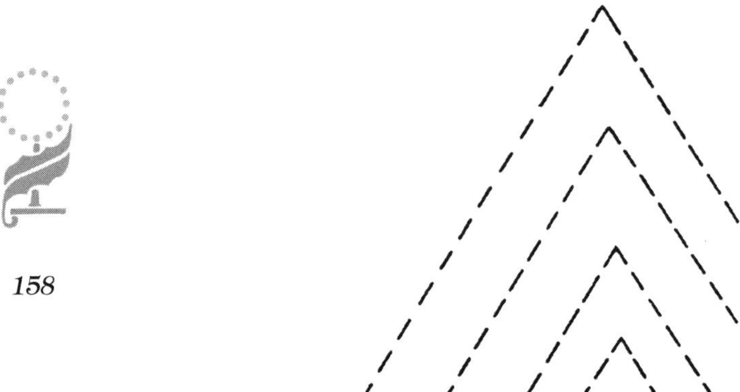

计时的结构系统一部分是对地方性群体有意义的参照点的选
择，这些参照点赋予这些群体一种共同而独特的历史；另一部分是
106 年龄组系统中各特定年龄组之间的距离；还有一部分是亲属和世
系群秩序中的距离。在亲属关系系统中，四个代际梯级［卡兹
（*kath*）］是在语言上区分出来的四种关系，这四个梯级是祖父、父
亲、儿子、孙子，在小型的亲属群体中，这些关系为该群体的成员们
赋予了一个时间深度，并为他们提供了上溯谱线的参照点，通过这

些参照点，他们之间的关系得以确定与解释。任何亲属关系必定在上溯谱线上有一个参照点，从名称上看即一个共同的祖先，因此，这样的亲属关系总有一个以结构性术语来表达的时间内涵。在这种狭义的亲属关系系统的范围以外，这种时间内涵是以世系群系统的形式来表达的。由于这个主题将在第五章中予以讨论，我们在这里不对它作过多探讨，而仅对上面这个图表加以解释说明。这个三角形的底线代表一个特定的父系亲属关系群体，虚线代表他们早已作古的父系祖先，它从该底线起到达世系群结构中的某一点，即这个群体中每个成员的共同祖先。我们把群体的范围扩展得越大（底线也就越长），在世系群结构中所追溯的共同祖先就越古远（三角形的顶点离底线也就越远）。因此，图中的这四个三角形就是在一个实存平面上的四种父系亲属关系范围的时间深度，代表一个氏族中最小、较小、较大和最大的世系群。于是，世系群时间就是 AB 线上不同群体人们之间的结构距离。因此，只 107
有在了解了结构距离以后，结构时间才能得以理解，因为结构时间是结构距离的一个反映，因而，在我们有机会对结构距离意味着什么作出更清楚的解释之前，我们必须要求读者对在这一点上的某些模糊之处予以谅解并保留批评意见。

到目前为止，我们一直把我们的讨论限制在努尔人的计时系统上，而没有考虑个人感知时间的方式。这个问题充满了困难。于是，一个人可以参照自然现象、其他个体的身份地位以及他自己生活史中的变化来计算时间的推移，但这样的一种计时方法并无任何广泛的集体效度（collective validity）。不过，我们承认，我们对这个问题的观察很肤浅，而要进行更全面的分析则是我们力所不及

的事。我们仅仅指出了该问题中与前面所做的关于生活方式的描述和后面将要做的关于政治制度的描述直接相关的那些方面。

我们曾经提到，从某种意义上说，结构时间的运动是一种错觉，因为结构保持得相当稳定，对时间的感知只不过是人们——常常以群体的形式——在结构中的一种运动。因此，年龄组永远是一个接着另一个，但同时在世的年龄组从不会超过六个，任何时候由这六个年龄组所占据的相对位置都是固定的结构点，人们的实际年龄组则无休无止前后相继地通过这些结构点。同样，由于我们后面将要解释的原因，努尔人的世系群系统可被视为一个固定的系统，在活着的人和他们的氏族创始人之间有着固定数量的梯级，这些世系群彼此相对而言也有一个恒定的位置。不管各自有多少代人接续下来，世系群的深度和范围都不会增加，除非发生结构上的变化。这些论述在(边码)第 198—200 页中有更充分的讨论。

在历史时间的界限以外，我们进入到传统的层面，在这个层面上，可以认为，某些历史事实的成分被并入到了神话复合体中。这里，参照点就是我们所讲过的结构参照点。在其一端，这个层面融进了历史之中；而在另一端，它则融进了神话之中。这里的时间景观并不像由我们的计时技术所创造出来的时间景观那样是有关实
108 际距离的真实印象，而是对各个世系群之间关系的一种反映，所以，必须把所记述的传统事件置于所涉世系群在其上溯谱线中汇聚到一起的那些点上。因而，这些事件在结构中有一个位置，但没有任何我们所理解的那种在历史时间中的确切位置。在传统之外，就是一直被人们以同样的时间景观来看待的纯神话的层面。一个神话事件不会早于另一个神话事件，因为神话所解释的是具有一般社会

意义的风俗，而不是特定裂变支之间的相互关系，因此，神话在结构上并不是分层的。对自然或文化的任何特性的解释都来自于这种智力氛围，它对努尔人的世界施加了各种限制，使之成为一个自我包含的体系，并使其在各个部分的关系上能完全为努尔人所理解。从同一个遥远的过去开始，世界、人以及文化，就都一起存在了。

人们将注意到，努尔人的时间维度很短浅。有根据的历史截止于一个世纪之前，即便慷慨地算起来，他们的传统在世系群结构中也仅可以回溯十到十二代，而且，如果我们有关世系群结构从不增长的这一假设是正确的话，那么，从世界伊始到当今之间的时间距离是保持不变的。因而，时间不是一个连续的统一体，而是两点之间的恒定的结构关系，这两个点就是父系继嗣谱线上的第一个和最后一个人。关于努尔人的时间有多么短浅，可以从下面这个事实中判断出来：人类是在一棵树下产生出来的，那棵树在几年前还曾矗立在西努尔地区！

对于比年度周期更长的时间，努尔人的计时乃是对社会结构的概念化表达，而参照点则是不同群体人们之间实际关系在过去的投影。与作为协调事件的工具相比，这种时间估算更是协调关系的工具，因此，它主要是一种面向过去的回顾，因为关系必须根据过去来予以解释。

三

我们已得出结论，即结构时间是有关结构距离的一种反映。在下面的几节中，我们将对结构距离是什么意思加以进一步界定，109

并对努尔人的某种政治性的地域群体予以正式、初步的分类。我们已对努尔人的社会时间范畴进行了划分。现在，我们来对他们的社会空间范畴进行划分。

如果有人飞临努尔地区上空，他就会看到一块块白色的土地，上面长着小型真菌样的东西，就像由皇家空军在旱季拍摄的插页图 16 所显示的那样。这些白色的地块就是带有棚屋和牛棚的村落点。他会看到，在这些白色的地块之间，是棕色和黑色的地带，棕色的是开阔的草地，而黑色的则是低洼地，这些低洼地在雨季中便成为沼泽地；他还会看到，白色的地块在某些地方要比其他地方更大、更多。我们发现，努尔人把构成其政治结构的某些价值标准赋予到了这些分布中去。

如果要准确测量棚屋与棚屋、村落与村落、部落区与部落区等等之间的距离以及它们各自所占的空间，这是能够做到的。但是，这只能以一种空洞的物理术语为我们提供一种有关空间量度的陈述。单就其本身而言，它的意义非常有限。尽管生态空间受着物理距离的影响，但它并不仅仅是物理距离，因为它还要通过介于地方性群体之间的土地的特征，以及它与这些群体成员的生物需要之间的关系进行估算。一条大河要比许多英里杳无人迹的灌木丛更为明显地把两个努尔部落分隔开来。当一个地区在雨季中为洪水淹没时，一段在旱季里显得很短的距离就具有了另外一种景象。有的村落社区附近有永久性的水源随手可用，而有的村落则必须要在旱季中走很远的路去汲水、放牧和捕鱼，这两种村落所处的位置就有很大的不同。舌蝇带造成了一个不可逾越的屏障，使其所分开的人群之间有了宽阔的生态距离(第 133 页)，此外，努尔人的

邻人们有没有牛也同样决定着他们与努尔人之间的生态距离(第132—133页)。从这个意义上说,生态距离是各个社区之间的一种关系,这些社区是根据人口密度及其分布状况,并参照水源、植被、动物以及昆虫等情况而得以界定的。

尽管结构距离总是受到生态条件的影响,而且,从其政治维度来看,结构距离在很大程度上是由生态条件所决定的,但它属于一种非常不同的秩序。从结构上来看,正如我们在前一节中所指出 110
的,距离是指在一个社会系统中人们群体之间的距离,它是以各种价值标准的形式来表达的。地域的自然条件决定着村落的分布,因而也决定着它们之间的距离,但是,各种价值标准以结构的形式限制和界定着这种分布,赋予了一套不同的距离。一个努尔村落可能与另外两个村落等距,但如果这两个村落中有一个村落属于别的部落,而另一个属于本部落,那么就可以说,该村落在结构上与前者的距离要远于它与后者的距离。一个努尔部落与另外一个努尔部落相隔40英里,它在结构上与后者的距离要近于一个同它仅相隔20英里的丁卡部落的距离。当我们离开地域性的价值标准,而谈及世系群与年龄组时,结构空间便较少受环境条件的决定了。一个世系群与另一个世系群的距离比它与第三个世系群的距离要近。一个年龄组与另一个年龄组的距离比它与第三个年龄组的距离要近。通过裂变,人们赋予居住地、亲属关系、世系群、性别和年龄的价值标准把不同群体的人们区分开来,而各个裂变支彼此之间的相对位置为我们提供了一种视角,使我们能够把它们之间的划分说成是结构空间的划分。在界定了什么是结构空间以后,我们现在可以接下来对其政治划分予以描述。

四

由于缺乏充分的人口统计资料(见第117页)和调查记录,我们无法提供一张表示不同部落人口密度的地图,但是,我们可以对整个努尔地区进行粗略的估计。杰克逊说,尼罗河以东地区算起来大约有26,000多平方英里。[①] 而最近的人口普查估计其人口大约有144,000人,大约每平方英里有5.5人。在尼罗河以西地区,人们住所分布的稀疏程度与尼罗河以东地区不相上下,人口密度则很可能要更低一些。努尔地区的总面积可能约有30,000平方英里,总人口约有200,000人。我们可以估计,部落的人口密度可能在每平方英里4人到10人不等,而整个努尔地区的人口平均分布大约是每平方英里5人到6人。就努尔地区的水文条件和当前

 111 人们的经济状况而言,它是否能供养比现在更多的人口是令人怀疑的。在尼罗河以西地区,情况尤为如此,而且,正如努尔人自己所指出的那样,他们向东的扩张就是由于人口过量造成的。尽管部落区域的密度很低,但大规模的局部性人口集中的情形是有可能的,因为所估算的平方英里数把那些没有村落和营地的广阔地带也包括了进来,这些地带是人们在旱季里放牧或仅在季节性迁移中才会穿过的。从这个意义上说,实际的集中程度会随部落与部落的不同、部落分支与部落分支的不同以及季节与季节的不同而有所变化。

对于这种分布情况,我无法比第56、58、60页的示意图画得更

① 杰克逊,前引书,第62页。

精确，我只能在最一般的意义上用语言来表达它们。正如我们已经见到的那样，村落的大小依赖于可供建筑、放牧和园艺的空间的大小，村落中的家宅也会相应地挤在一起或延伸开来，从而在大多数村落里形成了小型的棚屋和牛棚的聚居群，我们称之为村舍，每一个村舍都被农园以及可以用来放牧小牛、绵羊、山羊的空地与邻近的村舍分隔开来。一个村落的人口——我们无法做出更精确的说明——可以是五十到数百中的任何一个数目，可以分布在几百码到数英里的地方。一个村落通常被彼此相连的居所和绵延的灌木丛、树林与沼泽地清楚地划出边界，将其与相邻的村落隔离开来。在我仅有的一点经验中，在大多数努尔地区，从一个村落到另一个村落可能需要走五英里到二十英里。在西努尔地区，情况当然也是这样。另一方面，在土地条件允许的地方，各个村落可以彼此靠得很近，在广大的区域内相隔很短地一个挨着一个。因此，娄部落的大部分聚集在默特托特三十英里以内的地方，多克部落的大部分聚集在莱尔十英里以内的地方，而拉克、齐昂这两个部落以及嘎沃部落的一部分，则相当连续地沿着尼罗河与宰拉夫河之间的一个大土脊分布。村落总被那些由村落间社会关系所造就和维持的小路与周围的邻近村落连接起来。在努尔地区的各个地方，还有很大的区域在雨季中被洪水淹没，从而没有或很少有村落。
在示意图中，那些留有空白或阴影以表示旱季居住情况的部分部 112
落区域基本上甚至常常完全是没有村落点的地带。在西努尔地区，尼罗河和加扎勒河之间的整个区域都非常稀疏地点缀着小小的村落，加扎勒河以北地区的情况可能也是如此。

我不得不像描述村落分布情况那样含糊笼统地对旱季营地的

分布情况加以描述。早期营地几乎到处可见,常常由几个家户构成;但旱季末期较大营地的搭建地点是可以提前知道的,因为只有少数几个地方能够提供足够的水。它们的规模在很大程度上依赖于水和牧草的多少,其人口从大约一百人到一千人以上不等。这种聚集从来都不是全部落性的,而是由各个或大或小的部落分支构成的。围绕着一个湖泊,一个营地可以分布于几个地段之上,每个地段之间彼此相隔几百码,或许人们此时可以把这样的营地称为几个相邻营地。在任何营地中,都有一些风屏,这些风屏一般彼此相近,几乎相接,乍看起来,这样的群体可能常常会被看成是一个拥有自身共同牛棚区的独特单位。人们从大轮船上可以看到,沿着索巴特河的左岸和巴罗河的右岸,几乎到处都有营地,彼此之间仅相隔几英里;而在仅存孤立水塘的上游地区,比如念丁河与菲路斯河流域,营地之间却相隔数英里。在娄部落境内的内陆地区,一些大型营地彼此之间则被二十英里以上的灌木丛分隔开来。

有一些大型河流经过努尔地区,常常正是这些自然的疆界标示着政治分化的界线。索巴特河把嘎兆克部落与娄部落分开,皮博尔河把娄部落与阿努阿克人分开,宰拉夫河把齐昂和拉克这两个部落与丁卡人分开,加扎勒河把里克部落的卡鲁勒一级支与该部落的另外两个一级支分开,如此等等。沼泽地和雨季淹没区同样能把政治群体分隔开来。玛卡(Macar)沼泽①把东嘎扎克部落

① 由于原著者在本书中对当地名称的拼写并不前后一致,因而,从发音上看,这个地名可能就是前面提到的"马查尔沼泽"。不过,为了尽量保持原著的原貌,在本书中,凡是原著中拼写为 Machar 的,即被译为"马查尔",凡是原著中拼写为 Macar 的,即被译为"玛卡"。——译者

与嘎兆克和嘎葛旺这两个部落分隔开，在雨季里，水淹区把仍延与沃特（Wot）和波等分隔开，如此等等。

这种对分布情况的描述不可避免地是笼统含糊的，但主要的条件及其重要意义很容易总结出来。（1）那些导致努尔人食物稀 113
缺且技术简单的自然条件也造成了他们居住地密度低、分布稀疏的状况。政治上的凝聚和发展的缺乏可能与努尔人的人口密度和分布状况有关，进而，从总体上看，他们的结构上的简单性也是由于同样的条件所致。（2）隆起地块的大小以及它们之间的距离使得努尔地区的某些地方比其他地方具有更大、更紧凑的人口集中区。在较大部落中，大量的人口常常在当地自然条件的逼迫下在方圆很小的范围内建造他们的家园。（3）哪里在雨季中的人口密度相对更大，哪里在旱季中就趋向于更需要早早地、远远地迁往新牧场。这种需要迫使努尔人认可一种在广大区域中共有的部落性的价值标准，并使我们能够更好地理解为什么尽管在部落内部不可避免地缺乏一种政治凝聚力，但这些部落却仍然常常拥有如此多的人口并占据如此大的地域。

五

我们已经指出，结构距离就是社会结构中人们群体之间的距离，而且可能有许多不同的类型。那些与我们目前的论述有关的结构距离是政治距离、世系群距离和年龄组距离。一个三级部落支的各个村落之间的政治距离要小于一个二级部落支中各个三级裂变支之间的距离，而后者又小于一个一级部落支中各个二级裂变支之间的距离,如此等等。这些内容构成了第四章的主题。一个较小世系群的诸裂变支之间的世系群距离要小于一个较大世系群中诸较小裂变支之间的距离,而后者又小于一个最大世系群中诸较大裂变支之间的距离,如此等等。这些内容构成了第五章的主题。一个年龄组的诸裂变支之间的年龄组距离小于前后相连的两个年龄组之间的距离,而后者又小于非前后相连的两个年龄组之间的
114 的距离。这些内容构成了第六章的主题。由于我们希望提出我们的论点,从而避免做出那些使读者无法回头参阅已经做过的论述的分析,我们现在将仅对政治距离并仅对它的某些特征加以考虑。

努尔人为地方性的分布赋予了各种价值标准。可能会有人认为,找出这些价值标准是什么是一件简单的事情,但是,由于这些价值标准体现在话语之中,如果对他们的语言以及他们使用这种语言的方式没有相当多的了解的话,是不可能理解这些价值标准所指涉的范围的,因为意义是随社会情境而变化的,一个词可能指涉许多不同的地方性群体。不过,正如我们在下图中所做的那样,对它们进行区分并做一个粗略的形式上的分类还是可能的。

一个单独的生活棚屋[德韦尤(*dwil*)或乌特(*ut*)]由一个妻子和她的孩子们居住,有时还有她的丈夫。他们构成一个简单的居住性的家庭群体。家宅由一个牛棚和几个棚屋构成,可能包括一个简单的家庭群体或一个一夫多妻的家庭,常常还有一两个亲属生活在那里。我们把这样的群体称为家户,努尔人常常把它称为皋(*gol*),这个词的意思是“灶”。一个周围有农园和荒地的村舍被称为德豪(*dhor*),每个村舍都有自己专门的名字,常常来自于一些地界标志或来自于居住在那里的年长亲属的名字。一个村舍一般

由近亲父系亲属——常常是兄弟们以及他们的家户——所居住，我们把这样的一群人称为一个联合家庭。由于这些群体不在我们的描述所要讨论的内容之列，我们就不再对此多说。然而，必须要 115
记住的一点是，一个村落并不是一个没有裂变的单位，而是许多更小单位之间的一种关系。

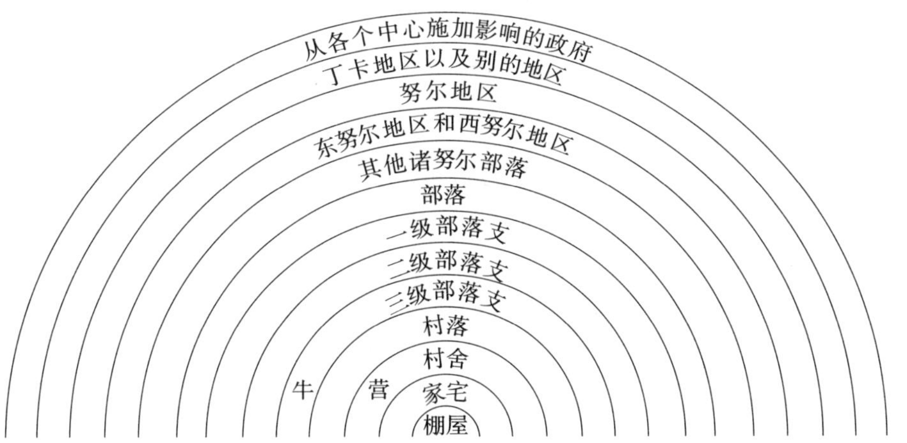

努尔人的社会空间范畴

村落是一个非常独特的单位。有时它被称作苏尔(*thur*)，即高出来的土脊，但通常被称为此英，该词可被译为“家”，但它的意义范围很广，因此我们将在后面专门用一节的篇幅来讨论它。村落构成了一个社区，由共同居住地和一种亲属与姻亲关系网络联结在一起，其成员正如我们所见到的那样，搭建一个共同的营地，在许多活动中相互协作，并到彼此的牛棚和风屏里吃饭。村落是努尔人最小的群体，它并不专门属于某种亲属关系的性质，而是努尔地区的政治单位。一个村落的人们在与别的村落相对时，有一种强烈的团结感，而且对自己的居住点有很深的感情。尽管努尔人有漂泊游荡的习惯，但在一个村落中出生、长大的人们对该村落有一种怀旧的情感，即便已在别的地方住了多年，他们仍然很可能会回到这个村落，并在这里安家。村落的成员常常并肩作战，在世仇中互相支持。当一个村落的年轻人们去跳舞时，他们唱着自己特殊的战歌，以一种战斗队列[德普(*dep*)]进入舞会。

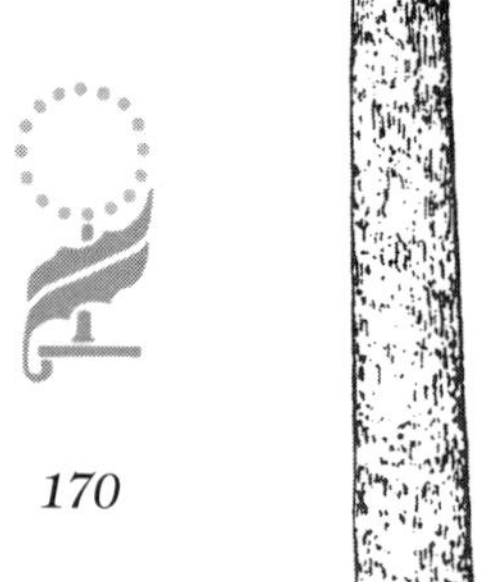

图11　牛角和乌矛

牛营是由一个村落的人们在旱季搭建的，邻近村落的成员也参与进来，它被称为威克。尽管该词有“营地”的意思，与表示“村落”的此英一词相对，但这两个词都用于有关地方性社区的同样一般性的意义之中。因而，当有人在谈到某个氏族时说他们没有威克的时候，我们应该将这句话理解为该氏族在一个部落分支或村落中的任何地方都不构成这个社区的支配性的内核，因此也就没有任何地方性社区以之命名。一个大型营地以其中的支配世系群而命名 116 或以占据该营地的村落社区而命名，小型营地有时以一个在那里建起风屏的具有重要地位的老人而命名。我们已经看到，在旱季的不同时期，营地的社会构成也各不相同，从一个村舍的人到一个村落的人，或邻近几个村落的人，我们还看到，人们有时与居住在营地的亲属们共同建造营地，而不是与他们自己村落的人们共建营地。这样一来，尽管雨季的地方性社区在旱季还是地方性社区，但它们的构成成分却可能会有些不同。我们再次强调，不仅一个营地的人们比一个村落的人们住得更紧凑，而且，在营地生活中，成员之间有着更多的接触，在活动中也有着更大程度的协同性。牛群在一起放牧，同时挤奶，如此等等。在一个村落中，即便有牧牛的活动，每个家户也都各自放牧自己的牛，彼此独立地完成家庭中以及畜栏中的任务，而且，完成这些任务的时间也各不相同。在旱季里，为抵御这个季节的更为严酷的条件，人们的集中程度更高，统一性更强。

我们有时会谈到区落(district)，用来描述一个由那些彼此间有着容易且频繁交往的村落或营地所构成的聚合体。这些村落的人们参加相同的舞会，相互通婚，进行世仇争斗，参加联合袭击队，共用旱季营地或在相同地点建立营地，如此等等。这种不确定的交往聚合体并不构成努尔人的一种类别或一个政治群体，因为这种聚合体中的人们并不把自己看成是一个独特的社区，别人也不这样看他们，但是，“区落”是我们用来表示一个人的社会交往范围或一个村落的全体村民的社会交往范围的术语，因而它是与其所谈及的人或社区相联系的。从这个意义上讲，根据其所属部落的大小，一个区落往往与一个三级部落裂变支或一个二级部落裂变支相对应。在最小的部落中，整个部落就是一个人的区落，而且，一个区落甚至可以跨越部落的疆界，这一点体现在下面这一事实中：在大部落里，一个边界上的村落与属于其他部落的相邻村落的交往，可能比与自己部落中较远村落的交往更多。于是，一个人的社会交往的范围可能并不与任何结构划分完全相符。

117 根据其部落的规模大小的不同,数量与总体范围不同的许多毗邻村落会组合到一起,形成小的部落分支,这些小的部落分支又会组成更大的分支。在较大的部落里,把一级部落支、二级部落支和三级部落支区分出来是很方便的。这些分支无论规模大小,都像村落那样被称为“此英”。由于下一章将会讨论这些部落裂变支,这里就不再多说了。

努尔人的主要部落已在第8页中表示出来。尼罗河以西地区被称为“扎给”(Jagei),包括许多小部落——朗(Lang)、波、仍延和沃特。在多克努尔地区的附近,也有一些小型的部落——如果它们被正确地看成是部落的话,因为在这个地区所做的研究很少——它们是比浮(Beegh)、扎阿洛夫(Jaalogh)、(嘎安)科瓦克[(Gaan)Kwac]和若尤。下面是从各种政府资料中搜集到的粗略的人口普查结果,它以近似整数的数据对较大部落的人口状况做了更为新近的估算:

> 索巴特河努尔人:嘎扎克,42,000人;嘎葛旺,7,000人;嘎兆克,42,000人;娄,33,000人。宰拉夫河努尔人:拉克,24,000人;齐昂,9,000人;嘎沃,20,000人。西努尔人:布(Bul),17,000人;里克,11,000人;三个西吉坎尼部落,11,000人;扎给诸部落,10,000人;多克,12,000人;努翁,9,000人。这些数据对东努尔人来说可能比西努尔人更精确。

这种估算表现出很大的不一致，并有很多的推测成分。根据那些记录下来的数据来看，索巴特河的努尔人有91,000人，宰拉夫河的努尔人有53,000人，而西努尔人有70,000人，使整个努尔地区的人口总计达到214,000人。关于部落分支的人口，我们仅知道其中几个的数据。在娄部落中，衮一级支的人口大约为22,000人，毛一级支的人口大约为12,000人；在嘎沃部落中，拉德(Radh)一级支的人口数量大约为10,000人，巴一级支的人口数量大约为10,000人；在拉克部落中，科瓦克布尔(Kwacbur)一级支的人口数目大约是12,000人，哲尼昂(Jenyang)一级支的人口数目大约是12,000人。

人们将会注意到，西努尔地区的各个部落普遍小于宰拉夫河地区的各个部落，而宰拉夫河地区的各个部落又小于索巴特河地区的各个部落。越往东深入，部落便往往会越大。他们的地域范围也往往会更广。可能有人认为，东努尔地区诸部落的人口较多是由于征服与拓居的整合作用以及由此造成的对大量丁卡人的同化的结果，但我们并不认为这样的解释就是这些部落在缺乏任何中央政府的情况下，在如此大的 118
区域内保持部落统一样貌的原因。显然，部落人口的多少与可用于湿季居住的高地的数量有直接关系，也与其位置分布有直接关系，因为像娄、东嘎兆克和嘎扎克这样的部落能够把家宅和村落集中到广阔的隆起地带上，而对西努尔地区的那些小部落而言，就不可能做到这一点了，这些小部落仅有的建筑点便是那些小型的、稀疏分布着的土脊。但是，我们认为，这一事实本身并不决定政治分化的界线，只有把村落点、旱季

水源、牧场以及捕鱼之间的关系也考虑在内，才能理解这种界线。我们此前曾经提到过部落分支如何从村落迁往旱季牧场，在雨季中各自都有空间上的分界，在旱季仍然保留着这种划分，但在西努尔地区，总有大量的水、牧草和鱼，且一般离村落不远，对于那些被雨季水淹地带隔离开来的湿季村落社区来说，是可以在旱季营地里保持这种隔离和独立的。而在诸如娄这样的东努尔地区较大部落里，更为干旱的条件迫使他们更大程度地集中到一起并做更大范围的季节性迁移，结果，他们的村落社区在旱季不仅有比雨季更大的空间上的密度以及我们还可以说的道义上的密度(moral density)，而且，它们还不得不彼此混合到一起，共享水、牧草和鱼。可以看到，各个特征明显的村落围着一个池塘，一个挨一个地聚在一起。此外，一个部落分支的人们不得不跨越别的分支的地域才能到达自己的营地，而这些营地可能坐落在另一个分支的村落附近。家庭和联合家庭常常与属于别的村落的亲属和姻亲们而不是与自己村落的人们一起过营地生活，而且，为了避免因牛瘟这一在旱季里发生的瘟疫而导致牛全部死掉，把牛放养在当地两个或更多的地方是一种常见的做法。于是，可以理解，各个虽在雨季里分离独处，却在旱季里被迫产生各种关系——这些关系需要某种意义上的共同体存在，需要有对于某种共同利益和共同责任的承认——的地方社区，应该被容纳到一个共同的部落结构中去。旱季的旱情越严重，越需要某种接触，因而也就越需要更多的忍耐以及对互相依赖的认可。宰拉夫河诸部落比索巴特河诸部落迁移得少，而比西努

> 尔诸部落迁移得多，嘎沃部落比齐昂和拉克这两个部落的迁移要多。我们可以再次指出，从总体上来看，哪里在雨季时有更多的可供集中的较高地带，哪里在旱季时就同样有更大的对于大范围集中的需要，因为水、鱼以及牧草要到远离这些较 119
> 高区域的地方才能找到。
>
> 这些事实似乎可在一定程度上解释东非牧民的政治优势。这里可以有散布范围广泛的社区和低人口密度，但这里也有季节性的收缩和广泛的相互依赖性。他们的季节性迁移放牧回路的变化也有助于我们理解各个努尔部落规模大小的变化。可以这样说，尽管在努尔地区的不同地方，各个部落的规模大小和凝聚力有所不同，但是，任何地方的环境条件都无法使小型村落群体像我们在阿努阿克人中所见到的情形那样完全自治和排他，也无法使其像我们在施鲁克人那里所见到的情形那样具有如此高的人口密度和如此发达的政治制度。
>
> 因而，从一个方面来讲，环境条件和放牧生活造就了分布和集中的模式，这些模式提供了政治分化的界线，并与政治凝聚力及其发展相抵触；但从另一个方面来讲，它们又需要一个内部有一种社区感与合作准备的范围广大的部落区。

每个部落都有一个名字，该名字既指它的成员也指他们的地域（若尤），如里克、嘎沃、娄、拉克等等（见第 8 页上的地图）。每个部落都有其专门的疆域，并拥有和保卫自己的建筑地点、牧草、水源以及鱼塘。毗邻部落中距离相近的各个分支不但通常被大型河流或荒无人烟的宽阔地带所隔开，而且，这些分支在旱季中往往会

向不同的方向迁移。在此方面，情况无疑正在发生变化，但我们可以用下述情形为例来阐明这一点：嘎沃部落往往会向东部的宰拉夫河迁移，而不是与娄部落的衮一级支发生接触，后者沿着他们的内陆湖聚在一起，或者迁往索巴特河和皮博尔河流域；娄部落的毛这一支朝着嘎兆克部落的方向迁往念丁河和皮博尔河上游，而嘎兆克部落并不同毛支汇合，而是迁往索巴特河的上游和皮博尔河的下游；西吉坎尼向着尼罗河流域的沼泽地迁移，而里克则向西北方向迁移到加扎勒河与其溪流和泻湖的交汇处。

部落民众对他们的乡土有一种共同的情感，由此也会对与他们同部落的人们产生感情。他们把自己的部落作为效忠对象而充

120 满自豪地加以谈论，对别的部落开轻蔑的玩笑，在谈到本部落中的诸多文化变异时，好像这种变异乃是其部落的非凡性的象征一样，从这些表现中，他们的部落情感显露无遗。一个部落的人把另一个部落的人们看成是一个无差别的群体，他对待这些人的行为方式也是无差别的。而他却把自己看成是本部落中的一个裂变支的一员。因而，当一个里克部落的人说某某人是一个纳克人（Nac，仍延）时，他立刻界定了自己与此人的关系。与其对共同的名字、共同的地域、战争中的联合行动以及支配氏族的共同世系群结构的依赖一样，部落情感也依赖于其与别的部落的对立。

从下面的事实中可以看出这种部落情感到底有多么强烈：如果有人想要离开他所出身的部落，到另一个部落永久定居，他们有时会把一些故乡的泥土带在身边，把它溶在水中喝掉，在每一剂量中逐渐加大来自新土地的泥土的量，这样，他们可以渐渐地同故土脱离神秘的联系，并同新土地建立起神秘的联系。有人告诉我，如

插页图 14

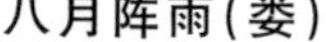

八月阵雨(娄)

插页图 15

a. 风屏(娄)

b. 念丁河床上的一口井(娄)

果一个人不这样做，他就可能会死于怒恶尔（*nueer*），它是对违背某些仪式责任的人予以惩罚的制裁力量。

部落是其成员认为有责任联合起来进行袭击和采取防御行动的最大群体。直到最近，部落里的年轻人还参加过联合征讨丁卡人的行动，也发动过同别的努尔部落的战争。部落间的战争不像对丁卡人的攻击那么频繁发生，但是，在努尔人最近的历史上，有许多关于部落间边界争端的例子，甚至有许多关于某部落为了抢牛而劫掠别的部落的例子，在努尔人中，这样的战争乃是传统性的。里克部落劫掠的是吉坎尼和扎给诸部落，一个里克部落的人曾经告诉我：“我父亲结婚用的牛是吉（Gee，扎给）的牛”。蓬塞说道：“埃利亚伯（多克）部落与住在南部的埃格南（努翁）部落以及住在北部的瑞安（仍延）部落械斗，住在草原内地的若（Ror）部落与嘎匝勒（加扎勒）河畔的比奥尔（波）部落械斗。所有这些争执都源自于一直争执不休的放牧权问题。尽管如此，人们还是冒着某些危险把他们的牛赶到别人的土地上去，除非当时他们家中连一个进行报复的人也没有。”[①]从理论上讲，部落被看作是一个军事单
位，如果分属不同部落的两个分支产生敌对的话，它们都可以各自 121
依靠本部落中其他分支的支持；但在实际情况中，它们只是在对方接受相邻分支援助的情况下才联合起来。当一个部落为战事联合在一起时，在其疆界内部的争端就被搁置起来。

各个部落，尤其是那些小部落们，经常联合起来攻击异族人群。为了攻击丁卡人，里克与扎给和西吉坎尼联合起来，娄则与嘎

① 蓬塞，前引书，第 39 页。

沃联合起来;为了攻击阿努阿克人,娄与东吉坎尼诸部落联合起来;如此等等。这种部落间的军事联盟常常是在一个天神的庇护下进行的,后者则通过其所附身的预言家来代言(第188页),这种联盟的持续时间很短,没有任何道德上的责任来形成这种联盟。尽管行动是协作性的,但每个部落却都在自己首领的指挥下各自为战,在敌境内也住在彼此隔开的营地中。

不同部落的努尔人之间的械斗有一种不同于努尔人与丁卡人之间械斗的特征。部落之间的械斗被认为是更凶残且更危险的,但它又服从于某些惯例:不得骚扰妇女与儿童,不得破坏棚屋和牛棚,不得抓走俘虏。另外,别的努尔人并不像丁卡人那样,被视为天然的猎物。

部落的另一个典型特征是,在其内部有库特,即为凶杀事件而偿付的恤财,努尔人据此来解释部落的价值标准。因而,娄部落的人们说,在他们自己人之间有恤财,但在他们和嘎兆克或嘎沃之间就没有;这是在努尔地区每个地方都始终不变的有关部落忠诚的定义。在部落成员之间,还有若克(*ruok*),即对非凶杀性的侵权行为的赔偿,尽管支付若克的义务一般不像库特那样为人们所强调或执行,而在一个部落和另一个部落之间,则没有任何这样的义务得到承认。因此,我们可以说,从第四章所界定的有限而且相对的意义上来讲,在部落民之间是有法律的,但在部落之间,则没有法律。如果一个人对一个同部落的人有攻击行为,他便把自己及其亲属置于与那个人及其亲属相对的法律位置上,随之产生的敌对关系可以通过牛的偿付来化解。如果一个人对一个别的部落的人实施了同样的攻击行为,人们不会

承认他有任何违背法律之处，不会感到有任何义务来解决这一争端，而且，他们也没有对此予以了结的机制。地方性社区据其 122
是否承认有偿付恤财的义务而被归类为部落或部落的裂变支。因而，衮和毛被归类为娄部落的一级裂变支，而东嘎兆克、嘎扎克以及嘎葛旺则被归类为三个部落，而不是一个单一的吉坎尼部落的三个一级裂变支。

不同部落之间的边界纠纷事件通过支付赔偿的方式而得以解决的情况可能发生过，但除了第189页的那个令人怀疑的说法以外，我没有任何有关这种解决过程的记载，而且，即便这样的事曾经发生过，也一点不会动摇我们对部落结构所作的界定。然而，必须要明白的是，我们是以最正式的方式对部落加以界定，而且，正如我们后面所要指出的，部落内部对法律责任的认可实际上并不意味着很容易地获得对侵权行为的赔偿。部落内部几乎是没有稳定性的，而且，世仇经常发生且持续时间很长。实际上，世仇是部落组织的一项特色性的制度。

我们已从以下几方面对一个部落进行了界定：(1)有共同而专有的名字；(2)有共同的情感；(3)有共同而专有的地域；(4)有在战争中联合起来的道德义务；(5)有通过仲裁来解决世仇以及别的争端的道德义务。除了这五点，还可以再加上另外四个特征，这四个特征将在以后讨论：(6)部落是一种裂变性的结构，在它的各个裂变分支之间存在着相互对立；(7)每个部落内部都有一个支配氏族，这个氏族的世系群结构与该部落的地域系统之间的关系具有很大的结构上的重要性；(8)部落是部落系统中的一个单位；(9)年龄组是按部落进行组织的。

七

毗邻的各个部落彼此敌对，相互征战。它们有时联合起来攻击丁卡人，但这种联合是为特殊目的而进行的松散、暂时的联盟，与任何明确的政治价值都不相符合。偶尔，一个部落会允许别的部落的一个分支在自己的地域内搭建营地，来自不同部落的边界村落或营地中的人们彼此间的接触，可能比同一部落中相隔很远
123 的社区之间的接触更多。前者可能有更多的社会接触，而后者则在结构上更近。但在各个努尔部落之间，没有任何共同的组织或中央行政管理机构，因而也就没有任何我们可称之为全国性的政治统一体。不过，相邻的各个部落以及面对着它们的丁卡人都形成了各自的政治系统，因为只有根据各个部落间的相互对立以及它们共同持有的对与之接壤的丁卡人的对立，才能完全理解每个部落的内部组织。

除了这些由各种直接政治关系构成的系统以外，全体努尔人把他们自己看作是一个独特的社区，把他们的文化看作是一种独特的文化。他们与邻近人群的对立使他们产生一种类别意识以及一种强烈的排他情感。通过其非常同质的文化，尤其是通过其语言，通过其下门牙的缺失，而且，如果他是一个男人，还可以通过其额部的六条伤疤，即可知道一个人是努尔人。所有努尔人都生活在一片绵延连续的土地上。没有任何孤立分离的分支。然而，他们的社区情感要比对文化身份的认同来得更深。两个努尔人不管来自何方，尽管他们彼此陌生，但当他们在他乡相遇时，立刻就会

建立起友好关系，因为一个努尔人对于另一个努尔人来说，并不像他对一个丁卡人或一个施鲁克人那样是一个外人。他们的优越感、对所有外族人所显示出的轻蔑不屑以及他们随时准备与外人作战的状态是他们相互交流的共同纽带，他们共同的语言和价值观使他们能迅速相互沟通。

即便努尔人从未到访过他们境内的那些不同地区，他们对这些地方的情况也相当了解，而且，他们都把尼罗河以西地区视为他们共同的家园，他们与这里的居民们仍然有着远亲关系。人们也前往别的部落去拜访亲戚并常常在远离家乡的地方——有时是在别的部落里——住上很长一段时间，在别的部落里，如果他们停留的时间足够长，他们就会被永久性地纳入到该部落中去。经常不断的社会交往会跨越相邻部落的边界并通过许多亲属和姻亲关系把这些部落的成员尤其是那些边界社区的成员联结在一起。如果某位男子改换了他的部落，他能立即把自己融入到他所加入的那
个部落的年龄组系统中去，而且，相邻的各个部落之间常常会对年 124
龄组进行协调。有时，单独一个氏族在一个以上的部落区域中占有支配地位，几个支配氏族在一个一般性的氏族系统中彼此联结，这种首席氏族(principal clans)在努尔地区的各个地方都可以见到。我们已经提到过，在象牙贸易时期嘎扎克部落的人们是如何穿越其他部落的地域而远至宰拉夫河畔的。

因此，部落的界限并不是社会交往的界限，在一个部落的人们与另一个部落的人们之间，存在着许多联系。通过与氏族系统的联系以及地域上的接近关系，一个部落的人们可能会认为自己与另一个部落的关系比其与第三个部落的关系更近。因而，东吉坎

尼的三个部落在与娄部落相比较时感觉到自己是一个笼统的整体，而在与里克相比较时，波和仍延也感觉到自己是一个笼统的整体。但是，各个个体，以及通过个体的各个亲属群体，甚至一个村落，也有一种跨越部落区划的社会关系圈子，这样，一个跨出自己部落边界的旅行者总能同他们造访的部落的个体建立某些联系，由此他将受到友好接待和保护。如果有人错待了他，他的主人，而不是他，便被卷入到法律行动中。然而，还有一种国际法，它对政治疆界和正式法界限以外某些事务中的惯例做法予以认可。因而，尽管与部落外的人结婚被认为比与部落内的人结婚更危险，因为在这种情况下，离婚时不能保证聘礼的返还，害处更大，但是，婚姻规则在嫁娶双方都得到认可，那种利用政治划分的不同而违反这种规则的做法被认为是要不得的。因此，部落是在政治上排他的群体，不过，尽管个体的社会关系范围往往会按照政治分化的界线而展开，就像一个人的区落往往会与他的部落裂变支相等同那样，但部落与个体的社会关系范围却并不一致。政治结构与各种一般性社会关系之间的联系将在下一章中得到讨论。这里，我们可以指出，对政治距离、一般性的结构距离以及个体的社会范围作出区分还是很有必要的。(1)这里的政治距离是指部落这一最大政治单位的各个裂变支之间的结构距离以及在一个政治关系系统中各个部落之间的结构距离。(2)一般性的结构距离是指在讲努尔语的社区中不同社会群体之间的非政治性的距离——非政治性
125 的结构关系在彼此邻近的部落之间最强，但整个努尔地区都有一个共同的社会结构。(3)个体的社会范围就是他与别的努尔人的各种社会交往的圈子。

八

努尔人的政治结构只能从其与邻近人群的关系上来理解，他们与这些人群一起构成了一个统一的政治系统。与同一个努尔部落内的各个裂变支一样，那些相互毗邻的丁卡部落和努尔部落也是一个共同结构内部的各个裂变支。它们的社会关系是一种敌对关系，并表现在战争之中。

自无法追忆的远古以来，丁卡人就是努尔人的敌人。他们在生态、文化以及社会制度方面都很相似，因此，属于其中一个人群的个体很容易被另一个人群所同化；当一个努尔人的政治裂变支与一个丁卡人的政治裂变支之间的均衡对立关系转变成一种努尔人裂变支完全占支配地位的关系时，便会产生融合，而不是一种阶级结构。

远在历史与传统所能追溯到的时代，在他们远不可及的一连串神话追忆中，丁卡人和努尔人之间就有敌对行为了。努尔人几乎一直是侵略者，而且在他们看来，攻击丁卡人是一件正常的事情，也是一种责任，因为他们有一个像以扫（Esau）和雅各（Jacob）那样的神话[①]，该神话解释了这种行为，并使之合理化。在这个神

① 以扫和雅各是圣经故事中的人物，分别是以撒的妻子利百加所生的长子和次子。以撒喜爱以扫，利百加喜爱雅各。以撒年老，眼睛昏花，看不见东西，叫以扫去打猎给自己做美味吃，并要给他祝福。雅各在母亲的怂恿下装扮成以扫欺骗了以撒，获得了以撒的祝福。以撒发现事实的真相之后，让以扫依靠刀剑度日，从此兄弟二人结下仇怨。可参见《圣经·创世记》。——译者

话中，努尔人和丁卡人被说成是大神的两个儿子，大神把他的老牛许诺给丁卡人，把老牛的小牛许诺给努尔人。到了晚上，丁卡人来到大神的牛棚，靠模仿努尔人的声音得到了小牛。大神发现被骗后，很气恼，便责令努尔人劫掠丁卡人的牛，以此为所受到的伤害复仇，直到世界末日。每个努尔人都很熟悉这个故事，它不仅是关于这两个人群之间政治关系的一种反映，而且也是对他们特征的一种解释。努尔人为了得到牛而发动攻击，凭借武力公开抢牛。丁卡人则偷牛或背信弃义地把牛牵走。所有努尔人都把丁卡人——这样做是正确的——看作窃贼，而且，如果我们认为卢昂邓(Luang Deng)的邓底特(Deng dit)圣地那个丁卡守护者于1907年向斯楚威(K. C. P. Struvé)先生所讲的内容有一定意义的话，

126 那么，甚至连丁卡人也承认这种指责。在讲述了母牛和小牛的神话以后，他补充说："直到今天，丁卡人总是以偷窃为生，而努尔人则以战争为业。"①

与牧牛一样，战争是所有努尔男子的主要活动之一，也是他们的占支配地位的兴趣之一，为了抢牛而攻打丁卡人是他们主要的消遣活动之一。实际上，人们有时用扎昂(*jaang*)，即丁卡人，来表示努尔人所习惯于进行攻击并从中抓走俘虏的任何部落。男孩子们渴望着能跟大人们一起攻打丁卡人的那天，年轻人一旦经过成丁礼变为成人之后，他们就开始计划一次攻击，来增加自己的财富并树立他们作为武士的荣誉。每个努尔部落至少每两三年便攻打丁卡人一次，而丁卡地区的有些地方肯定每年都要遭到袭击。

---

① 《苏丹军事情报录》，第152号，1907年。

努尔人对丁卡人有一种固有的蔑视，还嘲讽他们的战斗素养，说他们既缺少作战技能，又很少具有勇气。库尔·扎昂（*Kur jaang*），即与丁卡人作战，被认为是一次对勇敢的微不足道的检验，以至于他们认为没有必要在袭击中佩戴护具或对不利的形势给予任何重视，与库尔·纳兹（*kur Nath*）即努尔人自己之间的械斗相比，库尔·扎昂的危险是不能与其相提并论的。这些自诩的话既被努尔人的坚定、勇敢所证实，也被他们的军事胜利所证实。

> 按照早期旅行者们的记述，努尔人曾经占据着尼罗河的两岸，但是，整个宰拉夫岛可能一度被丁卡人所占据，而且肯定的是，从宰拉夫河到皮博尔河，再到索巴特河北部以及从施鲁克地区的边缘到埃塞俄比亚崖岸的所有领土，除了阿努阿克人在河边安置的那些居住点以外，直到19世纪中叶，仍在丁卡人的手中。19世纪中叶，努尔人沿着两条路线，向索巴特河的北部和南部扩张，占领了这块领土。关于这些情况，可以从努尔人和丁卡人的陈述、宗谱和年龄组方面的证据、经常提及这两个人群之间战争的旅行者们的记述、努尔人在邻近人群中的支配地位、他们在邻近人群中引起的敬畏感以及他们的骁勇气概和骑士精神中看出来。[①] 这种征服似乎导致了 127
> 努尔人与丁卡人之间的吸纳与混杂，而不是丁卡人的灭绝，它

① 维尔纳，前引书，第163页；阿布德-哈米德，前引书，第82—83页；菲利普·特拉诺瓦·德·安东尼奥（Philippe Terranuova D'Antonio），“白尼罗河纪行”（Relation d'un voyage au Fleuve Blanc），《旅行年鉴》（*Nouvelles annales des voyages*），巴黎，1859年；勒让，前引书，第232页；蓬塞，前引书，第18,26,39,41—42,和44页；佩瑟里克，前

非常迅速和成功，以至于到今天，除了索巴特河、菲路斯河和阿塔尔河(Atar)上的几块零星的丁卡土地以外，这片广大区域已经全部被努尔人所占据。除了这些独立的单位以外，东努尔地区还有许多承认自己有丁卡血统的地方性的努尔人社区，而且，在每个村落和营地里都可见到有丁卡血统的小世系群。一些丁卡部落与同胞们一起到南方寻求庇护，但在那里，嘎沃和娄则继续袭击他们。同样，西努尔人也经常不断地袭击所有那些与之接壤的丁卡部落，尤其是南部和西部的那些部落，从他们身上获得一种道义优势，迫使他们撤离自己的边界，越撤越远。与尼罗河以东的情形一样，在尼罗河以西，丁卡俘虏们也被同化，每个部落里都有许多丁卡血统的小世系群，这些小世系群常常在当地社区中占有数量上的优势。在所有的丁卡人中，只有索巴特河以南的恩告克人处于和平之

(接上页)引书，第2卷，第6页；霍伊格林(Heuglin)，《1862—1864年间在白尼罗河及其西部支流地区之旅》(*Reise in das Gebiet des Weissen Nil und seiner westlichen Zuflüsse in den Jahren, 1862—1864*)，1869年，第104页。格奥尔格·施魏因富特(Georg Schweinfurth)，《非洲之心》(英译本)(*The Heart of Africa*)(English Translation)，1873年，第1卷，第118—119页；嘎塔诺·卡萨提(Gaetano Casati)，《赤道十年及随爱敏·帕夏的回归》(英译本)(*Ten Years in Equatoria and the Return with Emin Pasha*)(English Translation)，1891年，第1卷，第39页，若毛娄·葛西·帕夏(Romolo Gessi Pasha)，《在苏丹的七年》(英译本)(*Seven Years in the Soudan*)(English Translation)，1892年，第57页。早期旅行者打算以之展示这个地区中人群的位置的地图相当笼统而且也不完全一致。读者可以查阅马尔诺、蓬塞、霍伊格林的作品，勒让用蓬塞兄弟在《地理学会简报》[(*Bulletin de la Société de Géographie*)，巴黎，1860年]中所提供的信息编制的地图，马尔特-布兰(V. A. Malte-Brun)在《旅行年鉴》(1855和1863年)中制作的地图以及这个时期的别的地图。

中，尽管他们的豁免有着一种神秘的约束力量，但其免遭袭击可能是由于他们缺乏牲畜和牧草。同样，阿特沃特人看起来是由于具有努尔血统，所以不像丁卡人那样被看作是合法的牺牲品，但他们之所以很少受到骚扰可能是因为他们地处偏远的缘故。

尽管丁卡人在雨季开始时也会受到侵扰，但袭击丁卡人的最好季节却是在雨季末。里克部落的人们告诉我，当他们到西南部袭击丁卡人时，他们通常到沃特部落的那些村落附近睡第一夜，第二夜则在灌木丛中度过。他们在整个白天以及夜里的部分时间里全速前进，随身不带任何食物，只吃些沿途匆匆忙忙叉到的鱼。第三天，他们在黎明时袭击丁卡人的村落或营地。丁卡人很少进行抵抗，而是放开牛，尽量把它们赶走。直到敌人被赶散以后，努尔人才会开始抓牛。这时，每个人都尽其所能地拿取战利品，他们不会费力地去把俘虏拴
走，而是在其臀部留下痕迹作为所有权的标记。然后，他们就 128
把牲畜拴在敌方的畜栏里，而公牛则主要被宰掉充当食物。如果丁卡人集结起增援部队返回来进行战斗，他们便会遭遇到精备的战斗编队。努尔人以三个支队进击，各自相距二三百码，如果一支队伍遭到阻击，其他两股人马便会根据战争的时机前进或后退与它齐头并进。一队童子军在中央支队的前面，冲向敌人，向他们猛掷长矛，然后退回到大部队中。

袭击者们在丁卡地区停留数周，有时在那里度过整个旱季，以抓获到的牛的奶和肉、掠夺来的谷物和捕到的鱼为食。他们以占据的畜栏为基地，继续对远处的营地进行袭击。努

尔人的迁移似乎就是沿着这样的路线来进行的，袭击者们长期驻扎在丁卡地区，通过有计划有步骤地袭击，迫使丁卡住民们从居住点退却得越来越远。在下一个季节里，新一轮的袭击被发动起来，这一过程重复进行，直到丁卡人到别的部落的亲戚那里寻求庇护，把他们的土地留给入侵者们为止。然而，如果入侵者们不打算在那里定居的话，他们便会在自己认为得到了足够多的战利品后返回家园。

在营地解散之前，会有一种习俗发生，这一习俗高度显示了努尔人的平等感和正义感。人们认为，整个武装力量一起为袭击的胜利做出了贡献，因而会对战利品进行重新分配。那位用天启许可了这场袭击的预言家首先绕着营地转上一圈，从每一个家户中为他所口承的神灵选一头奶牛。到这个时候，一个家户拥有了大约五十头牛，因此，要求他们送给神灵一头牛不是一件难事。接下来，这里便会发生一场大规模的争抢行为，每个人都冲进牛群当中，给牲口们打上耳戳将其据为己有。先抓住某头牲畜，把它拴起来，割破它耳朵的那个人对它拥有绝对所有权。那位当初抓获某头牛的人拥有把它拴在自己风屏附近的优先权，但是，如果他和他的家户的成员们所得到的战利品超过了应得的数目，他们便不能抢在别人之前将所有牲畜都打上耳戳。正如可以设想到的那样，人们在这些争抢之中常常要忍受伤痛，因为如果两个人抓住同一头牛，他们便会为占有它而棍棒相击。在这些场合中，人们是不得动用长矛的。邻近营地的人们也会加入到彼此对战利品的重新分配中来，因而，肯定有很大的混乱。俘虏、正值婚龄

> 的妇女和少男少女们不会作为战利品而被重新分配，而是属于最先抓获他们的人。上了年纪的妇女和婴儿被用棍棒打死，当袭击的是一个村落时，她（他）们的尸首便被扔到熊熊燃 129
> 烧着的牛棚和棚屋上。俘虏们被安置在营地的中央，妇女们晚上有时被圈起来，以使她们更安全。性交在袭击中是一种禁忌。努尔人也不能与俘虏一起进食。甚至作为俘虏的男孩子都不可以替他们打水来喝。只有在返回家园，用一头牛向鬼魂献过祭，告知他们陌生人已经进入了自己的家宅之后，努尔人才可以同俘虏发生性关系或同他们一起进餐。

在下一节里，我们将描写一下他们与别的外族人群的接触，但是，直到欧洲人征服之前，唯一可以被说成是表现在不断的战争之中的对外关系就是他们与接壤的各个丁卡部落的关系。我们并没 130
有一一枚举这些丁卡部落，因为它们的名字与我们所要讨论的主题无关。自无法追忆的远古以来，这两个人群之间的战争就频繁不断，在欧洲征服这里对之进行干预之前，他们之间的战争好像已经达到一种平衡状态。（把马尔特-布兰的地图与现代地图进行比较，结果表明，自从1860年以来，部落的位置并未发生大的变动。）在这段历史时期的早期，即从大约1840年到将近该世纪末的这段时间里，努尔人似乎一直在为寻求新牧场而不断扩张，不断为了牛而袭击丁卡人，这是一种攻击行为，我们将其归因于这两个人群之间的结构关系，但这种攻击行为无疑因为牛瘟而被强化。

尽管丁卡人与努尔人的关系是极为敌对的，而且他们之间的战争可被称为一种既定的制度，但是，他们偶尔也联合起来与埃及

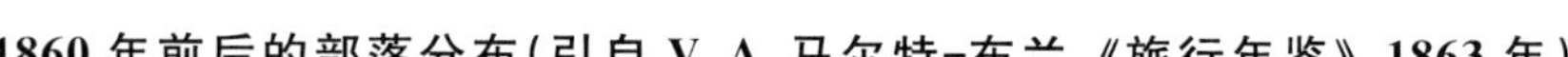

1860 年前后的部落分布(引自 V. A. 马尔特-布兰,《旅行年鉴》,1863 年)

政府作战,并且有时会有联合性的社会集会。在饥荒时期,丁卡人经常来到努尔地区定居,并很容易地被接受和吸纳进各个努尔部落中去。在和平时期,丁卡人也会到努尔地区来看望那些被抓来或在这里定居的亲戚们,而且,正如前面所提到的那样,在某些地区,这两个人群之间还存在着某种贸易。因此,那些常常在相邻努尔部落疆界之间大量存在并延伸到整个努尔地区的某种一般意义

上的社会关系线，便在偶尔出现的带有危险性的对外接触中被程度微弱地延伸到了努尔地区的界限以外。

所有丁卡人都被划分到扎昂这一类别中，努尔人觉得，这个类别的人要比别的外族类别的人与他们自己的关系更近。努尔人同所有这些外族人都已达到了一种平衡了的敌对状态，这是一种对立的平衡，有时体现在械斗之中，除了贝尔人以外，这些外族人一般被归类为巴人，即没有牛或牛很少的人。另外一类是朱尔人，即努尔人认为生活在自己这个世界的边缘的没有牛的人群，比如邦果-米图人群、赞德人、阿拉伯人和我们自己。不过，对于这些人群的大多数，努尔人都有各自单独的称呼。

我们已经讲过，努尔人觉得，在与他们自己的关系上，丁卡人要比别的外族人更近，在这一点上，我们请大家注意一下下面这个事实，即努尔人对这个在各个方面都比其他任何外族人与自己有更近亲缘关系的人群表现出更强的敌对态度，而且更坚持不懈地攻击他们。从某种程度上说，这无疑是因为他们能很容易地掠夺到丁卡人的大量牛群。这一点也可部分地归因于下面这一事实：在其所有的邻近地区中，只有丁卡地区一直没有任何像样的生态性屏障来抵御牧民。但是，可以进一步指出的是，如果把在各次袭击之间的间歇期内对俘虏的同化以及这两个人群之间断断续续的社会关系也考虑进来的话，那么，存在于努尔人和丁卡人之间的这种战争，似乎需要人们承认他们之间有着文化上的亲缘关系以及相似的价值观念。丁卡人和努尔人之间的战争不仅是利益上的冲突，而且也是这两个人群之间的一种结构关系，这样的关系需要双方对下面这一点都有所认识，即每一方都在一定程度上拥有与对

方相同的情感和习惯。在这种看法的引导下，我们指出，各种政治关系是受存在于努尔人与其邻近人群之间的文化差异程度的深刻影响的。人们在生活方式、语言和习俗上离努尔人越相近，努尔人就越把他们看得更亲密，越容易同他们产生敌对关系，也越容易与他们产生融合。文化差异受着生态差异的强大影响，尤其受邻近人群游牧化程度的影响，而这种游牧化的程度则依赖于他们的土壤、水资源、昆虫生命，如此等等。但是，由于这种文化差异乃是自主的和历史的，因此，在相当大的程度上它也是独立于生态环境的。可以认为，丁卡人和努尔人的文化相似性在很大程度上决定着他们的结构关系；同样，努尔人与其他人群之间的关系在很大程度上也受着他们之间越来越大的文化差异的影响。努尔人与丁卡人之间的文化分化最小，这种文化分化在努尔人与施鲁克语人群之间有所增大，而在努尔人与诸如科马人（Koma）、布伦人（Burun）以及邦果-米图人群这样的族群之间最大。

努尔人向与他们有相似文化的人群发动战争，而不是在自己
132 内部或者向与自己文化迥异的人群发动战争。社会结构和文化之间的关系是含混不清的，但是，情况也可能是这样的，即如果努尔人当初未能以牺牲丁卡人的利益为代价而进行扩张，并袭击他们的话，那么，他们就会对自己的同类人有更多的敌对行为，这样一来，因之而起的结构变化将会在努尔地区导致比目前存在的情况更大的文化异质性。这可能是一种没有根据的推测，但我们至少可以说，由于在附近有一个与他们自己类似的人群，这个人群拥有大量的牛群可以供他们掠夺，可以认为，这就把努尔人的攻击性冲动的方向从其自己境内的同胞身上转移开来。努尔人与别的牧民

一样，具有掠夺倾向，这种倾向在对丁卡人的攻击中找到便易的发泄口，这不仅仅是在努尔部落之间很少发生战争的原因，而且从其产生的影响来看，也是对于许多努尔部落之所以具有显著规模的一种解释，因为如果他们的部落分支像攻击丁卡人那样坚持不懈地彼此攻击，他们就无法维持现在所拥有的统一体。

九

努尔人与施鲁克人很少有联系，在许多地方，他们都被丁卡这个缓冲带所隔开，而且，在他们有共同边界的地方，战争似乎也被局限为仅涉及前线营地的事件。强大的施鲁克王国组织良好，并且有十万多人口，对它进行袭击时不可能像袭击丁卡人那样不受任何损失，但是，对于不攻击他们的特有原因，努尔人所给出的是另外一种说法，“他们没有牛，努尔人只攻打有牛的人们。如果他们有牛，我们就会攻打他们并带走他们的牛，因为他们不知道如何像我们一样进行战斗”。在这两个人群之间，没有任何现实的或神话的敌对关系。

阿努阿克人也属于施鲁克-洛(Shilluk-Luo)群，它在努尔地区的东南部与之交界。尽管他们今天过着一种几乎完全园艺性的生活，但在过去，他们也曾拥有牛群，而且，在努尔人的眼里，他们的土地比施鲁克地区有更好的放牧条件。在半个多世纪以前，这块地方曾被努尔人所占领，一直到达埃塞俄比亚崖岸的丘陵地带，但努尔人很快就放弃了这块地方，这很可能是由于舌蝇的缘故，因为阿努阿克人几乎未作抵抗。后来，

努尔人继续不断地袭击他们，直到三十年前，此时，他们从阿比西尼亚人那里获得了枪支，能更好地进行抵抗，甚至能进攻努尔人。尽管经历了两次失败，最后他们还是成功地侵入了
133 娄地区，在这里，他们使努尔人遭受到重大伤亡，并俘获了许多儿童和牛，这是一个壮举，这一壮举惊动了当局政府，使其来到皮博尔河流域进行干涉，从而终止了敌对行为。许多证据表明，阿努阿克人曾一度向其当前分布位置的西部以远的地方扩张，后来又被努尔人从这些地方赶回来，或者被他们所同化。

对于努尔人与之有所接触的其他那些人群，我们可以极为简要地提一下，因为他们与努尔人之间的相互关系几乎没有什么政治重要性。东南部的另外一个邻居就是贝尔[墨勒(Murle)]人。就我所知，努尔人并不经常袭击他们，而且，为数不多的那些对他们有些了解的人还尊他们为尽职尽责的牧人。在努尔地区的东北，嘎扎克人曾有数十年与埃塞俄比亚的加拉人保持联系。这种关系显得非常和平，而且，在这两个人群之间，还存在着相当数量的贸易往来。他们之间之所以没有摩擦，在很大程度上可归之于那个把他们隔开的死亡走廊，因为当加拉人从他们的高原上下来时，他们很快便会死于瘴气，而努尔人方面的任何东进企图也都被沿山丘分布的舌蝇带所击溃。嘎扎克人为了战俘而袭击布伦人和科马人(这两个人群常常被含混地统称为“布伦人”)，这两个人群在数量上太小，且太没有组织性，因而无法进行抵抗或者反击。在西北方向，吉坎尼、里克以及布这些部落偶尔袭击阿拉伯人以及

努巴山脉的某些社区；而且，从朱尔·蓬塞的陈述来判断，今天发生在努尔人和阿拉伯人之间的关于旱季中水和牧场的纠纷很久以来就已产生了。[①]

1821年，穆罕默德·阿里(Muhammad Ali)征服北苏丹以后，阿拉伯人的奴隶贩子和象牙商们在南苏丹各人群中造成了极大的苦难和破坏，但他们却几乎并未给努尔人造成什么不便。他们有时抢劫河边的村落，但我没有得到任何关于他们曾深入到内陆的记录，只有宰拉夫河诸部落中那些更容易接近的分支好像在一定程度上遭受到他们的洗劫。我不相信努尔人有什么地方曾受到过同阿拉伯人接触的深刻影响。[②] 埃及政府以及后来的被认为从1821年到那个世纪末控制苏丹的马赫迪(Mahdist)政府并未对努尔人进行管理，也没有通过他们在努尔人边境上建成的河边兵营对努尔人进行控制。 134
努尔人有时袭击这些兵营，有时被这些兵营所袭击。[③] 但从总体上看，可以说他们过着自己的生活，对这些兵营漠然无视。

这种漠然无视的情形在英-埃军队光复苏丹并确立了新的行政管理体系以后依然如故。努尔人是最后一个被政府控制的重要人群，对努尔地区的管理直到1928年才算很有成

① 蓬塞，前引书，第25页。

② 我发现我不能接受卡萨提关于这个地方的说法(前引书，第1卷，第38页)，而认为应该更多地信赖其他作者的观点。参见若毛娄·葛西1880年给《探索者》(*Esploratore*)杂志编辑的信(前引书，第20页)以及勒让来自喀土穆的报告(前引书，第215页)。

③ 例如，参见卡萨提，前引书，第221页。

效，此前，政府由临时性的巡逻队组成，其唯一的功绩便是使努尔人对政府隔膜得更为疏远。这个地区的特点使得政府与他们的沟通非常困难，并妨碍了政府在努尔地区本土上建立兵营，而努尔人也未表现出任何欲与其边界上的那些兵营进行接触的愿望。施加的控制少到几乎没有，强制执行决议又不可能。[①] 另外一个困难就是，找不到曾到过努尔地区以外地方并能讲阿拉伯语的努尔人，因为翻译或其他职业的位置通常是由丁卡人与阿努阿克人代替他们来充当的，而丁卡人与阿努阿克人又是努尔人所不信任的，公正地说，努尔人确实不信任丁卡人和阿努阿克人，对于努尔人，他们发泄了各种各样的怨愤。

努尔人所表现出的凶猛好斗和高傲孤僻的特点是与他们的文化、社会组织以及他们的性格相一致的。他们的文化的自足性和简单性以及他们的兴趣在牛身上的固着性，可以解释他们为什么既不想也不愿接受欧洲人的革新以及他们为什么拒绝那种可使他们丧失一切的和平。他们的政治结构依靠各种平衡对抗关系（balanced antagonisms）来维持其形式与存在，要想保留这种结构，这些平衡对抗关系只能在他们与各个邻近人群的战争中表达出来。他们把进行战争看成是一种基本的价值取向，对过去的成就感到自豪，对自己人群有一种

① 对这个时期情况的论述参见《苏丹军事情报录》，尤其凯玛卡姆·F. J. 玛克赛（Kaimakam F. J. Maxse，第61号，1899年），威尔逊上尉（H. H. Wilson，第128号，1905年），以及奥苏利文·贝（O'Sullivan Bey，第187号，1910年）所写的内容。

深深的普遍平等感，对别的人群则有一种深深的优越感，这就使得他们不可能心甘情愿地接受外来的支配，他们迄今为止从未经历过这种支配。如果当初对他们的了解更多一些，就会制定出一种不同的政策，且更少偏见。①

1920 年，政府军对东吉坎尼发动了大规模的军事行动，包括对其营地的轰炸和机枪扫射，造成了大量人员死亡及财 135
产损失。此后，政府军又时不时地进行巡逻，但努尔人仍不屈服。1927 年，努翁部落杀死了他们的地区专员，与此同时，娄部落也公开起来反抗政府，而嘎沃部落则对杜克法于警察局(Duk Faiyuil Police Post)发起了攻击。从 1928 年到 1930 年，政府对发生动乱的整个地区实施了长期行动，标志着努尔人与政府之间严重战争的终结。对于长期以来一直毫发无损地袭击邻近各个人群且领土也一直从总体上保持完整的努尔人来说，这次战败是一场沉重的打击。

① 对努尔人侮辱性的资料可参见塞缪尔·贝克(Samuel Baker)爵士，《阿尔伯特·恩延唖》(*The Albert N'Yanza*)，1913 年(1866 年初版)，第 39—42 页；奥斯汀上尉(H. H. Austin)，《在赤道非洲的沼泽与巨人中间》(*Among Swamps and Giants in Equatorial Africa*)，1902 年，第 15 页；格莱亨，前引书，1905 年，第 1 卷，第 133 页。布泼特(C. W. L. Bulpett)，《在蛮荒非洲的野餐聚会》(*A Picnic in Wildest Africa*)，1907 年，第 22—23 页和 35 页；考宁哈姆少校(Coningham)，《苏丹军事情报录》，第 192 号，1910 年。林肯·唐叶(H. Lincoln Tangye)，《在热带苏丹》(*In the Torrid Sudan*)，1910 年，第 222 页；史蒂文斯(E. S. Stevens)，《我在苏丹的一年》(*My Sudan Year*)，1922 年，第 215 页和 256—257 页；杰克逊，前引书第 60 页；《弗吉·贝的故事：他和他的一些朋友们的讲述》(*The Story of Ferigie Bey. Told by Himself and Some of His Friends*)，1930 年，第 113 页和米莱(J. G. Millais)，《沿尼罗河深入》(*Far Away up the Nile*)，1924 年，第 174—175 页。

十

在我们对努尔人的计时所作的描述中，我们曾经提到，在一种时间层面上，他们的计时系统从一种广义上说，乃是根据活动或为活动提供了便易参照点的自然变化而对那些对他们具有独特意义的生态节奏的相位变化所作出的一种概念化表达。我们还指出，在另外一种时间层面上，它是对结构关系的一种概念化表达，在这种表达中，时间单位与结构空间单位协调在了一起。我们已在政治或地域的维度上对结构空间的这些单位做了简要描述，并注意到生态特征对人口分布以及人们为这种分布所赋予的价值标准的影响，它们二者之间的相互关系就是政治系统。然而，这个系统并不像我们所展示的这样简单，因为价值标准并不简单，现在，我们
200 将尝试面对我们此前所忽略了的一些困难。我们现在要问的是，当努尔人谈到他们的此英时，他们所指的意思是什么？我们将从这个问题开始来做我们的尝试。

价值标准是蕴含在词语之中并通过词语来影响行为的。当一个努尔人谈起他的此英、德豪、皋等时，他是在把他对结构距离的情感予以概念化，是在把自己与一个地方性的社区相认同，通过这种方式，把自己从同一类型的别的社区中分离出来。对此英一词的检查将会教给我们努尔人地方性群体的——实际上，也是所有社会群体的——一个最根本的特征：其结构上的相对性。

136 当一个努尔人说“我是某某此英的人”时，他的意思是什

么？此英的意思是“家”，但其准确的意思因其被说出的情境的不同而各异。如果一个人在德国遇到一个英国人，并问他家在何处？他可能回答是英国。如果在伦敦遇到同一个人，问他同一个问题，他就会回答说他的家在牛津郡，如果在那个郡遇到他，问他同样的问题，他就会说出他所居住的城镇或村落的名字。如果在他的城镇或村落里问他的话，他就会提到他那条特定的街道，而如果在这条街上问他，他就会指明他的房子。对努尔人来说，情况也是如此。在努尔地区以外的地方遇到的一个努尔人会说他的家在此英纳兹（*cieng Nath*），即努尔地区。他也可能提到他的部落所在地，将其作为他的此英，尽管对此更为常用的表述是若尤。如果在他的部落里问他的此英是什么，他可能会根据情境指出他的村落或部落分支的名字。一般来讲，他会说出他的三级部落支或村落的名字，但他也可能会说出他的一级支或二级支的名字。如果在他的村落里问他，他就会提到他的村舍名字或指明他的家宅或他的家宅所在的村落的某一端。因此，如果一个人在村落外说“瓦此英达”（*Wa ciengda*），即“我要回家”时，他的意思是说，他要回他的村落；如果在村落里，他的意思是说他要回他的村舍；如果在他的村舍里，他的意思是说他要回他的家宅。因而，此英的意思就是家宅、村舍、村落以及各级部落支。

此英一词在意思上的变化并不是由于语言上的不一致，而是由于它所指涉的群体的值（group-value）的相对性造成的。我曾在早期阶段强调过结构距离的这一特征，因为对它的理解对于领

会我们将要描述的各种社会群体的有关论述来说是有必要的。一旦理解了它，就会看到，在我们的论述中的明显矛盾乃是结构本身的矛盾，实际上，这是它的一个特性。在此，我们从其在地方性社区中的应用方面来介绍这一论点，关于这种应用的情况，我们将在下一章中予以更全面的论述，至于它在世系群和年龄组中的应用，则将顺延到第五章和第六章中再作论述。

一个人之所以是某个政治群体的成员，是因为他不是别的同类群体的成员。他把这些别的同类群体看作是群体，它们的成员则把他看作是一个群体的一员，而他与它们的关系则受所涉及群
137 体之间的结构距离的控制。但是，当一个人是该群体中一个裂变支的一员，而这个裂变支处于该群体中别的裂变支之外并与它们相对立时，他就不再把自己看作是该群体的一员了。于是，一个人可以是一个群体的一员，同时又不是这个群体的一员。这是努尔人政治结构的一个基本原则。因而，一个人在本部落与别的部落发生关系时是其所在部落的一员，但在他的部落裂变支与本部落中别的同类裂变支发生关系时，他就不是该部落的一员了。同样，在与别的裂变支的关系上，他是其部落裂变支的一员，但在他的村落与同一裂变支的其他村落的关系上，他就不是该裂变支的一员了。因此，任何政治群体都有的一个特征便是其一直不变的向着分裂发展的趋势及其各个裂变支之间的对立；另外一个特征便是，在与比自己大的政治裂变支对立时，它有一种向着与自己同级的其他群体融合的趋势。因而，各种政治价值从结构上说总是处于冲突之中的。一种价值使一个人附属于他的群体，另外一种价值则使他附属于该群体的一个裂变支，而与该群体的其他裂变支相

对立，控制他的行动的那种价值乃是那种他发现自己所处的社会情境的函数。因为一个人仅仅是在与别的群体对立时才把自己看作是某个群体的一员，不管另外一个群体如何可能会分裂成相互对立的裂变支，他都一律把其成员看成是一个社会统一体的一员。

因此，第 114 页所示的图表以一种非常粗略却很正式的方式阐明了政治结构。政治结构不会很容易地用图表画出来，因为政治关系是相对而且动态的。最好把它们说成是在某些情境中遵从某些价值的趋势，而价值则取决于构成该情境的人们的结构关系。因此，一个人在争端中是否械斗以及站在哪一方来进行械斗有赖于参与争端的人们的结构关系以及他自己同各方的结构关系。

我们需要指出努尔人政治结构的另一个重要原则：地方性群体越小，将其成员联结在一起的情感就越强。部落情感弱于该部落中一个部落裂变支的情感，一个裂变支的情感弱于该裂变支中一个村落的情感。从逻辑上看，可以认为这是事实情况，因为如果 138 说一个群体内部的团结统一是该群体与同类群体之间的对立的函数的话，那么就可以这样推测，群体内的团体情感一定比包含该群体的更大群体内的团体情感更强。但下面这种情况也很明显，即群体越小，它的成员之间的接触就越多，这些接触就越多样，他们的合作也就越多。在像部落这样的大群体中，其成员之间的接触是很少的，其合作行动也仅限于偶尔才有的军事出征。在像村落这样的小群体中，不仅有常常是合作性质的日常居住上的交往，而且，其成员之间还被各种密切的父系、双系及姻亲关系纽带结合在一起，这种关系纽带可以在互惠行动中表现出来。群体越大，这些关系纽带就越少、越远，一个政治群体的凝聚力无疑是依赖于一种

非政治性的关系纽带的数量和强度的。

还必须指出的一点是，各种政治现实是混乱不清、相互矛盾的。说它们混乱不清，是因为尽管它们存在着与政治价值相符的趋势，却并不总能与之保持一致，甚至在政治背景中也是如此，另外一个原因便是，各种不同类型的社会联系在同一领域中发挥作用，有时强化了这些政治现实，有时又与之相抵。说它们相互矛盾，是因为由于政治结构的相对性，决定着这些政治现实的各种价值本身便是相互矛盾的。只有当我们理解了政治结构的动态特征和相对性，并把政治结构与其他社会制度的关系也考虑进来之后，我们才能看到政治现实的一致性。

第四章　政治系统

一

努尔人的部落分裂为各个裂变支。我们把最大的裂变支称为一级部落支，它们进一步裂变为二级部落支，二级部落支又进一步裂变为三级部落支。经验表明，一级、二级、三级这三个术语对于界定努尔人的部落分支来说已经足够了，而且，在那些最小的部落中，所需要的术语可能更少。三级部落支包括许多村落社区，这些村落社区由亲属性和家庭性的群体构成。 139

因而，正如下图所示的那样，娄部落裂变为衮和毛这两个一级部落支。一级部落支衮则裂变为二级部落支儒姆兆克(Rumjok)和嘎特堡(Gaatbal)。二级部落支嘎特堡又进一步裂变为三级部

娄部落

毛一级支	衮一级支	
嘎列克二级支	儒姆兆克二级支	
吉迈克二级支	楞三级支	嘎特堡二级支
扎周二级支	尼亚克瓦克三级支	

落支楞(Leng)和尼亚克瓦克(Nyarkwac)。只有几个裂变支被我们用图表的形式表示出来：嘎列克(Gaaliek)分裂为尼亚克(Nyaak)和布兹，儒姆兆克分裂为弗柯(Falker)、尼亚吉坎尼(Nyajikany)、科瓦克吉恩(Kwacgien)等，依此类推。

东吉坎尼诸部落

<table>
<tr><th></th><th>嘎兆克部落</th><th>嘎葛旺部落</th><th>嘎扎克部落</th><th></th></tr>
<tr><td rowspan="3">拉昂一级支</td><td>齐吾二级支</td><td rowspan="3">嘎特西卡一级支</td><td>尼亚严二级支[3]</td><td rowspan="3">嘎贡一级支</td></tr>
<tr><td>德翁二级支</td><td>卡尼二级支</td></tr>
<tr><td>科维兹二级支</td><td>瓦乌二级支</td></tr>
<tr><td rowspan="3">旺卡克一级支</td><td>米尼奥[1]二级支</td><td rowspan="3">尼英吉一级支</td><td>孔二级支[4]</td><td rowspan="3">仍一级支</td></tr>
<tr><td>旺二级支</td><td>考二级支[5]</td></tr>
<tr><td>尼亚索二级支</td><td>迪里克二级支[6]</td></tr>
<tr><td rowspan="5">尤一级支</td><td>普沃特二级支</td><td rowspan="5">尼昂一级支[2]</td><td rowspan="2">塔二级支</td><td rowspan="5">齐昂一级支</td></tr>
<tr><td>科沃二级支</td></tr>
<tr><td>伊克二级支</td><td>康二级支</td></tr>
<tr><td>卡姆二级支</td><td rowspan="2">洛尼二级支</td></tr>
<tr><td>科吾二级支</td></tr>
</table>

第140页上的图表表示出了东嘎葛旺(Eastern Gaagwang)部落的各个一级支和东嘎扎克(Eastern Gaajak)与嘎兆克这两个部落的各个一级支与二级支。在我的知识所允许的范围内，我尽可

140

① 该词在此处的拼写为 Minyaal，而在随后(本章第二节)的行文中则被拼写为 Minyal。——译者

② 该词在此处的拼写为 Nyaang，而在本书别处的拼写则为 Nyang。——译者

③ 尼亚扎尼(Nyajaani)与之一起相处。

④ 亦称特耶克(Tiek)和亚阿(Yaar)。

⑤ 亦称尼亚儒尼(Nyaruny)。

⑥ 亦称吉英(Gying)。

能精确地将它们展现了出来，但是，对努尔人部落分支的复杂系统加以阐明有着各种各样的困难，任何一位对此有所了解的人，当他发现一些分支，它们以不同的名称出现，或者具有一些他可能认为不应被遗漏掉的名字的时候，无论何时，他都不会感到惊讶的。我没有去过嘎葛旺部落，对于这个部落的各个二级分支，我并不肯定。

在西吉坎尼人中，嘎葛旺似乎被归为嘎兆克部落的一部分，嘎兆克部落的土地连绵于加扎勒河的两岸，在这条河的南部，则生活着嘎扎克部落。这两个部落的一级分支嘎贡(Gaagwong)、仍、齐昂、拉昂、旺卡克和尤与东部相同，但是，除了以非常小的聚落(small clusters)的形式出现以外，索巴特河以北的一些重要的二级分支在这里并未见到，反之亦然。出现这种情况的原因在于，有些世系群向东迁徙，而另外一些世系群却留在了家乡。

由于我对新的、不同的问题感兴趣，因此，在我使自己确信其 141
他努尔部落的裂变模式与娄部落和吉坎尼诸部落相同之后，我并未做出关于它们的分支情况的详细图表。但是，我在本书中收入了嘎沃、拉克以及齐昂地区部落裂变的图解表征形式，这些图表是我从 B. A. 刘易斯先生那里得到的，B. A. 刘易斯先生曾有一段时间任宰拉夫河地区的行政长官。

嘎沃部落

拉德一级支	巴一级支	
科尔非勒二级支	邦三级支	里德二级支
尼亚达克翁二级支	扎莫三级支	
颇二级支		
尼亚伊瓜二级支	卡阿姆三级支	嘎特科瓦二级支
吉泽伊波二级支	嘎特科瓦三级支	

拉克部落

哲尼昂一级支	科瓦克布尔一级支	
库德沃颇二级支	尼亚沃三级支	托布特二级支
	东日奥三级支	
尼亚皮尔二级支	齐昂三级支	拉克二级支
	卡三级支	
	夸克三级支	

齐昂部落

日阿一级支	邦一级支	
朱阿克二级支	谷三级支	尼昂谷尔二级支
	波迪德三级支	
马尼奥二级支	德翁三级支	
	科沃兹二级支	
吉因二级支	括勒二级支	

142 有人将会注意到，我并未力图把每一部落的所有分支都罗列出来，而是仅仅试图揭示出裂变的模式，以使各个部落分支与世系群之间的关系能在下一章中得到更清楚的理解。

二

一个部落的诸裂变分支有着这个部落本身的许多特点。每一分支都有其独特的名字、共同的情感及其专属的疆域。通常，在一个分支与另一个分支之间，有一大片灌木丛或一条河把它们很清楚地分开。在旱季放牧时，同一部落的各个裂变分支也往往沿着不同的方向驱赶牛群，就像第 56、58 和 60 页的示意图中所显示的那样，因而，雨季时的空间划分在旱季得以维持，并可得到加强。不过，正如我们已经指出的那样，在尼罗河以东的较大部落中，由于自然条件比较恶劣，也可能会形成比尼罗河以西的较小部落更为紧密的相互关系。

部落裂变支越小，其领土越紧凑，其成员越毗邻，他们的一般社会纽带越多样、越亲密，因而其团体情感就越强。正如我们将会看到的那样，一个部落裂变支围绕着这个部落中支配氏族的一个世系群而聚集到一起，裂变支越小，这一氏族分支的成员之间的谱系关系就越近。而且，裂变支越小，年龄组系统就越能决定其内部的行为，并促成团体行动。因而，政治凝聚力不仅随着政治距离的变化而变化，而且也是其他类型的结构距离的函数。

每一个裂变支本身又都存在着裂变，其各个组成部分之间存在着一种对立关系。任何一个裂变支的成员们都会联合起来，与那些毗邻的同级裂变支作战，又会同这些毗邻的同级裂变支联合起来，与更大的分支作战。在表述他们的政治价值时，努尔人自己就清楚地陈明了这一结构原则。因而，他们说，如果娄部落的楞三级支与尼亚克瓦克三级支发生战斗——事实上，他们之间长期以来便存在着世仇争斗，那么，构成上述每一个分支的村落便都会联合起来参加战斗；但是，如果尼亚克瓦克三级支与儒姆兆克二级支 143
发生争执，就像最近发生在法丁的关于水权的争执那样，楞和尼亚克瓦克就会联起手来反对他们共同的敌人儒姆兆克，反过来，后者也会形成由它所分化出的各个裂变支组成的联盟。如果在毛和衮这两个一级支之间产生争斗，儒姆兆克和嘎特堡就会联合起来，对抗由嘎列克、吉迈克和扎周这三个二级部落支联合而成的一级部

落支毛。如果与嘎兆克部落或嘎沃部落发生战争,那么从理论上看,衮和毛这两个一级支无论如何都会联合起来,从而形成一个统一的娄部落来上阵作战,因为毛和衮这两个一级支都属于同一个政治群体,其支配世系群都属于同一个氏族。当然,在对丁卡人进行袭击时,他们常常联合起来作战。

在东嘎兆克部落中,米尼奥(Minyal)、旺(Wang)和尼亚索(Nyathol)这些分支联起手来反对尤分支。齐吾(Thiur)、德翁(Dwong)和科维兹(Kwith)诸支也联合起来进行战斗。这些部落分支之间的战斗以及由此而导致的世仇虽然基于一种地缘关系,却常常表现为一种世系群关系,因为在地域裂变支和世系群裂变支之间存在着一种紧密关系,而努尔人习惯于以一种亲属关系的语言(kinship idiom)来表达社会责任。于是,在告诉我说旺卡克和尤这两个分支在与任何别的分支作战时会联合在一起时,努尔人便通过一种叙说陈述了这一命题,这种叙说便是,旺卡克和尤这两个世系群是这两个部落支中的支配世系群,因为他们的祖先是同一位母亲的儿子,所以他们会联合起来。在第五章中,我们将会看到,努尔人一般就是用这样的术语来讲话的。

这种有关裂变以及裂变支之间对立的原则在一个部落的每个分支中都是相同的,而且,它还超出了部落的范围,而扩展到部落间的关系上,在西努尔地区那些较小的部落之间,情况尤为如此,这些西部部落在袭击丁卡人以及彼此之间发生争斗时,比尼罗河以东的那些较大部落更容易也更经常地携起手来形成联盟。因而,当一个波部落法当(Fadang)分支的人告诉我说"我们与仍延作战,但当我们中任何一方与第三方交战时,我们便与仍延联合起

来”的时候，他就用例子说明了这个原则。这一点可以用努尔人自己的假设性的条件表达出来，而且，用这种方式能表达得最好。在图示中，当 Z^1 与 Z^2 交战时，别的分支无人参战。当 Z^1 与 Y^1 交战时，Z^1 与 Z^2 便联合成 Y^2。当 Y^1 与 X^1 交战时，Y^1 和 Y^2 便联合起 144
来，同样，X^1 与 X^2 也会联合起来。当 X^1 与 A 交战时，X^1、X^2、Y^1 和 Y^2 便都联合起来组成 B。当 A 袭击丁卡人时，A 和 B 便可能会联合起来。

A	B		
	X	Y	
	X^1	Y^1	
	X^2	Z^1 Z^2	Y^2

那些较大的部落分支差不多是一种自主性的群体，而且，在他们的敌对与结盟中，他们便如此自主地采取行动。在某段时间，他们可能会在自己之间进行战斗，在另外一段时间，他们又会联合起来反对第三方。这些联合并不总是像他们对我解释和我所陈述的那样简单而有规则。我举几个部落分支之间争斗的例子。努尔人历史上最残酷的一场战争发生在上一代，是在娄部落的衮和毛这两个分支之间进行的。它被称为库尔・路尼・雅克(*kur luny yak*)，即放出鬣狗的战争，因为有很多人被杀，尸体便被留下来让鬣狗去吃。据说在这次战争中，人们表现出了罕见的凶残，甚至为了迅速夺取象牙臂环而把敌人的胳膊砍掉。在娄部落的楞和尼亚克瓦克这两个

三级支之间，存在着绵延时间很长然而却是在更为晚近的时期才出现的世仇争斗，这种争斗一直持续到现在。它起源于较早时期在齐昂和尤之间的一场战争，齐昂和尤曾一度构成了尼亚克瓦克的两个亚支。楞和尤这两个分支的支配世系群的祖先是兄弟俩，而齐昂这一分支的支配世系群的祖先是这两兄弟的妹妹的儿子。有很长一段时间，尤和齐昂在一起和平相处，但在大约三十年以前，他们之间爆发了一场战争，齐昂战败以后逃到楞分支那里去寻求庇护。尤给楞传信，告诉他们不要收留这些敌人或是让他们在那里避难。楞回话说，楞世系群的祖先是齐昂世系群祖先的舅父，他们不能拒绝其姐妹的后代在那里避难。这一态度使尤（尼亚克瓦克）卷入了
145 又一次战争，这一次是和楞与齐昂的联盟作战。娄部落最近存在的别的世仇争斗包括儒姆兆克二级支的弗柯和尼亚吉坎尼这两个分支之间的世仇以及毛一级支的各个地方性社区之间，尤其是在吉迈克二级支的两个分支之间的世仇。

在东嘎兆克境内，一级支尤与嘎葛旺部落联合在一起来对抗几个（如果不是全部的话）嘎扎克部落的分支。嘎葛旺部落似乎与嘎兆克部落有着强烈的认同，以至我们几乎可以像谈论尼罗河西部的努尔人那样，把嘎葛旺和嘎兆克说成是一个被广阔的玛卡大沼泽与嘎扎克分隔开来的统一的部落。尤去打尼亚严，而嘎葛旺去打仍和康。大约在半个世纪以前，嘎兆克部落的拉昂和旺卡克这两个一级支之间发生了一场为期很长的世仇争斗，在尤和旺卡克这两个分支之间也发生了一场战争，其中，在其同盟者嘎葛旺部落的援助下，尤成为了胜

利者;旺卡克遭到严重惨败,便向南迁移,到达了皮博尔河两岸一带。他们说,他们在这里遭到了土鲁克人[(*Turuk*)某种类型的阿拉伯人]的攻击,便又向北迁移,回到了他们旧日的家园。他们精疲力竭,再也无法继续与尤分支的世仇争斗。尽管内部存在着这些世仇争斗,但是,如果嘎兆克部落的任何一个分支与娄部落发生争战,假如它不够强大,不管娄部落的哪一分支与它敌对,它都无法抵御的话,那么,嘎兆克部落的所有分支便都会赶来援助这个受到威胁的分支。在东嘎扎克部落的各个分支之间,比如在齐昂和仍之间,也存在着世仇争斗。当两个部落交战时,其他部落保持中立,如果一个部落的两个分支交战,假如他们彼此势均力敌,并不要求援助,那么,双方的别的分支便会让他们争斗下去,以此来解决争端,而不插手干预。索尔小姐的一些信息报告人指出,几年以前当嘎兆克部落的尤分支与嘎扎克部落的洛尼分支产生矛盾时,他们双方都很强大,足以凭自己的力量进行这场战争,但是,假如当时洛尼分支不够强大,无法自己来打这场战争,那么康和塔,可能还有嘎扎克部落的别的分支,便会前来对其予以援助,在这种情况下,嘎兆克部落的各个分支也会加入到尤这一方来。他们还指出,当前,在卢鲁阿(Luluaa)分支和旺分支之间存在着矛盾。在旺卡克的各个分支之间也存在着矛盾。如果卢鲁阿和旺之间开始打起来,那么旺卡克的各个分支便会把其分歧调停下来,加入到卢鲁阿这一方来。

与尼罗河以西努尔人的一般趋势一致,西嘎兆克和嘎扎克部落不但比东嘎兆克和嘎扎克小,而且也不如他们更团结。

在加扎勒河畔，这两个部落内部都存在着经常性的、残酷的世仇争斗。在嘎贡一级支的盖(Gai)分支和嘎贡一级支的另外两个分支科沃兹(Kwoth)和波(Bor)之间，发生过一场激烈的战斗，科沃兹和波的支配世系群出身于同一位母亲。结果，科
146 沃兹和波这两个分支被打败，向南迁移，在仍延境内的科瓦克(Kwac)住了下来。同样是这个盖分支，还与一级支仍发生了一次世仇争斗，争斗之后，它便迁到了卡鲁勒境内。在嘎扎克部落中，还发生过大量的别的世仇争斗。嘎兆克部落曾一度全部居住在加扎勒河的左岸，他们现在在河右岸的扩展是其在世仇争斗之后迁移的结果。

里克部落曾经全部住在加扎勒河的右岸。在这里，它的两个一级支，住在嘎尼河(Gany)西部的库阿夫(Cuaagh)和邓(Deng)，与第三个一级支，住在这条河东部的昆阳(Keun-yang，即卡鲁勒)发生了械斗，由于战败，他们便渡过了加扎勒河，在其左岸居住下来。这个故事的经过是这样的：尼亚皮尔(Nyapir)分支的一些贵族与尼亚瓦(Nyawah)分支的一些贵族在歌曲中使用了对彼此有所冒犯的词句。这些歌曲导致了年轻人之间的争斗，双方各有一人被杀。结果便引起了进一步的争斗，最后，邓和库阿夫渡过了加扎勒河。第二年旱季，他们重又渡过加扎勒河，在其右岸建立营地，在返回村落时，他们把属于昆阳分支的牛群一并赶在了自己的前面。他们中的六个女孩子回去取她们忘在一个营地棚屋里的奶具，结果遭到了一些昆阳人的拦路抢劫而被杀。这一行动被认为是严重违反了战争的规则，因为努尔人不杀害他们自己的女

眷。为此，邓分支发出了一个诅咒，根据这一诅咒，禁止一个渡过加扎勒河而在邓分支或库阿夫分支中居住的昆阳贵族按通常的样子建造牛栏，也禁止一个向南迁移而到昆阳分支中居住的邓分支或库阿夫分支的贵族按通常的样子建造牛栏。这一诅咒还导致一个以上述方式改变住所的贵族因为那些被杀的女孩子而其前几个孩子都是男孩儿。当政府攻打卡鲁勒（昆阳）分支的领土时，许多昆阳分支的贵族便渡过加扎勒河，到邓分支和库阿夫分支的境内居住。现在，许多邓分支和库阿夫分支的人在昆阳分支境内度过旱季，因为他们自己的土地上好牧草不多，主要是一些不怎么有营养的沼泽地水草。

在这些一级分支中，每一分支内部都存在着经常不断的世仇争斗。因而，在卡鲁勒境内，瑞阿夫（Riaagh）、告姆（Gom）、吉奥姆（Jiom）、尼亚夫（Nyaagh）、吉库（Jikul）和恩葛沃（Ngwol）这些分支相互之间经常处于世仇争斗之中。如果要把这些小规模世仇争斗的原因和结果都列举出来的话，那将是冗长乏味的。我只想澄清一点，由图特嘎［Tutgar（恩葛 147
沃）］、尼昂［Nyang（瑞阿夫）］、尼温尼［Nyueny（朱阿克）］、考尤［Kol（吉库）］等这些小分支所居住的村落与最近的毗邻村落之间只有几英里的距离，它们都分布在方圆五英里的范围以内。争斗最常发生的地方恰恰是村落之间与三级部落支之间，而世仇也正是在此引发出来的。

关于世仇，我可以举出许多别的例子，但那都没有什么用处，因为我所列举的这些例子已经充分表明了努尔部落中缺乏政治控

插页图 16

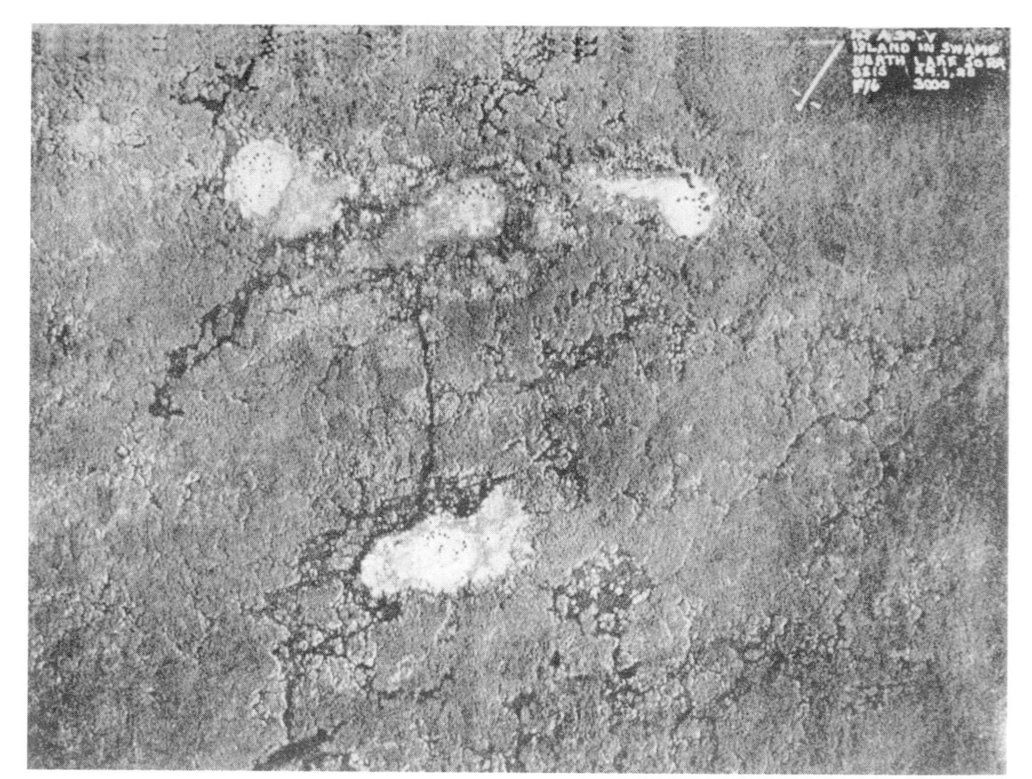

从空中拍摄的村落俯视图(努翁)

皇家空军官方皇冠版权所有

插页图 17

拾粪柴的男孩(娄)

制的情形。我们可以得出结论说，一个人的部落只是在部落间的械斗和在与丁卡人的战争中才要求他为之效忠。在通常的时候，一个人仅作为一个比部落小得多的地方性群体的成员来思考和行动，他与该地方性群体的那些成员之间有着多种多样的联系。

三

我们可以用第 144 页上的图表来强调政治结构中的这种自相矛盾的原则。部落 B 中三级支 Z^2 的某个成员在与 Z^1 相对而言时把自己视为 Z^2 的一员，Z^2 的所有其他成员在与 Z^1 相对而言时也都把自己视为 Z^2 的成员，Z^1 的成员也如此看待他们。但是，在与 Y^1 相对而言时，他就会把自己看成是 Y^2 的一员，而不是 Z^2 的一员，Y^1 的成员也如此看待他们。同样地，在与 X 相对而言时，他会认为自己是 Y 的一员，而不是 Y^2 的一员；在与部落 A 相比较时，他会认为自己是部落 B 的一员，而不是其一级支 Y 的一员。任何一个裂变支在与同一分支中的另外一个裂变支相对而言时都认为自己是一个独立的单位，但在与另外一个分支相对而言时，又会把这两个裂变支看作是一个统一体；在其内部成员看来，一个分支是由相互对立的裂变支构成的，但在别的分支的成员的眼里，它便不再是一个存在裂变的单位。因而，正如我们在前面所指出的，在有关一个政治群体的界定中，总存在着矛盾之处，因为它只有在与别的群体相对而言时，才成为一个群体。一个部落裂变支在与其他同类的裂变支相对而言时，才是一个政治群体，而且，它们只是在同别的努尔部落以及邻近那些与之构成同一政治系统的外族部落发

生关系时，才会联合起来，形成一个部落。如果没有这些相对而言的关系，部落裂变支和部落的概念便几乎不存在什么意义了。在此，我们得出与讨论此英一词时同样的观点：政治性的价值标准是 148
相对的，政治系统乃是朝向分裂和朝向融合这两种相互对立的趋势之间的一种平衡，是所有群体产生裂变的趋势和所有群体与同级裂变支相互融合的趋势之间的一种平衡。朝向融合的趋势是努尔人政治结构的裂变特征所内在固有的，因为尽管任何一个群体都趋于分裂成相互对立的部分，但这些部分在与其他群体发生关系时，又必然趋向于融合，因为它们所构成的乃是一个裂变系统的一部分。因此，政治群体中的分裂和融合是同一个裂变原则的两个方面，而努尔部落及其各个分支则应被理解为这两个相互矛盾而又互补的趋势之间的一种平衡。物质环境、生活方式、缺乏交流、简单的技术、匮乏的食物供给——实际上，我们称之为努尔地区的生态学特征的所有方面——在某种程度上解释了努尔人政治裂变的人口统计学特征，但是，我们必须把这种朝向裂变的趋势界定为努尔人社会结构的一项根本原则。

因此，我们根据此前列举的那些特征对部落所做的正式界定肯定总会有某些武断之处。政治系统是一系列扩展性的对立裂变分支，从最小部落分支内部的关系到部落之间以及与外族其他人群的关系，因为对我们来说，最小部落支内各个裂变支之间的对立关系，尽管在表现形式上和一个努尔部落与邻近的丁卡部落之间的对立关系有所不同，但它们的结构特征却是相同的。由于政治结构有一种动态的性质，要想确定一个群体是应该被看成一个部落还是一个部落的裂变支常常并不容易。以恤财的偿付为首要指

标，我们把东嘎兆克和嘎扎克归类成两个不同的部落，因为在他们之间没有对凶杀的赔偿，但是，在与娄部落的关系上，他们却把自己看成是一个统一的共同体。在娄部落的整个地区，部落的价值仍然是被大家所认可的，但事实上，衮和毛这两个分支有很大的自主性，在他们之间，尽管人们在口头上说应该对凶杀给予偿付，但他们实际上是否有所偿付却是值得怀疑的。在嘎兆克部落中，情况似乎是这样，由于在尤和旺卡克这两个一级部落支之间的世仇争斗中被杀的人数太多，以至于所有对凶杀的赔偿都终止了。另
149 一方面，有人告诉我，在娄的预言家恩衮邓（Ngundeng）和格威克（Gwek）的影响处于巅峰的时期，娄和嘎兆克之间的赔偿曾一度进行过。在较大的部落里，各个裂变支都承认有一个正式的统一体，但这个统一体却很少有真正的凝聚力。部落的价值仍旧得到肯定，但实际的关系可能会与它存在冲突，因为这些关系是以部落内部的局部联盟为基础的，而且，以我们的观点来看，正是这种存在于一个地域系统（territorial system）内部的各种相互竞争着的价值之间的矛盾冲突才构成了政治结构的本质所在。

努尔人的部落是对地域分布的一种估价，部落的、部落间的以及部落外的关系都是标准化了的行为方式，通过这些行为方式，部落的价值得以表达出来。因此，部落的价值是相对的，任何时候它都依附于一系列扩展性结构关系的范围，而又并不必然囿于这个范围。此外，它又不仅仅是相对的，因为我们今天所称的部落明天便可能会成为两个部落，而且，只有当一套结构关系处于运作——主要是各个部落裂变支之间以及一个部落同与之有相同结构秩序的别的群体之间的敌对行动，或可能引发攻击事件的行动——之

中时，才能说它决定着行为。部落很少采取团体性的活动，此外，部落的价值在社会关系的一个明确而有限的领域中决定着行为，而且，它仅是一系列政治价值——其中一些是与它相矛盾的——中的一个。部落的各个裂变支的情况也是如此。因此，我们认为，对于努尔人的政治群体，应根据其在一定社会情境中、在一个社会组织里，它们内部各个裂变支之间所具有的关系以及它们作为一个更大系统的裂变支而在彼此之间所具有的相互关系，从价值的角度来加以界定，而不是将其界定为人们生活于其中的一类固定框架结构的各个部分。

我们并不怀疑在不同分支间的各种相互关系与由它们构成的整个政治系统之间存在着一种相互依赖的关系，但这一点并不容易用事实来证明。我们已经提到，地方性群体越小，它就越具有凝聚力，其成员彼此之间的各种各样的接触也就越多。从一个村落到彼此邻近的部落，我们扩展的圈子越大，所涉及的社区就越缺乏团结。因此，有人可能会假定，两个群体之间的对立总会比其中任 150 何一个群体的裂变支之间的对立大，而且，正如看上去的那样，这些裂变支被这种来自外部的压力结合到了一起，但我们认为，这种看法是不符合事实的，因为在村落、村落群以及三级部落支之间所感受到的敌意比更大部落支之间以及部落之间的敌意还要强烈。或许，努尔人以部落或部落联盟的形式发动的对丁卡人的袭击具有一种统一行动的性质，但丁卡人对努尔人却没有攻击行为，因此，看来我们必须把部落结构得以维持的原因归于其较小裂变支之间的对立，而不是任何来自外部的压力。假若如此——而且，对世仇制度的思考也确实表明如此——的话，我们便可以得出这样

一个结论：一个裂变支的成员之间的接触越复杂多样，越频繁，其各个部分之间的对立就越强烈。不管这个结论初看起来多么违背常理，但它既是我们通过观察得出的，又是我们通过对于构成一个裂变系统的东西是什么的思考而获得的。

四

在上一节中，我们使用了“世仇”这个术语，意思是指在部落内部各个地方性社区之间的长期的相互敌对状态。这一宽泛而又稍微有些模糊的用法看来已由习俗所证明，而且，正如我们将要指出的，对杀人的罪责和实施复仇的责任虽然只是直接落在杀人者和被杀者的父系近亲身上，但双方所属的社区总会以这样或那样的方式卷入到随之而来的敌对状态，且常常充分卷入到由这种争端所可能导致的械斗中。然而，严格来说，我们可以认为，这个词更适合被用来描述在凶杀情境中双方亲属之间的关系，因为这样一来，它指的就是一种具体的制度。因此，我们有时用“血仇”(blood-feud)一词来强调这一严格而又界定得更为清晰的意义。

血仇是一种部落性的制度，这是因为，由于血仇是人们获取赔偿的途径，只有在人们承认某种行为属于违法之列的地方，血仇才可能发生。事实上，对于可能会招致血仇的畏惧是部落内部最为
151 重要的法律约束力量，也是对个体的生命和财产的主要保障力量。如果一个部落的某个社区为一场凶杀事件而竭力对另一部落的某个社区进行报复的话，就会引发部落间的一种战争状态，而不是世仇状态，而且，这种争端是无法靠仲裁来解决的。

由于努尔人很容易发生械斗，他们经常会因此丧生。实际上，我们很少会见到一个没有棍棒或长矛伤痕的上了年纪的人。一个努尔人给我讲出了下面这些导致械斗的原因：为了牛而发生争执；一头牛或一只羊吃了某人的高粱，他打了它；一个人打了别人的小儿子；通奸；旱季的灌溉权；畜牧权；某人未经主人允许而借走一件东西，尤其是一件跳舞用的饰品。如果一个努尔人认为自己受到了侮辱，他就会马上起来战斗，在此方面，他们非常敏感，很容易采取敌对行为。当一个人感到自己受到伤害，而又没有一个权威人士可以让他对之诉苦并得到安抚的时候，他便会立即向错待他的人提出挑战，要求与之决斗，而且，对方必须要接受这样的挑战。他们没有别的解决争端的途径，勇气是一个人保护自己免受侵犯的唯一的直接依靠。只有当亲属关系或年龄组方面的关系阻止其诉诸武力时，努尔人才会对是否发出挑战犹豫不决，因为他从未想过要先征求一下别人的意见，也从来没有人愿意听取未经请求而主动提供的建议。从很小的时候起，孩子们就被大人们怂恿着用械斗来解决所有争端，长大以后，他们认为械斗中的技能是最必要的本领，勇气是最高的美德。

男孩子们用带有尖刺的臂镯进行械斗。同一村落或营地的人们用棍棒进行械斗，因为按照习俗，长矛在近邻之间是被禁止使用的，以免有人被杀而使社区因血仇而分裂。还有一个习俗就是，任何第三方都不得参与械斗，即便他是械斗者之一的近亲也不例外。一旦械斗开始，任何一方都不得让步，他们必须把械斗进行下去，直到其中一人严重受伤为止，除非人们把他们拉开，大声反对，然后站在他们中间，这种情况通常会发生。

当不同村落的人们之间发生械斗时，使用的是长矛，双方社区
152 的每个成年男子都参加械斗，在造成相当多人员丧生以前，械斗是不会停下来的。努尔人明白这一点，因而，除非是在相当愤怒的情况下，否则他们是不愿与一个邻近村落发生械斗的，而是常常愿意让一位豹皮酋长或一些长老们介入此事。我曾见过一场这样的械斗在双方长老的调停下被阻止了，但很清楚的一点是，如果年轻人急欲打上一场的话，那么他们的调停就几乎起不到什么作用。今天，这样的械斗已经不那么常见了，因为人们对政府介入的害怕起到了一种威慑作用，但我还是见到一些营地甚至部落分支为了战争而集结起来，处于械斗一触即发之际，因而，在某个时期，械斗肯定是经常发生的。

部落之间有时因为牛而互相袭击，但他们之间的械斗是很罕见的。社区之间的械斗以及由此导致的世仇是在一个共同部落组织的各个裂变支之间所存在的各种政治关系的一部分。因而，一个里克部落的人对我说："我们在我们自己中间械斗，嘎兆克人在他们自己中间械斗。我们不同嘎兆克人械斗。我们只在我们自己中间械斗。他们有他们自己的械斗。"有人在这些械斗中被杀，血仇便由此开始。在一个部落的内部，有一种方法，通过这种方法，血仇可以由仲裁来了结。

五

我们将在略去仪式细节描述的情况下，对解决血仇的程序做一个准确说明。一旦某个男子杀了人，他便赶紧跑到一位豹皮酋

长家中，把自己流出来的血从身上洗净，到这里寻求庇护，以便躲避他所招致的报复。他可能不吃也不喝，直到死者的血已从他体内放出，因为人们认为死者的血会以某种方式进入他的体内，为此，酋长用一把鱼叉从他肩膀处往下划，在他一条胳膊上做出一两个纵向切口。凶手给酋长献上一头小公牛犊、公羊或公山羊，酋长用这些牲畜来献祭。这种仪式和胳膊上的该隐标记①被称为避尔(*bir*)。一旦死者的族亲们得知他被杀的消息，他们便会伺机找杀人者为死者报仇，因为复仇是父方亲属(paternal kinship)最具约束力的义务，是其所有义务的集中体现。如果族亲们没有采取任何行动为死者报仇的话，那对他们来说将是极大的耻辱。自从胳膊被划的那一刻起，凶手就作为酋长的客人与他住在一起，直到事 153
件最后得到解决为止，于是，凶手有了庇护所，因为酋长是神圣的，他的家宅中是不允许发生流血事件的。可能只有在复仇的危险非常大的时候，凶手才会去一个酋长那里寻求庇护，但这似乎是一般的做法。

当凶手躲在酋长家里的时候，复仇者们不断地注意着他的动静，看他是否离开这个庇护所而给他们提供刺杀他的机会。他们会利用一切可乘之机去杀死他，但他们无法坚持那么久，久到可以找到一次机会。这种事态可能会持续数周，然后，酋长便召集死者家属进行调停谈判，因为直到丧礼举行完毕，情绪冷静一些以后，

① 该隐(Cain)是《圣经》中的人物，亚当和夏娃的长子，因为嫉妒弟弟亚伯，而把亚伯杀害。作为惩罚，上帝给该隐立了一个记号，免得人遇见他就杀他，然后让该隐离开，去住在伊甸东边挪得之地(参见《圣经·创世记》)。作者在这里使用“该隐标记”这一术语表示两个意思，一是“凶手”，二是“避难”。——译者

他的提议才可能得到有利的响应。谈判是以很从容的方式进行的。首先，酋长要弄清凶手一方的人们[吉簇恩嘎(*jithunga*)]拥有什么样的牛，并确定他们已准备好进行赔偿。我想，尽管他们可能无意把这些牛都交上，但他们拒付恤牛(blood-cattle)的情况是不常发生的，除非他们住得离复仇者们很远或者双方所在的部落分支之间有大量悬而未决的世仇。然后，酋长就去拜访死者一方的人们[吉冉(*jiran*)]，请他们接受牛来抵偿死者的生命。死者一方的人们通常会予以拒绝，因为拒不让步乃是为了维护面子必须要做的事情，但他们的拒绝并不意味着他们不愿接受赔偿。酋长明白这一点，于是就坚持让他们接受，甚至威胁说若不让步就要诅咒他们，他的劝告得到死者远房父系亲属和母系亲属们的支持，这些人不会得到任何恤牛，因而无需显弄这样的自尊和固执，但凭借他们同死者的关系，他们有权表明自己的观点。妥协的呼声也会得到习俗偏见的支持。不过，同族近亲们必须拒绝听取这种意见，直到酋长的劝说达到极致时为止，当他们同意让步时，他们便宣称他们之所以接受牛，仅仅是为了给酋长面子，而不是因为他们准备用牛来抵偿死去亲人的命。

154 从理论上讲，这种赔偿需要支付 40—50 头牛，但这些牛不大可能立刻付清，这笔债务可能要持续几年时间。当二十多头牛已被过手后，人们就会举行一些赎罪仪式，此后，凶手的家属们就暂时可以四处走动，而不用担心遭到半路伏击了，至少在眼下如此，因为他们并未摆脱被复仇的危险，直到所有的牛都交付完毕为止，甚至到了那时也并不是很安全的。酋长将牛带到死者家中。凶手一方的人们是不愿冒险随酋长一起去的。这些牛一部分被分发给

死者的族亲们，另一部分被用来在名义上给他娶个妻子为他传宗接代。即便双方都有一人被杀，也必须要由双方来赔偿牛，尽管各方可能仅付 20 头，因为死者的魂灵需要安抚，生者的面子需要维护。此外，他们还必须举行献祭仪式，以使村落免受死亡的困扰——这种死亡在村落中无所束缚地到处乱撞，必须被送到灌木丛中去，双方的亲属们也必须从他们的不洁中得到净化。由于酋长在整个过程中所起的作用，除了用来献祭的牲畜的肉以外，他还会得到两头牛，但他得把其中一头送给一位援助过他的父系亲属。他常常一无所获，因为人们期望他送给凶手一头牛以帮助他进行赔偿，而且，他还要承担为凶手提供长期友好款待的费用。

一件凶杀不仅涉及凶手本人，还涉及他的父系近亲。双方亲属之间存在着相互的敌意，他们不能与对方一起吃喝或者食用对方已经用过的杯碟中的东西，甚至即便在一个不是任何一方亲属的人的家里都不可以，否则就要被处以死刑，对于那些违反这一禁令的人来说，这种死刑乃是不可避免的。在牛已被付清，献祭完成之后，这种禁令就终止了，但由于感情的缘故，双方的近亲们将在多年内不与对方一起吃喝，甚至是长达一两代人的时间。“尸骨（死者）还隔在他们中间”。实际上，所有努尔人都知道，尽管已经做过赔偿和献祭，但世仇却会永远继续下去，因为死者的家属永远不会停止“心中的交战”。在偿付牛之后的数年里，凶手的父系近亲们总会回避着死者的父系近亲，尤其在舞会上，因为在兴高采烈中他们对死者亲属造成的哪怕一次轻微的碰撞都可能会引发一场械斗，因为罪过从未得到宽恕，这笔账最终是要用生命来偿还的。155
当死者娶妻时，新娘子的亡夫的亲属们便为她涂抹灰烬，并祈求大

神使她生个男孩为父亲复仇。这样的孩子就是一个嘎特·特尔（*gat ter*），即世仇之子。在献祭时，人们会告知死者的亡灵说他的亲属们已接受了牛并将用来给他娶妻，但他们还会向亡灵保证，终有一天他们会用长矛为他真正复仇。“努尔人很高傲，他们在复仇中想要的是一个人的生命而不是他的牛。当他杀了一个人以后，他就偿清了这笔债，那时，他的心也就安然愉悦了。”因此，尽管酋长在了结仪式上告诫死者的亲属们说世仇已经结束，不得重开，但努尔人清楚，“世仇永远不会结束”。出于那些使亲属们接受赔偿的原因，加之他们接受了牛，从而会有一段时期平安无事，但是，即便他们之间没有任何公开的敌对行为，他们的仇恨却仍会持续，双方的人们仍然是季特尔（*jiter*），即有世仇的人。频繁的械斗和持续不减的敌对行为没有了，极度的怨怒和世仇争斗虽已在形式上结束，却可能随时再次爆发。

六

我们已经说过，世仇造成了世系群与世系群之间的一种敌对状态，从而，正如我们将作进一步解释那样，在整个部落分支之间引起了敌对状态；我们还说过，在世仇尚未了结时所偶然发生的复仇举动与世仇了结后仍然持续存在的潜在敌对心理并无任何太大的区别。然而，这种情形只是在凶杀发生于部落一级支、二级支和三级支之间时才确实如此。在更小的群体中，情形并不如此，因为尽管所激起的情感体验很强烈，而且这种情感在赔偿支付以后仍会持续下去，但在这样的更小群体中，世仇争斗必须更快加以解决，而且在解决之后并不那么容易再次爆发。

一个男子杀了另外一个男子之后所发生的情形取决于所涉及的人们之间的关系以及他们的结构位置。对于一个真正的努尔人、一个生活于努尔地区的丁卡人以及在东吉坎尼地区诸部落中对于一个显贵氏族的成员所支付的赔偿各不相同（见第 217 页）。进行一场世仇并因而得到以生命或者牛来作赔偿的能力在某种程 156
度上取决于一个人的世系群的力量和他的亲属关系。但是，世仇的激烈程度和解决它的难度主要取决于所涉及群体的大小。假如一个人杀了一个和他有近亲关系的人——比如他的堂兄弟——那么还是要用牛来予以偿付的，只不过会少一些，大约要二十多头。本应是捐助来源之一的叔伯们或他们的儿子们，将接受赔偿，因而不能支付赔偿。之所以说仍然要赔付牛，是因为这对补偿死者的家属、为亡灵娶妻以及举行必要的献祭来说都是必要的。人们告诉我，在这种情形下，事件会很快得到解决。或许，血仇如果发生在一个氏族内部的话，能够更容易得到解决，因为努尔人认为，与来自相同氏族的人进行世仇争斗是不对的。在赔偿支付完毕以后，他们会说："世仇已经结束，我们又是亲戚了。"也有人说，如果在两个群体间存在大量相互通婚的情形，世仇就不大可能发生。

当一个人杀了一个本村落的人或一个本村落与之有密切社会关系的邻近村落的人时，世仇会很快得到解决，因为双方的人们都混杂在一起，而且，他们之间肯定有许多亲属和姻亲关系。这时，人们便会向亡灵指明，牛已经偿付，不可能再拿生命来替他复仇了，因为如果亲戚和邻人间的世仇继续下去的话，就没有人能活下去了。团体生活与世仇状态是不相容的。当某人用矛刺伤了一个

邻近村落的人时，按照惯例，伤人者村落的人会把造成伤害的长矛送到受伤者一方的人们那里，使他们能够对之施行巫术，以防伤口引起死亡。他们还会送去一只绵羊用来献祭。通过这种做法，他们表达了自己的希望，希望创伤能很快痊愈，而且，在任何情况下，他们都不想因为个人的争执而引发世仇。在这种礼节之后，即便此人死去，他的亲属们也很可能会比较容易地接受赔偿，而不是非常不情愿地接受。如果一个人在受伤多年以后死去，那么人们也会把死因归为由该创伤所致，但此时的赔偿接受起来便可能毫无
157 异议，而且数额会减少。如果一个人杀了一个邻居，常常会立即真诚地送一头牛过来作为赔偿，这样一来，社区就可以保持和平了。然而，我们不能认为世仇容易解决就意味着缺乏强烈的愤慨，或者认为世仇难于解决就意味着有较强的愤慨。

在当事人之间结构距离很窄的有限的社会环境（social milieu）中，世仇解决起来相对容易，但是，随着社会环境的范围变大，世仇解决起来就更难，直到达到既不支付赔偿也不对赔偿抱有期望的部落间关系的范围。对于世仇的社会控制的程度是随部落裂变支的大小而变化的，努尔人自己也常常向我这样解释。一些长期、激烈的世仇可能会发生在三级部落支之间，但人们一般会努力结束这种世仇，因为这种规模的裂变支有一种很强的社区感、密切的世系群关系纽带以及某种经济上的相互依赖关系。然而，终止不同三级部落支人们之间的一场世仇要比终止同一村落内或相邻村落间——在这里，世仇能够确保得到迅速而永久性的解决——的一场世仇困难得多，而且，在这种规模的部落分支之间，未解决的世仇往往会累积起来。在并非一个人因个人争执被杀，

而是多个人在两个部落分支之间的械斗中丧生时，情形尤为如此。当械斗发生在两个二级部落支之间时，除了全面械斗以外，几乎没有任何机会实施复仇，而且，人们并不觉得有那么大的必要诉诸调停，因为他们几乎没有什么社会接触，即使有，也只是一种暂时的性质，因为世仇解决的相对容易程度乃是社区凝聚力的一种标志。所涉及的裂变支越大，所表现出来的无政府现象就越普遍。人们说，部落一级支之间有偿付恤牛的情况，但他们并不觉得有多大的偿付必要。在这种不断增长的无政府状态的序列中，部落是最终的阶段。它仍旧具有一个名义上的政治统一体，人们认为，部落的两个相隔很远的成员之间的世仇是能够通过赔偿的方式来解决的，但这些世仇常常得不到解决，而且，如果在两个大型分支之间的大规模械斗中死掉许多人的话，就不会有任何举动来为他们复

仇或为他们的死亡进行赔偿。他们的亲属就等待时机直到再次发 158
生械斗。结果，政治外壳（integument）可能最终被延伸到发生分 231
裂的那一点，于是，部落便一分为二。部落分支之间的裂缝一直扩大，直到他们相互之间除了偶尔联合起来进行袭击活动之外就无事可做的程度；其成员之间的世仇即使有所解决，也会有更大的困难和偶然性。

七

因此，一场凶杀发展成血仇的可能性、它的强度以及解决的机会取决于所涉及的人物在结构上的相互关系。此外，我们还可以把血仇看作是政治裂变支之间的一种结构运动，正如我们所了解

的那样，努尔人的政治系统的形式便通过这种结构运动而得以维持。诚然，只有双方的父系近亲们才立即、直接地卷入到血仇中来，但是，属于不同部落分支的人们之间的世仇争斗迟早会影响到他们所属的整个社区之间的相互关系。

被杀者的亲属竭力除掉葛万·簇恩嘎(*gwan thunga*)，即凶手，但他们还有权杀掉凶手父系近亲[嘎特·管兰(*gaat gwan-len*)]中的任何人。他们绝对不能杀死凶手舅父、姑妈或姨妈的儿子们，因为这些人不属于凶手的世系群。而且，只有双方的最小世系群才会直接卷入到世仇中来。然而，可以认为，与其说世仇的意义在于它在较小群体内容易解决，倒不如说这种意义在于它在较大群体内难以解决，这种较大群体乃是间接地参与到这种冲突中来的。我们曾经提到过，彼此处于世仇中的人们不会在同一个家宅中用餐，由于一个男子在其村落的所有家宅中用餐，因而，村民们便立即陷入到这一禁忌范围之内，进入到一种仪式性的彼此对立状态之中。一个村落的所有的人们一般都以某种方式彼此相关，而且还有一种强烈的社区感，因而，如果因为一场涉及本村某些成员的世仇，而使本村落与另外一个村落发生械斗，那么整个村落很可能都会参与进去。因此，在跳舞时，参加舞会的每个村落的人们都以战斗编队入场，而且在整个舞会上始终保持一条完整连
159 续的队列，这样，如果有人受到攻击，别的人就会站在他这一边，肯定会帮助他。因而，那些并未直接受世仇影响的人便可能会不得不协助那些主犯们。

此外，我们已经讲过，世仇的强度及其进行的方式取决于所涉及的人们在政治系统中的结构关系。在一个村落内部，是无法容

忍有世仇存在的，而相邻村落之间的世仇也不可能存在很长时间。结果，尽管械斗最常在一个村落内部或相邻的村落与营地之间发生，但就其表示彼此尚存一种未决凶杀债务——这种债务要么通过复仇来解决，要么通过支付赔偿来解决，这是一种不要求立即得到解决，但需要最终予以解决的暂时性的积极敌对状态——的双方之间的关系这一意义而言，世仇只能在具有下面条件的部落分支之间维持下来：它们彼此相距得足够近，从而能够保持积极活跃的敌对关系，同时又彼此相离得足够远，从而能使这些敌对关系不会抑制那些必要的更为和平的社会接触。除非有某种既能被打破又能予以恢复的社会关系，同时，要想不完全断裂的话，这些社会关系必须要得到最终解决，否则世仇是几乎没有什么意义的。因此，从这个角度上看，世仇的功能就是在相互对立的部落裂变支之间维持结构性的平衡，而这些部落裂变支尽管相互之间存在对立，但在同更大的单位发生关系时，又会在政治上融为一体。

通过世仇，整个部落分支便处于一种彼此敌对的状态之中，但这种彼此敌对的状态并未导致频繁的战事，因为直接参与复仇的群体的范围被限制在很小的亲属群体之间，而且，他们实施复仇的努力也并不是持续不停的。两个分支之间有了一场械斗，每一方都有一些人被杀。只有那些失去某个成员的世系群会与那些被他们夺去某个成员性命的世系群处于一种直接的世仇状态中[①]，但

① 此处的原文是 Only those lineages which have lost a member are in a state of direct feud with the lineages which they have deprived of a member，作者的意思令人费解，因为从逻辑上看，这里应该是那些失去某个成员的世系群与那些夺去这个成员性命的世系群之间处于一种直接的世仇状态中。——译者

是，由于共同居住、地方性的观念以及亲属关系网络，整个分支都参与到了这种世仇所引发的敌对状态中来，而且，世仇的进行可能会导致所涉社区之间的进一步械斗以及他们之间世仇的倍增。因
160 而，当娄部落的尼亚克瓦克分支与楞分支发生械斗时，拉姆世系群以及与他们生活在一起的人们便会站在一起来反对玛(MAR)、科沃兹、玛路奥(MALUAL)等世系群以及与他们生活在一起的人们；曼塞普尼(MANTHIEPNI)世系群便会站出来反对杜偭(DU-MIEN)世系群，如此等等。只有这些最小世系群才卷入到彼此之间由此产生的世仇中来，而那些旁系世系群即便参加了械斗的别的部分，也不会卷入到这种世仇中来，但是，不同分支之间的敌意则在其所有成员中普遍存在。关于努尔人在这些事件中感受如何，一个很好的例子便是当政府在默特底特牛营抓走人质迫使他们交出那两个预言家时他们所作出的反应。他们向我所做的主要抱怨是，这些人质与那两位预言家并不属于相同的世系群，因此，他们与这一事件并无直接关系。政府从地域的角度来看待这一事件，而努尔人则与世仇习俗类比，从亲属关系的角度来看待它。

除了仪式惯例、亲属义务、社区情感等等以外，关于各个小型世系群之间的血仇——尤其是当它们之间有许多血仇时——为什么会发展成为世仇状态并往往在社区之间维持敌对性的情感，还有另外一个原因。正如第五章所要解释的那样，每一个社区都以某种方式与一个世系群联系在一起，以致社区中所有那些不属于该世系群的成员在政治关系上都被同化进这个世系群中来，因此，这些政治关系常常以世系群价值的形式来表达。于是，小型父系亲属群体之间的血仇被转译为各个世系群间的更一般意义上的世

仇，通过对这种被扰乱了的关系予以结构性的表达，这些小型父系群体便与这些世系群联系在一起，而与这些世系群相联系的各个社区便也被卷入到相互的敌对中来。

部落中较小的裂变支之间的敌对可以使它们所构成的那些较大裂变支也卷入到这种敌对中来。因而，就像我们曾经提到的那样，两个村落之间的争执可能会引发部落二级支甚至一级支之间的械斗。这样看来，较大分支之间的相互关系是由较小分支之间的相互关系所操纵的。当一个内部还有血仇尚未解决的部落分支与另外一个分支发生械斗时，其内部的所有争执都暂时被搁置在一边，全体分支都联合起来进行行动。

世仇是一种政治制度，是一个部落内部各个社区之间的一个 161
得到认可的、经过调节了的行为模式。我们已经把部落分支之间的彼此平衡的对立以及它们之间的朝向分裂与融合的互补趋势看作是一种结构原则，这种平衡对立和互补趋势在世仇制度中明显体现出来，一方面，世仇制度通过那些把各个分支分离开来的偶然性和暴力性的行动表达了敌对状态，另一方面，这种制度又通过那些用来解决世仇的手段防止了对立发展成为完全彻底的分裂。对于部落的构成来说，世仇的两方面要素都是必需的，一是复仇的需要，二是解决的手段。解决的手段就是豹皮酋长，对于他的角色，我们将在后面予以考察。因此，我们把世仇看作是政治系统所必不可少的，就像它当前存在的样子一样。在部落之间，只能有战争，通过战争，通过对战争的记忆，通过战争的可能性状态，部落之间的关系得以界定和表达。在一个部落内部，械斗经常造成世仇，世仇关系是部落裂变支的特征并使部落结构能够进行扩展和收缩运动。

当然，在与一个别的部落的械斗和与本部落一个裂变支的械斗之间，并无截然明显的区别。然而，努尔人强调，在一个部落内部，存在着因械斗致死而进行仲裁和恤财偿付的可能性，这就使部落内的械斗成为一种特尔（*ter*），即世仇，这有别于部落间的战争，即库尔，在库尔中，任何对赔偿的要求都是得不到认可的。它们二者都不同于对丁卡人的袭击，即泼克（*pec*），也不同于个人的决斗，即德瓦克（*dwac*），尽管在一般意义上讲，所有的械斗都是库尔。在一个村落内部的械斗中，会立即支付对死亡的赔偿，而在部落之间的械斗中，却没有任何对死亡的赔偿，很明显，这二者是两种极端情况，而且，我们越远离一个村落社区，部落分支之间的械斗就越像部落间的械斗，其中，对恤财的偿付越来越难也越来越少地得到执行。因此，在一级部落支之间，部落的价值标准，即关于恤财能够甚至应该得到支付的情感本身便把它们之间的械斗与部落间的械斗区分开来。这里，我们再次强调一下如下结论：部落的价值标准是与结构情境相对而言的。

162 我们将进一步强调，血仇仅直接涉及少数几个人，尽管它们有时引起整个地方性社区间的暴力行动——在更广泛的意义上说即世仇——但日常的社会接触是继续进行而不受影响的。亲属及姻亲的、年龄组方面的、军事上的、甚至经济利益上的联结，仍旧保持完整。这些联结在不同分支之间像是有弹性似的，能够被混乱失序的政治关系撑展得范围相当大，但它们又总是把各个社区拉到一起来，使这些社区在与相同类型的其他群体发生关系时成为一个单独而统一的群体。正如我们已经解释的，这些联结在数量和力量上随着社区的增大而减小，但它们甚至会跨到部落的边界以

外。随着各种社会接触的频度越来越小，无政府状态的程度越来越高，世仇的解决也就越来越困难。随着社区规模越来越小，社会凝聚力就越来越强。

八

当然，在努尔人中也有一些凶杀以外的争端，但我们可以直接参照凶杀和世仇的习俗来对之作简要描述。从严格意义上讲，努尔人没有任何法律。对于损伤、通奸、失肢等情况有习俗性的赔偿，但是，却没有任何权威人士有权力对这些事情进行裁决或执行这种裁决。在努尔地区，立法、司法以及执法的功能并未授予任何个人或委员会。在不同部落的成员之间，并无任何赔偿问题；在我的经验中，甚至在一个部落内部，犯罪行为也不会以我们所谓的法律形式体现出来，尽管对损伤（若克）的赔偿有时是予以支付的。一个认为自己因他人的行为而遭受损失的人并不能控告此人，因为即便这个人愿意出庭受审，也没有法庭来传讯他。我与努尔人亲密相处了一年，从未听到一个案件在任何个人或法庭面前摆出来，甚至我还得出一个结论：一个人除非凭借武力或武力威胁，否则他很少会得到赔偿。最近，那里引入了政府法庭，在这种法庭
上，争议有时是可以得到解决的，但这并未削弱我所得到的这一印 163
象。因为人们很清楚，在其他非洲人群中，案件是如何被带到政府监督下的法庭上来的，这些案件以前并未在法庭上得到解决，甚至根本就没有解决过，而且，人们也很清楚，在这种政府法庭设置之后很长一段时间内，它们是如何与那些古老的仲裁手段同时存在的。

在讨论努尔人法律程序的主要特征之前，我要指出的是，由于我从未见过这种程序，便只好根据口头信息对这方面的情况予以记录，根据这种记录，解决争端的途径之一就是由豹皮酋长作为调停人。因而，人们告诉我，如果一个人有一头牛被偷走，他可以请一位豹皮酋长与他一起去要求把牛还回来。酋长携本村落的几位长老首先去原告的家宅，在那里，失主会用啤酒款待他们。随后，他们带着原告村落的一位代表去被告的村落，在这里，人们同样可能会给酋长献上一些啤酒或一只山羊。酋长被看作中立的，而且身上附有某种神圣不可侵犯的力量，因而原告村落的代表是几乎不可能受到伤害的。前来造访的长老们同被告村落的长老们以及酋长坐在一个牛棚里，讲述争议中的事件。牛的主人提出他的观点，偷牛的人则尽力为自己的行为进行辩护。然后，酋长表明对该问题的看法，其他想发表意见的人也都表明自己的看法。在每个人都表达了自己的观点之后，酋长和长老们便退下来一起讨论这件事并达成决议。争议双方接受酋长和长老们的裁决，过后，失主送给酋长一只小羊或一头小牛，除非他是非常穷的人，这时他可以什么也不送给酋长。

如果有人与邻里中的一个人产生争议，他们可能都会去当地一位豹皮酋长的家宅中，把他们的长矛放在他家牛棚的地面上。谁都不会把长矛竖直插在酋长的牛棚里，人们告诉我，如果有人这么做的话，旁边便可能会有一个人把长矛据为己有，因为他这么做是对酋长的大不敬。在双方都已讲述了自己的观点之后，酋长和长老们便到牛棚外面讨论此事，然后

> 再返回来把他们的决议告诉争议双方。决议对谁有利，谁就把长矛交与酋长，酋长要么把它送给一位朋友，要么啐它一口后把它还给主人。从我的信息报告人描述整个程序的方式来看，很明显，酋长所作的最后决议是隐含于劝说性语言中的一 164
> 种意见，而不是下达的一个有权威的裁决。而且，尽管酋长的神圣性及长老们的影响是很有分量的，但只有在双方都同意时，其决议才能被接受。除非双方都想解决这种争端，准备妥协和接受仲裁，否则他们是不会举行这种讨论的，酋长的角色就是在那些希望有人使自己从可能引发暴力的困境中解脱出来的人们中间充当调停者。所宣布的决议对之不利的一方可能会为了给酋长和长老们面子而做出让步，如果没有他们的介入，他是不会直接让步的，因为通过接受他们的裁决可以不失尊严。如果对事实有什么怀疑的话，可以使用某些具有神判性质的誓言，例如，对着酋长的豹皮进行宣誓。
>
> 要想使争端以这种方式得到解决，不仅需要双方都有诚意把事件友好解决，同时还需要他们自己在讨论中达成一致意见。由于长老们来自争议的双方，所以没有人能强迫任何一方去接受决议，实际上，除非双方取得一致共识，否则是不会达成决议的。因此，他们会一直讨论下去，直到所有人都发过言并达成一致意见为止。

这种通过一位酋长进行直接谈判而达成解决的过程，看起来有五个重要的要素：(1)争议者们解决其争端的愿望；(2)酋长人品的神圣性及其作为调停人的传统角色；(3)能使所有在场者达成高

度一致意见的充分而自由的讨论；(4)关于一个人可以在不向对手让步之处向酋长和长老们让步而不失尊严的情感；以及(5)裁决中失败的一方对另一方占理的承认。

我要重申的一点是，我并未看到过这种方法被人们使用，而且我还要再加上一点，我认为它是极少被人们使用的，只有当双方是相当亲近的邻里，属于那些由许多社会关系纽带紧密联结在一起的社区时，人们才会使用它。从理论上来看，部落中的任何成员都能从别的任何人那里获得赔偿，但我们并不知道任何证据可以让我们认为赔偿是经常能够获得的。在对那些被我们判断为努尔地区法律关系的本质和范围的内容进行总结之前，我们将记录几例若不支付赔偿便有可能导致暴力冲突的典型行为。

165 当努尔人谈到某人偷(科沃)了一头牛时，他的意思是说
240 这个人在未经许可的情况下，偷偷地弄走了它，但这并不意味着他不应该弄走它。在一个部落内部，劫走牛的人总会认为他是在取走属于自己的东西。那是他正在以这种方式来解决的一笔债务[恩葛沃(*ngwal*)]，因为那个欠他牛的人没有主动偿还它们。因此，这里的法律问题就是，他在索取一笔债务时是否有理以及他是否应该弄走他所弄走的那头牲畜。这种随意取回别人欠你的东西的做法已成为一种牢固确立的既定习惯，以致可以说它是一种解决债务的习惯方法。因而，凶杀赔偿中的最后一头牛常常是在牧场上被抢走的，而且，当新郎和他的家人没有全部交付他们所许诺的牛时，新娘的兄弟们常常会想方设法抢回所欠的牛。在别的情况下，一个人会去

偷所欠他的牛，有时会雇用巫师来帮助自己迷惑牛的主人，以便使他在自己计划好行窃的那天不去守护牛群。例如，一个人因为另外一个人有病、为女儿举办婚礼或是赶上粮食短缺等等，曾把一头公牛借给他去献祭，可是，尽管那个人后来有了一头小牛，却并未把它还给他（这时他就会考虑偷牛）。当他从欠债人的牛群中抢到一头奶牛以后，如果得到了属于自己的小母牛的话，他会很愿意把这头奶牛还回去。而债务人则要么想法把这头奶牛偷回来，要么召开一场讨论，讨论的结果将是：他赔偿一头小母牛，取回他的奶牛。

在一个村落或营地内部，我所亲眼见到的仅有的那些关于牛的所有权的争执是与亲属或姻亲的义务有关的，它们最终通过一方考虑到与对方的关系而做出让步来得到解决。如果某人想从一个亲属或邻居那里抢走牛，他会径直走进他的牛棚牵走它们。如果主人有充分的理由，他就可能会进行抵制，否则，他就会让人家把牛牵走，因为他知道此人在社区内会得到大众舆论的支持。如果一个人从一个别的村落的人那里抢牛，他就会采取不同的策略。他会伙同一两个朋友在牧场上监视这些牛，直到出现合适的机会。我从未听说过一个努尔人仅仅因为想要一头牛便把它从一个同部落的人那里偷走的情形。另一方面，他到邻近部落的人那里去偷牛却没有任何顾虑，甚至会与朋友们一起到另一个部落那里去偷牛。这种偷盗（科沃）不会被认为有任何不对之处。

如果一个男人有通奸行为，他就要赔偿五头奶牛和一头
公牛，除非那个男的阳痿，这时，奸夫可以在由他通奸所生的 166

一个女孩结婚时索要一头奶牛。甚至当那个丈夫不是阳痿者时,如果奸夫能证明自己的通奸行为有了孩子的话,他就可以要回自己所赔偿的牛,除了那头被称为扬库勒(*yang kule*)的奶牛以外,扬库勒即睡皮(sleeping-skin)奶牛,它有着仪式上的重要意义。不过,在一个小型社区里,通奸可能非常罕见,因为人们彼此之间都有亲属关系,因此,男人认为与这些人的妻子通奸不仅是错误的,而且多多少少是乱伦的。如果两个男的是近亲,奸夫要拿出一头公牛进行献祭,但他很可能不会进行赔偿。如果他们不是近亲,那个丈夫便可能会想方设法抢走奸夫的牛,但他只有在确实抓到奸夫在通奸时,才会采取这一步行动。为了避免械斗,奸夫会逃之夭夭,假如他担心他的牛遭到抢劫,他就会把它们安置在亲朋家的畜栏里。这就使那个丈夫很难抢到这些牛了,因为即便他知道它们在哪里,他也不想使自己卷入到因袭击许多邻人的畜栏而引发的争执之中。努尔人并不认为与别的村落中的人们的妻子通奸是不道德的。如果丈夫发现不轨行为,他会想方设法抢劫这个不轨者的牛,但这样做,他会冒着被抵抗的危险,而且有人还可能会被杀,从而导致世仇发生。即使牛群已在兄弟们之间进行了划分,它也仍是兄弟们共有的财产,因此,他们并不愿意接受因通奸而招致的损失。在我的经验中,确实很少有人获得对通奸的赔偿。与别的部落的男人的妻子通奸是一件无关紧要的事。即使做了,他又能怎样呢?

同样,与一个未婚少女私通要用一头小母牛和一头小公牛进行赔偿。但是,这种赔偿是最不可能予以支付的。如果女孩的男亲属们知道她是同一个拥有牛并很有可能娶她为妻的男人有染，他们会对此事睁一只眼闭一只眼的。如果他没有牛，或者女孩已有婚约，而她的一个兄弟又抓住他与女孩幽会，他就会痛打这个男人，除非这个男人跑掉了，这是通常发生的情况，因为在这种情形中跑掉并不被人们认为是怯懦的。然后，女孩的男亲属们可能会来到他的畜栏里，如果他有一头小公牛和一头小母牛的话，他们就把它们带走，而且，如果他们足够强大，就不会遇到反抗。这是努尔人所讲的情况，但我从未听说过有什么人赔偿了一头小母牛和小公牛，尽管每一次舞会之后，我都会看到青年男女们结对而去，并有许多乱七八糟的性关系，而且对此几乎毫无遮掩。经常发生的情况是，一个男人使一个未婚少女怀孕，然后他就要娶她。女孩的男 167
亲属们可能会抢劫该男人的畜栏，抢走他的一些牛，但他会尽量把牛藏到亲属和邻居们的畜栏里，以免自己的牛被抢走。如果他后来娶了这个女孩，她的男亲属们抢走的那些牛就被算作聘礼的一部分，如果他拒绝娶她，这些牛就被算作为拥有孩子而支付的费用，于是，在任何一种情况下，他都没有支付赔偿，而是仅仅支付了确定自己权利的费用。这里再次表明，就实际情况而言，女孩的兄弟们很难抢劫到该男人的牛，除非他愿意成全他们，而且，总会有械斗的危险存在，它可能会变成全体性的械斗。一个人是不会与本村的女孩私通的，因为他们一般互有亲戚关系，因而，倘若有这类事件出现的话，那么它一般是同一区落中不同村落的人们之间的事。如果那个青年男子在事发时能够逃掉，而免遭木棒的迎头痛击，并且数

月内不与女孩的村落接触，他就不大可能进行赔偿或承受任何别的后果了。假如他已使女孩怀上孩子，在正常情况下，他会派一位亲属去说他打算娶她为妻。接下来，这个女孩就被认为婚事已定，这个男青年就成了她父母的女婿，人们是不会伤害自己的女婿的。即使他拒绝娶这个女孩，她的兄弟们也会犹豫是否要打她孩子的父亲。

从努尔人那里可以获得一份对伤人事件进行赔偿的清单：例如，打断腿或打破头要赔十头牛，打瞎一只眼要赔十头牛，打掉女孩的牙齿要赔两头牛，如此等等。对于皮肉之伤，不管多么严重，只要这个人不死，就不会有任何赔偿。在努尔地区的不同地方，所要赔偿的牛的数目也不相同。除了在政府法庭上以外，我并未记录到任何关于有人得到这种赔偿的例子，但努尔人说，如果他的亲属们足够强大来进行报复的话，他是会得到赔偿的。

据说，在过去，如果一个人死于巫术，他的亲属们就会设法杀掉巫师［葛万·瓦奥（*gwan wal*）］，不过我并未记录到巫师被杀的案例。努尔人指出，巫师不会用巫术攻击自己社区的人，而是仅用来攻击别的村落的人，于是，你就不容易对他进行报复了，因为他会得到他的村落的支持，他们认为法力强大的巫术对他们的社区来说是很有价值的。也有人说，在过去，巫婆［泼兹（*peth*）］有时会被杀死，不过，即便这样的事情确有发生，我也无法说出其发生的频率如何。

许多争端都是因聘礼而起的：丈夫一方的人们不支付其
168 所承诺的东西，或是离婚之后妻子一方的人们不把当初支付

插页图 18

搭建牛棚(东吉坎尼)

插页图 19

a. 牛营(里克)

b. 11 月里的典型沼泽洼地(西吉坎尼)

给他们的所有的牛都还回来。在这种情况下，欠债人并不否认债务，而是根据某种理由提出抵销债务的要求，或者说他没有牛可以用来还债。即使有了牛，他也常常说自己无牛可给。讨债者只有用武力从欠债者的畜栏中或是在牧场上从其牛群中硬抢，才能确保得到他所应得的那份财产。如果他身强力壮并且有强大的世系群做后盾，他便不会遇到抵抗，因为他这一方拥有正义。这样的事在村落内部以及住在同一个旱季营地里的人们之间是很容易得到解决的，因为每个人都知道，必须通过讨论达成某种一致意见，而且这种一致意见必须符合正义。但是，当双方属于不同的甚至可能彼此敌对的村落时，事情就不那么容易解决了。此时，他们可能会动用豹皮酋长，以我们所曾描述过的方式把各方召集在一起进行讨论，这样才有可能达成某种一致意见，但是，许多这样的债务从未得到解决。它们被记上许多年。也许有一天，可能是到下一代的时候，会有机会把牛偷回来。

如果妻子死于第一次怀孕或分娩，则丈夫被认为是负有责任的。这不会引起世仇，但丈夫会失去他所支付的聘牛(bride-cattle)，因为这些牛现在已成了为丧妻而付的恤牛。在分娩过程中，只有当死亡发生在胞衣排出之前时，丈夫才负有责任。如果对死的方式或仍然欠而未还的牛的数目有争执，就需要一个被称为夸·伊卡(*kuaa yiika*)或夸·伊尼(*kuaa yiini*)的调停人来解决，这两个词的意思即蒲席酋长(the chief of the mats)，这是一个与某些特定世系群有关的职位。这个人没有别的职位，而且，从他在这种争执中所起到

> 的仲裁者的角色来看,他并不是一个重要人物。由于岳父财产中还有那部分聘礼,所以赔偿很容易获得。此外,争议双方还有一种姻亲关系纽带,任何一方都不大可能诉诸暴力。

以上内容简要记录了有关努尔人法律趋势的某些例证,我们现在可以用它们来论述一下这些趋势是什么。我们在此谈到"法律",是在一种看来是对努尔人进行描述时最为合适的意义——一种通过习俗惯例的方法来解决争端的道德义务——上而言的,而不是在法律程序或法律制度的意义上而言的。我们谈的仅是民法,因为看来并无任何被认为对整个社区有害并受其惩罚的行为。那些曾说巫婆和巫师有时可能会被杀掉的信息报告人声称,在复仇中对这些巫婆和巫师进行拦路伏击并把他们杀掉的人总是一个个的个人或一群群的亲属。

248 169 关于努尔人的法律,首先要指出的一点是,它并非在一个部落内部的各处都有同样的效力,而是与人们在社会结构中的位置以及他们之间在亲属、世系群、年龄组和政治系统——首先是政治系统——中的距离有关的。从理论上讲,一个人能从本部落的任何成员那里获得赔偿,但事实上,当他不是这个人的亲属或同一区落的成员时,他是很少能得到赔偿的。争议双方所在的区域越大,解决这一争端的责任感就越弱,执行决议的难度就越大,结果,争端得以解决的可能性就越小。在一个村落内部,村落的长老们讨论当事人双方的分歧,一致意见一般会达成而且会很容易地达成,赔偿要么得到支付要么得到支付的许诺,因为大家都被亲属关系和共同利益联系在一起。在相邻的村落之间,有着许多社会接触和

纽带联系，其成员之间的争议也能通过达成一致意见而得到解决，但不那么容易，而且诉诸武力的可能性也更大些。争议双方所在的社区与部落越接近，争议得到解决的机会就越小。在一个非常有限的范围以外，法律运作的效率很弱，而且，它在任何地方都不会很有效。于是，我们常常提到的缺乏社会控制的情形，就在法律的这种微弱效力之中得以体现，而部落裂变支之间的结构上的相互关系也在法律的这种相对性上体现出来，因为努尔人的法律与社会结构本身一样是相对的。

为什么在不同二级部落支或一级部落支的成员之间赔偿的机会很小？一个无可辩驳的原因就是，法律的基础即武力。我们绝不能被传统上对损伤予以赔偿的事例所误导，以为这种赔偿要起来很容易，除非一个人已经做好准备使用武力。棍棒和长矛是权利的后盾。促使人们进行赔偿的主要原因是担心受伤者及其亲属会采取暴力行动。这样一来，强大世系群的成员与弱小世系群的成员相比，具有不同的地位。此外，一个人因伤获得赔偿的机会也会随着伤害他的那个人与他的距离的增大而减小，因为采取暴力行动的机会和亲属后盾的影响随当事人之间距离的增大而减小。
由于在某种公共观点的支持下，自助（self-help）是主要的约束力 170
量，只有当人们处于彼此易于攻击的距离范围内时，这种自助才起作用。这就是为什么当争议双方属于不同的一级部落支或二级部落支时，他们之间的世仇难以解决的主要原因之一。

大部分争端发生在村落或营地里以及邻近村落的人们之间，因为与那些彼此居住得很远的人们相比，那些彼此住得很近的人们有更多的机会产生争端。这些争执通常被有关亲属、姻亲、年龄

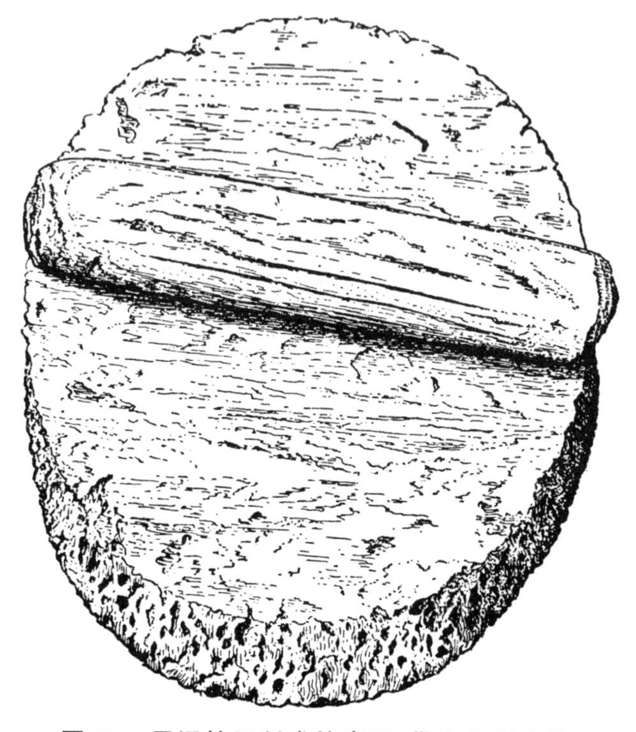

图 12　用泥焙干制成的磨石,带有木制磨棒

等诸如此类的观念弄得很复杂,它们常常是违反特定社会行为模
式的结果,而不是单纯违反一般性社会规范的结果。因此,这些争
执一般是以传统的模式来解决的。但是,如果不通过亲属的调停
来解决,它们就很可能会导致暴力冲突,因为正如我们曾讲过的那
样,如果努尔人受到错待或侮辱,他们便会立即准备战斗,除非碍
于亲属关系或年龄上的巨大差距而无法这样做。因此,如果一个
171 人拒绝为他所犯的错误进行赔偿,他就会面临脑袋被棍棒打破的
巨大危险,假如情绪非常激动的话,甚至会被长矛刺死。这些情况
是经常发生的。

因为这个原因,我们曾说过,就其与政治关系研究有关的方面

而言，努尔人的法律必须与血仇联系起来加以理解。凭借近亲关系和其他社会关系纽带，常常能够把争端解决，但在同部落的成员之间，它们要么通过受害的一方使用武力——这可能导致凶杀和血仇，要么通过欠债人因认识到可能会诉诸武力引发世仇而采取让步的方式来得到解决。努尔人英勇无畏，会起来反抗侵略，用棍棒和长矛维护自己的权利，正是这种认识，确保了对人身和财产的尊重。

努尔人有强烈的个人尊严感和权利感。他们的权利观念，即*匆*(*cuong*)，是非常强的。人们所公认的是，如果一个人受到了某种错待，他就应该获得赔偿。这与那种认为暴力威胁是促使赔偿支付的主要约束力量的说法并不矛盾，而是与它相一致的，因为只有当一个人占理时，他的亲属们才会支持他。毋庸置疑，如果一个人软弱，那么即便他占理，他也不太可能获得满意的赔偿，但是，如果他占理，他就会得到家人们的支持，而他的对手却得不到这样的支持，要想诉诸暴力或应对暴力，那么家人的支持与社区的认可便必不可少。可以说，如果一个人自己这方占理，并因此获得了亲属们的支持，而且他们做好了动武的准备，那么，只要争议双方彼此住得很近，他就会拥有很好的机会来获得本该属于他的东西。

当我们说到某人占理时，并不意味着大多数争端都是对错分明的。实际上，可以这样说，在通常情况下，双方都在某种程度上占理，那么，随之出现的唯一问题就是：谁更占理？我们可以用另外一种不同的方式来阐述这个问题：努尔人的争端通常是各种错误行为的一种平衡，因为除了性方面的事情以外，一个人是不会肆意采取攻击行为的。除非一个人有旧账要解决，否则他是不会去偷一个人的牛、用木棒打他或在离婚时扣留聘牛的。结果，努尔人

172 很少会否认自己所造成的损失。他会设法为此辩护，这样一来，争端的解决就变成了两种相互竞争的主张之间的一种调节。一个对非洲人有着大量经验的官员曾告诉我说，如果努尔被告被带到政府法庭上受审，他们绝少在案情上说谎，这一点颇为引人注目。他们没有任何必要说谎，因为他们只急着想为自己造成的损失进行辩护，说这是对原告以前所造成的损失的报复。

九

世仇是通过豹皮酋长来解决的，他还在凶杀以外争端的解决中起着一种不很重要的作用。也许有人会认为，这种人物具有很大的权威地位，但事实并非如此。实际上，正如我们曾说努尔人没有法律那样，我们同样可以说他们也没有政府。我们用几句话来讲述一下豹皮酋长的仪式身份是什么，然后再对他在世仇和争端中所扮演的角色进行评论。

在早期旅行者们所作的记述中，关于努尔领导人的文献为数很少，这些为数很少的文献表明，他们并不是拥有很大权威的人。[①] 最早进入努尔地区的英国官员们曾用直截了当的措辞指出，除了一些预言家以外，努尔地区找不到任何有足够权威或影响力的人物可使行政管理制度借助他们而得以加强。[②] 在这些早期

---

① 维尔纳，前引书，第207页；蓬塞，前引书，第40页；布兰-罗莱，前引书，第222页。布兰-罗莱的说法不可接受。

② 凯玛卡姆·G.豪克斯(Kaimakam G. Hawkes)，《苏丹军事情报录》，1902年，第98期；H. 高登少校，《苏丹军事情报录》，1903年，第107期。

报告中，被描述为缺乏权威的“酋长”(sheikhs)很可能就是后来被欧洲人所熟知的豹皮酋长。豹皮酋长被称为库阿·穆昂(*kuaar muon*)，他与土地[曼(*mun*)]有一种神圣的联系，这使他具有某些与土地相关的仪式性的权力，包括祝福或诅咒的权力。然而，为了避免有人认为发出诅咒的权力会使酋长具有极大的权威，我要马上声明，我从未见到有酋长行使过这项权力。有一些故事讲到了咒语的可怕效力，但我认为，作为一种规则，酋长只不过是在世仇解决过程中行使一种仪式权力时威胁说要发出诅咒，在这种场合下他是被期望如此做的，这种威胁构成了解决程序的一部分。当 173
然，今日的酋长没有任何因诅咒的权力而产生的权威。他也被称为库阿·特瓦克(*kuaar twac*)，因为只有他的肩上披着一张豹皮[特瓦克(*twac*)]。插页图 24 是科菲尔德先生所拍的照片，在该图中，我们可以看到一个酋长披着一张豹皮。库阿(*kuaar*)一词在所有尼罗特人群的语言中都与仪式有关，但是，我们不想进一步去讨论什么词语能够对它在努尔语中的参照范围作出最好的界定，我们打算把这种人物称作酋长，迄今为止我们也是这么做的。不过，我们在使用这种称呼时很谨慎，从而不致由此暗示他有什么世俗性的权威，因为我们认为他的公共行为主要是仪式性的。

然而，他的功能却是政治性的，尽管他不是控制各个政治群体之间关系的政治权威，但这些政治群体之间的关系却是通过他来调节的。他的活动主要与血仇的解决有关，因为如果没有他的介入，世仇便无法得到解决，他的政治意义便在于这一事实。酋长有时靠奔走于双方的战线之间并在各处锄地来阻止社区间的械斗。接下来，年长者们便尽力约束年轻人，并通过讨论来解决世仇。然

而，我们认为，只有当争议的双方是近邻，且不想彼此残杀的时候，械斗才能以这种方式被阻止。

除了在世仇中所起的作用以外，酋长们还举行仪式来为发生乱伦行为的双方洗清罪恶，而且，他们还拥有少许造雨的能力，只是努尔人对此并不怎么看重。总之，我们可以说，努尔人的酋长是神圣的人物，但这种神圣性并未赋予他们任何在特定社会情境之外的一般性的权威。我从未看到努尔人对酋长比对其他人更尊重，或是像谈论极其重要的人物那样谈论酋长。他们把酋长视为某类争端借以解决、某类脏污借以抹除的代理人，而且，我常常听到如下这样的说法："我们抓住他们，给他们豹皮，让他们当我们的酋长，在为凶杀举行的献祭中致辞。"他们的仪式范围很少延伸到一个部落分支以外。

只有某些世系群出酋长，并且只有这些世系群中的某些男子
254 174 做酋长。重要的一点可能在于，在努尔地区的许多地方，包括我所了解的大多数地方，酋长并不属于其所行使职能的那个部落的支配氏族，尽管他们中的有些人据说是东嘎扎克、嘎沃和里克部分地区的贵族。在我所知道的那些氏族的酋长中，大部分人属于嘎特里克(GAATLEAK)和吉麦姆(JIMEM)氏族，这两个氏族在任何地方都没有贵族身份。正如我们在下一章中将要予以解释的，由于部落分支之间的争执是以与这些分支相联系的那个支配氏族的各个世系群的形式表达出来的，而豹皮酋长并非支配世系群系统中的人，因而，他们就更适合在这些分支之间进行调解。酋长并非该部落土地的世袭主中的一员，而是住在那里的一个外人。无论他住在什么部落，他都会如此行动。如果酋长被杀，与赔偿的支付

相联系的仪式由该部落的一位贵族来主持。这也许是因为，即使当一个地区的酋长们并不都是同一个氏族的成员的时候，人们也会认为他们因为豹皮这种共同的象征而具有了某种亲属关系，而且也不能彼此通婚。我们把酋长视为某种仪式专家，但并不认为他们以任何方式构成了一个阶级或等级。我们相信，他们的社会职能乃是一种能使政治系统通过世仇制度而得以维持平衡的机制。酋长的微弱的权威及其在许多地方所具有的在支配氏族以外的身份地位，是与这一看法相一致的。

如果认为豹皮酋长是一个政治代理人或是一个司法权威，就误解了努尔社会的构成，而没有看到它的基本原则，因此，我们必须对他在世仇解决中所扮演的角色加以解释。我们已经讲过，他没有任何司法或执法的权威。对凶杀案件判定是非曲直并不是他的职责。对努尔人来说，永远不会发生需要任何裁决的情况。同样，酋长也无法强迫人们偿付或接受恤牛。他没有任何有权势的亲属或人口众多的社区作后盾来支持自己。他只不过是在特定社会情境中的一个调停人，而且，他的调解之所以能够成功，只不过是因为双方都对社区的关系纽带予以认可，并且都希望避免——至少在当时如此希望——激化到进一步的敌对行为。只有当争议双 175
方都想让事件得以解决时，酋长的介入才会成功。他是一种机制，使群体各方恢复到正常状态，前提是他们也期望达到这一目的。

诚然，豹皮酋长在这些情况下总是不得不通过规劝和恐吓来说服死者的亲属们接受赔偿，但这种压力不能被看作是一种命令。从努尔人对这种事件的许多描述中可以非常清楚地看出，酋长的恐吓是被怂恿到极点的，目的在于使死者的亲属们通过屈从于酋

长的说服劝导，而不至于因放弃以命抵命的要求使自己蒙受耻辱。

> 酋长的恐吓至多也只不过是说如果这些亲属们不听他的话，那么当他们处于同样的困境时，他也不会听他们的话。但是，有人告诉我，如果这些亲属们过于固执，拒绝调停，酋长便可能会恐吓说要离开他们的家宅去诅咒他们。他会牵来一头公牛，往它的后背上擦抹粪灰，并开始发出诅咒，说如果被害一方坚持复仇，那么他们中的许多人就会死于这种复仇，他们向敌人投掷长矛就会徒劳无用。人们告诉我，接下来他就会举起长矛要杀掉那头公牛，但这往往是人们想要他做到的那一步。在维护了他们作为家属的尊严以后，死者家里的一个人便会抓住他举起的胳膊，不让他刺到公牛，同时嘴里喊着："不！不要杀死你的牛。这事算了。我们愿意接受赔偿。"我的一位信息报告人进一步补充说，如果人们坚持拒绝酋长的调停，酋长就会牵走一头短角公牛，在向神灵祷告以后把这头牛杀掉，将牛头上的毛磨掉，这样，那个拒绝他的调停的世系群的成员们便可能会在以后进行世仇争斗时被杀死，他的说法得到了其他人的支持。

因此，我们可以得出如下结论，酋长的诅咒本身并不是促使世仇得以解决的真正约束力量，而是在世仇解决中的一种习俗性、仪式性的运作，这是人人都事先知道并在他们的计算中所考虑到的。如果说有诅咒发出的话，其威胁也是在被诅咒的人们的逼迫下才发出的。这些事件就像一场游戏，其中的每个人都知道游戏的规

则及其发展的各个阶段：什么时候某人需要让步，什么时候要坚定不移，什么时候要在最后关头表示屈服，如此等等。这个结论是基于许多努尔人的陈述而得出的（我只出席过一次酋长和死者族亲 176
们的讨论，而在那个时候，情况是不同寻常的）。然而，我们可以肯定地说，来自豹皮酋长的压力，即便有所施加，即便对世仇有所解决，也根本无法迅速解决较大部落分支之间的世仇。在别的争端中，豹皮酋长很少有什么行动，只是当双方都强烈希望把争端解决时才有所行动。他没有任何在某个地点听取案情的司法权。这里，我再次听说，如果一方拒绝接受酋长的仲裁决议，酋长就可能会把自己的豹皮交给此人，这是一个相当于诅咒的举动。此后，这个人必须给酋长送上一份礼，酋长才会同意取回豹皮。然而，这种情况只有当一个人拒绝接受包括他自己的长老们在内的其他所有人都已同意的决议时，才有可能发生。人们还告诉我，当一个人对酋长的话提出异议时，他会毕恭毕敬地表达自己的意见：先向酋长手心里啐上一口，以示好意。无疑，人们在这样的场合里向酋长表达了尊敬，但我所见到的那些酋长在日常生活中得到的是和其他人一样的对待，通过观察人们对一个人的言行，根本无法辨出他就是一个酋长。他在争端中的角色可被视为使邻居们能够进行谈判的工具，而这些邻居们是希望难题能够在不诉诸武力的情况下得以解决，并知道对方在争端中有着很好的理由。

十

至此，我们已经用相当长的篇幅对豹皮酋长的地位问题作了讨论，因为它在努尔人的社会结构中有着重要的意义。无论从哪个方面来看，豹皮酋长都既不代表，也不标志各个政治群体的统一性与排他性，而是一种机制，经由这种机制，这些群体通过世仇制度而相互交往，并保持其结构距离。在努尔地区，还有另外一类人也具有这样或那样的仪式权力，这种仪式权力有时会使一个人很出名，而且偶尔还会使他具有很大的影响力，但是除了预言家以外，他们中没有谁在政治上具有重要性，关于这种预言家的活动，我们将在后面予以讨论。他们既不进行统治管理，也不负责评判仲裁，而且，他们的神圣职能并不像豹皮酋长那样是专门用来对地
177 方性群体之间的相互交往进行调节的。然而，我们不能对他们完全忽略不管，因为如果这些神圣权力与一个人的财富、能力和广泛的亲属联系合在一起的话，便会给他带来一种威望，借助这种威望，他便可以作为一个重要的长者而在地方上获得一种显赫地位。

在预言家和豹皮酋长以下，最具威望的仪式性的身份便是乌特·高科，即牛人。在与牛的关系上，某些世系群有着一种世袭性的仪式力量，尽管这些世系群中只有某些成员使用这种权力，但人们会请这些世系群来治疗生病的牛，使不能生育的奶牛能够生育小牛。与豹皮酋长一样，牛人也常常是来自陌生世系群的成员，而不是其所在部落中的显贵氏族的成员。有人告诉我，人们对他们的诅咒很惧怕，因为这种诅咒可以指向牛，而且，努尔人也不愿意冒犯他们，但是，在传统以外，我并未见过任何作这种诅咒的情况。在这些牛人中，除了少数几个人在对年龄组的调节中起着一定作用（见第六章），

有时在向新牧场迁移时有些人会被咨询到以外，他们没有任何公共性的职能。在大约三十年以前，有一个东嘎兆克的乌特·高科曾经很富有，也很有权力，但他的威望主要是来自于他所拥有的魔力。

库阿·穆昂与土地有一种仪式性的联系，乌特·高科与牛有一种仪式性的联系，除了他们以外，还有许多图腾专家，他们与狮子、鳄鱼、织巢鸟等动物有着仪式性的联系，从而使他们能够影响这些动物的行为。图腾专家是其图腾之灵［科沃兹（*kwoth*）］的附主［葛万（*gwan*）］。图腾专家没有任何政治上的重要意义，也没有任何因其力量本身而产生的社会影响。还有一种战争专家，其职责就是面对敌人晃动一支长矛，对他们施行一种咒语攻击。他被称为葛万·默特（*gwan muot*），即长矛的主人，或者被称为恩蛊（*ngul*）。他常常是，可能总会是其所在部落支配氏族中地位较高的世系群的成员，因为他以这个氏族的长矛名（spear-name）来向长矛念咒。此外，还有各种各样的巫师，如巫医、占卜者、药主、物神主（owners of fetishes）。在这些专家当中，只有物神主因其仪式性的力量而成为其社区中具有显要地位的成员。努尔人对物神之灵（fetish spirits）非常惧怕，认为它们的法力非常强大，以致他们甚至会用牛来换取它们。物神主可能会成为村落中最有影响力的人，邻人们有时对他表示出的极大尊敬与畏惧曾令我感到很惊讶。尽管如此，在对村落成员彼此间的关系进行控制方面，他并没有任何明确界定的权威，当村落与邻近各个社区发生关系时，他也并不代表这个村落。

十一

178 仪式性的身份为一个人赋予了其在当地的某种含糊的影响力，但他只是在特定的仪式情境中才具有一种权威。对于在当地的影响力来说，性别与年龄是两个更为一般性的制约品质。女人与儿童的地位总是低于男人的。有时，女人也会成为预言家或巫师并因而获得一种声望，但是，作为一种惯例，她们在公共事务中不起任何领导作用。在努尔人中，两性之间以及夫妻之间的关系比我所到访过的南苏丹任何别的部落都更为平等，给女性赋予的特权也更多。尽管如此，女性还是依从于男性：女儿依从于父亲，妻子依从于丈夫。男孩子们则要听命于父母和兄长，只有在成丁礼上才成为一个完整意义上的部落民，并享有相应的特权与责任。这种在性别之间以及在儿童与成人之间的诸多关系属于有关努尔人家庭关系描述的范畴，而不是有关其政治制度研究的内容。

当一个少男经过了成丁礼以后，他就成为了一个“男人”，当他结了婚，有了几个孩子以后，他就成了一个“真正的男人”，即我们所称的长老。我们已经不止一次地谈到了长老们在凶杀以及别的争端中所起的作用。当一个地方性社区举行团体行动，需要领导和建议时，这一职责便落到了长老们的身上。他们要决定在什么时候进行季节性迁移以及在什么地方建立营地，并负责婚姻协商、就族外通婚的问题提供建议、执行献祭，如此等等。他们在这些事务中的意见很容易为年轻人所接受，后者很少参与这方面的讨论，除非他们与所讨论的问题直接相关。当长老们的意见不一致时，

他们便会大喊大叫，争论不休，因为每个想要发言的人都会这么做，而且，他想要什么时候说就什么时候说，想要说多大声音就说多大声音。有些长老的话要比别的长老的话分量更重，人们会很容易地见到，这些长老的观点通常都会得到大家的同意。

这些长老是核心年龄组的成员，在当前这个时期，核心年龄组是梅克(*Maker*)和丹衮嘎，因为最年长的两个年龄组，即苏特和博伊洛克年龄组的成员很少参与公共生活。我们将在第六章中对年龄组之间的关系进行讨论。这里，我们仅仅指出，在每一个年龄组 179
中，并没有人为设定的权威存在，所有成员的地位都是平等的。尽管年轻的年龄组的成员对年长年龄组的成员很尊敬，年长者的权威却是个人性的，是非常不确定的，而且，这种权威是建立在对家庭内部的各种家庭关系进行类推的基础之上的。个人之间的行为是受他们在年龄组系统中彼此之间的距离所影响的，但就政治制度乃是一种具有行政、军事或司法组织的系统这一意义而言，年龄组并不是一种政治制度。

年龄本身并不会赋予一个人以社会地位。他必须还要具有别的品质。那些最具影响力的长老都是嘎特·特沃特(*gaat twot*)，即公牛之子。这样的人被称为图特，即公牛的意思，从严格的用法上说，该词和迪尤(*dil*)即部落贵族一词相当。迪尤是每一个部落中的支配氏族的成员，由于这种成员身份，他便在那个部落中享有一种多少有点优越的社会地位，对于这一点，我们将在第五章中予以充分解释。这种氏族并不是一个统治阶级，其成员所具有的这种更高的威望也是非常不确定的。这种氏族系统没有任何世袭性的领袖地位，资历较深的世系群并不比别的世系群享有更高的地

位等级，努尔人中并没有“氏族之父”，也没有任何“氏族长老委员会”。图特还在一个更为广泛的意义上被人们所使用，用来指涉那些有一定社会地位却并不属于支配氏族，而是属于一个长期以来就在该部落中居住着的别的世系群的人。这种更为广泛的意义所表示的是一个“名声好的人”或“社会领袖”，从这个意义上说，图特通常是一个重要世系群的子孙，是他自己家庭的头领，是他自己的家宅和牛群的主人。一般来讲，他也是他父亲的家庭中活下来的最年长的儿子，因此，他也是这个联合家庭的头领，是这片村舍的主人。如果要想获得社会声望，他就必须同时拥有足够的奶牛，以便能够用来款待客人，吸引年轻的亲属们到他的牛棚里来住。在这样的人的家宅周围，聚集着他的兄弟们的家宅、已婚儿子们的家宅，而且还常常聚集着他的姐妹的丈夫们的家宅以及他的女婿们的家宅。要想成为一个社会领袖，使自己的意见很容易为他人所接受，他就必须同时具有人格上的魅力和很强的能力。

嘎特·特沃特，或像它常常被称呼的那样，又叫图特·威克(*tut wec*)，即营地的公牛(bull of the camp)，他所具有的权威从来
180 就是非正式性的。他没有任何明确界定的身份、权力或领袖地位(sphere of leadership)。一个杰出的社会人物的产生，是许多因素共同作用的结果，比如世系群、年龄、在家中的辈分、有许多孩子、姻亲关系、所拥有的牛的多少、作为武士的勇猛气概、辩才、性格，而且还常常包括某种仪式权力等等，这种杰出社会人物被人们看成是联合家庭以及由族亲和姻亲所组成的聚落的首领，是村落或营地的首领，是一个在我们称之为区落的这个相当含混的范围内具有重要性的人。在村落或营地中，很容易看出谁是社会领袖，

正是这些人在地方性的事务管理中担负起了由政府任命的酋长所负的大部分职责，因为豹皮酋长的影响主要局限在其仪式职能的圈子里，只有当他同时也是一个嘎特·特沃特时，他才会在这些限制以外施以影响。

然而，当我们问起图特作为其社区的领袖是以什么样的方式起作用时，问题就难于回答了。作为其家庭与联合家庭的一家之主，他在处理这些群体的事务时，起着最突出的作用，但并不能因此就说他具有政治权威，因为在村落里，尽管这些家庭性群体之间因为共同的需要也存在某种合作，它们的行动却彼此独立、互不依赖。一个联合家庭会根据他们的图特的建议而决定搬迁营地，而且，如果他在场的话，他还要在新营地中钉入第一个拴牛的木桩，但是，同一营地的别的联合家庭却可能会决定暂时不动，直到第二天再搬。在一个地方性的社区中，领导行为由两部分要素组成：一是有一个具有影响力的人，决定要做某事；二是其他村舍的人们，在自己便宜之时跟着他去做。在村民们从事合作活动时，没有任何指定的领导来对他们的活动加以组织。如果村落的某些成员遭到攻击，其他人就会赶过来相助，最快、最勇敢的人在前面领头，但没有任何人号召他们这样做或是对他们的抵抗行为予以组织。从结构的意义上来看，村落是一个政治单位，但它没有任何政治组织。在村落中，没有任何首领或别的被赋予一种权威、象征着村落统一体的被指定了的领袖，也没有任何村落委员会（village council）。在其家庭群体以外，图特在各种程序性的问题上以及别的讨论中都起着突出的作用，只是在这个意义上，他在村落里才具有权威性。在村落以外，他是一个很有名的人，在本区落中受到普遍的

尊敬,但他没有任何政治地位。

181 在比村落和营地更大的群体内,合作性的活动要少得多,领导行为的范围也更小。只有在战争中,才会有长期的直接合作。那些以其勇猛善战而闻名的人们,在年轻人中煽动起一种袭击丁卡人或与另一个部落分支作战的激情,并就采取什么样的简单战术进行指导,但是,这些人没有任何政治地位或持久性的领导身份。武士们都是在各个地方性的区域内自发地动员起来的,因为他们没有任何由军官来领导的团队或连队,在战斗中,他们跟随他们当中冲在最前面的、最勇敢的人与敌作战。在这些武士中,有些人会非常出名,他们的声名很快吸引到新人前来参加袭击行动。其中,两位最著名的战争领袖是拉卓尔(Latjor)和彼迪特(Bidiit),拉卓尔领导了吉坎尼部落的东征,彼迪特则领导了娄部落的东征。这两个人谁都没有仪式性的身份,但他们都有着杰出的能力,在各自的部落中,他们都是支配氏族的成员。据努尔人说,他们谁都没有在其部落中确立任何政治性的控制,甚至没有建立很大的权威。关于预言家在战争中的地位问题,我们将在后面予以考察。在部落的各个裂变支之间,没有任何需要组织与指挥的别的联合活动。

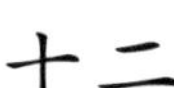

十二

在努尔人中,没有政府性的机构,没有法律制度,没有发展成熟的领导身份,而且,从总体上看,也没有有组织的政治生活,这一特点非常显著。他们的状态是一种无首领的亲属制状态,只有在对其亲属系统进行研究以后,我们才能对其秩序是如何得以维持以及在广大的地域内，其社会关系是如何得以确立并维持下来的这些问题有更清楚的了解。他们生活在一种有序的无政府状态之中，这种状态是与他们的性格颇相符合的，因为在努尔人中生活，根本无法想象会有一些统治者对他们进行统治。

努尔人是在冷酷、平等的教养中长大的，在他们的内心深处，根植着一种民主的意识，他们很容易被激怒，从而发动暴力行为。这种暴躁的性格使他们对任何限制都感到厌烦，没有谁会对一个高高在上的人表示认可。财富多寡不会带来任何影响。一个拥有许多牛的人确实为大家所羡慕，但人们对他的态度与他们对一个几乎没有牛的人的态度并没有什么不同。出身（birth）不同也没有什么关系。一个人可能不是其所在部落支配氏族的成员，甚至可能是丁卡人的后裔，但如果另外一个人提到这一事实的话，他就可能会冒有遭到棒打的重大危险。

> 每个努尔人都认为自己与邻人一样优秀，这一点在他们 182
> 的一举一动中都表现出来。他们大摇大摆地走来走去，就像土地的主人一样，实际上，他们确实把自己看成是土地的主人。在他们的社会里，没有主人，也没有奴仆，只有彼此平等的人，他们把自己看成是大神所创造的最杰出的作品。他们在彼此之间所表现出来的相互尊敬与他们对其他所有人群的蔑视形成了鲜明的对照。在他们自己人中间，甚至当一个人怀疑到有一点命令的成分存在时，他也会愤怒不已，他或者不去做，或者以一种漫不经心、拖拖拉拉的方式做这件事，这比拒绝更具有羞辱性。当一个努尔人想要让同伴做某件事情

时，他会请那个人像帮助自己的亲属那样来帮忙做这件事，他会说："我的亲兄弟呀，请做这件事吧"，或者把自己也包括进去，说："我们走吧"、"大家一起回家吧"，如此等等。在与自己群体成员的日常关系中，只要他们不侵犯他的独立性，努尔人便会在相应的场合中对自己的长老和父辈表示尊敬，也对某些具有仪式身份的人表示尊敬，但是，他不会屈从于任何与自己的利益相抵触的权威力量，而且，他并不认为自己必须要服从于任何人。有一次，我与一个到过施鲁克地区的努尔人谈论起施鲁克人，他评论说："他们有一个权力很大的首领，而我们没有。这个首领可以派人把一个人召唤过来，让他献上一头奶牛，也可能割断一个人的喉咙。但是，有谁见过努尔人做这样的事呢？当有人召唤一个努尔人时，有谁会来呢？又有谁会向别人支付一头奶牛呢？"

我发现努尔人的傲气越来越令人感到惊奇。这种傲气与他们所惯有的那种冷漠与寡言一样引人注目。我已经描述过努尔人是如何打断我的问话的。这里，我要谈一下他们傲慢地对待我的三种典型情况。有一次，我向他们打听去某个地方的路，他们故意给我指了一条错路。当我懊恼地回到营地问他们为什么骗我时，其中一个人回答说："你是一个外来人，我们为什么要告诉你正确的路呢？即使是努尔人向我们问路，如果他是个陌生人，我们也会对他说：'沿着那条路一直往前走。'但我们不会告诉他那条路是分岔的。我们为什么要告诉他呢？但你现在是我们营地的一员了，而且你对我们的孩子们很好，所以我们今后会告诉你正确的路的。"

同样是在这个营地中，就是我在那里的最后时刻，当我生了病，将要坐汽轮离开时，我请他们把我的帐篷和东西搬到河岸上。他们拒绝了我的请求，我和我的仆人——一个努尔青年——只好自己搬运。当我问他那里的人为什么不肯帮忙时，他说："你当时是让他们把你的东西搬到河岸去的。这就是他们拒绝你的原因。如果你当初请他们帮忙时说：'我的亲兄弟们，请帮我一下吧'，他们就不会拒绝你了。"

有一次，一些人对我讲述了关于他们的世系群的信息。183
第二天，这些人来看我，其中一人问我："昨天我们对你说的那些事，你相信了吗？"当我回答说我相信了时，他们便哄堂大笑起来，还把别人叫进来，给他们讲这个笑话。接着，一个人说："听着，我们昨天对你所说的话都是胡说的。现在，我们要对你说真话了。"关于这样的事情，我可以说出许多来。

努尔人一向被描述为阴郁执拗的，这一点很正确，而且，他们彼此之间的态度也往往简单而粗暴，对陌生人尤其如此。但是，如果你在与他们交往时没有一点居高临下的意味，他们就会对你友好相待，而且，当你遭遇不幸或是罹患疾病时，他们还会向你表示体贴与关怀。在这种时候，他们平时被骄傲所压抑住的同情心便得以表达出来，因为即使当努尔人心里对某人有所赞许时，他们也不能容忍这一点被别人看出来，所以他们就会显得更加粗暴无礼，以此来掩饰其内心的友好感情。他们从不向人献媚或奉承。当努尔人想要一件礼物时，他会直截了当地向你来要，如果被你拒绝了，他也不会不高兴。他们对一个人的人格进行检验的唯一标准便是看这个人

是否能够挺身维护自己的利益。在努尔人眼中，一个人越能够奋起反抗，他就越过着他们那样的生活，越接受了他们的价值标准。

如果你希望在努尔人当中生活，你就必须按照他们的习惯这么做。这就意味着，你必须把他们作为一类亲属来看待，这样一来，他们也就会把你看作一类亲属。权利、特权和义务是由亲属关系所决定的。一个人要么是你的亲属，不管是实际上的还是虚构出来的，要么是一个你与之没有任何互惠义务的人，你会把他看成是一个潜在的敌人。在努尔人的村落及区落里，如果只从语言同化的方面来看，每一个人都被以某种方式归入到亲属的行列，因此，除了偶尔有一个无家可归、为大家所鄙夷的流浪者以外，努尔人只与那些按照亲属关系的方式与自己交往的人有联系。

亲属之间必须互相援助，如果一个人有剩余的好东西，他就必须把它拿出来与邻人们分享。结果，没有哪个努尔人能有剩余的东西。但是，这个欧洲人[①]是有剩余物品的，在努尔人看来，如果他的东西对他们有用的话，他就应该与自己生活在其中的这些人分享这些东西。到过这里的旅行者们常常提到，努尔人总是不停地缠着他们要东西。在努尔人之间，他们也同样执着地索要东西。不过，努尔人并不要求任何人把牛与家户财产也拿出来和大家分享，除了在特殊的情况下以外，他们不会向人索要这些东西。但是，如果一个人拥有几支长

① “这个欧洲人”指的是作者本人。——译者

矛或锄头,或者别的这样的东西的话,他就不可避免地会失掉它们。在我将要离开皮博尔河畔的一个村落时,村里一位名叫邓(Deng)的很有地位的政府任命的酋长告诉我说,他很感激我给他的亲属们分送了叉鱼的长矛,但他又补充说,当他在 184
法多伊的亲戚们来皮博尔河过下一个旱季时,他们就不能再保有这些鱼叉了。

在努尔人中,要想把烟叶保存下来,唯一的办法就是否认自己有烟叶,并把它藏好。当我把一大团阿努阿克烟叶送给邓以后,他把一小团放进了烟斗里,但不得不立即把余下的部分送了出去。我常常把烟叶送给雅克瓦克的青年人,这个时候他们一般只拿走一小撮,作为鼻烟立即吸掉,并让我把余下的烟藏起来,以便他们想要吸烟时就来吸上一点,而不会有人知道他们自己有烟叶。在我的帐篷里,到处都有藏东西的地方。在努尔人中,没有人能抗拒得了他的亲属们吸烟的恳求。当同龄伙伴们在一个人的牛棚里发现了烟叶以后,他们甚至不去请求这个人允许他们吸烟或吸鼻烟,而是径自把烟拿走。我自己的做法是,一开始就把我所拥有的一切努尔人可能想要的东西都分送给他们,然后就在清贫与和平中宁静度日。由于努尔人不停地索要东西,阿拉伯的商人们几乎快要被弄得神经错乱了,但他们一般能讲一口很好的努尔语,而且对努尔人的习惯也有相当多的了解,因此他们还能坚持住。尽管如此,我还是经常见到他们把东西送出去,却根本别指望会得到什么回报。

努尔人对自己的权利与财物把得很紧。他们拿过来容

> 易，送出去难。这种自私特点来自于他们所受到的教育以及他们的亲属义务的本质。一个孩子很快就会懂得，为了维护自己与同伴之间的平等地位，他必须为自己挺身而出，反抗任何侵犯他个人及其财产的行为。这就意味着，他必须时刻准备好去战斗，而他这样去做的意愿与能力是他反抗亲属们的贪婪与欺侮、维护自己作为一个自由而独立的人的完整性的唯一手段。亲属们可以保护他，使其免遭外人的攻击，但他必须要抵制住他们对他本人的要求。以亲属的名义向一个人提出的要求无尽无休而且非常迫切，他要最大程度地予以抵制。

十三

在上一节的最后部分，我记录了我个人的一些回忆和总体印象，目的是使读者理解努尔人对于权威的各种感情。他们极容易向那些宣称自己具有某种超自然力的人们表示服从，这是更为引人注目的一点。各种物神是最近才被引入努尔地区的，它们在努尔人中引起了极大的恐惧心理，所以，在最近几年里，物神的拥有者们常常在其村落中享有声威，而且，在其所属的区落内，有时甚
185 至在很大的部落分支内，他们都成为人们畏惧的对象。然而，不管从何种意义上说，这些物神拥有者们都不是部落的领袖，而且在社会重要性上也不能与预言家们相比。

努尔人的预言家们一直是反抗政府的力量的中心，由于这一事实，在我在努尔地区的那段日子里，他们很不得志，其中影响较大的几个人正在被拘禁或者正在潜藏着，因此，我没能对他们的行

为进行详细的观察。① 无需对努尔人的各种宗教范畴加以讨论，我们便可以这样说，预言家就是一个被天上的精灵或大神附身的人，努尔人认为，这些精灵或大神是天帝的儿子。他们对这些神灵极为尊敬，对他们所附身的那些人感到惧怕，很容易跟从他们。结果，预言家们便在努尔社会中获得了比其他任何人更神圣的地位和更广泛的影响力。预言家被称为估客(*guk*)，有时被称为考克·科沃兹(*cok kwoth*)，即大神之虬。他还可被归入一个一般性的范畴——葛万·科沃兹(*gwan kwoth*)，即神灵的附主。

第一个产生巨大影响的预言家似乎是恩衮邓，恩衮邓死于1906年。他是嘎特里克氏族娄部落的人，是一个来自东吉坎尼的移民。他曾作过豹皮酋长，后来，他长期禁食，又有其他古怪的行为，在治疗不育症和一般疾病方面很有本事，再加上他能够作出预言，因而获得了预言家的名声。整个娄部落、东吉坎尼诸部落，甚至是宰拉夫河以及尼罗河以西各地的妇女们都来找他进行治疗，以便能够生儿育女。许多人带来了恩衮邓用以向附在自己身上的天神邓(Deng)献祭的公牛。然后，恩衮邓就把自己的唾液抹在公牛身上。当娄部落受到小型瘟疫的威胁时，恩衮邓就赶过去处理疫情，并用公牛作献祭，以此来阻止瘟疫的蔓延恶化。他预言了几次牛疫以及一

① 政府一直看不上预言家们，并对他们的影响加以抵制。关于政府对他们有所蔑视的材料，参见杰克逊，前引书，第90—91页；弗格森，杰克逊作品的附录，第107页；威利斯，“对邓的崇拜”，《苏丹札记》，第11卷，1928年，第200页。

些别的事件，并领导了努尔人对丁卡人的几次征讨。

恩衮邓去世之后，邓的灵魂便最终进入了他的儿子格威克的体内，于是，格威克便开始像他父亲那样作出预言、治疗不育症与一般疾病。但是，他的父亲似乎是个天生的精神病患者，格威克从未表现出他父亲所具有的那些病理特征。邓的灵魂没有留意格威克的几个兄长，或者并未在他们身上长住。努尔人说，即使是在一两代人以后，神灵也会最终回到它
186 最初所附体的那个人的世系群中来，而当神灵进入那个被选中的人的身体时，这个人会经历一种严重的谵妄症状，因此也就知道神灵附上了他的身体。一般的努尔人，尤其在其年轻的时候，并不希望被神灵附体，从情形上来看，那个首先被附体的人常常是个不正常的人，而其衣钵的承继者恰恰是其最野心勃勃的那个儿子，因为尽管这个儿子并不会为了达成这一点而实行禁食，但他看起来却很愿意接受附体。格威克于1928年为政府军所杀。另外一个著名的预言家就是嘎沃部落的丢(Diu)，或叫邓格利卡(Dengleaka)，他是一个通过禁食和隐居而开始得到神灵附体的被俘的丁卡人。后来，他成功地领导了袭击丁卡人的战役和反对阿拉伯奴隶贩子的战役，从而获得了名望与权力，他的后继者们后来占领了丁卡人的土地。与恩衮邓一样，他也在创造奇迹方面享有很高的声望。邓格利卡死于1908年，然后，其子德瓦奥(Dwal)就被天神丢的灵魂附了体。他现在是一个政治在押犯。我所见到的唯一一个预言家就是多克地区的波姆(Buom)，他是由天神提尼(Teeny)的灵魂附体的。邻居们都认为他自私而贪婪，靠狡

猾跻身为政府任命的酋长。然而，他所表现出来的野心太大了，现在正在被流放之中。在努尔地区的别的地方，著名的预言家还有东嘎扎克的穆特（Mut）、西努尔地区的库朗（Kulang）以及其他人。

我们必须简要提一下在娄部落儒姆兆克分支境内由恩衮邓兴建、格威克扩建的那座非常引人注目的金字塔。它有五十到六十英尺高，基座周围和塔顶树有巨大的象牙。插页图25是克里斯平博士于1901年拍摄下来的照片，该图显示了一圈由象牙围成的坚固的防护栏、这座金字塔用以建造而成的材料类型以及基座外围因雨水冲刷浸泡而出现的侵蚀情况。1928年，这座金字塔被政府军炸毁。建造这座金字塔所用到的材料包括粪灰、泥土以及从牛营废址中挖掘出来的碎渣残片。在建造这座金字塔时，遍及整个娄部落和东吉坎尼诸部落的人们都带着用来献祭的公牛前来相助。努尔人说，它是为了向天神邓表示敬意并为了赞美其预言家恩衮邓而建的。毫无疑问，对于邓的崇拜起源于丁卡人，而且，关于兴建一座坟冢的想法很可能也是从丁卡人那里传过来的。除了娄部落的这座著名的金字塔以外，据说在东吉坎尼境内的梭克（Thoc）这个地方还有一座小一点的金字塔，它是由杜（Dul）的儿子，一个名叫邓的预言家所建的。

努尔人众口一词地说，这些预言家是在最近才出现的。他们说，天神邓是在最近才从天上下凡到人间来的，事实上，这是在人们现存的记忆中就有的事，而且，他是第一个或者差不多是第一个 187

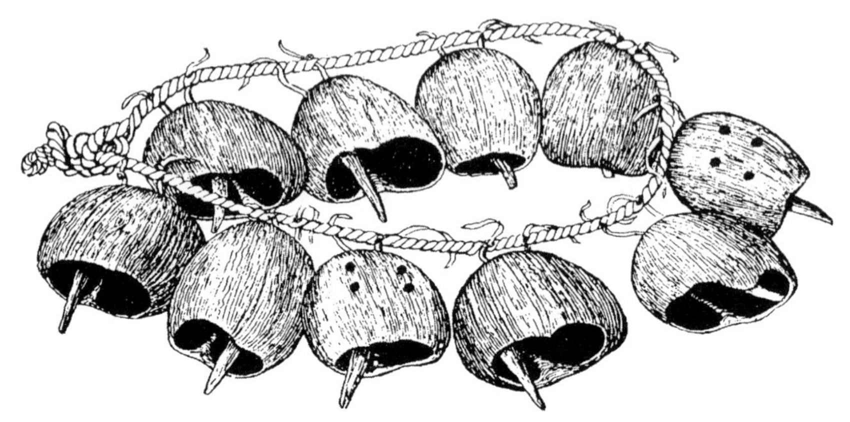

图 13　用棕榈果壳制成的小牛的带铃项圈

降临到尘世上来的天神。他们说，过去没有预言家，只有前面所提到的那些仪式性的职员。欧洲的旅行者们所作的记载并未对这一说法作出明确的证实或否定。蓬塞说，在他那个时代的努尔人中，有一些富有、重要的人物，死后为大家所敬仰，他把这些人称为占卜者或巫师和江湖艺人。[①] 布兰-罗莱说，努尔人中有一类牧师式的人物，努尔人对之有一种近乎崇拜的尊敬，但是，他的报道想象的成分太多，因而可靠性不强。[②] 尽管我们很难相信在六十年前没有任何附体的事例发生，但由于缺乏与此相左的证据，我们必须接受努尔人这种异口同声的说法，即那时没有天神附体的事情发生，而且，看起来相当肯定的一点是，即便那时有预言家，其影响也被限制在很小的地方范围之内，而不具有晚近时代预言家们所具有的那种部落范围的重要性。有证据表明，努尔人预言家的产生

① 蓬塞，前引书，第 40 页。

② 布兰-罗莱，前引书，第 222 页。

插页图 20

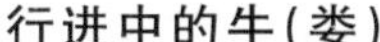

行进中的牛(娄)

插页图 21

a. 在脊上吃草的牛(里克)

b. 森林池塘边的早期旱季牛营(娄)

是与马赫迪教义(Mahdism)[①]从北苏丹向这里的传播有关的。不管其情形如何,毫无疑问的是,影响力强大的预言家们大约是在阿拉伯人对努尔地区的入侵达到顶峰时兴起的,在苏丹光复以后,他们得到人们更大的尊敬,具有了比努尔地区其他人更大的影响力。

尽管如此,我们认为,这些预言家的权力,甚至是那些最为成功的预言家的权力,被人们夸大了,他们在部落中的地位也被误解 188
了。那些最早进入娄部落所在地的政府官员们记载说,恩衮邓受到了人们极大的敬畏,他们认为,如果要对娄部落进行统治管理,就必须把恩衮邓拉拢过来,或者把他除掉。然而,这个部落的某些分支并不支持恩衮邓之子格威克反对政府的行动。当时在上尼罗河省任行政长官的斯楚威先生报道说,丢的儿子德瓦奥在嘎沃部落中有一种"相当动摇不定的权威"。我在1932年得到的印象是,作为一个政府任命的酋长,波姆在多克这个地方所享有的权力要比他在政府前时期作为预言家所拥有的权力大得多。预言家的诅咒是人们所畏惧的,但政府军的武装干预是更具威力的约束力量。波姆当时试图行使一种前所未有的司法职能,对于他的流放,努尔人没有产生任何普遍性的敌对行为,也很少有惋惜之情流露出来。尽管后来的一些预言家们似乎已经开始解决纠纷,至少是在自己的村落和区落内如此,但我们仍然没有很好的证据来表明早期的

① 马赫迪即导论中所提到的马赫迪·穆罕默德·艾哈迈德。他自称马赫迪,即伊斯兰教的"救世主",要在人间建立真正的伊斯兰信仰和实现人间正义。他领导了著名的反英大起义。——译者

预言家们并不仅仅是那种其仪式力量特别要用于战争之中的神圣人物。在所有这些预言家中，格威克的作用可能最接近一种政治职能，并在自己的区落以外施加权威影响，但是，部落与部落之间以及部落分支与部落分支之间的敌对行为使得个人根本不可能进行有效控制。

预言家所做的仅有的那些能被真正称为部落性的活动就是他们所领导发起的对丁卡人的袭击行动以及由他们所召集起来的抵抗阿拉伯人和欧洲人侵略的行动，正是在这些行动中，我们才看到了他们在结构上的重要意义，并能对他们的出现及其影响力的增长作出解释。我们对之有所了解的所有那些重要的预言家都是通过成功领导了对丁卡人的袭击行动而获得了声望，因为这些袭击行动是以神灵的名义发动的，这些神灵通过预言家之口向人们保证会使他们获得大量的战利品。如果没有预言家们的许可与指导，任何范围广泛的袭击行动便都不会进行，预言家们在梦中或在恍惚状态下从天神那里得到关于攻击时间和目标的指示，而且，他们常常亲自与人们一起参加行动，并在战前举行献祭。预言家们从战利品中拿出一份给自己，并在某种程度上对其余部分的分配进行监督。在发动袭击之前，武士们会向天神唱赞歌，人们相信，
189 他们的预言家们向天神所做的献祭也会保证他们获得战利品，并保护他们的安全。

由于预言家是部落性的人物，于是，单个的个人便第一次象征了部落的统一体，尽管这种象征仅是就某一适当的程度而言，并且主要是以一种精神的和非制度化的形式进行的。但是，预言家的意义并不仅止于此，因为他们的影响超出了部落的界限。格威克

在嘎兆克部落中有着很大的影响，据说由于这个原因，娄部落和嘎兆克部落曾经一度为彼此之间的凶杀事件进行过赔偿。他的影响广及东嘎葛旺和嘎扎克。在宰拉夫河的河谷里，尤其是在齐昂人中，邓格利卡的影响与之类似。在西努尔地区，有些预言家在邻近的许多部落中享有盛誉，在他们的神灵的引导下，这些部落联合起来袭击外敌。与豹皮酋长不同，预言家并不是一种部落结构机制，而是毗邻部落之间进行联盟的关键枢纽，他们在最大的意义上把敌对的结构原则，即努尔人在反对外敌时的一致和统一，给予了人格化。尽管由于缺乏历史记载，我们还不能予以肯定，但很有可能的一点便是，各个部落的联盟及联合袭击行动的组织在很大程度上是预言家们努力的结果，这也使他们成为努尔地区的重要而有权力的人物。这一解释阐明了在半个世纪以前，预言家是如何开始出现，或者至少在那个时代开始走到前台上来的。由于条件的变化，某些结构上的变化正在发生：个人所起的作用具有了比以前更纯粹的政治意义，而且，邻近部落间的团结程度比以往更大。由于天神在预言家死后会附体到其子身上，我们更有理由认为，政治领导身份的世袭制度开始成长起来，我们把这种领导身份的世袭制度的成长与邻近部落间强大的联盟趋势一起归之于新近的阿拉伯-欧洲人威胁的结果。努尔人与其邻近人群之间的敌对行为向来就是局部性的（sectional）。现在，他们正面临着一个更可怕的共同的敌人。在政府对预言家进行镇压时，这一趋势便受到了考验。正如我们对这一情况的理解那样，预言家必然是要反对政府的，因为正是人们的这种反抗行为，才促使了他们的出现并在他们身上得到人格化的显现。

十四

190 我们已试图指出，人群的分布是如何依赖于生态特点，而在生活方式方面政治分界线又是如何往往会依循于人群的分布来划定的。但是，对生态特点的考虑只是有助于我们理解努尔人部落及部落裂变支的某些人口统计学特征，而不是其结构关系的本质。对于这些结构关系，只能从某些结构原则方面来理解，我们已经试图把这些原则分离出来，不过，我们承认，我们并未在很深层次的分析水平上作这种分离。我们把所得出的主要论点简要总结如下：

(1)努尔人为其地理分布赋予了诸多价值标准，这些评价为我们提供了各种社会-空间单位，并把这些单位联系成了一个系统。(2)在所有这样的单位中，显然有一种裂变为相互对立的裂变支的趋势，而在与其他单位发生关系时，这些裂变支又有一种融合为一体的趋势。(3)裂变支越小，其凝聚力就越大，正是由于这一原因，一个裂变的系统才得以维系下来。(4)对于努尔人的政治系统，我们只能从其与一个整体结构的关系上来理解，别的人群也构成了这个整体结构的组成部分，同样，对于所有努尔社区的特征，我们也必须从其在整个政治系统内与别的同级社区的关系方面来加以界定。(5)社会系统要比实际政治关系领域的范围大得多，并与它们有所交叉。(6)各种政治性的价值标准并不仅仅依赖于居住地之间的关系。政治关系可以被分离出来，并独立于其他社会系统来进行研究，但它们是一整套社会关系的特定函数。这些社会关系主要是一种亲属性的关系，而在某种情境下把亲属关系组织到

政治关系中去则是我们的主要问题之一。(7)努尔人诸部落与其他人群之间以及努尔人部落与部落之间的结构关系是通过战争的制度而得以维持的,而同一部落诸裂变支之间的结构关系则是通过世仇的制度来维持的。(8)努尔人没有中央行政管理,豹皮酋长只是一种仪式代理人,其功能要从世仇的结构机制方面来加以解
释。(9)法律是与人们之间的结构距离相对而言的,在不同的关系 191
集合中,其效力也不同。(10)阿拉伯-欧洲人的入侵是新近出现的一些条件,这些新的条件很可能导致了具有初步司法功能的预言家的出现以及部落与部落之间的更大程度的团结。

第五章　世系群系统

一

192 努尔人的世系群与氏族的许多特征都属于亲属关系研究的范畴，对此，我们希望在随后的一卷著作中进行探讨。这里，我们只讨论那些与地域系统密切相关的特征。然而，我们要先从给氏族、世系群及族亲(kin)下正式定义开始。努尔人的氏族是最大的父系亲属群体，他们把其继嗣关系溯源于一个共同的祖先，彼此间禁止通婚，性关系也被认为是乱伦的。它并不像某些非洲氏族那样，仅仅是一群承认其共同父系亲属关系的没有区分的人，而是一个有着高度裂变的谱系结构。我们把氏族的这些谱系上的裂变分支称为世系群。一个世系群的任一成员与该世系群其他成员之间的关系都可以确切地以谱系的形式表述出来，因此，由于从谱系中也可知道世系群与世系群之间的关系，他与同一氏族中其他世系群的成员之间的关系便也可以溯寻出来。氏族是由世系群构成的系统，世系群则是氏族的谱系裂变分支。有人可能会把整个氏族说成是一个世系群，但我们更愿意把世系群说成是氏族的裂变支，并以此来对二者进行界定。此外，人们也可以把世系群说成是一个其成员在谱系上互有联系的父系群体，而把氏族说成是由这种群

体组成的系统，在努尔人中，这种系统是一个谱系系统。在第193页的图表中，氏族A裂变为最大世系群B和C，B和C又分成较大世系群D、E、F和G。较小世系群H、I、J、K是较大世系群D和G的裂变分支，而最小世系群L、M、N和O则是由H和K裂变而来的分支。我们发现，即使在谈论最大的氏族时，上述用来描述世系群裂变的这四个阶段的词语也已足够了。努尔人用来表示世系群的最常用的词是梭克·德韦厄尤（*thok dwiel*），被他们描述为梭克·德韦厄尤的最小谱系单位的时间深度（time-depth）是从目前在世的人开始，上溯至三代到五代人的范围。因此，整个氏族就是一个谱系结构，图表中的字母代表一些人物，从这些人身上，氏 193
族及其裂变支得以推溯其继嗣关系，而且，它们常常从这些人身上得到自己的名字。在努尔地区，如果不把丁卡人出身的大量小世系群考虑在内的话，肯定至少有二十个这样的氏族。

从我们一般使用该词时所表示的意义上看，世系群是指一组活着的父系亲属，他们传自于那条特定谱系线脉的始祖（founder）。从逻辑上说，世系群也包括那些由始祖传下来的已经去世的人，我们有时在使用这个词语时也把他们包括在内了，但是，只有在其谱系位置被用来解释生者之间的关系时，这些死者才具有意

义。从其被使用时的上下文关系中，可以清楚地看出该词所表示的是包含范围更广的意义还是包含范围不那么广的意义。

氏族与世系群都有名字，拥有各种各样的仪式象征符号，并奉行某种互惠性的礼仪关系。它们拥有长矛名，在仪式典礼中被人们大声喊出，也拥有自己的尊称，人们有时便被呼以这样的尊称，它们还拥有图腾以及别的神秘性的联系，彼此间具有礼仪性的身份。

世系群间的父系亲属关系被称为布兹。布兹所表示的总是人们群体之间的一种父系关系，而且，只有当人们属于各自的群体时，它才表示这些人之间的关系。在表示人与人之间的关系，比如一个人与其父亲的兄弟及其母亲的兄弟的关系时，我们需要把布兹父系关系与亲属关系区别开来。从这个意义上说，努尔人把双系亲属关系(cognation)称为玛(*mar*)。不管是通过男性亲属还是通过女性亲属推溯而得，任何一个与某人有着谱系联系的人都是这个人的玛。于是，一个人的玛就是他父亲的所有族亲和他母亲

194 的所有族亲，我们把这一双系亲属关系范畴称为亲族(kindred)。在正规的用法中，这一词语仅指近亲。因此，由于玛包括了父系近亲，布兹一词便仅被用来表示父系远亲，在这些远亲与说话者之间，有着世系群上的分界。布兹关系存在于同一氏族的各个世系群之间，也存在于相关的氏族之间，这些相关的氏族有着同一个祖先，但并不构成一个族外通婚单位。一个丁卡人可以被收养到一个旁系世系群中去，从而得到一种与一个努尔世系群的布兹关系。这样，我们从形式上对世系群系统与亲属关系系统作了区分，前者是一个父系群体系统，后者则是一个相对于任何个体而言的关系范畴系统，我们把这些关系称为一个人的父方族亲和母方族亲，把

二者合在一起称为他的亲族。

政治群体与世系群群体并不完全等同，但它们又有着一定的对应性，并常常有着同样的名字，因为部落区域及其分支区域常常以那些被认为是最先来到这些地区的氏族和世系群来取名。这就使得它们之间的相互关系成为一个很难调查的问题，并使一些有关努尔人的著述中出现了某种程度的混淆。因此，嘎沃是一个部落区域的名字，是那些在这里居住的部落民的名字，也是那个在这一区域中有一种社会支配地位的氏族的成员的名字。同样，嘎兆克和嘎扎克也是区域、部落和世系群的名字。因此，为了描述清楚起见，我们把氏族名和世系群名印成小号的大写字母。这样一来，当我们说一个人是个嘎沃人(a man is a Gaawar)时，我们的意思是，他是一个嘎沃部落民，是一个在嘎沃境内居住的人；而当我们说他是一个嘎沃族人(he is a GAAWAR)时，我们的意思则是，他是嘎沃氏族的一个成员，是传自于嘎沃境内支配氏族的创始人沃(War)的男性谱系后裔。

二

在下面这一节中，三个氏族继嗣关系树以我们所惯常的形式表示出来，这种表现方式也能为努尔人所接受，他们有时把一个世系群称为卡(*kar*)，即枝杈，用来表示世系群分化的方式，每个世系群都是更大世系群的一个枝杈。吉纳卡(JINACA)在娄部落和仍延部落中是支配氏族，嘎特干柯(GAATGANKIIR)在吉坎尼诸部落中是支配氏族，而(嘎)齐昂[(GAA)THIANG]则是齐昂部落中 195

的支配氏族。在树形图中，只有一条线是从根部显示到细枝，也就是从氏族祖先到最小世系群的，但是，其他那些主要分支和大枝杈，即其他那些最大、较大和较小世系群离开主干的位置也已标示出来了。

三

我们已经对世系群和氏族进行了界定，并在图表中给出了有关世系群与氏族的一些例子。在本节中，我们将指出二者中与我们的研究有密切关系的某些特征。我们立刻便可以说，要想发现一个努尔人的氏族并不容易，因为氏族对努尔人来说并不是一个抽象的存在物，他们的语言中也没有一个词可以翻译成我们语言中的“氏族”。我们可以问一个努尔人谁是他的“昔日祖先”或“最早祖先”[葛万东(*gwandong*)]，或者问一下他的种[克外(*kwai*)]是什么，藉此来得知他的氏族的名字，但是，只有当一个人像努尔人那样已经了解了氏族、氏族中的世系群以及氏族和世系群的各种仪式象征之后，他才能比较容易地通过努尔人的世系群或根据其长矛名和尊称来确定这个人的氏族，因为努尔人在谈论世系群时是非常流利的。世系群就是梭克·马克(*thok mac*)，意思是灶；或者也叫梭克·德韦厄尤(*thok dwiel*)，意思是通向棚屋的入口；或者还可说成是卡，即枝杈的意思。梭克·德韦厄尤是在那些需要谱系精确性与严密性的情境中，用来表示一条父系继嗣谱线的最常用的表达术语，但在一般的日常用法中，努尔人则使用此英这一语词，关于这一点，我们将在后面予以解释。在一个氏族系统

中,氏族本身有着与世系群类似的地位,对努尔人来说,氏族作为一个独特群体的意义并不像一个群体系统的裂变支那样显著,因为只有当它作为一个系统的一部分时,它才获得了自己的特点。

世系群是一个相对而言的术语,因为它所指涉的范围依赖于在推溯继嗣关系时被选作起始点的那个特定的人。因此,如果我们从一位父亲开始,那么这个梭克·德韦厄尤就会仅包括他的儿女们,但是,假如我们把一位祖父作为起始点,那么,这个梭克·德韦厄尤就会包括他的所有儿女以及他的儿子们的儿女。我们在计算后裔时,在上溯谱线上所要选取的起始点越靠上,所包括进来的父系亲属的数量也就越多。可以认为,最小的可能存在的世系群
就是一个人的儿女们,但努尔人并不把他们称为一个梭克·德韦 196
厄尤。他们与他们的父母一起,是一个家庭和家户。人们不可能确切说出努尔人在选择一个最小世系群的顶点时,会沿着上溯谱线走多远。他们可能会仅回溯两代,到达祖父那里,把所有这三代父系亲属都包括进来,但是,最小世系群包括四到五代人的情况更为常见。除了努尔人的习惯用法以外,我们认为,把世系群界定为在时间深度上至少包含三代人的群体这一点很重要,因为这样一
来,世系群便成了由这种裂变分支所构成的系统中的独特的结构 197
分支,而不容易与家庭性群体发生混淆了。

由于存在着高度的裂变,努尔人的氏族具有我们在部落结构中所发现的许多特征。只有在彼此间的关系上,它的各个世系群才成为独特的群体。因此,在第 193 页的图表中,只有在与 L 相对时,M 才成为一个群体,只有在与 I 相对时,H 才成为一个群体,只有在与 E 相对时,D 才成为一个群体,依此类推。同一分支

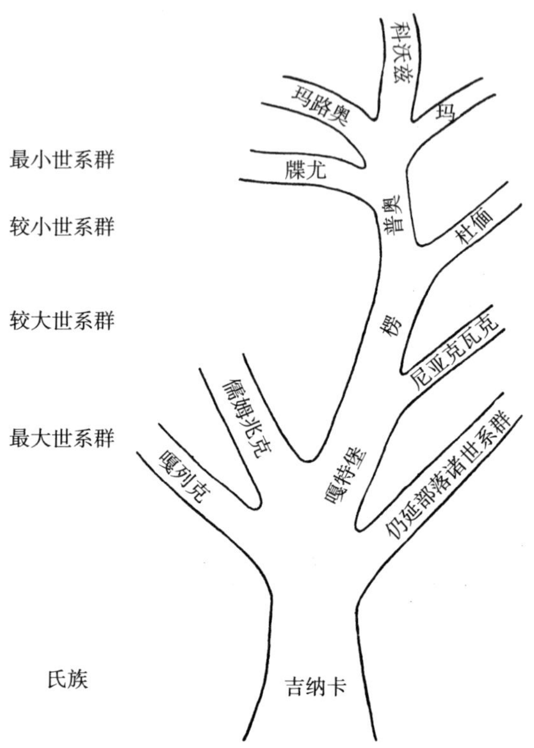

的各旁系世系群在与一个旁系分支发生关系时总会融合到一起，比如，在上面那个图表中，在与I相对时，L和M便成为一个统一
198 的较小世系群H，而不再是两个独立的世系群；在与C相对时，D和E便成为一个统一的最大世系群B，而不再是两个独立的世系群。因此，在与第三个世系群发生关系时，两个平等而对立的世系群便合到一起，这样一来，在与某个群体相对而言时，一个人是属于某个世系群的成员，而在与另外一个群体相对而言时，他便不再是这个世系群的一员了。因而，与部落的价值标准一样，世系群的价值标准基本上也是相对而言的，我们将在后面指出，世系群裂变的过程在某种程度上是与政治裂变的过程相一致的。

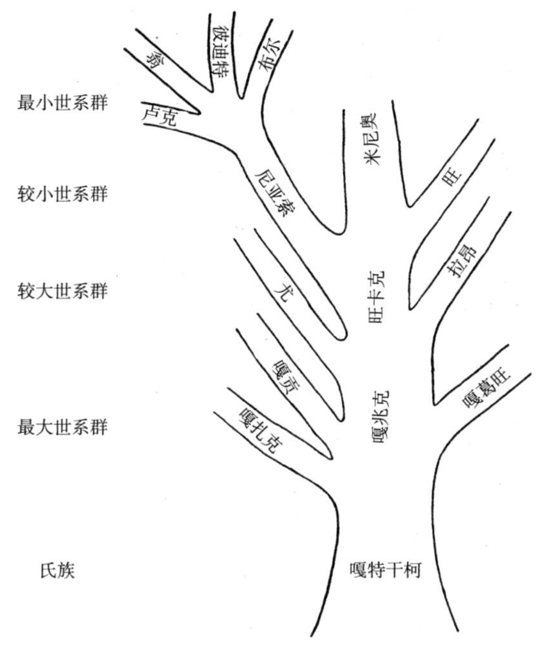

由于人类能够自我繁殖，有人可能会认为，氏族将离其始祖越来越远，氏族的活在世上的代表们在世系群结构中也会彼此越隔越远。然而，我们认为，情况并非如此。从理论上讲，每个人都是一个世系群的潜在的创始人，但事实上，世系群只是从为数很少的 199
几个人名中发展出来的。由于这样或那样的原因，别的人名没有流传下来，因此，只有某些继嗣谱线为人所知。此外，在那些留存下来的谱线中，也有一些人名在上溯至氏族始祖的进程中没有留存下来，结果，从氏族始祖到当下的代际距离保持得相当恒定。我们在讨论努尔人的计时时已经指出，在真实的谱系和他们认定为真实的谱系之间总存在着上述这种差异。关于这一论断的证据，一部分依赖于对东非谱系的一项比较研究，另一部分依赖于对努尔人谱系的一项研究。这里，我们要谈一谈我们从对努尔人谱系

的思考中得出来的一些理由——是它们把我们导向了上面这一结论，因为在本章后面所提出的某些论点的合理与否便依赖于这些理由能否被接受。

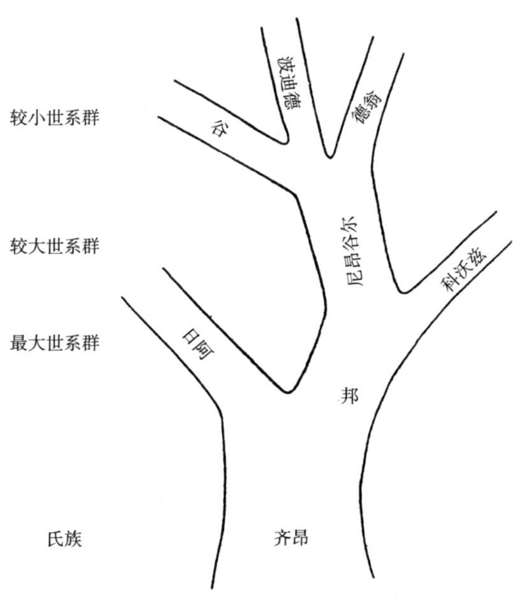

(1)所有的主要氏族，在从当下到产生它们的祖先之间，大约都有十到十二代人。没有任何理由认为，努尔人是在十到十二代之前才产生的。(2)当问及一个努尔人的世系群时，他会提及一个祖先，即他的最小世系群的创始人，以此来回答，从当下向前推算，这个祖先约在三代到六代，一般是四代到五代之前。推算中的这些代际阶段是确定的，大家对此也意见一致。这是可以理解的，因为五个阶段代表了这个人、他的父亲、祖父、祖父的父亲以及祖父的祖父，而且，人们也是把其最近的祖先的名字告诉给他们的孩子们的。显然，在五代

或六代以后，祖先的名字便被忘记了。年轻人常常不知道这
些名字，而上年纪的人则又常常发生混淆和意见分歧。较小
世系群的创始人必须要放到最小世系群与较大世系群的创始
人之间的某一位置上；较大世系群的创始人必须要放到较小
世系群与最大世系群的创始人之间的某一位置上；最大世系
群的创始人必须要放到较大世系群与氏族的创始人之间的某
一位置上。这些世系群枝杈的创始人的名字必须被安排到上
溯谱线中的某个位置上去，而且要有确定的顺序，因为他们是
重要的参照点。至于其他人的名字，是否进入谱线就不重要
了，进入的顺序也是无关紧要的。这样一来，有的信息报告人
把他们包括进来，有的则把他们漏掉；有人把他们按一种顺序
安排进来，有人则按另一种顺序进行安排。而且，很显然，由
于最小世系群是由四或五个实际的上溯代际阶段组成的，因
而，从最小世系群的创始人沿上溯谱线继续上推到氏族的创 200
始人，其间的父系谱线已被缩短了，因为这个最小世系群的创
始人本人也是另一个最小世系群的最高顶点，后者由于代际
的增加，已经变成了较小世系群，如此等等。这样一来，假如
最小世系群一直具有当下这种特征的话，那么即使被认定的
氏族创始人就是该氏族的真正始祖，从他到当下至少也应该
有十六个代际阶段了。从逻辑上说，在继嗣关系树中，每个分
杈的长度都应该相等，而如此说来，细枝就要比它所从中分生
出来的枝杈或主干更长了。(3)还有另外一种途径，其中，只
有那些显著的祖先，也就是那些构成继嗣关系三角形顶点的
祖先，在谱系关系树中被表示出来，而那些不显著的祖先，也

就是那些没有在一群后裔中留下名字的祖先，就被人们忽略并最终被遗忘了。不仅仅是其联系从直系继嗣谱线中消失，而且，并列的旁系谱线也互相并合到一起。从一项关于努尔人谱系的研究中可以清楚地看到，一两个兄弟的后裔变得数目众多并形成了支配地位，其他兄弟的后裔则灭绝了，还有一些兄弟的后裔则相对很少、力量薄弱，他们就像在后面的章节中所解释的那样，通过参与到地方性、合作性的生活中去，而依附于一个更强大的、占支配地位的旁系谱线。在日常的世系群参照中，他们与这一谱线产生认同并最终通过对其创始人的错置而被移植到这一谱线中去，其创始人则变成了该谱线的始祖的儿子，而不是兄弟。在一个世系群谱线的较上位，旁系谱线间的融合似乎是很常见的，而且，一个人向上推溯得越远，这种融合现象就越频繁，越必要。这种融合现象之所以必要，是因为正如我们将在后面见到的那样，世系群系统提供了政治组织的原则之一。

氏族的结构形式保持恒定不变，而实际的世系群则在每时每刻都表现出高度的动态特点，不断产生新的分支，又不断将旧有的分支融合到一起。因此，它们可以被表示为各种树的形式。但是，对于社会学分析来说，一种更为有用的表示方法便是以结构距离的形式来表示这些氏族和世系群，因为世系群是由活着的父系亲属组成的群体，而他们之间的距离因其在氏族结构中的相对位置的不同而各异。这样一来，在下面的图表中，AB 线代表了吉纳卡氏族。最小世系群玛与同一氏族的其他世系群之间的父系距离既在 AB 线上表示出来，也通过它们在 BC 线上的上溯聚合点而在时间深度上表示出来。所确定的父系亲属关系的范围越大，它们的聚合点就越靠后，因此，一个世系群的深度（垂直上升线）总是与 201
其宽度（代表该氏族系统中活着的世系群群体的底线）成比例的。

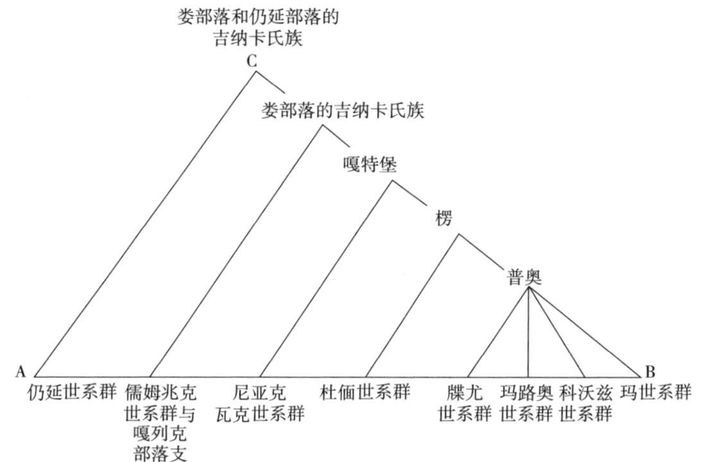

因此，一个努尔氏族就是一个世系群系统，每个世系群与其他任一世系群的关系都通过一个上溯参照点而在该氏族的结构中标示出来。世系群与这一参照点的距离就是我们所说的世系群的时间深度。从理论上讲，一个氏族的任何两个成员之间的谱系关系都可以通过这个点来追溯，而且，如果努尔人愿意不辞辛苦的话，他们实际上能够把它推溯出来。然而，他们认为，如果通过其各自所属的世系群而知道两个人之间的关系很远，那么要了解他们之间的确切谱系关系便没有必要。因此，对于一个嘎特堡世系群（GAATBAL）的人来说，无须知道另一个人的确切的身世，只要知道他是嘎列克世系群（GAALIEK）的一员就足够了，因为这两个

世系群是在某种结构关系中彼此交往的，因此，这两个人也在那种结构关系距离上进行交往。向上推溯到某一点，一般是推溯到其最小世系群及较小世系群的创始人，对于这一范围内的整个谱系关系，努尔人都熟记于心。超过了这一点，他们便以世系群来推算
202 亲属关系。对一个努尔人来说，在对族外通婚和礼仪方面的问题进行决策时，他不仅有必要知道某个人是与他同氏族的人，而且还有必要知道这个人属于哪个世系群。一个世系群与同一氏族的其他各个世系群之间的关系并不是一种同等的关系，因为世系群是在结构上有所区分的单位，彼此之间是处于各不相同而又非常确切的结构距离之上的。

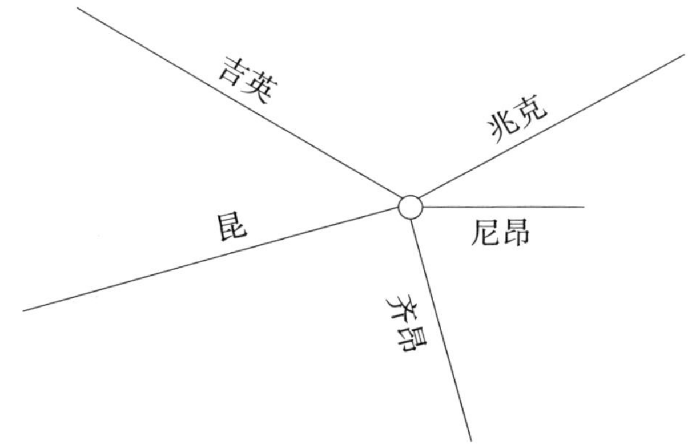

注意一下努尔人自己怎样画出一个世系群系统是很有意思的。当他们在地上画图解释许多相关世系群时，他们并不是像我们在本章中所做的那样，把它们画成一系列继嗣关系枝杈、一株继嗣关系树或是一系列上行继嗣关系三角形，而是画成许多由一个共同点引出的各种角度的线条。于是，在西努尔地区，一个努尔人便通过在地上画出上述图形，而用世系群创始人的名字把嘎特干

柯的某些世系群表示出来。这种表示方法以及努尔人对它的评论表明了不少有关努尔人如何看待这一系统的重要事实。他们把它主要看成是一种在地方性社区内部各个亲属群体之间实际存在的关系，而不是把它看成一种继嗣关系树，因为世系群从中得名的那些人并不都是出自某一单个人。兆克(Jok)、齐昂和昆(Kun)是柯(Kir)的三个儿子，他们是嘎特干柯氏族的最大世系群嘎兆克、嘎扎克和嘎贡的创始人。在图中，齐昂和昆彼此相邻，因为它们合在一起构成了嘎扎克部落的世系群框架。吉英世系群并不属于嘎特干柯氏族，但在图中却被画到了昆的旁边，因为它是仍分支的一部分，而仍分支则与嘎贡分支很亲近。尼昂被画成在兆克一边的一 203
条短线，这是因为，尽管由尼昂所出的世系群属于由齐昂所创立的世系群，它们却与一个传自兆克的世系群一起生活在嘎葛旺部落中，而嘎葛旺部落则与嘎兆克部落有着紧密的联系。在某些仪式情境以外，努尔人是以氏族与世系群的各种地方性的关系来对它们进行评价的。这些群体对本研究的重要意义便在于此。

四

尽管努尔人的世系群常常与地域性的单位有所联系，而且，那些在与其世系群有联系的区域中生活的世系群成员也把自己看成是居住关系上的群体，从而使世系群的价值或观念通过政治系统来起作用，但这些世系群却并非是团体性的地方化社区。每一个努尔村落都与一个世系群相联系，而且，尽管这个世系群的成员常常只构成了该村落人口的一小部分，但村落社区却对之极其认同，以致我们可以把它说成是围绕着一个父系关系内核而聚集在一起的人们的聚合体。村落社区以该世系群的名字作为共同的称谓，从而使这一聚合体在语言上与其父系关系内核相等同。只有当涉及族外通婚规则、某些仪式活动以及在一种非常有限的程度上涉及对凶杀事件的责任时，人们才需要把世系群看成是完全自主的群体。在社会生活中，这种自主群体一般在从村落到部落的各种规模的地方性社区内部，并作为其一部分而起作用。

在仪式情境以外，努尔人很少把其世系群作为不同于其社区并与构成该社区之一部分的其他世系群相对立的事物来谈论。我曾观察过一个很清楚我想要什么的努尔人想方设法为我从一个陌生人那里询问其世系群的名字。在最初让那个人明白我们需要他提供什么样的信息时，他常常遇到很大困难，因为努尔人一般以地方性的区划以及这些区划之间的关系来思考问题，要想在仪式情境以外了解其社区关系以外的世系群联系，一般会在询问的开始阶段引起误解。

204 这里，我必须再次谈谈此英这一术语，它是在有关努尔人的研究中引起混淆的源头。努尔人在谈到自己的社会位置(social position)时，一般不会说他是某某梭克·德韦厄尤(即世系群)的人，而会说自己是某个地方性社区即此英的人。于是，他会说自己是此英玛的人、此英普奥的人、此英楞的人、此英嘎特堡的人，如此等等(见第196页的图表)。他在告诉你的是，他是那些在一个村落、区落或部落分支中一起生活的人们群体的一员。在一般的社会生活情境中，他是否是这些

地方性社区以之得名的那些世系群的成员并不重要。而且，由于在日常言谈中，世系群名带有一种地方性的，而不是严格意义上的亲属性的涵义，那些与这个世系群的成员们一起生活在这个社区中的人们在谈起自己时，就好像他们也是这个世系群的成员一样，因为他们在政治上已经认同于这个世系群了。因而，由于世系群联系是无关紧要的，努尔人便常常在一种含混不清的意义上来使用此英这一词语，从而使得世系群联系不确定起来，结果，如果不作大量探查的话，就可能很难发现一个人属于什么世系群。

在表示“家宅”的这一意义上，此英以其主人的名字被人们称呼，比如，瑞因南(Rainen)的家宅被称为“此英瑞因南”。当瑞因南去世，他的儿子们、兄弟们以及侄子们在他家居住时，他们便可能以他的名字来称呼这片村舍，此时人们就会说，他们都是此英瑞因南的成员。如果瑞因南是一位重要人物，而且他的后代人丁兴旺，那么，他的父系子孙们所在的整个村落以及与其子孙通婚或以别的方式依附于他们的那些外来者们所在的整个村落可能都被称为“此英瑞因南”。随着时间的推移，他的后代们繁衍生息发展壮大，构成了一个部落分支的内核，该部落分支被称为“此英瑞因南”。因此，许多部落分支都是根据人物来取名的，比如“此英米尼奥”、“此英杜佪”、“此英旺卡克”等等。于是，世系群便在言语中被等同于其所在的地域，比如，较大世系群旺卡克所在的区落被称为此英旺卡克。这样一来，努尔人便把地方性社区与作为该社区政治内核的世系群当成可以相互转换的术语来进行

交谈。他甚至会在表示旺卡克世系群的意思时将其说成是“此英旺卡克”。这一习惯常常使欧洲人感到困惑不解，因为旺卡克世系群与在旺卡克分支境内居住的人根本不是一回事。

如果你问一个娄部落的人他的此英是什么，你实际上是
在问他住在哪里，他的村落或区落是什么名字。假定他回答
205 说他的此英是此英普奥。你可以接下来问他，他的此英是谁
的一部分，他就会给出一个三级部落支的名字，告诉你他的此
英是此英楞的一部分。如果你继续追问，他就会告诉你说，此
英楞是二级部落分支此英嘎特堡的一部分，而此英嘎特堡则
是娄部落的一级分支衮的一部分。但是，他并未对你说出有
关他的氏族联系的任何情况。他可能是普奥世系群的成员，
也可能不是，普奥世系群构成了楞世系群的一部分，楞世系群
构成了嘎特堡世系群的一部分，嘎特堡世系群是吉纳卡或嘎
特干纳卡(GAATGANNACA)氏族的一部分，而吉纳卡或嘎
特干纳卡氏族则是纳克(Nac)的家人或者是其子孙后裔。同
样，如果一个吉坎尼人告诉你说他是嘎兆克部落的此英科维
兹人，这并不意味着他是嘎特干柯氏族的嘎兆克世系群创始
人兆克的后裔科威[Kwe(即科维兹)]的传人，而嘎特干柯氏
族则是柯的子孙后代。他可能只是在说他住在一个部落分支
境内，这个地区属于该氏族的科维兹世系群。但是，这些人不
会对你说他们不是这些部落分支中的支配世系群的成员，而
会让你认定他们是这些世系群的成员，因为在社区关系中，除
了支配世系群的成员以外，所有居民都在某种程度上对这个

> 支配世系群有着语言上的认同，人们不希望他们在这个部落区域中是外族人这一事实在公开场合被强调出来，当他们出身于丁卡血统时尤其如此。

社区纽带与世系群结构的同化(assimilation)、以一种世系群术语所作的对地域性联系的表达以及根据地域依附关系所作的对世系群联系的表达，使得世系群系统对有关政治组织的研究来说具有如此重要的意义。

五

在对世系群与地方性社区的关系予以强调时，我们主要谈到了不同部落中作为支配氏族裂变支的那些世系群。正是这些世系群具有更大的政治重要性。我们将在后面的章节中对它们作更为详尽的介绍。这里，我们初步介绍一下它们是如何与部落裂变支存在联系，又如何作为政治结构的框架而在那些部落裂变支中起作用的。

下面这两个图表标示了娄部落和东吉坎尼诸部落中支配氏族的主要世系群以及它们在其中处于支配地位的那些较大的部落分
支。继嗣关系谱线仅推溯到对于证明下述论点来说有必要的那个 206
深度。可以把这两个图表与这两个氏族的继嗣关系树以及第 56 页和 58 页上的地图——这两页上的地图表明了上述两个部落的各个分支的分布情况——进行比较。

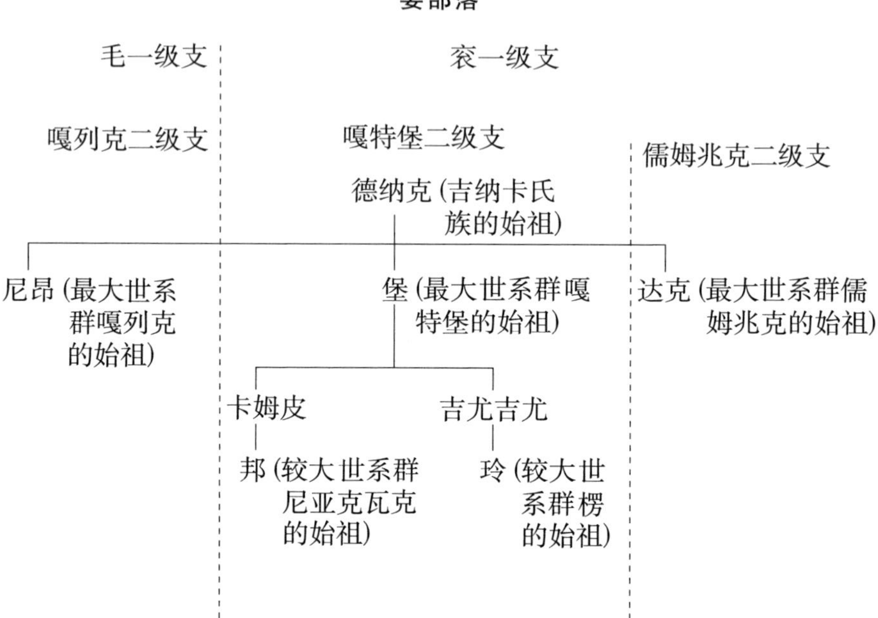

在娄部落中,我们将会看到,德纳克(Denac)之子尼昂的后裔构成了嘎列克二级部落支的内核;德纳克的另外一个儿子堡(Bal)的后裔构成了嘎特堡二级部落支的内核;他的第三个儿子达克(Dak)的后裔构成了儒姆兆克二级部落支的内核。在地图上有所显示而未在谱系关系树中得到说明的分支是吉迈克和扎周这两个分支,它们的氏族内核有着外在的来源。必须澄清的一点是,当一个部落分支以一个世系群来命名时,并不意味着这个世系群的所有成员都住在这个部落分支里,尽管大多数人很可能如此,而且,这当然也并不意味着只有这个世系群的人生活在这里,因为有调查表明,在这个部落分支的总人口中,该世系群的成员只构成了很小的一小部

分。在以德纳克任意一个儿子来命名的区域中，都包括较大的外来世系群，比如在嘎特堡部落支中的齐昂世系群。同样，还有数不清的外来努尔人或丁卡人的小世系群围绕着那些出自于嘎特纳卡(GAATNACA)的世系群聚在一起。因而，如果有人去造访那些以源自于嘎列克这个最大世系群的各个世系群来命名的村落与牛营，比如，以扎尼恩(JAANYEN)和括克(KUOK)这两个世系群来命名的村落与牛营，他就会发现，这些世系群中只有为数相对很少的人在这里居住，而大部 207
分居民则来自于别的努尔氏族与丁卡氏族。因此，在1930年默特底特这个地点的牛营中，不仅有嘎特纳卡氏族——这个地点的“主人”——儒姆兆克最大世系群儒(RUE)分支的各个最小世系群，还有一个来自于朗部落境内的卡昂世系群(KAANG)、一个来自于布部落境内的坎(KAN)世系群、一个来自于朗部落境内的孔(KONG)世系群、在尼罗河以西处于支配地位的各个氏族的所有裂变支以及许多丁卡人的世系群。同样，在1930年里克境内的帕库村落中，村舍中住着一个属于支配氏族嘎特波(GAATBOL)的尼亚皮尔(NYAPIR)世系群、一个与吉库氏族有密切联系的丁卡人的世系群括尔、一个来自于比浮部落境内的耿(GENG)世系群、一个来自布部落境内的儒奥(RUAL)世系群、一个属于吉麦姆氏族的夸库窟纳(KWACUKUNA)世系群以及其他世系群。

兆克[①]-柯(Jok-Kir)的后裔构成了嘎兆克部落的贵族内

① 亦称玛兆克(Majok)。

核；齐昂[①]-柯与昆-柯（Kun-Kir）的后裔构成了嘎扎克部落的贵族内核；而葛旺-兆克（Gwang-Jok）和尼昂-齐昂（Nyang-Thiang）的后裔则一起构成了嘎葛旺部落的贵族内核。在第58页的地图中，这些世系群的名字作为部落的分支出现，因为它们已经把自己的名字赋予了它们在其中占支配地位的区域。于是，传自于兆克、拉昂、尤和旺卡克的三个较大世系群的名字在地图中被表示为拉昂、尤和旺卡克。外来世系群虽然把其名字赋予了小型的部落分支和村落[②]，却没有一个世系群能有足够大的规模，以便把自己的名字赋予一个大型的部落区划。这里需要再次指出的是，兆克的后裔只不过构成了嘎兆克部落的一部分。同样，嘎葛旺部落里有许多外来成分，其数量可能远远超出了尼昂-齐昂与葛旺-兆克的后代们的数量。对于嘎扎克部落来说，情况也是如此。在部落生活中，嘎贡世系群与嘎扎克世系群的联系非常密切，结果，二者一起构成了嘎扎克部落的孪生内核（twin nucleus）。在地图上所表示出来的二级部落支洛尼、康和塔都以从齐昂-柯传下来的世系群而得名。与之相同，二级部落支尼亚严、卡尼和瓦乌都是以从昆-柯传下来的世系群而得名的。这样一来，地图

① 亦称玛齐昂（Mathiang）。

② 村落名通常即地名，而不是世系群名，但人们可以以其主要世系群的名字来称呼这些社区。常见的情形是，这些世系群是有着外来努尔人或丁卡人血统的世系群，尽管这些社区可以用它们的名字来称谓，人们却承认这些村落点是属于该部落中支配氏族的世系群的。因此，一个村落可能会与两个世系群发生联系。于是，里克部落的朱阿克、恩葛沃等世系群是外来人或丁卡人的世系群，村落社区便以之得名，但这些村落点是昆阳世系群的土地，只有昆阳世系群才是这些村落点中的牒尤（*diel*）。

上唯一一个在图表中没有表示出来的部落分支就是一级部落 209
支仍，它的两个分支孔和迪里克的氏族内核有着不同于其他
分支的出身来源。

在所有这些部落和部落分支中，都存在着大量的社区内的世系群混杂现象。在宰拉夫河谷和西努尔地区，情况也是如此，而且西努尔地区的世系群混杂程度可能更大。努尔人说，世系群间的世仇与争执主要导致了他们的分散，对此，他们可以举出很多例子。因而，尼昂-齐昂的后裔离开了齐昂的其他子孙，与另外一群人合到一起，构成了嘎葛旺部落，尼亚儒尼（NYARUNY）世系群离开了他们在齐昂一级部落支中的亲属，加入到了嘎扎克部落的仍一级支中。在发生械斗以后，整个社区都可能在其支配世系群的领导下，以这种方式迁移到另一个部落分支或部落中去，与那里的居民定居在一起。迁移还引起了进一步的分散，因为某些世系群留在了尼罗河以西的本土上，而别的世系群则穿过尼罗河与宰拉夫河，到这两条河以东定居下来。努尔人说，在迁移的最初几个阶段，武士们常常去袭击丁卡人，并在每次袭击之后回到旧日的家园，到他们的亲属那里去。然后，他们就到河的东部定居下来，但与河西其世系群的人们保持着密切的联系。但是，随着他们迁移得越来越远，这种联系便越来越少，最后，在大多数情况下，这种联系便完全停止了。当世系群进行迁移时，它们肯定已经成为了那些由各个不同世系群组成的集群的内核，而不是由父系亲属组成的排他性的群体，但迁移无疑加速了世系群间的混杂，并使这种混杂更为彻底。

吉坎尼诸部落

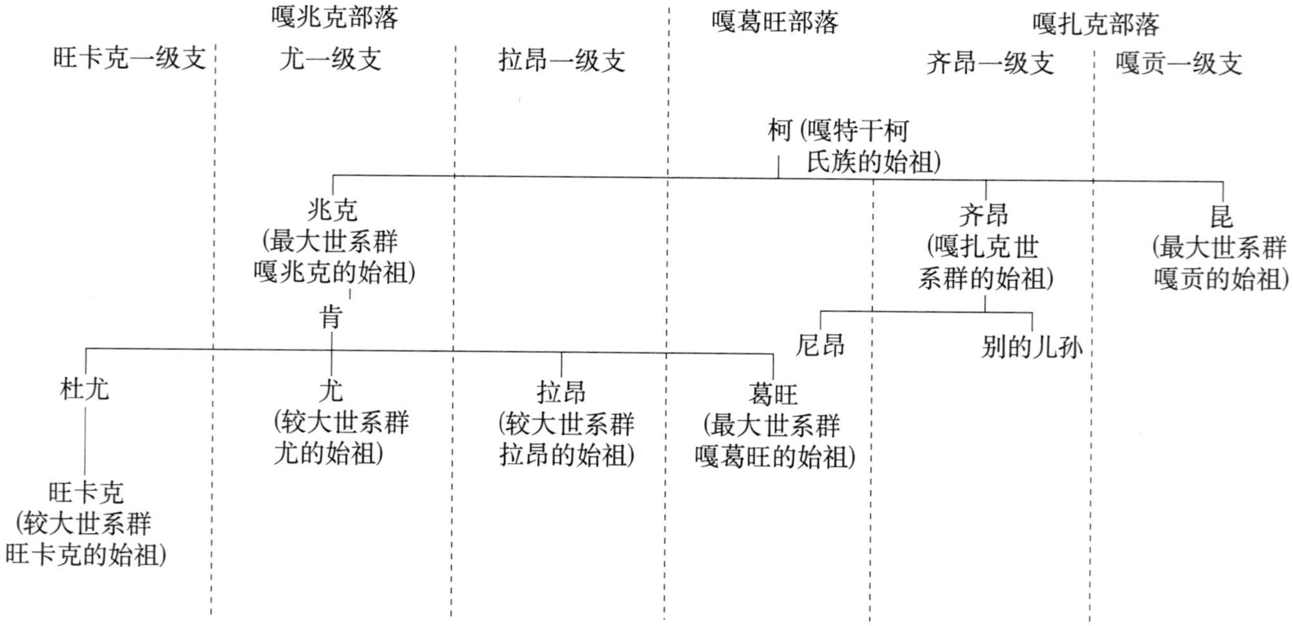

嘎兆克部落
嘎葛旺部落
嘎扎克部落

旺卡克一级支
尤一级支
拉昂一级支
齐昂一级支
嘎贡一级支

柯（嘎特干柯氏族的始祖）

兆克（最大世系群嘎兆克的始祖）
齐昂（嘎扎克世系群的始祖）
昆（最大世系群嘎贡的始祖）

肯

尼昂
别的儿孙

杜尤
尤（较大世系群尤的始祖）
拉昂（较大世系群拉昂的始祖）
葛旺（最大世系群嘎葛旺的始祖）

旺卡克（较大世系群旺卡克的始祖）

除了迁移、争执、相互通婚等因素以外，还有两个因素可能也与世系群的分散有关。努尔人主要是一个游牧人群，对于放牧有着占支配地位的兴趣，不愿被经济上的需要或仪式性的关系束缚在任何特定的地方。牛在哪里，哪里就是努尔人的家；灶膛里是他的牛的粪便；他的祭坛就是一根很轻的竿子[瑞耶克(*riek*)]，无论他走到哪里，都可以把竿子插起来作祭坛。与他一样，那些保护着他的神灵们以及保护着他健康幸福的祖先鬼魂们也不会被束缚在土地上，无论牛群在哪里，他们都会跟到那里。献给鬼魂与神灵的牛是他“游荡的神龛”(wandering shrine)。努尔人也没有任何有组织的对祖先鬼魂的祭拜。死者很快便被草草地埋入无人祭拜、 210
无人记得的坟墓里；只有在非常罕见的场合中，努尔人才对他们举行献祭；他们那里也没有任何与死者有关的圣地。

因此，努尔人总觉得自己非常自由，想去哪里就去哪里，如果一个人不高兴、他的家人病了、他的牛群正在减少、他的农园土地枯竭、他与某些邻居关系不睦或者仅仅由于他觉得不自在，他就会搬到这个地区的别的地方，与某些亲属一起住下来。很少有人是独自一人搬迁的，因为兄弟们是一个联合的群体，而且会坚持在一起行动，尤其当他们是同一个母亲的儿子时更会如此。因此，常常是由于发生了争执，一群兄弟们便往往会离开一个村落到别处去定居。努尔人说，他们通常会去一个已婚姐妹的家里，在那里，他们肯定会受到很好的接待。在那里，他们被敬为吉此英簇(*ji-ciengthu*)，即内亲，他们的孩子们被待为嘎特·纳尔(*gaat när*)，即母亲之兄弟的孩子，而他们所加入其中的那群人对他们来说则是此英·孔伊玛(*cieng conyimar*)、嘎特·尼奥(*gaat nyal*)和嘎

特·瓦卡（*gaat waca*）。此英·孔伊玛即我的姐妹之夫的族人，嘎特·尼奥即女性父系亲属①的孩子，嘎特·瓦卡即父亲之姐妹的孩子。这样一来，一个改变住处的人就变成了另外一个社区的成员，并与那个社区的支配世系群产生了亲密关系。当一个嘎特耶克（GAATIEK）世系群的人对我说："现在既然我已经来到此英·科沃兹住下了，我就是此英·科沃兹人了"时，他的意思是说，在仪式情境之外，他把自己认同于科沃兹世系群而不是他自己的世系群。

甚至一个男人就是一个潜在的世系群，几个兄弟便更是如此了。先是一个最小世系群，然后，一个较小世系群便形成了，在与同一氏族的其他世系群的关系上，它只具有仪式性的身份，但它与其成员所从中成长起来的村落及区落的人们在利益上相互关联，在经历上彼此一致。因此，这个群体便发展成了一个独特的世系群。它与其所在地的其他人们之间相互通婚，而且与那个区落的支配世系群通婚极为频繁，以致若不打破关于乱伦的规定就无法再继续通婚。通过这种方式，世系群与世系群相互交织缠绕，一种父系关系网络把社区的所有成员联合到一起。这些世系群中只有少数几个能够发展起来，作为世系群而存在下去。许多世系群则要么灭绝，要么便丧失了大部分个性，而经由我们将在后面予以解
211 释的过程，依附于那些更大、更强的世系群。

不过，努尔世系群永远不会完全并入到另外一个氏族中去。总有某些仪式习俗不能被大家所共享。如果说相互通婚造成了两

---

① 这里的原文是 a female agnate。从字面意思看，它所指的是父系亲属中的女性成员，比如姐妹、姑姑等，因而，该词或可译成"父系女亲属"。不过，根据上下文，这里所指的范围应该更窄，表示姐妹。——译者

插页图 22

a. 在水坝上用矛刺鱼(东嘎兆克)

b. 在法迪奥湖中叉鱼(娄)

插页图 23

a. 营地畜栏区(娄)

b. 旱季里的索巴特河(娄)

个世系群之间的社区纽带的话，那么它也同样使它们保持了其独特性，因为一个人只能与其父系群体以外的人结婚，即使两个世系群的相互通婚已达到了很高程度，以致双系亲属关系已经成为它们之间继续通婚的阻碍，每个世系群的人也还是可以与对方氏族的旁系世系群及其女儿们的孩子们通婚。如果说一种神话上的联系使它们更为紧密地联结在一起的话，那么这种联系同时也是有关其不同继嗣谱线的一种记录，它实际上解释了不同血统出身的人们是如何在一起友好相处的。因此，不管一个世系群离自己的故土有多远，也不管它与其亲属们分隔得有多远，它永远也不会被完全同化或丧失其仪式性的传统。一个世系群只能与同一氏族的旁系世系群并到一起。

但是，尽管世系群保持着自己的自主性，世系群的价值却只在仪典这种有限的领域中起作用，因此，它仅仅是在偶然的情况下才成为行为的决定因素。社区的价值是那些恒久性地指导着人们行为的价值标准，并且在与世系群价值标准不同的一套社会情境中起作用。世系群的价值控制着父系亲属群体之间的仪式关系，而社区的价值则控制着生活在彼此分离的村落、部落分支及部落中的人们群体之间的政治关系。这两种价值控制着社会生活的两个不同层面。

正如我们将在下面诸节中予以解释的那样，恰恰是由于部落与其支配氏族以及以这样或那样的方式同这个支配氏族关联着的诸世系群之间所存在的紧密联系，才使得世系群结构中的父亲关系原则具有政治上的重要性，因为这些世系群在为其赋予团体实质的政治系统中起着价值标准的作用。

六

尽管氏族中存在着众多的分散与混杂的情形，但在每个部落
212 中，部落的政治结构与氏族系统之间都有一种确定的关系，因为在每一个部落中，都有一个氏族或氏族的最大世系群与这个政治群体相联系，在该政治群体中，与住在这里的其他父系群体相比，这个氏族或最大世系群处于一种支配地位。而且，这个氏族或最大世系群的每个裂变分支往往都与该部落的一个裂变分支相联系，因而，在氏族的各个部分与部落的各个部分之间存在着一种对应关系，并常常存在一种语言上的认同。因此，如果我们把第 144 页与第 193 页上的图表比照一下，并假定氏族 A 是部落 B 中的支配氏族，那么，最大世系群 B 和 C 就与一级部落支 X 和 Y 相对应，较大世系群 D 和 E 就与二级部落支 X^1 和 X^2 相对应，较大世系群 F 和 G 就与二级部落支 Y^1 和 Y^2 相对应，较小世系群 J 和 K 就与三级部落支 Z^1 和 Z^2 相对应。那些最小世系群则与构成三级部落支的各个村落相对应。正是由于这个原因，我们才说支配氏族构成了一个框架，在这个框架上，部落的政治系统通过一系列复杂的亲属关系链条而得以加强。支配氏族的世系群系统是一个概念架构，在这个概念架构上，各个地方性的社区被构建成一个由各个相互关联的部分组成的组织，或者，正如我们更愿意表述的那样，它是一个价值系统，把各个部落裂变支联结到了一起，并为之提供了一套习语，通过这套习语，这些裂变支之间的关系得以表达并得到指导。

娄部落境内的吉纳卡氏族最初与其亲属——尼罗河西部仍延部落境内的吉纳卡氏族住在一起，但他们从后者当中分裂出来，渡过尼罗河，征服了现在的娄部落所在的地方。在这里，他们是第一批占有者，或者至少是第一批占有者中最强大的部分。吉纳卡氏族的人可能经常渡过尼罗河，到东部的亲属那里，并与他们合到一起。这些人立刻便成为支配世系群的成员，被称为牒尤，即显贵世系群群体的成员，但是，那些在吉纳卡氏族占据这块土地的过程期间或之后来到娄部落境内定居的其他氏族的成员则被看成是外来人[孺(*rul*)]。同样，那些渡过尼罗河到索巴特河以北定居下来的嘎特干柯氏族的诸世系群与加入到他们当中来的其他努尔人相比，具有一种特权性的地位。

这样，尽管在某些部落中我们不能肯定这些氏族的正确名称是什么，但每一个努尔部落都有自己的牒尤，也就是它的优越氏族。在嘎沃部落中，这种优越氏族就是嘎沃氏族；在齐昂部落中，这种优越氏族就是(嘎)齐昂氏族；在里克部落中，这种优越氏族就是嘎特堡氏族；在沃特(Wot)部落中，很可能也在若部落中，这种优越氏族就是吉叠特(JIDIET)氏族；在 213
拜福(Begh)部落[①]中，这种优越氏族则是吉考伊(JIKOI)氏族，如此等等。在那些不知道正确氏族名字的地方，可以像努尔人自己经常做的那样，把这些处于支配地位的人群称为某

① 由于作者在原书中对于某些当地名称的音译拼写并不一致，所以，这个部落可能就是前面(比如第三章第 6 节和本章第 5 节)所提到的比浮(Beegh)部落。——译者

某部落的贵族(牒尤)或"公牛"(图特)。比如,我们可以说一个迪尤(*dil*)[①]布拉(Bura)或图特布拉,意思是波部落的一个贵族;迪尤沃特尼(Wotni)或图特沃特尼,意思是沃特部落的一个贵族;迪尤比卡(Beeka)或图特比卡,意思是比浮部落的一个贵族;迪尤拉卡(Laka)或图特拉卡,意思是拉克部落的一个贵族;如此等等。人们总可以用一个显贵氏族或世系群的本名或者通过提及那个它在其中居于一种特权地位的部落来表示它,比如,嘎特纳卡,即纳克的子孙;牒尤卢卡,即娄部落的贵族;嘎特波,即布部落的子孙;牒尤里格尼(Leegni),即里克部落的贵族。

关于这些显贵氏族,有重要的四点需要记住:(1)并不是每一个氏族都在一个部落中享有优越地位。正如努尔人所说,有些氏族,比如吉麦姆和扎卡(JAKAR),就没有威克,没有任何地方性的社区。另外一些氏族有自己的村落点,它们在这些村落点上居住了很长时间,这些村落点以它们的名字得名,但它们并不是这些村落点所在部落的牒尤。许多氏族就像与母干失去所有联系的断枝,但它们立刻就可以被确定为来自于移民的丁卡世系群,它们的后代有时知道自己所起源的那个丁卡故地,但并不知道自己在其世系群系统中的位置。结果,他们无法像真正的努尔人那样向上推溯那么多代的祖先,而且,他们的世系群在分布范围上更狭小,

① 这里,作者使用的原文是"*dil*",所指对象与"*diel*"相同,但为了体现作者是音译过来的,本书在汉译中用"牒尤"与"迪尤"这两个发音近似而不同的词来对"*diel*"和"*dil*"予以表示。对于这两个汉译词,读者可以将其视为等同,或用其中任意一词替换另外一词。——译者

在地域上也更有限。人们可以发现,他们的世系群分布在一个单个部落中的一些很小的、彼此孤立的局部区域中,而努尔人的氏族则遍布于许多部落中。

(2)并不是努尔氏族的每个成员都生活在该氏族具有优越地位的那个部落中,因为大多数氏族在努尔地区的所有地方都可以见到。大部分吉纳卡氏族的人生活在娄部落和仍延部落的部落区内,在那里,他们是牒尤,但许多人在东吉坎尼诸部落和别的地方也可见到。同样,大部分嘎沃氏族的人生活在嘎沃部落境内,但在大多数努尔部落,或许在所有努尔部落中,也可以见到这个氏族的人。部落是地域性的群体,有着不可分割的社会扩展范围,而氏族则是分散广远的亲属群体。因此,一个部落便是一个社区,能够具有团体性的职能,而氏族则从来就不是一个社区,也永远不会作为一个团体而行动。娄部落联合起来进行战斗,而吉纳卡氏族却从不会联合到一起。此外,一个人可以通过改变其居住地而改变自
己的部落,但他却永远无法改变自己的氏族。一个到嘎沃部落境 214
内居住的娄部落的人就成了一个嘎沃部落的人。一个吉纳卡氏族的人无论住在哪里都仍然是一个纳克人。

(3)正如我们以前所强调过的那样,氏族在其居于支配地位的部落中并不在数量上占优势,比如,吉纳卡氏族在娄部落中只是一个很小的少数群体,而嘎兆克世系群在嘎兆克部落中也只是一个很小的少数群体。

(4)只有在其氏族具有优越地位的那个部落中,一个人才是一个迪尤,即贵族。因此,一个迪尤·里格尼即一个里克部落的贵族只在里克那里才是贵族,而在任何别的地方,他就都不是贵族。如

果他到布部落的境内去住，或者到一个吉坎尼部落里去住，那么他就不再是一个迪尤，而是一个孺，即外来人了。同样，一个吉纳卡氏族的成员在娄部落里是一个迪尤，但是，如果他像他氏族中的许多人那样，到嘎兆克部落中去住，他在那里就不是一个迪尤，而是一个外来人，即孺了。吉纳卡氏族是牒尤卢卡，而嘎兆克氏族则是牒尤嘎兆克。牒尤的身份是由人们是否住在其氏族所拥有的土地上来决定的。关于这一论点的唯一例外的情况是，一个氏族在两个或两个以上的部落中居于支配地位，比如，吉纳卡氏族在娄部落与仍延部落中占支配地位，嘎特干柯氏族在杰贝勒河东西两侧的吉坎尼诸部落中占支配地位。如果一个吉纳卡氏族的人从仍延部落搬到娄部落中去，他仍是一个迪尤，因为这两个地方都属于他的氏族。同样，一个嘎特干柯氏族嘎兆克世系群的成员可以从嘎兆克部落搬到尼罗河任意一侧的嘎葛旺部落或嘎扎克部落中去，而仍然是一个迪尤，因为在所有这些部落中，他的氏族的各个世系群都处于支配地位。

与大多数表示社会学身份的词语一样，迪尤被努尔人用于各种不同的场合，表示各种不同的意思。在本书的运用中，它所表示的是在此前各段中所为它赋予的确切涵义。然而，本书也容许用该词来表示任一世系群的真正成员，而不管这个世系群是否在其部落中处于支配地位。比如，里克部落的朱阿克世系群是丁卡人出身，而不是牒尤·里格尼，但很显然，与他们在一起生活的人要么是一个迪尤·朱阿卡，即朱阿克世系群的真正成员，要么是由于某种原因而依附于他们的

人。同样，尽管吉麦姆氏族在任何部落中都不具有牒尤地位，人们却可以把一个吉麦姆氏族的成员称为迪尤·吉麦姆，因为一个人可能会是这个氏族的真正成员，或者是一个把自己依附于该氏族的丁卡人。此外，一个离开娄部落而到嘎兆克部落定居的吉纳卡氏族的成员仍然是一个嘎特·迪拉·卢卡(*gat dila Looka*)，即一个娄部落贵族的子孙，他本人也会这样称呼自己，意思是当他在娄部落时，他是一个贵族。

“图特”或公牛之子“嘎特·特沃特”这两个词语在用法上 215
与“迪尤”和“嘎特·迪拉”相同。这里，相对于生活在与其世系群有联系的区落内的外来人或丁卡人的聚合体来说，一个人同样可以是其世系群的图特，而不必是该区落所构成的部落的图特，比如，一个人可能是娄部落的二级分支扎周的图特，而不一定是一个图特·卢卡，因为整个娄部落的贵族是吉纳卡氏族，而扎周世系群并不是该氏族的成员。换句话说，一个人可能会称自己为扎周的图特，以此来强调自己是一个扎周世系群的人，而不仅仅是扎周这个分支的成员，但是，他并未因此而表明自己是一个图特·卢卡。在一种更为一般性的意义上，正如我们所指出的那样，图特可能仅仅是指一个男性家长或者甚至仅仅表示一个男人。人们必须从上下文中来判断该词应该如何翻译。在本书中，我们在第179—180页所界定的意义上来使用图特或嘎特·特沃特这对词语，意思是一个长老，而用迪尤这个词语来表示一个部落贵族。

要想找出一个能把牒尤在一个部落中的社会身份充分表达出

来的英文名词是很困难的。我们把他们称为贵族，却并不希望会暗含这样的意思，即努尔人把他们看作是一个优越的阶层，因为正如我们已经强调指出的那样，关于一个人高高在上、在别人身上作威作福的这种念头是与努尔人的观念相抵触的。从总体上看，牒尤具有一种声望，而不是等级地位，具有影响力，而不是权力，对于这一点，我们将在后面予以详述。如果你是你所在的部落的迪尤，那么你就不只是一个微不足道的部落民了。你是这块土地的主人之一，是这块土地上的村落点、牧场、鱼塘和井的主人。别的人则是因为与你的氏族通婚、被你的世系群所收养或是由于某种别的社会关联而到这里来住的。你是这个部落的一个领头人，当部落发动战争时，人们就会向你的氏族的长矛名祈求保佑。不管在什么地方，只要村落里有一个迪尤，这个村落就会像一个牛群聚拢在公牛周围一样聚集在他的周围。

我已经根据我对其在娄部落中的情形所做的判断，对牒尤的身份进行了描述。我的印象是，在尼罗河以西，他们的身份并不很突出，但在东吉坎尼诸部落中，在努尔人扩展范围的边陲地带，这种身份更为人们所强调。里克部落卡鲁勒支的所在地是我在西努尔地区对之有深入了解的唯一一个地方。在这个地方，人们对迪尤的显贵声望有所承认，但那些外来人的氏族长期以来便在其今天所在的村落与区落中树立起了牢固的地位，因而，迪尤在这里没
216 有任何法律上的特权。粗略地看了一下，我所得到的印象是，可能除了吉坎尼那里对牒尤的身份地位更为看重以外，西努尔地区其他地方的情况都与卡鲁勒地区一样。在东吉坎尼地区，人们对社会区分(social differentiation)与法律特权坚持得最不遗余力。与

较小的部落相比，较大部落更倾向于强调牒尤这一范畴，当我们对其结构功能予以考察之后，就会明白为什么如此了。

在一个努尔村落或牛营中，很少会有几个以上的牒尤家庭。大部分人要么是𤇾，即其他氏族的努尔人；要么是扎昂，即那些尚未被收养到努尔世系群中的丁卡出身的人。𤇾就是一个在某部落中不是迪尤的努尔人，尽管他在另外一个部落中可能是迪尤。我已经描述过世系群是如何从其地方化了的亲属群体中分离出来，四处游荡，加入到其他氏族的人们中去，成为一个新社区的成员的。一位多克部落的男子很好地向我描述了这一过程。世系群的成员们生下了子女，他们数目增多，散布到乡间各处，在这里、那里到处游荡。然后，他们之间的亲密关系终止了，他们到与其关系很远的其他氏族中生活下来。在这里，他们友好相处，通过彼此通婚，慢慢形成了新的双系亲属关系。因此，在所有的地方性社区中，世系群都是高度混杂的。

努尔人还说，没有任何迪尤会在一个完全由与自己同贵族的人们组成的社会环境中居住，因为牒尤的世系群裂变开来，各个裂变分支都通过成为新的社会集团——在这种新的社会集团中，它们是显贵的成分——的内核而寻求自主。因而，牒尤世系群并不只是因为内部不和才产生裂变，还因为一个有个性的人喜欢寻找自己独立自主的归宿，在那里，他将成为一个重要人物，而不是在一群有影响力的长老亲属中做一个小兄弟。有人告诉我，这种任何人——尤其是迪尤——都能藉此而成为地方领导人的过程已经在他们的社会系统中根深蒂固，也成为他们反对由政府创设几个地位往往更正式、更恒久且更具世袭性的地方性“酋长”的一个原

因。对努尔人来说，这种地方性酋长的创设是一种基于地域资格而不是个人资格的有关身份地位的固定僵化的解释，使一个单独个人或世系群的优越地位被稳定化。每个有一定名望的人都觉得
217 自己应该成为一个“酋长”。这并不是说一个人必须是个贵族才能在同村落的人们当中获得影响力。他可以是其部落中支配氏族以外的别的世系群的图特，通过自己突出的人格特征，在当地确立了自己及其族亲的社会领袖地位。

因此，在每个部落中，都存在着某种地位上的区分，但是，有这种区分的人们并不构成各个阶级（或阶层），外来人和丁卡人严格来说应该被看成是两个范畴而不是两个群体。关于他们在部落系统中与贵族的关系以及不同成分被统一到社区中去的方式，我们将在后面的几节中予以关注。

七

只是在对恤牛进行评估时，贵族与外来努尔人之间的社会区分才具有很大意义，而且这也只是在吉坎尼诸部落，主要是在东吉坎尼诸部落中才如此。在东吉坎尼诸部落中，对于一个被杀迪尤即贵族的亲属们所偿付的牛必须要多于对被杀的孺即外族人或扎昂即丁卡人的亲属们的赔偿。很难知道这种特权可以被强化到什么程度，甚至要发现相关的对恤牛的评估都不容易。毫无疑问的一点是，在判断谁在凶杀事件中应被看成相当于迪尤时具有相当大的灵活性，而且，在为凶杀所偿付的牛的数目上也有很大的变动性。据好几位信息报告

人说，在政府前时期，一个真正的努尔人，即在吉坎尼诸部落中被称为嘎特·吉卡（*gat Geeka*）的人，在对恤牛进行评估时被当成一个与迪尤吉坎尼相同的人来对待。他们向我提供了如下的关于恤牛的评估：一个吉坎尼贵族，40 头；一个外来努尔人，40 头；一个被吉坎尼贵族收养的丁卡人，20 头；一个被外来努尔人收养的丁卡人，20 头；一个未被收养的丁卡人，6 头。在更为晚近的偿付恤牛的行为中，下面的偿付数量似乎被认为是常见的情形：一个吉坎尼贵族，20 头；一个外来努尔人，17 头；一个已在这里长期定居的丁卡人，16 头；一个来这里居住时间不长的丁卡人，10 头。

我在东吉坎尼地区停留的时间不长，没能详细调查这方面的情况，但是，我得到了这样的印象，即尽管那几位信息报告人坚持说第二份清单上所列的恤牛评估情况是与过去的评估成比例的，但由于在所评估的数量上肯定受到了最近政府决策的影响，因此，第二份清单在其评估的变异程度上与本来的情形存在着某种偏差。贵族的人们肯定地对我说，在过去，因为一个贵族被杀而偿付的牛的数量总是比因一个外来努尔人被杀所偿付的牛要多。除了嘎特干柯氏族以外，在吉坎尼 218
诸部落中定居的其他努尔氏族的人们也同样肯定地对我说，对他们的偿付是与贵族相同的。毫无疑问，他们都希望通过自己的陈述来影响政府的行为。从总体来看，我认为，在东吉坎尼地区，因一个贵族被杀所做的偿付很可能与因一个外来人被杀所做的偿付有所不同，但在进行评估时有着很大的灵活性，一般取决于事件各自的具体条件：死者在这个地方居住

> 的时间长短、死者家庭与贵族世系群的婚姻联盟情况、其世系群与地方性社区的力量、他是被本村落的人所杀还是被外村落的人所杀，如此等等。对于西吉坎尼诸部落来说，情况可能是一样的，在那里，人们告诉我说，按照惯例，对一个贵族的偿付是40—50头牛，对在那里居住的外来努尔人或丁卡人的偿付是30头牛，对一个正在那里逗留、但尚未建造家宅的丁卡人的偿付是20头牛。吉坎尼地区的偿付情况并不是整个努尔地区的典型情况。

然而不管怎样，在整个努尔地区，努尔人与丁卡人都通过对其所值恤牛的评估而被区分开来，尽管在此方面，在不同部落中，对于丁卡人的界定各不相同。在娄部落中，人们把贵族与外来努尔人放在一起来看待，每人值40头牛。一个在娄部落中出生的丁卡人据说已成为一个努尔人[卡阿·纳兹(*caa nath*)]，并成为他所生活在其中的社区的一员[卡阿·冉·威克(*caa ran wec*)]，因此，他的生命价值也被评估为40头牛。另一方面，一个在战争中被俘并被带到娄部落中来的丁卡人被算成是价值16头牛，而一个到娄部落来造访的丁卡亲属或姻亲则被算成是仅值6头牛。人们告诉我说，一个被收养的丁卡人在此方面要比他的孩子们的地位低，后者被当作真正的努尔人来对待。在扎给诸部落中，那些作为一个社区的永久成员的外来努尔人和丁卡人似乎被算成是价值40头牛，与贵族一样，而一个尚未盖起牛棚的外来努尔人或丁卡人则被算成是仅值10头牛。

建造牛棚之所以为人们所看重，是因为一个在村落中建造家

宅的人显然是有意留在这里，而这样一来，村落的牛群就会增加，
这个社区便可因此而获益。在所有的努尔地区，这样的人似乎都
被看作是与贵族相等同的人，只有吉坎尼地区是个例外，在那里，
人们告诉我说，丁卡人永远摆脱不掉其低下的身份，这种身份还被 219
传递给他的子孙后代。一个社区的永久性成员被看成是与贵族相
等同的人，这一点是与努尔人把继嗣关系从属于社区的总体倾向
相一致的，对于这一总体倾向，我们将不断予以强调。

我们再次强调一下我们在关于法律的那一节中所曾提起注意的一点，即人们所认识到的关于一项侵权事件的责任程度、对其进行赔偿的可能性以及进行赔偿的数量都取决于所牵涉到的人们在社会结构中的关系。因而，如果一个人杀死了他自己家户中的一个未被收养的丁卡人，而这个人又不是在努尔地区出生的，那么，他就无须做任何赔偿，但是，如果这个丁卡人受到外人的攻击，他的家户就会对其进行保护，并为其死复仇。多尤(Dol)本人就是一个丁卡人出身的人，他曾告诉我说："如果你要骂你家户中的丁卡人，那好，你就骂吧，没什么的。如果他生气了，你就对他说你要杀死他，什么事也不会发生的。你只需在地上把矛擦干，把它挂起来就行了。但是，如果外人骂了你家的丁卡人，你就要去打他，因为这个丁卡人是你的兄弟。你要去问问那个人，到底是你的丁卡人还是他的丁卡人。"

因此，一个丁卡人在他自己的家庭圈子里的地位与他相对于一个更大群体中的其他成员的地位是不一样的。只有在与自己的联合家庭相对而言时，他才是一个扎昂，这个联合家庭把他看成是"他们的人"。对于这个联合家庭以外的人们来说，他就成了那个

皋即联合家庭的一员，至于他在这个联合家庭内部的地位如何，就不关这些人的事了。人们告诉我说，如果一个外人把这样一个丁卡人称为“扎昂”，那么，那个把该丁卡人俘获过来的努尔人的儿子们便会对此心怀愤恨，并可能发动一场械斗来洗刷这一耻辱，因为相对于外人而言，这个丁卡人是他们的“德玛”(*demar*)，即“我的兄弟”。他们会去问那个外人：“谁是‘扎昂’？是你父亲把他抓住的还是我们的父亲把他抓住的？”在努尔地区出生的丁卡人被努尔人的家户、村舍及村落接受为正式成员的情况甚至更为显著。

因此，丁卡人的身份是相对而言的，一个人在某种情境中可能会被认为是属于这个范畴的，而在另外一种情境中又会被认为不属于这个范畴。在一般的社会生活中，情况显然是这样的，因为在

220 一般情况下，没有人会对出身丁卡血统的人与出身努尔血统的人进行区分，但我们认为，在关于凶杀的问题中，情况也是如此，因为这种社会情境是由凶手及其亲属与死者之间以及他们与该争端所涉及的其他人之间的结构关系所构成的。在我们看来，在努尔人对恤牛评估所做的陈述中常常存在明显的不确定性和相互矛盾之处，对于这一点，应该从身份的相对性上加以解释，它总是与人们之间的结构距离相对而言的，因而是不能严格界定的。

同样，孺也是一个可塑性极强的概念。如果一个里克部落的人到嘎扎克部落境内去偷牛而被杀死，那么对于这种凶杀事件不会有任何赔偿。一个路过嘎扎克的里克人如果无意偷其主人的东西，是不会被随便杀掉的。如果这个人正在同族人家里或姻亲家里做客，在一次争吵中被杀，那么他所探访的那一家的主人就会认为自己有责任为他报仇，尽管这种责任感可能并不很强。但是，一

个已在嘎扎克境内建立家宅并通婚到他所在的村落中去的里克人就成了该社区的一员。如果村落中的另外一个人把他杀死了，那么人们便可能会认为，他是一个𤆬，因此，对他的死所偿付的牛可能会比对一位贵族的死的偿付要少。但是，如果另外一个村落的人杀了他，那么，他的社区很可能就不会接受这种身份界定了，因为人们在与其他政治裂变分支发生关系时，并不根据继嗣关系而对本社区的成员加以区分。在政治关系中，社区的纽带联系总是占有支配地位并对人们的行为起决定作用。

八

我们已经看到，在一个部落内部，存在着三种范畴的人：牒尤、𤆬和扎昂。牒尤就是一个显贵氏族，从数量上看，它在部落中被外来努尔人和丁卡人所包围淹没，但它提供了一种世系群架构，在这个架构上，部落组织便得以建立起来。问题在于，外来努尔人与丁卡人如何以这样一种方式依附于支配氏族，以致该氏族经由部落中其他成员与自己的关系而成为政治体系的框架？由于努尔人把所有的社会联系纽带都以一种亲属关系语言来估算，因此，很显然的一点便是，只有当人们对其相互间的亲属关系予以认可时，才能产生这种结果。这种认可通过多种方式得以实现。我们将从对收养 221
的考察开始。除了他生来就进入的那个世系群以外，努尔人不可能被收养到别的世系群中去，因此，收养这一习俗只与丁卡人有关。

我们已经描述过努尔人是如何看不起丁卡人并不断地对其进行袭击的，但是，他们在对待其社区中的永久性丁卡成员时，与对待努尔成员并没有什么不同，而且，我们已经看到，具有丁卡血统的人很可能构成了大多数部落的至少一半的人口。这些丁卡人要么是那些被作为努尔人而养大成人的丁卡俘虏与移民的后代，要么其本身就是长久定居在努尔人中的丁卡俘虏与移民。他们是“扎昂-纳兹”，即“丁卡-努尔”人，人们会说“卡阿・纳兹”，意思是“他们已经成为努尔人了”。正如我们已经解释过的那样，在大部分努尔地区，一旦他们作为一个社区成员的身份得到认可，他们的法律地位就与那些生来就是努尔人的人们相同了，只有在涉及仪式与族外通婚规则时，人们才会注意到他们的出身。在各种政治性的结构关系中，他们是一个裂变分支中的无差别的成员。尽管在其家庭关系及亲属关系中，丁卡人的地位不如努尔人，因为他没有与之相同的亲属关系范围，但我却从未见他们遭受到任何严重的无能为力的情形，受到贬低的情形就更要少得多了。我曾问过一个问题：一个被俘的丁卡人在畜栏里劳动时是否不如这个家庭的儿子卖力？在回答我的问题时，人们告诉我说，他也是这个家庭的儿子，也会享有与别的儿子同样的特权，父亲在他的成丁礼上也会送给他一头公牛，后来也会给他聘牛让他用来娶妻。仅有的受到严重社会不平等待遇的外族人就是某些已被征服而未被吸纳到努尔人社会与文化中去的一小群一小群的丁卡人与阿努阿克人。与索巴特河流域的巴拉克丁卡人和阿努阿克人一样，这些小块土地上的人既没有努尔成员的特权，又没有外族人的自由。这些小块地区并不真正是努尔部落的一部分。

那些被俘的丁卡男孩们几乎一律通过收养仪式而被纳入到那些把他们俘获过来的努尔人的世系群中去，然后，无论是在世系群结构中还是在家庭关系中，他们都被归入到儿子之列，当那个世系群的女儿们出嫁时，他们便会得到聘牛。丁卡男孩是作为其俘获人家户中的孩子而被养大成人的。他已经被这个家庭及联合家庭的其他成员及其以外的人接受为这个家庭及联合家庭的成员，并因而被纳入到这些群体中去了。人们把他说成是“卡阿·迪尤· 222
俄·此英”(*caa dil e cieng*)或“卡阿·冉·威克”，意思是“他已经成为这个社区的成员了”，把抓获他的那个人说成是“他已经成了他的父亲”，而把抓获他的那个人的儿子们说成是“他们已经成了他的兄弟”。他已经是这个臯即家户与联合家庭的一员了。收养使他在世系群结构中获得了一种身份，并因而具有了一种仪式地位，因为通过收养，他成了其俘获人的“梭克·德韦厄尤”即世系群的一员。

> 人们告诉我说，那个俘获这个丁卡男孩的人很少亲自为他赋予布兹，即与其世系群的父系亲属联系，这种仪式通常是在得到最小世系群的同意后，在俘获人的儿子们的要求下，由一位亲属来举行的。那个世系群的一个代表去邀请这个现已长大成人并已行过成丁礼的丁卡人，请他到自己的畜栏里来参加用一头公牛或绵羊举行的献祭。这个联合家庭的家长负责提供献祭用的牲畜，这个世系群代表把拴牛的木桩打入牛棚入口处的土里，在畜栏里走来走去，向这个氏族的长矛名祈愿，召唤这个世系群的神灵与祖先鬼魂，让他们知道这个丁卡人现在已经成为该世系群的一员，并在他们的保护之下了。然后，这个代表就用矛把用来献祭的牲畜刺死，把该牲畜胃里

未被消化的东西涂抹在这个丁卡人身上，同时祈求神灵与鬼魂接受他。这个丁卡人的两脚底部尤其要进行涂抹，因为这会把他与他的新家拴在一起，如果他离开这个新家，就会死掉。接下来，祭畜就被切成碎块，这个丁卡人把祭畜的阴囊割下来，这家的一个儿子或这个世系群代表便与他的新兄弟把畜皮与阴囊分掉。这个丁卡人也拿到了祭畜的颈肉作为自己应得的一份。在此后的所有场合里，当这个世系群的成员用牲畜献祭时，这个丁卡人便会分到一份肉，因为他现在已经是这个世系群的一员了。把祭畜的阴囊割下来是一种象征性的行为，它使这个人成为了该世系群的一员，因为只有一个父系亲属才可以把祭畜的阴囊割下来。“一个把你的牲畜的阴囊割下来的人，如果他与你的女儿有了性关系，他就会死掉。”

被俘获的女孩子并不被收养到世系群中去，但人们会说“卡阿·拉兹·昆葛尼”(*caa lath cungni*)，意思是“她被赋予了得到聘礼的权利”。“她的孩子们也会成为在聘牛中享有部分份额的人。”这就是说，在她出嫁或者她女儿出嫁时，那个把她养大的家庭的儿子们将会得到兄弟与舅辈们应得的那份牛；作为回报，当这个家庭的儿女们的女儿们出嫁时，她或她的儿子们也可以要求得到姑辈与姨辈应得的那份牛。她已经成了她的俘获人的女儿和他儿子们的姐妹，但她并不是他们世系群的成员。

223 通过收养，丁卡男子们被移植到其俘获人的世系群之中。他们沿着这个世系群来上溯祖辈，直到这个世系群的始祖，而他们自

插页图 24

豹皮酋长

插页图 25

a. 恩袞邓的金字塔(娄)

b. 恩袞邓的金字塔(娄)

己则成了这个世系群的一个新的生长点。这种融合是彻底的、终极性的。这个世系群的神灵成了他们的神灵，它的鬼魂成了他们的鬼魂，它的长矛名和尊称成了他们的象征。实际上，如果不在一个努尔村落或营地里住上很长时间的话，要想弄清谁是纯粹的努尔人出身谁不是纯粹的努尔人出身几乎是不可能的。曾有数星期，我一直以为一些人是真正的努尔人，然而他们却是被俘丁卡人的后裔，因为对于一个其丁卡祖父被收养到一个努尔世系群中的人来说，他认为自己在这个世系群中的成员身份与那个其祖父收养了他的祖父的人是相同的，而且，这个世系群的其他成员以及那些不是该世系群成员的人们也是这样看待他的。因而，当一个人给出的继嗣关系是从 E 经 D 和 C 而来，另一个人所给出的继嗣关系则是从 E 经 J 和 K 而来时，人们便会很自然地认为 D 和 J 乃是 E 的儿子。事实上，J 是一个被收养到这个世系群中来的被俘丁卡人，如果不是有人自愿提供这一信息——这在努尔地区是最不可能发生的事——的话，人们是没有任何办法了解到这一点的。而且，去问那些外来人他们的祖先是不是被俘的丁卡人也是不礼貌的，即便他们是丁卡出身，他们也不愿意这么说。当然，你总可以去问别人，但是，只有那些与之是同一世系群成员的人才可能对其世系出身完全了解。不过，这些人很可能不会告诉你这个人是否是丁卡出身，因为与一个外人相比，这个人乃是他们的父系亲属。

在所有部落中，大量的丁卡人被通过收养的方式纳入到努尔人的世系群中来。就像我们将要在后面提到的那样，被收养的丁卡人及其后裔可以通婚到各个旁系世系群中去，所以，如果要把他们说成是被收养到氏族中去就不确切了。可能大多数被俘的丁卡

人都被收养到努尔人的世系群中去了，但也有许多丁卡世系群传自于那些出于自己的自由意愿而到努尔地区定居的人，这些人之所以自愿到努尔地区来定居，要么是为了逃避主要因努尔人的袭击而在他们本地引起的饥荒，要么是为了探访被俘的姐妹，或者是为了回到努尔人袭击时把他们从中撵走的那些地方重新安居。这些移民平平安安，不受任何骚扰，努尔人允许他们按照自己的选择
224 来定居或回到他们的丁卡地区。结果，一个决定在此定居的丁卡人就成了某个努尔人的扎昂和冉德(*rande*)，前者的意思是他的丁卡人，后者的意思是他的人，如果他表现出对自己新家的忠诚与依恋，这个努尔人便会送给他一头公牛，还可能送给他一两头奶牛。有人对我说，如果这家努尔人有一个女儿目盲或跛足，没有任何努尔人会打算娶她做新娘，这家人甚至可能会把这个女儿送给他做妻子，而他无须支付聘礼。常常会有一个寡妇与这样的丁卡人非法住在一起，这样一来，从做饭、持家及配偶这个意义上来看，他就得到了一个“妻子”。即使她可能为他生下的孩子们不被算作他的后代，他也能得到他们的情感关怀。如果一个丁卡人在他姐妹的丈夫家中定居下来，后者便会送给他一两头奶牛，表示承认这种姻亲关系。

在努尔人所侵占的地方，当初一定生活着一小群一小群原本是丁卡人的居民，他们向努尔人屈服，放弃了自己的语言与习惯，接受了努尔人的语言与习惯。无论如何，在所有的部落中，现在都存在着许多小型的丁卡世系群，不少村落常常以这些世系群来命名。在我大部分时间所在的那两个社区——雅克瓦克营地和尼温尼村落——中，这样的世系群在数量上占有很大优势。关于这些

世系群被组织到部落中支配氏族的世系群网络中去的方式，我们将在接下来的两节中加以讨论。

在我们就丁卡人相对于努尔人的地位问题所做的描述中，已经显露出一些特点，我们在这里总结如下：(1)扎昂，即丁卡人，有着许多意思：努尔人经常去袭击的任何外族人；住在丁卡境内，被努尔人所袭击的丁卡人；在努尔地区或其边界上未被并入到努尔人领地中去的小块土地上的丁卡人；最近的丁卡移民；某些据说有丁卡血统的氏族，如嘎特干柯氏族；那些除了血统出身以外，在各个方面都已变成努尔人的小型丁卡世系群成员；被收养的丁卡人的后裔；被收养的丁卡人。人们只能从其上下文以及努尔人在讲到这一词语时所使用的语气来判断他们为之赋予的意义是什么。(2)只有那些被看成是努尔部落成员的丁卡人才是与本讨论有关的对象。他们的身份地位与产生这些身份地位问题的社会状况有关，不能固定僵化地予以界定。(3)努尔人的征服并未导致一个阶层或一个共生系统的出现，而是通过收养习俗，把被征服的丁卡人
吸收到自己的亲属系统中去，并在彼此平等的基础上，通过亲属系 225
统而把他们纳入到自己的政治结构中去。

九

大量丁卡人并不是在孩提时代就被努尔人所俘获的，他们不会被收养到努尔世系群中去，外来的努尔人也不能被收养到支配氏族的各个世系群或任何别的努尔世系群中去。不过，尽管在与其他地方性裂变分支的关系上，所有地方性社区的成员都把自己

看成是明显不同的裂变分支,但他们却以亲属关系的方式来表达彼此间的关系。这是由他们之间的相互通婚所造成的。

我们尽可能简要地提一下族外通婚规则,而且仅就它们与政治系统有直接关系的方面来谈。尽管努尔人有时也与别的部落的女子通婚,尤其当他们住在边界附近时更是如此,但在一般情况下,他们却只在自己的部落内部通婚。有时,也有这样的情形,即一个人在一个部落里结了婚,然后带着他的妻子和家人到另外一个部落里去住。在最近一段时期,他们偶尔也与恩告克人通婚,可能还与别的丁卡部落通婚。他们没有任何以所在地为基础的族外通婚规则。他们的通婚规则是由世系群与亲属关系的价值标准所决定的。一个人不能与自己氏族里的人结婚,更不能与自己世系群里的人结婚。在大多数氏族中,一个人可以与其母所在氏族的人结婚,但不能与她最大世系群的人结婚,不过,这一规则不太确切。不管从哪方面来讲,只要一个人与一个女子有密切的亲缘关系,他就不能与之结婚。一个被收养到某个世系群中去的丁卡人不能与该世系群的人结婚,但可以与这个氏族中的旁系世系群的人结婚。

至此,我们已经把族外通婚规则粗略地描述了一下。无论如何,我们认为这些规则是很重要的,因为在努尔社会中,对人与人之间的行为起主要调节作用的价值标准乃是亲属关系的价值标准。努尔人的族外通婚规则通过强迫父系群体成员与群体以外的人通婚,打破了这些群体的排他性,从而建立了新的亲属关系纽带。由于这些规则同时也禁止关系较近的双系亲属之间的通婚,因而像村落这样的小型地方性社区便很快变成了一张由亲属关系

纽带构成的网络，其成员被迫到网络以外寻求配偶。任何进入到村落里来的外人，只要他还没有与这里的大部分成员产生亲缘关系，就会迅速与他们建立起姻亲关系，他的孩子们也就成了他们的 226
亲属。结果，一个努尔村落或牛营的人口便可以被放到一张表示继嗣关系线与姻亲关系线的谱系图中去，而且，由于姻亲关系基本上是通过亲属关系建立起来的，我们可以说，一个村落或营地的所有成员都被亲属纽带联结到了一起，因此，他们一般不能与该村落或营地内部的人结婚。结果，他们被迫从其区落内的邻近村落中寻找配偶。通常情况下，人们与住在其村落交往距离内的女子结婚。这样一来，亲属关系纽带网络便延伸到了整个区落的范围，并以各种各样的方式把不同政治群体的成员们联系到了一起。

从单个村落的角度来看，近亲关系的圈子被限制在一个方圆很小的范围以内，而且，越靠近该范围的边缘，这种近亲关系就越少，其距离也就越远。但是，这样的一个关系圈的周边与别的关系圈相互交叉，从而，对于一系列连续不断的亲属联系来说，其扩展范围是没有任何界限的。因此，族外通婚规则防止了自主性父系群体的形成，并在部落结构的内外建立了广泛的亲属关系纽带。这样，亲属关系系统通过一条把对立裂变支成员们联合到一起的关系链，而在政治结构的裂缝之间架起了一座桥梁。它们就像具有弹性的带子，使得各个政治裂变支彼此分崩离析、互相敌对，而又把它们维系在一起。亲属结构与政治结构之间的这种关系，引发了一系列复杂的问题。这里，我们只希望说明一点，即在地方性社区内部，支配世系群通过其他世系群的加盟，是如何起到政治框架的作用的。

我们已经看到，每个地方性社区是如何与一个世系群相联系的，而且，从数量上看，在这个社区中居住的该世系群成员远远不如别的世系群的成员多。我们还看到，这个社区的所有成员是如何以这样或那样的方式被亲属关系联系到一起的。他们与社区中支配世系群的关系为这种双系亲属关系脉络的复杂的相互交叉提供了一种模式。

在努尔人中有一种人叫嘎特·尼耶特(*gaat nyiet*)，即女姑之子(children of girls)，包括所有那些成为某世系群之姐妹及女儿的儿子的人。由于两个世系群之间在其继嗣谱线上只要有任何一
227 处存在这样的女性联系，其中的整个世系群就都可以被说成是另一个世系群的嘎特·尼耶特，而且，由于族外通婚的规则，只要他们住在同一个社区内，就肯定会有这样一种联系，因此，住在一起的人们彼此之间都是另外一个人的嘎特·尼耶特。然而，这个概念主要用在人们与社区中支配世系群的关系上，也正是在这种关系上，这一概念才具有政治上的重要意义。当人们不是支配世系群的成员时，他们就会强调说，他们是这个世系群的嘎特·尼耶特。其他氏族的努尔人永远也不可能与支配世系群产生比这种关系更密切的关系认同，这是因为，由于仪式上的原因，他们必须保持其自主性的单位，但是，在政治上，他们则通过这种亲属关系范畴而使自己加盟到该支配世系群中去。而且，在仪式情境以外，由于他们是支配世系群的嘎特·尼耶特，他们便具有了与该支配世系群完全平等的身份，这种加盟也常常被以世系群结构的形式表达出来，所以，一个人常常会把其世系关系上溯到那个生下他的某个祖先的支配世系群的妇女身上，通过她来把自己移植到支配世

系群的继嗣关系树中去；不过，这种情况在丁卡人中比在努尔人中更常见。然而，那种除了在仪式情境以外，都把自己看成是母亲世系群的成员并把母亲世系群的成员而不是父亲世系群的成员看成是自己的真正亲属的情形，对于那些在母方亲属家中长大且母方亲属又是贵族的外来努尔人的后代来说，是常见的做法。

未被收养的丁卡人一般把自己的继嗣关系上溯到一位女性努尔祖先，通过她把自己转接到一个努尔世系群中去，在日常的社会关系中，人们也这样把他们接受为这个世系群的成员。因而，丁卡人经常通过一位妇女，有时通过两三位女性的联系，把自己的继嗣关系上溯到其社区的支配世系群中去，尽管这一点一般可以从女性前缀中明显看出来，它却并不总是为人所知的。这些丁卡人通过其女性祖先而把自己归入到努尔人的一个世系群结构中去，因为他们没有自己的世系群结构。这与那种强调因为一位女性联系（嘎特·尼耶特）把一群外来努尔人或丁卡人与其部落分支的支配世系群联结到一起的方式不同，也不同于那种可能是暂时性的因为母居条件（matrilocal conditions of residence）而采取的母系继嗣关系确认方式。

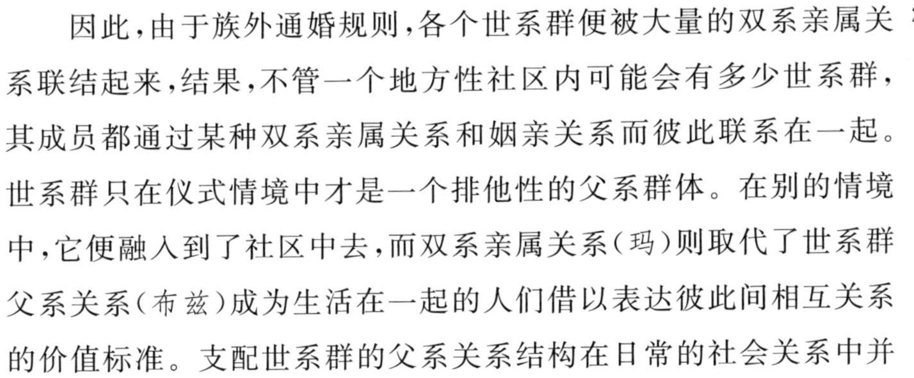

因此，由于族外通婚规则，各个世系群便被大量的双系亲属关 228
系联结起来，结果，不管一个地方性社区内可能会有多少世系群，其成员都通过某种双系亲属关系和姻亲关系而彼此联系在一起。世系群只在仪式情境中才是一个排他性的父系群体。在别的情境中，它便融入到了社区中去，而双系亲属关系（玛）则取代了世系群父系关系（布兹）成为生活在一起的人们借以表达彼此间相互关系的价值标准。支配世系群的父系关系结构在日常的社会关系中并

不为人们所强调，只有在涉及地域性裂变支之间关系的政治层面上，它才得到大家的强调，因为地域性裂变支向支配世系群裂变支的同化意味着其中一方裂变支之间的相互关系是以另一方的形式表达出来的。

在每一个小型的部落裂变支中，都有一个该部落支配氏族的世系群与之相联系，而且，这个部落裂变支的成员通过收养、双系亲属关系或亲属关系虚构而与这个世系群联系到一起，这种联系非常紧密，以致我们可以把他们说成是围绕一个世系群内核而形成的聚合体。由于这些不同的内核是同一氏族的各个世系群，或者正如我们将在下一节看到的那样，被同化到了这个氏族中去，因此，支配氏族的结构与政治系统的关系就像解剖结构与一个有机体系统的关系一样。

十

我们已经看到，丁卡人与外来努尔人如何通过收养和双系亲属关系而与支配氏族的框架联结到一起，这些联结又如何构成了一种富于包容性的亲属关系系统，而这种亲属关系系统则提供了政治系统的非政治性的结构。亲属关系的价值标准是努尔社会中最强烈的情感与规范，所有社会性的相互关系往往都以一种亲属关系的术语来表达。收养以及把双系亲属关系同化为父系关系纽带是社区关系被转译成亲属关系的两种方式：通过这两种方式，共同的生活就使居住关系变成了一种亲属关系模式。第三种方式就是在神话中创造虚构的亲属关系，这种方式适合于支配氏族与外

来努尔人群体及丁卡人群体之间的关系，这些外来努尔人群体和
丁卡人群体与他们生活在同一个部落裂变支中，这种裂变支太大，
所占地域太不相同，因而无法通过前两种方式中的任何一种来把 229
他们吸收进来。正是通过这种方式，一大群一大群的外来努尔人
和丁卡人被吸收到一个部落的观念框架之中。

我们已经屡次强调的是，政治关系在言谈中常常被表述为世系群关系，人们在谈到一个地方性社区时就好像它是一个世系群一样，由此而把那些与支配世系群过着共同的社区生活的世系群同化到该支配世系群中去；世系群关系也常常被表述为政治关系，人们在谈起一个世系群时就好像它与那个地方性社区完全等同一样，而它只是那个地方性社区的内核，这样，人们便剥夺了这个世系群的独特的父系关系身份，而赋予它一种一般性的居住方面的价值。与这种描述社区间各种相互关系的方式一致，这些关系还在神话中被予以人格化展现，并从各种亲属性的个人关系中衍生出来。

我们并不打算给出一个努尔人的神话集。到目前为止，我们只提到了一个解释群体间相互关系的神话，即那个讲述努尔人为什么袭击丁卡人的神话。这种一般性的神话很少。大部分神话与各种团体性地域化形式的氏族和世系群有关，它们解释了这些氏族与世系群作为部落和部落裂变支所具有的彼此间的联系，尤其是支配世系群与同他们一起生活的较大外来世系群之间的关系。我们并不总能用现在的政治系统来解释神话关系，但这一点常常是可以做到的，当我们没有做到时，我们认为这是由于我们的无知，尤其是对部落史的无知造成的。

娄部落的两大分支吉迈克和扎周在第56页的地图中有所出现而未在第196页有关娄部落支配氏族吉纳卡的谱系关系树中出现，这两大分支是根据吉迈克世系群和扎周世系群而得名的。据说它们是嘎特·尼耶特，是吉纳卡氏族始祖的女儿们的后裔，有一个神话说明了这一母方联系。根据娄部落的传说，德纳克有四个儿子是一个妻子所生，他们分别叫尹、达克、堡和巴尼；尼昂和两个不知名字的兄弟是德纳克的第二个妻子所生的。这两位妻子有时据说被称为尼亚衮和尼亚毛，娄部落的两个一级支衮和毛就是以她们而得名的。尼昂的两个兄弟被一个食人妖怪吃掉了。后来，当德纳克的儿子们去捕鱼时，那四个同母的儿子们便走在一起，而尼昂则独自一人前去，因为他不愿意跟着他的同父异母兄弟们，而渴望能与自己母亲的儿子们在一起。当他捉到一条鱼时，就会有人来把鱼从他身边拿走，因为他只有自己一个人，而且只是个小男孩。当他回家后，他不愿与其他兄弟们坐在一起面对着父亲，而是与他们隔开而坐，背对着父亲，当父亲问他为什么烦恼时，他回答说，他正在思念被食人妖怪吃掉的兄弟们。父亲就对他说："没关系，把你的两个妹妹带去吧，让她们做你的兄弟。"因此，当尼昂再去捕鱼时，就有两个妹妹尼亚比尤和法德外与他在一起了。尼昂是嘎列克世系群的始祖，尼亚比尤是吉迈克世系群的始祖，而法德外则是扎周世系群的始祖。这些世系群合在一起，构成了娄部落的一级支毛的亲属关系框架，这一神话对它们之间的联系予以了说明。这种母方联系并未阻止嘎列克世系群与吉迈克世系群之间的相互通婚。

除了仪式和族外通婚的问题以外，人们对待尼亚比尤和法德外的后裔就好像这两个女儿是儿子一样，而且，她们的后裔拥有一种神话上的特权，使其在部落里具有与牒尤平等的身份地位。在上溯其父系祖先时，这些世系群的成员们仅推溯到其女性始祖就不再往前推了。从她这里，他们可以继续推溯到她的父亲德纳克。

在嘎沃部落中，有一个重要的扎卡世系群，它与该部落的贵族嘎沃氏族有着下述神话上的联系。一个名叫卡或扎卡的男子通过一根连接天国与一棵罗望子树的绳子来到了地上。这棵树可能就是朗部落境内的那棵，据说人类就是在这棵树下被创造出来的。后来，嘎沃氏族的始祖沃就追随了他，沃是被卡的妹妹发现的，当时，她正带着一只狗捡木柴，发现沃正坐在树上，就回去告诉她哥哥，说她发现了一个满头是血的人。卡竭力劝沃到村落里来，但沃不肯。后来，卡他们杀了一头公牛，把它的肉烤熟，香味吸引了沃，沃非常贪吃，于是就从树上爬下来，进了村落。当他吃完后，想回到天上去，但卡把绳子砍断了。刘易斯先生很友好地为我提供了另一种说法，据他说这是在嘎沃部落发现的一种不那么普遍的说法：在一次暴雨中，沃从天上掉了下来，被洛夫的一只狗发现了，这只狗当时正跟着科威克的妻子，她正在林子中找木柴，于是就发现了沃。科威克的妻子把沃带回了家，结果，在科威克和洛夫之间便产生了关于这个弃儿的所有权的争执。洛夫要求认领沃，理由是，是他的狗发现的沃，科威克也要求认领沃，因为是他的妻子找到沃的。后来，卡也加入了这场争论，说沃是他的兄弟。

231 这一神话使沃、卡和洛夫在彼此之间产生了某种关系，应该以下面的事实来解释：在嘎沃部落中，与显贵氏族嘎沃相邻的两个主要氏族就是扎卡和扎洛夫。据推测，这个扎洛夫与生活在多克地区南部的那个扎洛夫氏族是同一个氏族，在那里，有一小块区域以它们而得名。毫无疑问，科威克就是科威克世系群的始祖，扎洛夫地区旁边的一小块区域便以之得名。我们可以推测，由于今天这两个世系群都可在尼罗河东部嘎沃部落现在的位置上见到，因此，当这三个氏族都在尼罗河西部其本土家园中生活的时候，这两个世系群也与嘎沃氏族有着密切的联系。

最丰富多彩的氏族神话就是关于嘎特干柯氏族的神话，它清楚地显示了在一个政治结构中，不同出身起源的各个世系群向着
340 **支配世系群系统一体化的过程，并表明了各种地缘关系是如何被赋予一种亲属关系价值的。**

关于与嘎特干柯氏族始祖柯有关的众多细小情节，存在着多种说法，我们这里给出其中一种说法的节略内容。一个名叫于尤的恩告克部落的丁卡人在一条河岸上见到一棵葫芦藤，沿着这棵葫芦藤走了很长一段路后，就到了一个巨大的葫芦跟前。他把这个葫芦劈开，便从里面蹦出了柯，还带着各种各样的仪式物品。于尤的妻子便既给自己的孩子吉英喂奶，又给这个孩子喂奶。柯长大以后，就成了一个巫医及术士，因为他的不祥的法力正在对牛造成伤害，于尤的儿子们便设法要杀死他。只有吉英仍是柯的朋友，在他从于尤家中逃跑时，吉英对他说，有朝一日自己会去追随他，与他在一起。

在逃跑途中，柯来到了尼罗河边，在这里，他看到河里有一个人，便向他求救。这个人名叫提克。提克击打尼罗河水，把它劈成了两半，于是柯便跨过尼罗河，到了西岸。柯对提克说，在他找到一块地方安顿下来时，提克就可以来投奔他。于是提克便一直跟着柯，直到他们遇到沃特部落的一个人，这个人把他们带回了家，在那里，沃特部落的支配氏族吉叠特杀死了一头黑公牛来献祭，以使那种致死性的巫术力量离开柯的双眼，使他可以用眼来看人和牛而不致把他们害死。此后，柯就在嘎沃氏族的一个牛营附近的白蚁土丘里为自己挖了一个洞，在那里表演了许多奇怪的技艺。最后，嘎沃氏族为他举行了献祭，说服他离开土丘，把他带到了他们的营地里。

然后，人们给了柯一个妻子，名叫尼亚克威尼，她为柯生下了齐昂之后就被他用巫术杀死了。接着，柯又与尼亚波结
婚，她为他生下了昆。柯同样杀死了她。此后，人们又给了他 232
一个跛脚女人杜阿尼，她为他生下了兆克。在娄和东吉坎尼那里的诸传说中，这三个妻子都是嘎特干吉卡各氏族的始祖吉的女儿，而在尼罗河以西地区的诸传说中，前两个妻子是嘎沃氏族的成员，杜阿尼则是布部落尼亚皮尔氏族的成员，但所有这些说法都把尼亚克威尼与尼亚波之间的关系描述得比她们中的任何一个与杜阿尼的关系更为密切。杜阿尼生下兆克以后，就用巫术杀死了柯，因为她也是一个巫师。后来，她的已故丈夫的长子齐昂与她同居，生下了尼昂。

在关于柯的神话的所有不同说法中，吉英和提克所占的地位都被予以强调。吉英与柯小时候一起吃奶，后来又加入到他身边，作为一个兄弟与他生活在一起。在柯死后，他的两个年长的儿子齐昂与昆拥有了牛，而其最小的儿子兆克以及吉英却一头牛也没有。齐昂想要阻止吉英得到牛，但昆给了他一些，因此齐昂就说，昆和吉英应该住在一起。提克当初救了柯的命，并去和他住在一起。还有另外一个传说，讲述了吉英与提克如何受到一个食人妖怪的威胁，因而一起住在一个棚屋中，慢慢变得像兄弟一样，所以，从这两个人传下来的世系群在相互之间并不通婚。

无须再记录更多的细节，我们便可注意到实际的政治关系是如何以神话的形式在这些传说中的人物身上表现出来的。嘎扎克部落中以外来努尔人的世系群内核而命名的两个最大的裂变支就是孔分支和迪里克分支，孔分支的外来世系群内核是一个从提克传下来的世系群，迪里克分支的外来世系群内核则是一个从吉英传下来的世系群，这两个部落分支作为仍一级支的两个部分而住在一起（见第 140 页的图表以及第 58 页的地图示意图）。神话中还讲到了兆克和尼昂如何是同一位母亲杜阿尼的儿子，兆克由柯所出，而尼昂则由齐昂所出。这是关于嘎葛旺部落的结构的一种神话表征，该部落的支配世系群内核既有尼昂所传，又有兆克所传；这也是关于嘎葛旺部落与嘎兆克部落之间的政治关系的一种神话表征，因为嘎葛旺部落同两个也与之毗邻的嘎扎克部落的一级分支齐昂和仍之间的关系要更远，相对而言，嘎葛旺部落与嘎兆克

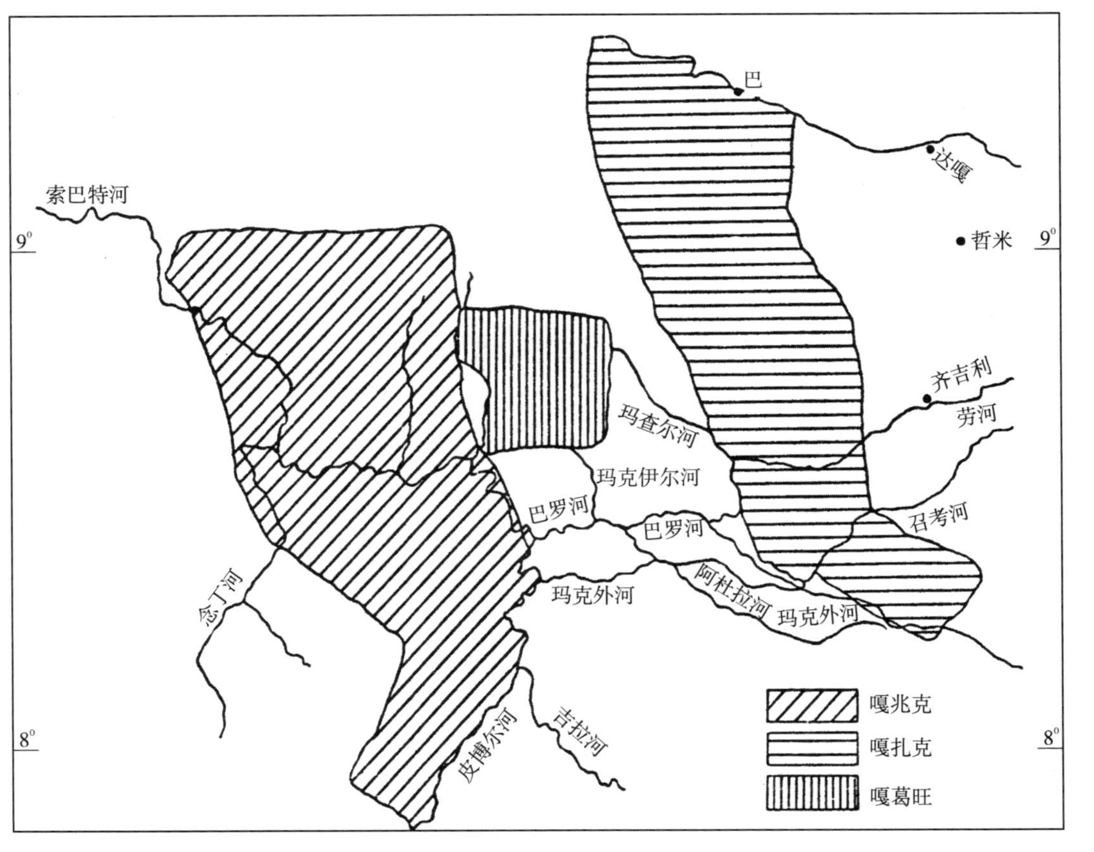

东吉坎尼诸部落(引自 C. L. 阿姆斯特朗先生)

> 部落之间的这种政治关系乃是一种紧密的联盟，在尼罗河以西地区尤为如此。齐昂和昆是柯的儿子，他们的母亲在神话中一般被表示为两姐妹，他们的后代在嘎扎克部落的齐昂和嘎贡两个一级支中处于支配地位，嘎扎克部落的第三个一级支仍的世系群内核传自于齐昂、吉英和提克，对于他们在神话中的关系，我们已经有所提及。

234 在每个努尔部落中，都存在着类似的传说，它们解释了显贵氏族与同它生活在一起的大型外来世系群之间的关系。其他神话则解释了这些外来世系群之间的关系。因此，里克境内生活在尼温尼以及邻近诸村落中的那些世系群，如朱阿克、恩葛沃、吉库等等，在其相互之间及其与里克部落的支配氏族之间，都存在着神话上的联系。这些神话还解释了其中所提到的那些世系群的仪式象征与风俗习惯。

那些政治性的实际相互关系便通过这种方式而在神话里的相互关系中得到阐释与证明，而且，就我们所知，不管在哪里，只要不同氏族的较大世系群在政治上相互关联，就会有一个神话把它们的祖先组织到某种社会关系中去。在支配世系群与外来努尔世系群或丁卡世系群之间，情况尤为如此，这种神话上的联系赋予了他们在社区生活中的平等地位与兄弟关系，同时也容许他们之间存在仪式上的排他性以及彼此间的相互通婚。要产生完全彻底的同化是不可能的，因为必须总要存在一种仪式上的区分，否则氏族与世系群的系统就会瓦解。外来努尔人必须要被并入到支配世系群的社区中去，同时又要被排拒在支配世系群的父系结构之外。

十一

收养即承认在社区生活中存在着双系亲属关系与父系亲属关系纽带的等价物，通过收养，也通过神话上的关系，部落裂变支中的所有人便在彼此之间具有了某种亲属关系，而且，在政治系统内部，这些裂变支本身之间也被赋予了一种亲属关系。尽管牒尤、孺和扎昂这些范畴造成了社会分化，但这种分化是在仪式与家庭的层面而不是在政治的层面上而言的，而且，这种分化只在社会生活的某些情境中才表现出来。

这一点在努尔人使用上述三个表示三种身份的词语时表现得很明显。在与人们讲话以及在公开场合谈到他们时，努尔人的普遍做法是使用那些所表示的关系比谈话者与谈话对象之间的实际关系更为密切的词语。在使用亲属关系术语时，人们一般都这么做，而且，它也常被用来界定一个人在其部落中的身份地位。在日常的社会生活中，努尔人不会说某人是外来人或丁卡人从而对这种身份进行强调，因为只有在罕见的情境中，这个人并非贵族这一 235
点才与之有所相关：从某种程度上看，这种情境包括对恤牛的偿付、关于族外通婚的问题以及献祭与会宴。一个与贵族合住在一家的外来努尔人被看成是一个社会地位与贵族平等的人，他本人也这样看待自己。人们并不把他称为孺，因为他是这个社区的一员。他们甚至还会出于礼貌而把他称为迪尤。同样，人们也并不把一个被收养的丁卡人称为“扎昂”，因为他已通过被收养而成了贵族或别的世系群的努尔人的兄弟。人们一般并不把一个未被收

养的丁卡居民称为“扎昂”，而是称为“孺”。正如外来努尔人往往在语言上被等同于贵族那样，丁卡人也往往被说成是与外来努尔人相同的人，只有在谈起那些丁卡本土上未被征服的丁卡人时，人们才使用带有蔑视意味的“扎昂”这种字眼。对于那些与自己生活在一起、并肩战斗、彼此友好相待且作为自己社区的成员而与其他社区相对抗的人，努尔人并不做身份上的区分。生活上的社区压倒了继嗣关系上的区分。

我们再次强调，在一个努尔部落中，“贵族”、“外来努尔人”与“丁卡人”这些称谓是一种相对意义上的术语，是由人们在社会生活的特定情境下的社会结构中的关系来界定的。在某些情境中，主要是在仪式情境里，一个人才是一个外来努尔人或丁卡人，而在别的情境中，这一点就不会被提及了；一个人也只是在与某个社会群体的成员相对而言时，才是一个外来努尔人或丁卡人，而在与另外一个群体相对而言时，他就不会被自己社会群体的成员们看成是身份不同的人了。一个外来努尔人对你来说是外来人，是你的外来人，但对别人来说，他就是你们中的一员了。一个丁卡人对你来说是丁卡人，是你的丁卡人，但对别人来说，他就是你的兄弟了。在政治结构中，一个裂变支的所有成员在与别的裂变支相对而言时基本上都是没有区分的。

在一个情感上如此民主，表达这种情感时又如此易于诉诸暴力的人群中，每个部落里都有一个氏族被赋予了优越地位，这种现象该如何解释呢？我们认为，我们所记录到的事实从部落结构的方面给出了一种解答。从地域面积与人口数量来看，许多努尔部落都很大，其中有些部落则非常大，而且，它们并不仅仅只是一种

地域性的表达，因为我们已经指出，它们具有一种复杂的裂变结
构，努尔人自己则把这种裂变结构看成是一个系统。由于没有任 236
何部落首脑和委员会，也没有任何别的形式的部落政府，我们必须从别的方面来寻找那种为部落赋予了概念一致性及某种程度的现实凝聚力的结构内部的组织原则，我们发现，这种原则存在于贵族身份之中。由于缺少政治制度来为一个部落提供中央行政管理，并把其各个裂变支联合到一起，因而，正是其支配氏族的世系群系统，通过在一个共同的父系结构内部诸世系群价值标准与一个地域系统诸裂变支之间的联系，为其赋予了结构上的独特性与统一性。由于缺少一个可以象征部落的首领或王（king），部落的统一性便在有关世系群及氏族关系的习语中表达出来。

十二

在有关柯的神话中，不仅重要世系群的祖先们被组织到一定关系之中，通过他们，这些世系群及并入到其中的诸地域性裂变支也被组织到了这种关系之中，而且，各个氏族的祖先们也被联系到一起，同时，通过这些氏族祖先，这些氏族以及它们在其中居于支配地位的那些部落也被联系到了一起。于是，在关于这个神话的许多说法中，柯都被说成是由嘎特干吉卡氏族门[①]的始祖吉所收

① 这里的氏族门指的是由若干在传说中源自于一个共同祖先的氏族组成的单位，其字面意思是“氏族之家”，同一氏族门中各个氏族彼此间的关系比与其他氏族的关系更亲近。

插页图 26

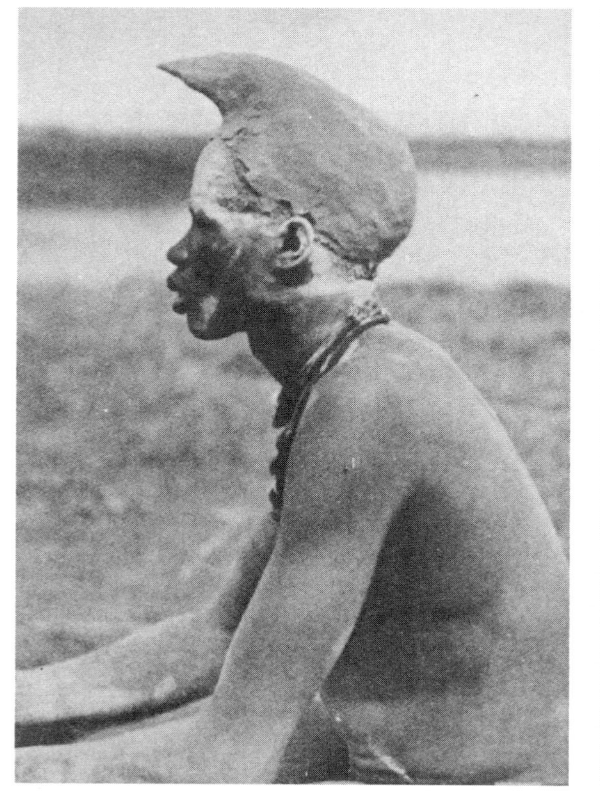

a. 戴着粪灰发饰的年轻人(东嘎兆克)

b. 去掉粪灰发饰后的年轻人(东嘎兆克)

插页图 27

男孩子们的成丁礼(东嘎兆克,纳赛尔附近)

养的；他都遇到了沃特，后者乃是沃特部落的人格化；柯都与嘎沃氏族有关系；如此等等。因而，这个神话也反映了部落间的关系，并把整个努尔地区组织成了一个统一的亲属关系结构，我们把它称为氏族系统，以与一个氏族内部的世系群系统相区别。

当涉及两个人之间的婚姻问题时，氏族是努尔人推溯其父系亲属关系的最远范围，但是，尽管努尔人对氏族之间关系的看法与其对氏族内各世系群之间关系的看法并不十分相同，有些氏族却仍与别的氏族保持着一种父系关系。在谈到一个氏族的祖先时，他们给人的印象是，他们把这个祖先看成是一个在传统背景中有着清晰描绘的历史人物；而在谈到一个氏族门的祖先时，他们似乎把他看成是一个被遮掩在神话暗影中的含混模糊的人物。

这里，我们又一次注意到，几个部落中的各支配世系群有时构成了同一个氏族结构。因此，在尼罗河以东及以西的嘎兆克、嘎扎
237 克和嘎葛旺部落中，处于支配地位的那些世系群都是嘎特干柯氏族的诸裂变分支。同样，尼罗河以西仍延部落中的诸支配世系群和宰拉夫河以东娄部落中的诸支配世系群都是吉纳卡氏族的一部分。这种分布情况很容易解释，因为我们知道，直到最近，东嘎特干柯和东吉纳卡诸世系群还与这两个氏族的其他世系群一起生活在尼罗河以西的吉坎尼诸部落和仍延部落的区域内。

在氏族之间，还存在着更为一般性的神话上的关系。在对这些关系进行描述时，努尔人把部落予以了人格化，并通过把它们等同于其支配氏族而为之赋予了一种亲属关系价值。因而，他们在说起波、朗、娄、齐昂、拉克等部落时，就好像它们是人，并可以像人们之间那样彼此间具有亲属关系，又好像这些部落的所有成员都

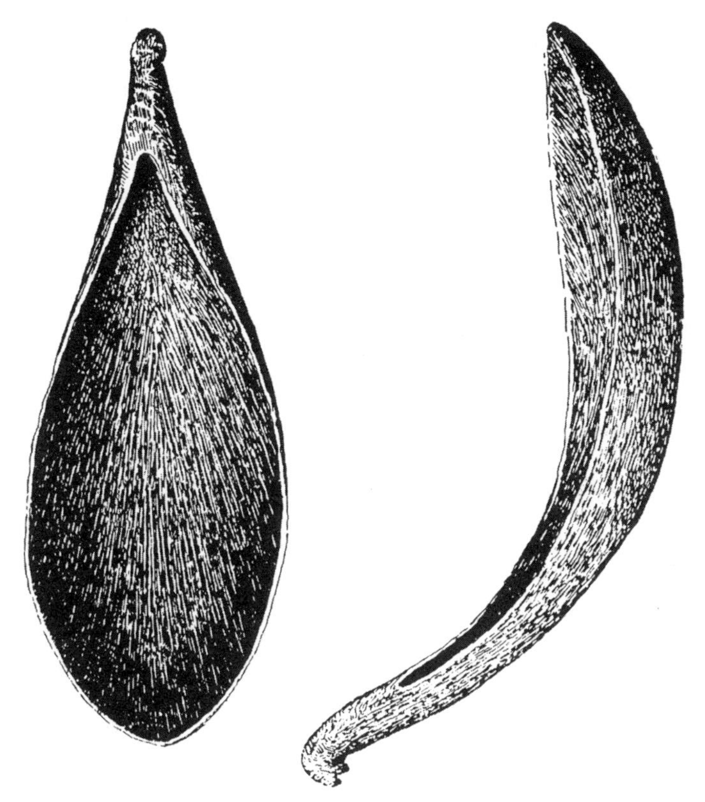

图 14　牛角匙

来自于同一种继嗣关系一样。通过这种做法，他们就在一种政治 238
背景中对各种社区关系予以了强调，并使氏族的分化变得模糊起来。这种习惯常常使他们的陈述听起来混淆不清，甚至相互矛盾，但是，正如我们在讨论此英这一词语的各种意义时所见到的那样，它是与社会生活中的一种强烈倾向相一致的，即在一系列特定的关系中来确定世系群系统与政治系统。

尽管在努尔地区的不同地方，人们所给出的分类也不相同，但许多努尔人都把他们的祖先吉和嘎克(Ghaak)看成是所有真正努尔人的元祖。在娄部落中,人们说除了吉坎尼和嘎沃这些部落以外,所有部落都是从吉那里传下来的后裔。吉坎尼和嘎沃之所以被单独区分出来,是因为它们与娄部落非常接近,从而对娄部落的人们具有重要意义,而所有其他部落都与娄部落没有直接关系,因而便被笼统地划分成吉的后代。在东吉坎尼人中,他们往往把自己看成是"柯"的后代,而把所有真正的努尔人看成是"吉"的后代。在宰拉夫河谷以及西努尔地区,部落与部落之间的相互联系比别的地方广泛得多,因而也就存在着更广泛的区分。那里的努尔部落被分为三个类别:吉群、嘎克群和瑞尤(Ril)群,吉群由波、朗、仍延、布、沃特、若、齐昂和娄组成,从努尔地区西北,穿过中心地带,向东南延伸,形成一条连续的延伸带;嘎克群由努翁、多克、扎路夫(Jaloogh)、比浮、干克瓦克(Gaankwac)和若尤组成,分布在努尔地区的西南部;瑞尤群由里克和拉克组成,居于宰拉夫河与加扎勒河的下游,在它们与尼罗河汇合处的附近。我有时听说布被包括在瑞尤群中。然而,在多克地区以及在邻近的部落区内,人们还进一步对那些在别的地方被归为嘎克后代的部落进行区分,把它们分为一个嘎克群和一个葛威亚(Gwea)群,前者包括比浮和扎阿洛夫[①],后者包括多克、努翁、干克瓦克和若尤。

在上述这些分类中,我们注意到一个我们常常在别的地方见到的那种关于努尔人分类情况的进一步例证,这种情况就是,努尔

① 根据上下文,译者认为,这里的"扎阿洛夫"即上面所提到的扎路夫(Jaloogh),因为原文是以近似的音译拼写而成的,故在译为汉文时,本书也采用了略有差异的译法,以便显示原著的原貌。——译者

人的分类有一种裂变倾向而且具有相对性。比如，尽管别的努尔人把多克人和比浮人看成是嘎克群的人，但他们却只有在与吉群相对时才把自己看成是一个没有分化的嘎克群，而在别的时候，他们则把自己看成是两个相互对立的裂变支葛威亚与嘎克的组成部 239
分。我们将会注意到，这些常常被表征为氏族门的部落群分处在努尔地区的不同地段中。在东迁以前，它们分成三群或四群，从北向南迁移，到达了尼罗河的西部。地域上的相邻与共同的氏族结构相伴，就像我们在吉坎尼诸部落中所见到的那样，或者是在一个氏族系统内部存在着部落间的密切关系，就像我们在嘎克部落群中所见到的那样，它们是共同存在的，而且，这两个系统的价值标准也可被认为是相互影响的。因而，在部落内部，与政治裂变相应的世系群裂变过程便在努尔人的整个氏族系统中重演出来，这个氏族系统的各裂变支是与努尔地区的政治裂变情形协调一致的。那些彼此相邻的部落共同一致地与别的部落群相对抗，这种关系从它们的下述趋势中反映出来，即它们往往通过其支配世系群与支配氏族而被表征为在神话与仪式层面上密切相关的群体。

吉、嘎克与葛威亚被表征为三兄弟，他们是一位神话中的祖先的儿子，这位祖先有时被称为葛豪（Ghau），即世界，有时被称为冉，即人，据说他的父亲就是科沃兹，即大神。尽管瑞尤有时被表征为一位名叫卡的吉的女儿的儿子，但也常常被描述为上述三兄弟的一个兄弟。

吉的所有后代都有着父系亲属关系（*布兹*），使得他们可以参加彼此的献祭仪式。在这些仪式情境中，只有吉的真正后代吉纳卡氏族、嘎齐昂氏族（GAATHIANG）、吉叠特氏族以及从吉传下来的其他氏族彼此间才具有布兹关系，但在别的情境中，这些氏族在其中居于支配地位的那些部落也被表述为兄弟或堂兄弟。于是，齐昂便被说成是吉的长子，纳克（仍延和娄）被说成是吉的次子，若和其他部落被说成是吉的各个更小的儿子；而且，仍延（纳克）与沃特（底特）被说成是孪生兄弟，米特（Meat）的儿子波和朗也被说成是孪生兄弟。

有些部落并不属于这个大家庭。吉坎尼诸部落拥有出身于丁卡血统的支配世系群，其传自于柯，柯是被一个恩告克丁卡人从一个葫芦中发现的，但是，就像我们以前所解释的那样，它们与吉群有着神话上的联系，因为吉在各种不同的传说中都被描述为柯的保护人或岳父。嘎特干柯氏族与恩告克丁卡人的某个世系群系统
240 有一种布兹关系，因此，在一种不精确的政治意义上，类比来说，吉坎尼诸部落与恩告克丁卡诸部落有一种兄弟关系。我们可以肯定地认为，它们之间曾在一段时期内有着密切的部落间关系。嘎沃氏族也有着独立的出身起源，他们的祖先是从天上下来的。然而，许多神话上的联系把这个嘎沃氏族的祖先与在嘎克群诸部落中居于支配地位的各个氏族的始祖们联合到了一起（见第230—231页），因此，嘎沃部落属于这个群体。尽管尼罗河现在把它与这个部落群的其他部落分隔开来，但它曾经一度成为这个部落群在尼罗河西岸向北延伸的最远地带。由于嘎沃氏族与传自于科乌克（Kwook）的氏族门的其他氏族之间有着布兹关系，因此，嘎沃部落据说与波部落法当分支的人以及阿特沃特人是一起的，后者据说曾一度生活在现在的仍延与多克两个部落区之间的地带。

通过对外婚氏族间的父系关系予以认可，并承认在那些没有

父系关系的氏族间存在着双系亲属关系和神话联系，所有的努尔部落便因政治性的价值标准同化成了亲属关系的价值标准而被概念化为一个统一的社会系统。许多氏族与部落并无联系，但它们是这个或那个大氏族门的成员，因此，它们的世系群也被包括到了这一社会系统之中。这样，吉麦姆、吉库、嘎特里克与吉泽尔(JITHER)诸族都是从吉那里传下来的后裔，都属于吉群；在神话中，吉库氏族与瑞尤部落群有密切关系，而扎卡氏族则与嘎克部落群有密切关系；如此等等。努尔人的全体都被组织到了一个统一的亲属或拟亲属系统中去，努尔地区的所有地域性裂变支也通过这一系统而相互联系到一起。

十三

在我们看来，对于努尔人世系群系统中所存在的这种程度不同寻常的谱系裂变，应该从部落结构方面来理解，正如我们已经见到的那样，这种部落结构便是以其向着裂变发展的趋势为特征的。世系群系统与部落系统的联系意味着，由于部落分裂成了各个裂变支，那么氏族也就会分裂为各个裂变支，而且，二者的分裂线路也趋于相符，因为世系群并不是团体性的群体，而是被包含到各个地方性的社区里，通过这些地方性的社区而在结构上起作用。正如一个人既是一个与别的同级裂变支相对的裂变支的成员，同时 241
也是包含所有这些裂变支的部落的成员一样，他既是一个与别的同级世系群相对的世系群的成员，同时也是包含所有这些世系群的氏族的成员，在这两套所属关系之间，有一种明确的对应关系，因为世系群被包含到裂变支中，而氏族则被包含到部落之中。因此，一个支配氏族的两个世系群之间在氏族结构中的距离往往是同它们与之相联系的部落裂变支之间的结构距离对应的。于是，部落系统导致了支配氏族的产生，把它们裂变为各个分支，并为之赋予了特有的世系群形式。支持这种观点的证据可以从任一努尔部落中引述到，我们只打算对几个典型的例子进行考察。

我们已经看到，在娄部落中，在与一级支毛相对时，二级支嘎特堡和儒姆兆克就形成了一级支衮，我们还看到了二级支嘎特堡与儒姆兆克中的支配世系群是如何传自于德纳克的一个妻子，而一级支毛中的支配世系群又是如何传自于德纳克的另一个妻子的，因此，嘎特堡与儒姆兆克之间的关系就相当于同父同母的亲兄弟之间的关系，而衮与毛之间的关系则相当于同父异母的兄弟。同样，我们也注意到，嘎扎克部落的支配世系群是如何传自于柯的两个关系密切的妻子，而有着非常密切的联盟关系的嘎兆克与嘎葛旺两部落的支配世系群又是如何传自于柯的第三个妻子的。

对于世系群结构缠绕到政治结构的形式之中的这一假设，嘎特干柯氏族的诸世系群在其与吉坎尼诸部落的裂变结构的关系上提供了极好的检验，因为在政治条件并不相同的努尔地区的极端地带，可以见到相同的世系群。如果当初我在吉坎尼诸部落中能有更多的时间，或者是在那里的不得不那么短的时间内能把这个问题梳理得更清楚，我就可以更肯定地陈述我的结论了。我们将在其与嘎扎克部落的两个一级

支的关系上，简要分析一下嘎特干柯氏族的世系群系统。

齐昂是柯的长子。他有两个妻子，她们是尼亚嘎尼(Nyagaani)和巴奥(Baal)。从这两个妻子身上，产生出了齐昂一级部落支此英齐昂的三个主要世系群：塔、洛尼[或葛克(GEK)]和康。第242页的图表显示了据说当时所发生的情况。塔是他母亲所生的唯一一个儿子，因此建立了一个独立的世系群及部落分支，居住在东嘎扎克部落境内的最南端。242
另外四个世系群都是从尼亚嘎尼那里产生出来的，合在一起被称为此英尼亚嘎尼。最初，她的四个儿子住在一起，但在后来，洛尼的家庭得到壮大，在力量上超过了他的兄弟们的家庭，于是就试图凌驾于他们之上，尤其是欺压长兄勒姆(Lem)。路奥(Lual)的儿子康便带头反对洛尼，迫使他迁移了出去。由于康所起的突出作用，由勒姆、楞和路奥传下来的

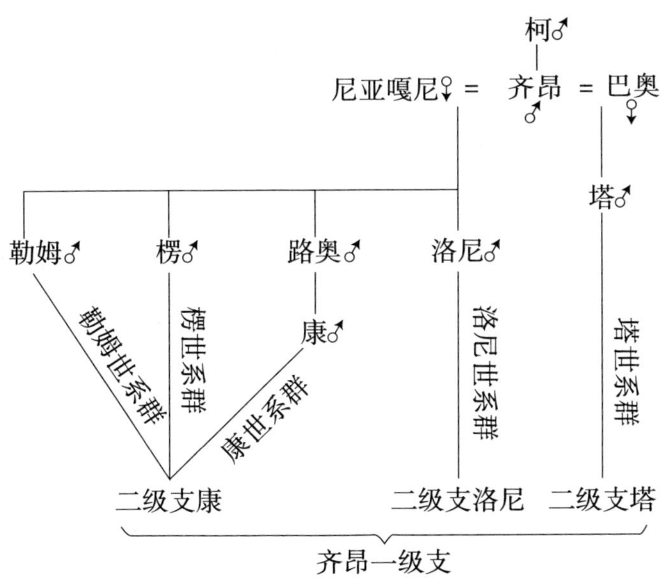

各个世系群便合在一起被称为此英康，与此英洛尼相对。这两个世系群居住在东嘎扎克境内的最北端。[①] 当人们谈到这些兄弟们正在争执、迁移等情况时，我们必须明白，世系群及其所构成的地方性社区正在被人格化和戏剧化。

从这个图表中，我们看到由世系群结构逻辑所决定的世系群间的分裂与融合是如何遵循部落的分裂与融合线路的。因此，生活在一起的勒姆、楞和路奥的后裔们在与洛尼产生敌对时，就融合到一起，洛尼与他们相邻，当与塔产生敌对时，就与他们融合到一起。该图表并未表示出那些已完全融入到图
243 表所录继嗣谱线之中的谱线，因为这样的谱线没有任何专门与之相联系的地域，因而没有任何社区性的价值，所以，人们并不将其区分出来。这个图表并未真正记录出历史上的世系群成长过程，而只是它的一种变形，这一点被下面的事实再次证明，这个事实就是，平均来看，从当下到勒姆和楞有五代人，到路奥有六代人，而到四兄弟中最小者洛尼则有七代人。

嘎贡世系群是嘎贡部落支的内核，它是以贡(Gung)来命名的，贡是柯的儿子昆的儿子。嘎贡最大世系群分裂成几个较大世系群。为了便于说明，下面这个图表中只画出了在东吉坎尼诸部落中较为重要的那些世系群：卡尼、瓦乌和泰阳[TAIYANG，尼亚严与尼亚扎尼(NYAJAANI)]，它们分别

① 嘎扎克部落齐昂一级支中这三个分支的分布情况与努尔地区其他地方一级支中诸裂变支的完整的地域分布情况形成鲜明对照。我没有到过该地区，无法通过历史事件来解释这种与众不同的分布情况，也不能阐明其结构上的意义。

是伯克(Buok)、瓦乌和吉的后裔。

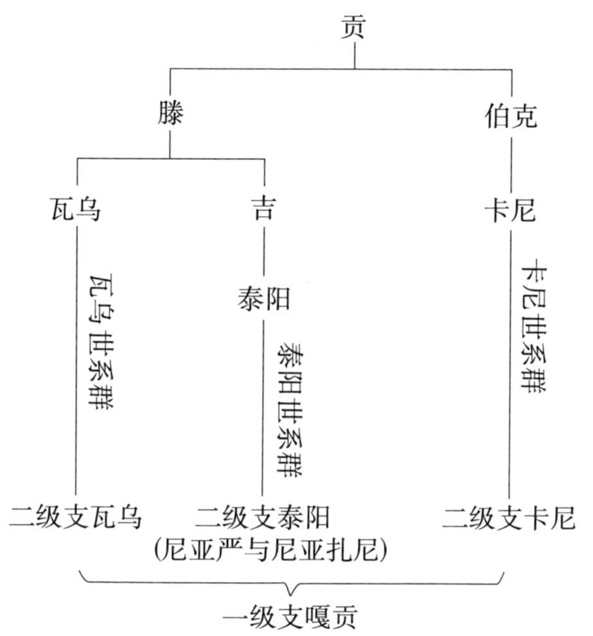

如第244页的图表所示，较大世系群卡尼又分裂为许多时间深度为三到四代的更小的世系群。在这个图表中，关于 244
同父异母儿子们之间分裂情形的传统表征方式通过丢的三个妻子曼科沃兹(Mankwoth)、苏勒(Thul)和曼康(Mankang)而在从丢传下来的谱线中显示出来。杜普(Dup)的后裔通常被称为此英曼科沃兹，因为他们与此英曼科沃兹的人生活在一起。共同的住处对世系群结构产生了影响，因而杜普世系群在很大程度上融入到了曼科沃兹世系群之中。关于这个图表，我是从纳赛尔地区的政府档案中引用来的。对于瓦乌世系群的分化，我没有任何记录。

卡尼♂

乌儒姆（考齐昂）♂　考穆特♂　杜普♂　曼科沃兹=丢=苏勒=曼康　兆克儒奥♂　杜沃

考齐昂世系群　考穆特世系群　曼科沃兹世系群　苏勒世系群　曼康世系群　兆克儒奥世系群　威尤　威尤世系群

三级支考齐昂　三级支考穆特　三级支曼科沃兹　三级支苏勒　三级支曼康　三级支兆克儒奥　三级支威尤

二级支卡尼

在西努尔地区，瓦乌与卡尼是在政治上并不重要的世系群，它们与此英泰阳融合在一起，此英泰阳与此英朱恩尼（*cieng* Jueny）相对，后者以滕（Teng）的儿子朱恩尼而得名，滕是贡的儿子，朱恩尼创立了一个在东吉坎尼地区政治上并不重要的世系群。泰阳世系群有两个分支，以他的两个妻子尼亚严和尼亚扎尼而得名。在西努尔地区还有另外一个世系群，它来自于泰阳的第三个妻子尼亚考伊（Nyakoi）。

注意以下这一点是很有意思的：朱恩尼的继嗣关系谱线在东吉坎尼诸部落中并不具有政治上的重要性，他在那里被说成是吉的一个儿子，被融入到了泰阳的谱线之中，而多博（Duob）则被说成是尼亚扎尼的儿子，并被融入到她的世系群之中。这里，我们又一次看到，世系群结构是如何受到政治关系的影响的。

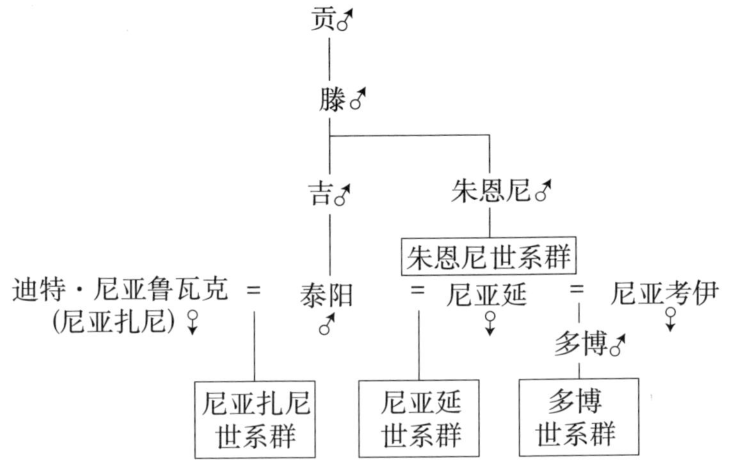

关于我们所提出的这一论点，存在着许多例证，我们已从中选
出几个向大家列举出来了，为了证明这一论点，我们还需进行更广
泛、更深入的分析。然而，它还得到了另外一类证据的支持。我们
发现，从较大部落支配世系群的成员中得到有关继嗣关系的更完
整记录和更长谱线总比较小部落那里更容易，表明人们对较大部 361
落的世系群系统更为关注，而且，氏族结构也被加宽和加深，以发
挥其结构作用。我们还发现，从一个显贵世系群的任何一个成年
成员那里都能很容易地得到关于其氏族内其他最大世系群及较大
世系群的描述以及一长串的祖先名单，这串名单大约至少有九代
到十代人，他们给出了从氏族始祖以来的始终一致的谱线长度，然
而，我们却发现，我们无法从那些没有任何部落联系的氏族的成员
那里得到同样的信息。他们常常只能把其继嗣关系回溯到大约四
至六代，所给出的时间深度也很少一致，而且，他们通常不能对其
氏族的别的世系群予以清楚连贯的描述。我们把这一事实归因于
这些氏族缺少经由与部落结构的联系而产生的系统化。一个世系

群与本氏族的其他世系群之间并不存在地域上的对立关系，而只存在一种含混模糊的仪式性的关系，这种关系可能永远不会在团体性的行动中表达出来。结果，一般来说，这些氏族完全没有像支配氏族那样的精致复杂
246 的世系群系统。吉麦姆氏族有很多人，人们无疑可以通过把其谱系关系放到一起来构建出某种由麦姆(Mem)而降的继嗣关系树，在这种继嗣关系树中，各个世系群间的父系关系可以得到表示；但是，这会与那种自然形成的表述形式有很大不同，后者可以立刻把像吉纳卡这样的与部落区域相联系的大型氏族的世系群系统勾勒出来。

同样值得注意的一点是，努尔人对一个支配氏族的世系群系统的知识往往限定在该系统中那些与其部落中诸裂变支相对应的部分。因而，娄部落民们对那些与娄部落诸裂变支相联系的吉纳卡世系群耳熟能详，但他们对仍延部落的吉纳卡诸世系群就全无所知或所知甚少了。同样，尽管嘎兆克和嘎扎克这两个部落的部落民们对跟他们自己部落诸分支相联系的嘎特干柯氏族的各个世系群所知甚详，但当我请他们明确描述构成嘎葛旺部落支配内核的嘎特干柯氏族的诸世系群时，却遇到了极大的困难。

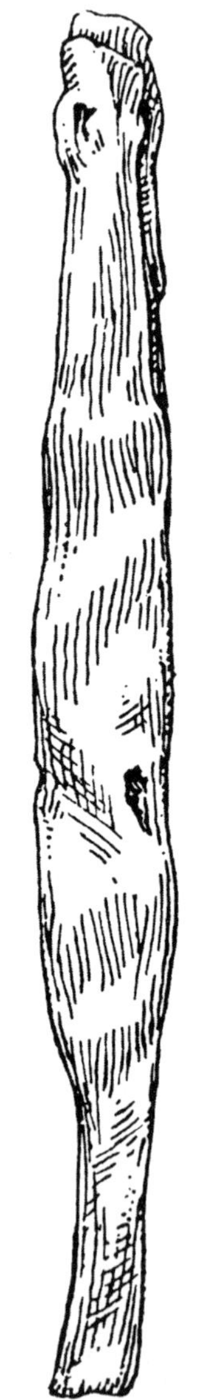

图 15　皮制的连枷

从我们的描述中可以看出，正如我们以前所指出的那样，一个氏族的世系群系统只是在一个非常有限的程度上才可被看作是对继嗣关系的真实记录。不仅其时间深度似乎被限制和固定下来，而且，各个旁系世系群之间的距离似乎也决定于这些世系群所与之相联系的那些部落分支之间的政治距离，可以认为，只有当一个世系群在政治上具有重要意义时，它才作为一个独特的继嗣谱线而存留下来。只有当一个世系群系统在政治上起作用，从而使其继嗣谱线也具有重要意义时，为了表示这些谱线，最小世系群始祖以上的祖先们才作为起始点而为人们所关注。我们已经指出，世系群的深度是人们在一个实存平面上计算父系亲属关系的范围的函数，现在我们进一步指出，人们计算父系亲属关系的范围在很大程度上是由其在政治结构中所起的组织角色来决定的。

努尔人认为，世系群的分裂是由家庭里的一种根本性的分裂 247
而引起的，这种根本性的分裂发生在嘎特葛万（*gaatgwan*）与嘎特 363
曼（*gaatman*）之间，嘎特葛万即父亲的孩子，嘎特曼即母亲的孩子。在有两个妻子且每个妻子都生有儿子的家庭中，世系群便从这一点上分出杈来。一个世系群枝杈就是一个一夫多妻制家庭的扩大化的形式。梭克·德韦厄尤，即世系群，所表示的就是这个意思；它是“通向棚屋的入口”，是通向母亲的棚屋的入口。我们在皋即家户中所见到的那些小细枝长成了世系群的大枝杈。正是由于这个原因，世系群才常常以女人来命名，这些女人就是那些母亲，从她们身上生出了不同的继嗣关系谱线。在我们明白了这个进程以后，接下来发生的情况便是，某些世系群获得了政治上的重要性与排他性，变成了部落分支的内核，只有通过这种方式，它们的结构地位才稳定下来，它们的分权点才被变成世系群结构中固定的、永久性的聚合点。这说明了为什么在大量的一夫多妻家庭中，母系继嗣关系只在少数几个家庭中具有结构上的重要性，也说明了为什么分权在世系群中发生的位置就是它在部落中所发生的位置。

关于地域裂变与世系群裂变的这种协调一致的趋势，在从家户到部落之间的各级地域扩展水平上都可见到。当一个具有影响力的家庭的兄弟们住在一个村落的不同部位，并在各自周围聚集了一群亲属及依从者时，这些村舍群便以他们来命名，他们就成为其世系群很可能在此分权的起始点。从而，如果这两个兄弟被称为布和尼昂，人们就会把这两个村舍群称为布的臯与尼昂的臯。如果后来其中一个兄弟的孙辈搬到另一个村落点去住，这个世系群便分裂成两支。这些最小世系群，比如在第196页和197页图表中所画出来的那些世系群，分布在彼此邻近的村落中，或者在同一个散居的大型村落里，住在彼此远远隔开的区域中，他们沿着同一段河流彼此隔开建造营地或围着一个小湖彼此相邻建造营地。于是，世系群从氏族谱系树中分离出来的那些点是与其居住地在部落区中的大小及分布情况有关的。

因此，可以认为，部落系统与氏族之间的联系影响着世系群结构的形式。我们可以进一步强调一下这两个结构之间所存在的这
248 种形态学上的一致性。在一个部落中，村落的数量总是多于三级裂变支的数量，三级裂变支的数量总是多于二级裂变支的数量，依次类推，于是，由于每个地域单位都与一个世系群相联系，这种从众多村落到单个部落的单位窄化过程必然会在世系群系统的概念结构中反映出来，在世系群系统中存在着众多的最小世系群，较少

的较小世系群，依次类推，直到氏族这种单个的单位。如果这一意见被接受，那么，世系群在数量和结构位置上显然被地域裂变系统所严格限制与控制。因此，尽管这两种系统之间的对应关系并不准确，我们还是可以用同一个图形把它们表示出来。

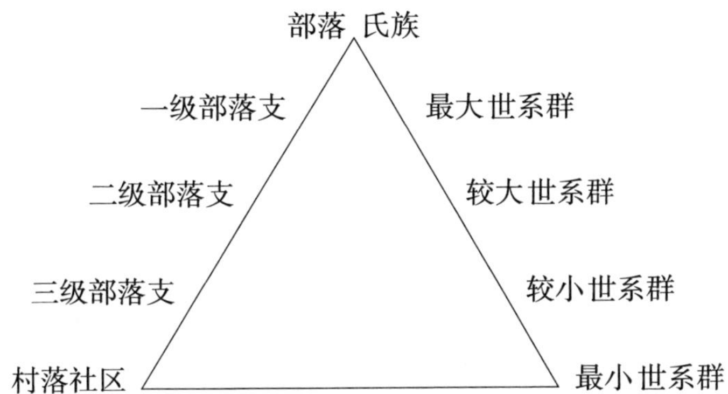

第六章　年龄组系统

一

249 所有努尔男性都要经历一种非常残酷的手术[嘎(*gar*)],由此而从少年进入到成年。他们的额头被用一把小刀割出六条长长的切口,从一耳到另一耳,深可及骨。这些疤痕存留终生,其痕迹据说可在死人的头骨上探查到。这些疤痕在插页图 26(b)、27 和 28 中显示得尤为清晰。在努尔人中,成丁礼的仪式比在其他苏丹尼罗特人群中更为复杂,年龄组系统也具有更大的社会重要性。

我们曾在别的地方描述过成丁礼的仪式,其他人也有过描述。尽管从那时以来,我们又收集到了关于这种仪式细节的进一步信息,但我们认为,把它们转录在这里并非本书的计划。我们仅提及那些最为简单明了的事实。现在,男子们通常在 14 岁到 16 岁之间举行成丁礼;在过去,举行成丁礼的年龄较晚,可能是在 16 岁到 18 岁之间。一个男孩子在哪一年行成丁礼要视牛奶与高粱的供应情况而定。他必须征得父亲的同意才能接受这种手术,但父亲一般不会拒绝,因为如果被拒绝的话,这个男孩子就会出逃到一个亲属家里去,他的父亲就会蒙羞。得到父亲的同意后,他就到父亲年龄组的一个成员那里,这个人就会举行一种仪式,代表这个年龄

组为他祝福。同样，这个氏族也会有一个成员代表这个氏族向他祝福，他的父亲及舅父也会祝福他。男孩子们自己与手术者作出安排，每人送给手术者一把插鱼的长矛。手术者可以是任何一个学会这种技术的人。

几个男孩子们同时举行成丁礼，因为人们认为，如果一个男孩子自己一个人行成丁礼的话，他就会孤独无助，还可能死掉。而且，如果他们成批举行成丁礼的话，就更容易为他们备办宴席，且更容易在康复期内对他们给予其所需要的关怀和照料。通常情况下，大约有四到十二个男孩子一起度过成丁礼的仪式过程。成丁礼可在任何季节举行，但几乎总是一成不变地在雨季末举行，此时
食物充足，刮着北风，有利于伤口的愈合。在为男孩子们安排成丁 250
礼仪式时，每个村落都是独立行动的。在手术之后，男孩子们便开始过一种部分隔离的生活，并接受各种各样的禁忌。这是一段轻度放纵期，他们经由一种特殊的仪式来度过这一阶段。在切割手术那天以及度过隔离期那天，人们会举行献祭，也会有庆祝活动，包括放荡胡闹和唱下流歌曲。这种庆祝活动在行成丁礼者的家宅中举行，只有其父的同龄伙伴们前来参加，其他人则远远地避开，以免见到其女亲属及岳母们赤身裸体的样子。

二

所有那些在前后连续的几年中行成丁礼的男孩子们都属于同一个年龄组［瑞克（*ric*）］。直到最近，从一个年龄组结束到下一个年龄组开始，其间一直有四年的时间间隔。这样的四年被称为“把

刀子收起来”的时期，在这个时期结束时，人们就会说“把刀子取出来”，男孩子们就又可以行成丁礼了。在每一个部落中，都有一位乌特·高科，即“牛人”，负责开始与结束成丁礼的仪式期，并由此划分年龄组。他在自己的区落内举行相应的仪式，消息传开后，别的区落也就跟着开始或停止其成丁礼仪式。他因其所起的作用而获得声望，但这种作用是仪式性的，并不给他带来任何政治上的权威。在西努尔地区，这种仪式有时也由预言家来实施，但在这种情况下，这个预言家可能同时也是一位牛人。在每个部落中，至少是在较大部落中，年龄组都是彼此独立地组织起来的，但是，当一个新的年龄组在一个部落中开始以后，邻近的部落常常也会跟着开始，因而，在彼此相邻的部落中，各年龄组的名称及持续时间常常是相同的。此外，尽管在努尔地区的不同地方，年龄组的名称并不相同，其起止时期也不一致，但对一个从某处搬到另一处去住的人来说，很容易看出如果当初他在这个地方长大的话，他会通过成丁礼而被划分到哪个年龄组中去。

今天，努尔地区没有任何仪式终止期，男孩子们每一年都可以
251 行成丁礼。每隔几年，牛人就会说，他要分割年龄组了，于是就举行一种仪式，通过这种仪式，所有在那一年之前行成丁礼的年轻人都被划入到一个年龄组中去，所有在那一年之后行成丁礼的年轻人都被划入到下一个年龄组中去。在被分割以前，一个年龄组所持续的年限是各不相同的，而且情况可能一直就是这样的。根据搜集到的证据，我们得到的结论是，从一个年龄组开始到下一个年龄组开始之间的平均年限可以认为是十年。我们发现，在一个人与其长子之间一般要隔有两个年龄组，但偶尔只隔一个年龄组。对于较小的儿

子们来说，他们与父亲之间通常会隔有两个或三个年龄组。可以认为，平均来看，祖父-父亲-儿子这三代人跨越了六个年龄组。

在我对年龄组系统进行调查的那段时间里，有六个年龄组的成员在世，但最年长的年龄组只有几位尚存者，而第二年长的年龄组的成员们也已非常老弱了。对于那些已无成员在世的年龄组，下表中并未记录下来。它们的名字对于理解这一系统来说无关紧要，人们对其顺序的记忆也已非常模糊，以致在这个问题上，很少会有两位信息报告人的陈述完全一致的情况。然而，应该提到的一点是，就努尔人对我们所讲到的时间范围内的情形而言，这些年龄组的名称在整个努尔地区内并不是统一的，而且它们也不重复使用。那里没有任何我们在东非许多地方所见到的那种年龄组名称的循环周期。娄部落和东吉坎尼诸部落往往有共同的年龄组名称；西努尔地区诸部落也是如此；而在宰拉夫河流域的诸部落中，有些年龄组的名称与索巴特河流域诸部落的相同，有些则与尼罗河以西诸部落的相同。

娄部落	东吉坎尼	拉克部落	西吉坎尼及里克诸部落
苏特	苏特	苏特	里尤尼昂
博伊洛克	博伊洛克	博伊洛克	若伯(*Ruob*)
梅克	梅克	若伯	旺德尤(*Wangdel*)
丹衮嘎	丹衮嘎	旺德尤	堂科威尔(*Tangkwer*)
卢阿克(*Luac*)	卡伯克	乌尼(*Wooni*)	若尤
里兹嘎克(*Lithgac*)	里兹嘎克	柯克(*Kec*)	朱翁(*Juong*)
瑞奥马克(*Rialmac*)	瑞奥马克	皮路奥(*Pilual*)	比尤德昂(*Bildeang*)

每个年龄组都有两个或三个亚组。尽管可能是两年有同一个名字,各个亚组也通常包含两年的期间,但成丁礼期间的每一年都会得到一个独立的名字,并构成一个亚组。不过,尽管年龄组内部存在着这种分层现象,其各个亚组也被称以不
252 同的名字,但年龄组的所有成员却都以其第一个亚组的名字而闻名,而且,这个通用的名字一直沿用下去,其他的名字则最终为人们所废弃不用。因而,今天人们很少听到有人说梅克·因迪特(*Maker indit*)和恩葛瓦克(*Ngwak*),而只会听到有人说梅克,在该名称下,上面这两个亚组都被包含进去了。同样,人们也很少听到有人说贡·因迪特(*Gwong indit*)、卡伯克和尼亚姆尼亚姆(*Nyamnyam*),而一般会说成丹衮嘎(贡),这个称呼包括了上面所有这三个亚组。最年长的亚组被称为因迪特(*indit*),意即较大的,当分支性的名字消失后,因迪特这种称谓也随之消失,因为其目的就是为了把第一个亚组与后来的那些亚组区分开。于是,我们有苏特·因迪特、梅克·因迪特和博伊洛克·因迪特,分别是年长的苏特、年长的梅克及年长的博伊洛克,但是,这些名字中的因迪特这个词尾最终会消失,整个年龄组就被称为苏特、梅克和博伊洛克了。

在最近几年里,由于缺少明确界定其起止时间的仪式期,这个问题变得有些复杂起来。因此,在我早期去娄部落和东嘎兆克部落时,我听到人们把列兹·因迪特(*Lieth indit*)、列兹·因卡[*Lieth incar*,又叫列兹·因托特(*Lieth intot*)]、凯亚特[*Caiyat*(皮路奥)]和瑞奥马克[瑞奥当(*Rialdang*)]说成是里兹嘎克年龄组的四个亚组,但这是因为牛人尚未在这

里宣布把它们分到不同的年龄组中去。后来我再去那里时，我发现，列兹·因迪特、列兹·因卡和凯亚特已被宣布为一个年龄组，而瑞奥马克则被宣布为一个新年龄组的第一个亚组，这个新年龄组的第二个亚组科威考尤阿姆尼(*Kwekoryoamni*)从那时起就已行过成丁礼了。同样，在西吉坎尼和里克地区，比尤德昂年龄组最近刚刚被宣布从朱翁年龄组中独立出来。在东嘎兆克那里，里兹嘎克年龄组曾经一度被从瑞奥马克年龄组中分离出来，而在邻近的东嘎扎克那里，它们却尚未被分开，暂时仍是一个统一的年龄组。因而，在当今，可能发生这样的情况：在某段时期内，一个亚组可能会被看成某个年龄组的年幼裂变支，后来则又成为下一个年龄组的年长裂变支。下面的图表表示出了娄部落和西吉坎尼诸部落各年龄组的亚组：

娄		西吉坎尼	
苏特	苏特·因迪特	里尤尼昂	里尤尼昂
	沫茨扎昂		里尤考阿
	里尤考阿		里尤库阿茨
博伊洛克	博伊洛克·因迪特	若伯	若伯
	高阳卡其特		诺玛里茨
	莱博瓦乌		
梅克	梅克·因迪特	旺德尤	旺德尤
	恩葛瓦克		瓦茨卡
贡	贡·因迪特	堂科威尔	堂科威尔
	卡伯克		卡拉姆
	尼亚姆尼亚姆		

卢阿克	卢阿克·因迪特 卡拉姆 卡姆棱阿热	若尤	若尤 皮路奥
里兹嘎克	列兹·因迪特(因波) 列兹·因托特(因卡) 凯亚特(皮路奥)	朱翁	朱翁 马扎阿尼
瑞奥马克	瑞奥马克(瑞奥当)·因迪特 科威考尤阿姆尼	比尤德昂	比尤德昂

三

为了理解年龄组的成员身份是如何决定一个人的行为的,我们首先要认识到,在努尔人的成丁礼的仪式过程中,没有任何有目的的教育或道德训练(moral training)。此外,年龄组系统在肯尼亚的发展程度最高,但那里的年龄组系统的许多特有属性在努尔人这里都找不到。这里并没有各个年龄组所要经历的三个特征鲜明的年龄等级,即少年、武士及长老,因为一个通过成丁礼而获得了成人身份的男子在其整个余生里都会一直留在这个等级中。这里并不禁止武士们结婚,他们既不享有不同于其他成年男子的特权,也不接受与其他成年男子不同的限制。年龄组没有任何行政的、司法的或其他专门性的政治职能,领土也并不交由他们来管理。年龄组没有任何确定的军事职能。实际上,尽管有些作者为努尔人的年龄组系统赋予了军事组织的性质,但我们认为,这种系统并不应该被描述为一种军事组织。那些最近刚刚行过成丁礼的

年轻人热切盼望着第一次袭击行动，他们认为，他们应该为其年龄组赢得勇猛的好名声，可能的情况是，袭击行动一般来说主要是由最年幼的那个年龄组的男子们执行的。然而，并没有任何各个年龄组所要经历的武士等级，也没有一个各年龄组所要晋身其中的长老等级。如果男孩子与老人们要去参加同别的努尔人的战斗的话，他们就很可能会被杀死，可以理解，尽管许多中年人也一同参 254
加征战，而且总会参与部落间的争斗和地方性的争端，但袭击行动乃是最强壮者与最敏捷者的职业。

一个部落的年龄组系统无论如何都不是它的军事组织。人们是以村落和部落分支为单位而不是以年龄组为单位来作战的。战斗的团队是地方性的单位，而不是年龄组的单位，尽管大部分武士乃是最年幼的两个年龄组的成员，且在袭击行动中尤为如此，但是，在这种团队内部，不同年龄组的人们是并肩作战的。亲属关系与地方性关系的纽带决定了一个人在作战队伍中的位置。因此，尽管战斗和袭击常常被说成是某个年龄组的行动，因为这些行动发生在这个年龄组的成丁礼仪式期内，而且，由于有关作战的技能、对探险活动的热爱以及对战利品的渴望乃是年轻人特有的品质，这个年龄组的成员们在这些行动中起到了最重要的作用，但年龄组并不是军事性的团队。

正是在更一般性的社会关系——主要是一种家庭性和亲属性的关系——中，而不是在政治性的关系中，行为才特别地由人们在年龄组结构中的位置所决定。当一个男孩子进入到成人的行列中以后，他的家庭责任与特权就发生了根本性的变化。他的身份的改变集中体现在有关挤奶的禁忌中，这种禁忌在他行成丁礼的那

天起就开始生效，而且一直持续于他的整个余生，不过，这种身份上的变化也在其他家庭性的任务、关于吃的习惯等方面体现出来。在成丁礼中，年轻人从其父亲或舅父那里得到一支长矛，从而变成了一名武士。他还得到一头公牛，从它身上为自己取一个公牛名，从而变成了一个牧人。自此以后，直到他成为丈夫与父亲，他的主要兴趣就是跳舞与谈情说爱。然后，他就变成了一个“真正的男人”：“他参加了战斗而没有逃开；他与同龄伙伴进行了决斗；他耕种了自己的农园；他娶了一个妻子”。

从少年期到成年期，在身份上有一个突然而巨大的变化，但是，那些把这两个等级区别开来的行为方式并不把一个年龄组与另一个年龄组区分开，因为成年人的特权对所有年龄组的成员来说都是平等享有的。不过，年龄组却根据年龄长幼而被分为几层，而且，它们之间存在着明确界定的关系。在对这些年龄组间的行为模式进行总结之前，我们先谈一谈整个年龄组系统的某些一般特征。

255 我们曾把裂变原则看成是社会结构的一个极为明显的特性，对于这一原则，年龄组系统又提供了一个新的例证。部落裂变为各个分支，各个分支又进一步产生裂变，因此，每一个地方性群体都是相互对立的诸裂变支之间的一种平衡关系。氏族裂变为各个世系群，各个世系群又进一步产生裂变，因此，每一个世系群群体都是相互对立的诸裂变支之间的一种平衡关系。同样，以年龄为基础的制度也是有着高度裂变的，它被分化成各个年龄组，它们是相互对立的群体，这些年龄组又进一步分化成前后连续的各个亚组。因此，我们可以从这个新的维度来谈谈结构距离的问题。正

如政治裂变支之间的距离因其在政治结构中的位置不同而不同，世系群裂变支之间的距离因其在世系群结构中的位置不同而不同那样，年龄组系统的各个裂变支之间的距离也因其在年龄组结构中的位置的不同而各异。任何两个年龄组之间的结构距离都是这两个年龄组之间的社会关系，是对其成员之间的行为起决定作用的因素。

我们在讨论政治系统与世系群系统时所提到的那种价值相对性同样也见于年龄组系统中。我们已经注意到，一个被别的年龄组的成员们视为没有裂变的整体的年龄组在其内部又存在裂变，其每个裂变支的成员在与别的裂变支的关系上都把他们自己看成是一个排他性的统一单位，不过，当这个年龄组更为年长，相对于那些自产生以来就在它下面的各个年龄组来说有了一个新的位置时，这些分划就会停止。同样，对于两个连续的年龄组，即年龄组结构中彼此邻近的两个裂变支的成员们来说，在与第三个年龄组发生关系时，在情感以及仪式行为方面也有一种相互融合的趋势。一个瑞奥马克年龄组的青年人说："我们和里兹嘎克的年龄大致相同，在与他们讲话时我们可以无所拘束，但是，对于一个年纪更大一些的人，即使他不是我们父亲年龄组的人，我们也必须表示尊敬。"尽管有六个尚有成员在世的年龄组，但最年长的两个年龄组中的幸存者已经很少，从一个年轻人的眼光来看，它们与其后的那个年龄组并在了一起。只有四个年龄组是算数的，而且，在单个的人们看来，这四个年龄组合并成了两代人的群体，即同辈与兄弟和长辈与父亲，或同辈与兄弟和晚辈与儿子。对于一个其父是梅克年龄组成员的里兹嘎克年龄组的人来说，梅克年龄组的所有成员 256

都是他的父亲，而在涉及与梅克年龄组的关系时，里兹嘎克和卢阿克这两个年龄组的成员则倾向于把自己看成是一个统一的群体，对梅克年龄组的成员们有一种同样的尊敬态度。但是，在涉及与丹衮嘎以及与里兹嘎克的关系时，卢阿克年龄组则根据所关注的方向来确定自己与哪个年龄组相认同，这是由社会情境所决定的。任何年龄组在与比它年幼的年龄组的关系上都往往会把比自己年长的年龄组看成是与自己相同的，而在与比自己年长的年龄组的关系上则又往往会把比自己年幼的年龄组看成是与自己相同的。可能正是这种矛盾造成了一个年龄组中的裂变。于是，在献祭宴会上，人们按照他们在年龄组结构中的位置来入座就餐，但是，哪些年龄组坐在一起就餐则要取决于宴会主人属于哪一个年龄组以及出席宴会的年龄组的数目。如果一个丹衮嘎年龄组的人杀了一头公牛，出席宴会的有梅克年龄组的人，而没有博伊洛克年龄组的人，那么，丹衮嘎年龄组的人就与梅克年龄组的人在一起就餐，卢阿克年龄组的人与里兹嘎克年龄组的人在一起就餐，瑞奥马克年龄组则自己一个组单独就餐；但是，如果有博伊洛克年龄组的人在场，那么，梅克年龄组的人就与他们在一起就餐，丹衮嘎年龄组的人与卢阿克年龄组的人一起就餐，而里兹嘎克年龄组的人则与瑞奥马克年龄组的人在一起就餐。丹衮嘎年龄组的人不会与博伊洛克年龄组的人在一起就餐，因为博伊洛克年龄组是他们的父亲或岳父们的年龄组；由于同样的原因，如果丹衮嘎年龄组的人与梅克年龄组的人在一起的话，卢阿克年龄组的人就必须与里兹嘎克年龄组的人在一起就餐。

年龄组系统与地域系统及世系群系统在一个重要方面存在着

插页图 28

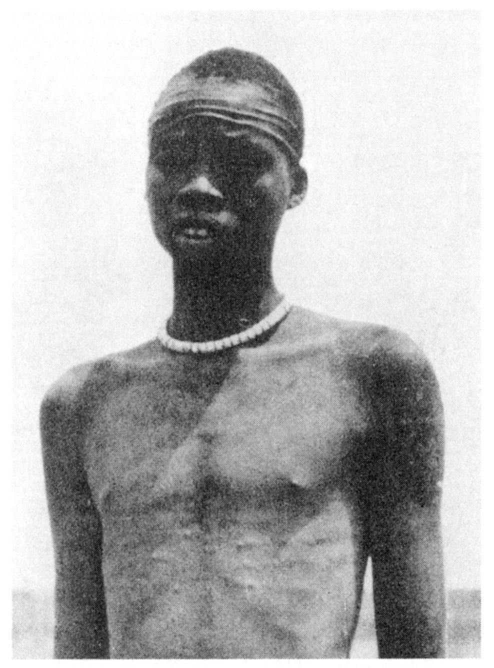

a. 年轻人(宰拉夫河)

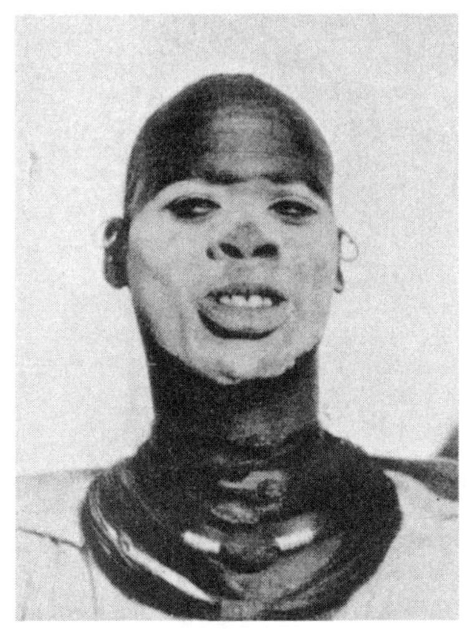

b. 年轻人(娄)

c. 男子(宰拉夫河)

插页图 29

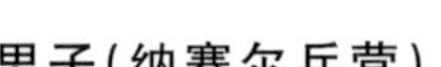

男子(纳赛尔兵营)

不同之处。一个地域性裂变分支的所有成员，或是其中的大部分人，整个一生都保持着与其他地域性裂变分支的相同的结构关系，一个世系群的成员与其他世系群也有一种固定的关系，而一个年龄组则常常改变其在整个年龄组系统中的位置，经过相对年幼及年长的各点。年龄组的这种流动性是这种系统所特有的，也是其必然的特征，因为它是一种基于代际继替的制度。由于生态方面的原因，实际的政治构型从一代到一代可能极为稳定。人们可以在这种政治系统中度过一生，而在其中的结构位置却不会有任何程度上的改变。对于世系群系统来说，情况同样如此。然而，我们不应因为各年龄组在年龄组结构中的流动性以及它们在其中的位置上的改变而看不到其结构形式的稳定性。可能在任何一段时间 257
内，都总有相同数目的年龄组存在，而且，在这种系统中，不管构成这些年龄组的人们的实际群体如何不同，这些年龄组彼此之间的相对位置总是相同的。

很显著的一点是，与在其他东非人群中的情形一样，在努尔人中，年龄组系统是在欧洲人的统治之下最早发生迅速而巨大改变的制度，而别的社会系统则似乎并未因其构成成分的变化而受到影响。这一点往往证实了我们以前所表达过的观点，即尽管年龄组系统与地域系统及世系群系统在同一个社会框架中结合在一起，并与它们保持一致，但这种一致性并不是一种相互依赖的关系。

四

在年龄组系统内部，每个努尔男子的位置都是根据他与别的努尔男子的关系而在结构上得以界定的，相对于他们来说，他的身份是一种年长、年龄相当或年幼的关系。很难从人们的行为方面来对这些身份加以描述，因为他们所表现出来的态度常常是非常笼统泛泛的。但是，下面几点可以提一下。(1)主要在同一年龄组的各个成员之间，存在着某种仪式性的遵从与回避，但在各个年龄组之间，这种情形也有存在。其中，最重要的情形便是我们已经提到过的各年龄组在献祭宴席上分开就餐以及他们对某一年龄组的成员去埋葬一个同龄伙伴或分吃在其葬礼中献祭的牲畜肉的严格禁止；但是，他们还有许多别的仪式禁令。(2)一个男人不能与其同龄伙伴的女儿结婚，也不能与之发生性关系，因为她是他的“女儿”，他是她的“父亲”。此外，尽管一个男人总可以与他父亲的某个同龄伙伴的女儿有性关系，但他不能与她结婚，除非他的父亲或她的父亲过世，即便那时，他们也只能在婚姻双方为了向他们父亲的年龄组赎罪而交换了牲畜以后才能结婚。(3)同一年龄组的成员之间是完全平等的关系。一个男子与其同龄伙伴们并不拘礼，而是可以随意开玩笑、打闹、在一起吃饭。同龄伙伴们在工作、战
258 斗以及所有闲暇活动中都有密切联系。人们期望他们彼此友好相待、共享财产。在同龄伙伴之间，械斗被认为是正当合宜的行为方式，但一个人不应该与一个比自己年长的年龄组的人发生械斗。同龄伙伴间的密切关系来自于他们对彼此间把其命运联系到一起的一种神秘联结的认识，这种神秘联结来自于一种近乎物质性的纽带，类似于一种真正的亲属关系，因为他们已经把自己的血洒在了一起。(4)努尔人期望一个年龄组的成员对年长年龄组的成员表示尊敬，这种尊敬可见于协商、礼仪、食物分配等场合。不管什

么时候产生了关于言论或行动恰当与否的问题，只要不同时涉及亲属关系身份，那么，人们都会参照所涉及的人们在年龄组结构中的相对位置来进行评判。在努尔地区，由于每个人同可能与之产生联系的任何人都有一种已知的年龄关系，因此，如果没有亲属关系处于优先地位的话，那么，他人对他的社会态度以及他对他人的社会态度便已由他们在年龄组结构中的距离所事先决定好了。尽管对一个人来说，当有人违反了这些行为模式时，如果违反程度很严重的话，他可能会通过诅咒来进行报复，但通常的行为约束力量乃是一个人的良心及其想要得到别人赞同的愿望。

人们将会注意到，年龄组之间的关系是以家庭关系的习语来界定的。一个人父亲年龄组的成员就是他的“父亲”，而且，从一种不那么精确的意义上看，一个人父亲的兄弟的年龄组成员也是他的“父亲”。一个人的年龄组成员的儿子就是他的“儿子”，他们可被归入到几个年龄组中去。一个人父亲年龄组成员的妻子就是他的“母亲”，他儿子的年龄组成员的妻子就是他的“女儿”。一个人自己年龄组中的所有成员都同样是“兄弟”，不过这种类比很少在这里表示，因为他们彼此之间都是瑞克，即同龄伙伴，而同龄伙伴间的亲密关系在年龄组系统的习语中是被强烈肯定的。由于在任何场合中，一个人一般都会把所有那些比自己大很多的人称为“父亲”或“母亲”，把所有那些比自己小很多的人称为“儿子”或“女儿”，把所有那些与自己年龄相仿的人称为“兄弟”或“姐妹”，因而，不同年龄组间的称谓术语并不具有区分性，也无法说清这种称谓在多大程度上决定于特定的年龄组关系。在谈到比自己的年龄组 259
年长，而又不是其父所在的年龄组，也不是自己上一级的年龄组

时，努尔人有时把它们一起来谈，好像其成员全都是他的岳父，他们的妻子全都是他的岳母一样，因为他正在向他们的女儿们求爱，很可能会娶其中一个为妻，因此，对她们的父母也就细心周到了。这样，一个其父是梅克年龄组成员的里兹嘎克年龄组的人便把丹衮嘎年龄组的成员以及他们的妻子看成是自己潜在的岳父或岳母。

因此，年龄组系统通过一种亲属关系习语在亲属关系模式方面对人们产生着影响。年龄组从不作为团体而行动，但它们在个体之间以及在仪式情境中在彼此居处相近的人们的小聚群之间起着地方性的作用，因为一个人只与其区落内自己年龄组以及其他年龄组的那些成员们有经常性的交往。无疑，年龄组结构中的相对位置在某种程度上决定着邻居之间的行为，而且有时可以说它们确实决定着这种行为，但是，这种决定作用的程度到底有多大就很难说了，因为彼此居处相近的人们并不只是同一年龄组或不同年龄组的成员，同时也是亲属或姻亲。除了在特定的仪式场合以外，年龄组行为模式的性质过于笼统一般，以致无法把它们从一个所有人都以许多不同方式与他人相互关联的社区中分离出来。我们已经提到过，那些生活在一起的人们是如何总能以亲属关系的语言来表达彼此间的关系，而当他们并非实际上的亲属时，他们是如何通过收养或通过某种传统或神话上的联系而被认可为与这种亲属具有同等身份的人的。在年龄组系统中，所有男人都被划分到各个群体中去，所有女人也通过与之类比而被划分到相应的群体中去。这些群体之间的相互关系是以家庭关系模式为基础的，这种按照年龄组而对男女所做的分层是社区关系以亲属关系模式得以表达的途径之一，而且，从其把各种社会关系同化到几个基本

类型中去这个方面来看，它是与亲属关系术语的分类系统相当的。年龄关系是某种亲属关系类型的一般社会关系的一部分，它把生活在一个社区中的所有成员联系到了一起。一个地方性群体的成员只与同一类型的别的群体有群体关系，我们所说的政治关系便 260
是这些关系。他们彼此之间也有着多种层面上的接触交往，包括经济上的、仪式上的、食品上的、游戏上的联系，如此等等，政治关系可被视为社会联结结构的一种特定组织，它在某种情境中控制着这些接触交往。我们在一种政治背景中所主要强调的正是年龄组系统所具有的这种在地方性社区成员之间建立联系，并为之赋予一种亲属关系价值的作用，而不是它对领导关系的体现，因为在小型的亲属关系群体与家庭性群体以外，从年长当中得来的权威是微不足道的，而且，年龄组也没有领导地位以及行政和司法的职能。

因为年龄组系统所具有的这种作用，也因为它是一种部落制度——至少在较大部落中如此，所以，我们对它做了简要探讨。它把一个部落的男性人口划分成了彼此间有一种确定关系的不同层级的群体，而且，它超越了地域性的区划，在政治上不一致的地方提供了一种身份上的一致性，而在具有政治一致性的地方则引起了一种身份上的区分。不过，政治系统与年龄组系统看起来并不是相互依存的。二者本身都具有一致性并在某种程度上彼此重叠、相互影响，但是，如果没有年龄组组织，政治系统的存在也是容易想象的。在东部非洲有证据表明，政治的发展带来了年龄组组织的衰退。最后，我们将再次强调，邻近部落的年龄组是协调同步的，任何部落的年龄组都能很容易地被转译成另一个部落的年龄组。除了语言以外，成丁礼最能体现努尔文化的特色并为努尔人

赋予了一种优越感，这种优越感是努尔人性格中最显著的特质。年龄组是以部落为单位组织起来的，而且也是所有部落都普遍具有的，只有从这个意义上我们才可以说，在年龄组系统与政治系统之间存在着一种对应性。它们之间并没有我们在支配氏族的世系群系统与部落裂变系统之间所见到的那种正向结构对应关系。因此，可以说，在努尔社会中，政治系统与支配氏族的世系群系统是
261 相互依赖的，而政治系统和年龄组系统则仅仅是一种组合关系。我们可以再补充一点，即关于年龄组系统仅仅通过对人们进行分层而把一个部落的成员整合在一起的这种一般假设，对于说明政治系统与年龄组系统之间的这种关系并不能提供什么帮助。

五

在写作本书的方式上，我们从某种程度上打破了那种对原始人群作长篇专题著作的传统。这些内容浩繁的著作一般以一种过于杂乱的方式对所观察到的资料进行了记录，因而读起来既不赏心悦目，也无益处。存在这种不足之处的原因在于，在社会人类学中缺乏一种科学理论体系，因为事实材料只能根据理论来进行选择与安排。把材料与解释混为一谈的错误做法则使上述记录方式更显不足。我们还努力从一个比通常更为抽象的分析层面上对努尔人的社会组织进行了描述，因为抽象的术语通常被误认为是抽象分析本身。我们是否成功地做到了这一点还要由读者来做评判，但是，假使有人说我们只不过是根据某一有关事实的理论而对这些事实进行了描述，把它们描述为对这一理论的例证，从而使描

述服从于分析，我们就会回答说，这正是我们的本意所在。

要想知道一个人在进行抽象分析时有多大的合理性是很困难的。一旦一个人有了一个理论观点以后，要确定什么样的事实是重要的就相当简单了，因为对于这个理论来说，这些事实或者重要，或者不重要，但是，在对一个原始人群的各种政治制度进行讨论时，仅对其家庭及亲属生活作最少量的提及，这样的做法是否明智就可能存在疑问了。这一点能成功地做到吗？这也正是我们向自己所提出的问题，我们所得到的结论是，只有在努力尝试了以后，才能对此给予一个回答。

1. 我们首先就努尔人对牛的专注痴迷进行了介绍，并指出了在其生态关系系统中这种价值标准是如何必然需要某种人口分布模式以及在高地与草地之间的往返迁移模式的。接下来，我们就描述了关于时间和空间的观念，这样的观念主要来自于生活方式与居住地的分布情况。然后，我们对地域性的分支进行了考察，这种地域分支通过人们为之赋予的价值标准而构成了一个政治系统。我们还进一步指出，支配氏族之世系群系统中的结构距离乃 262
是部落系统中的结构距离的函数，而在年龄组结构与政治结构之间则没有任何与之类似的相互依赖关系。

2. 关于社会结构，我们的意思是指具有高度一致性与恒久性的群体之间的关系。在任何特定时刻，不管其所包含的具体个体如何，这些群体都保持同样不变，因此，人们便一代又一代地经历着这些群体。男人们从一落生便进入这些群体，或是在后来的生活中加入到其中，死亡时便脱离了出来；但结构则持续不变。在这种对于结构的界定中，家庭并不被看成是一个结构群体，因为作为

群体而言，家庭之间并无任何一致而恒久的相互关系，而且，在其成员死后，这些家庭也就消失了。新的家庭形成了，但旧的家庭则永远消失了。我们并不是说家庭因为这个原因就不如结构群体更重要；对于结构的持存来说，家庭是必不可少的，因为它是新人们落生到结构的裂变支中去，从而使这一系统得以维系的途径。我们也并不是说我们所认为结构性的关系是存在于那些根本不变的群体之间的。地域的、世系群的以及年龄组的系统都在发生变化，但这种变化很慢，在其各个裂变支之间总有同种类型的相互关系。不过，我们并不坚持这种关于结构的限定性的定义，我们的描述和分析也并不依赖于它。

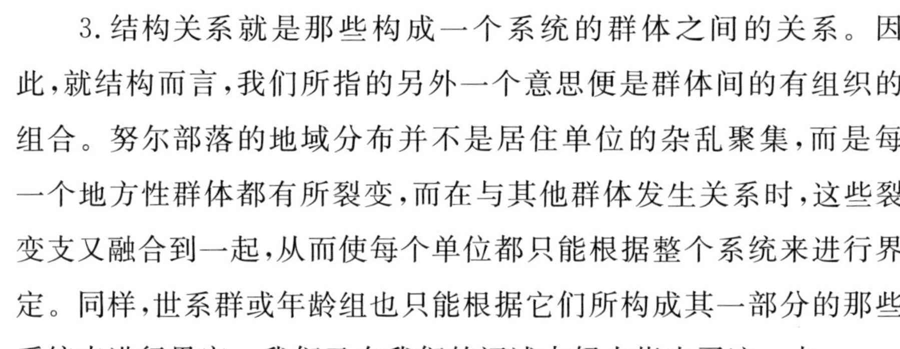

3. 结构关系就是那些构成一个系统的群体之间的关系。因此，就结构而言，我们所指的另外一个意思便是群体间的有组织的组合。努尔部落的地域分布并不是居住单位的杂乱聚集，而是每一个地方性群体都有所裂变，而在与其他群体发生关系时，这些裂变支又融合到一起，从而使每个单位都只能根据整个系统来进行界定。同样，世系群或年龄组也只能根据它们所构成其一部分的那些系统来进行界定。我们已在我们的记述中努力指出了这一点。

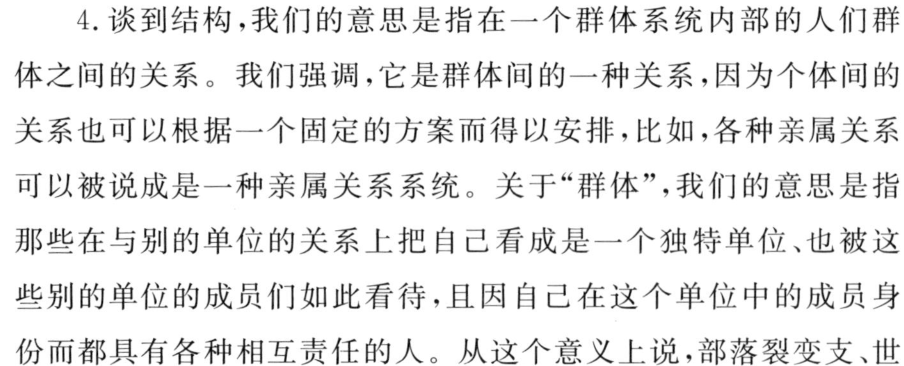

4. 谈到结构，我们的意思是指在一个群体系统内部的人们群体之间的关系。我们强调，它是群体间的一种关系，因为个体间的关系也可以根据一个固定的方案而得以安排，比如，各种亲属关系可以被说成是一种亲属关系系统。关于“群体”，我们的意思是指那些在与别的单位的关系上把自己看成是一个独特单位、也被这
263 些别的单位的成员们如此看待，且因自己在这个单位中的成员身份而都具有各种相互责任的人。从这个意义上说，部落裂变支、世

系群与年龄组都是群体，但一个人的亲族则不是一个群体。一种亲属关系就是一个范畴，而亲属关系系统则是相对于一个个体而言的各个范畴的协调统一。在我们看来，外来努尔人与丁卡人应该被描述为某些范畴的人，而不是某些社会群体的成员，而且，严格来说，他们与贵族之间的关系也不应被描述为结构关系。

5.一个人群的社会结构就是一个由那些彼此独立而又相互关联着的结构所构成的系统。本书主要讨论政治结构。我们首先面临的困难就是对什么是政治进行界定，我们决定把地域性群体之间的各种关系看成是政治关系，把村落作为我们最小的单位，因为尽管一个村落就是一个亲属关系纽带的网络，但它并不是一个亲属关系群体，而是一个只能由共同的居住地及共同的情感来界定的群体。我们发现，我们所称之为裂变原则的那种朝向分裂与融合的互补趋势是努尔人政治结构的一个非常明显的特征。政治分裂的各个谱线主要是由生态和文化所决定的。恶劣的环境与对游牧生活的占支配地位的兴趣一起导致了地方性社区分布的低密度与大间隔。在努尔人与其邻近人群之间所存在的文化差异也造成了不同程度的政治距离。各种生态关系与各种文化关系常常合在一起引起分裂。在努尔本土地区中，文化是同质的，对各个裂变支的大小与分布起主要决定作用的因素就是生态关系。

6.政治结构的这些趋势或原则通过各种价值标准而控制着人们之间的实际行为。这些价值标准看起来是相互矛盾的。只有当我们把结构视为一套根据特定社会情境来界定的关系时，才能看到这些价值标准是一致的。关于政治价值标准，我们的意思是指地方性社区成员所共同具有的对于下面这两点的情感体验与认

可:他们是一个有别于其他同级社区并与之对立的排他性的群体,他们在某些场合中应该一起行动并遵守他们自己之间的某些习俗
264 惯例。这并不意味着行为总是与价值标准相一致,人们常常可以见到它与价值观念相冲突的情形,不过,行为总是倾向于与价值标准相一致。

7. 我们不仅可以把地域性群体之间的各种关系说成是一个政治系统,把世系群之间的各种关系说成是一个世系群系统,把年龄组之间的关系说成是一个年龄组系统,如此等等,而且,在一个社会里,在整个社会结构中,这些系统之间总存在着某种关系,尽管要确定这种关系是什么并不容易。我们已经指出,在努尔人的世系群系统和他们的政治系统之间有着某种相互依赖的关系。尽管氏族群体与地域性群体之间存在着某种联系,但上述相互依赖关系并不意味着它们之间有一种功能上的关系,因为氏族并无任何团体性的生活,甚至氏族的各个世系群也没有。这也不意味着当一个人以某种方式与一个氏族同伴交往而以另外一种方式与一个部落同伴交往时,这两种行为模式之间就存在一种功能上的关系。同样,它也不意味着那些生活在某个部落里的某一支配氏族的成员们与他们所构成其一部分的这个部落之间有一种功能上的关系。但是,它却意味着在这两种系统之间有着结构上的一致性,即两种抽象物之间的一致性。在年龄组系统与政治系统之间,我们无法指明一种类似的相互依赖关系。

8. 我们可以把政治行为说成是一种独特类型的社会行为吗?我们认为,某些活动,比如战争与世仇,可以被称为政治性的行为,但我们认为,对它们进行这种标定并不会有多大作用。只有在结

构关系的更为抽象的层面上，才能划分出一个特定的政治关系领域。人们彼此之间的行为决定于一系列的依附关系，比如对家庭、联合家庭、世系群、氏族、年龄组等的依附关系，还决定于亲属关系、仪式性的纽带，如此等等。这些关系线为每个人都赋予了其社会交往的圈子。他的实际交往领域是有限的，而他的潜在的交往领域则是无限的。在这个意义上，我们把一个人的社会圈子与结构空间——即社会裂变支之间的距离——区分开来，这些社会裂变支就是在一个系统中构成各个单位的人们的群体。因此，我们 265
并不说一个人正在进行政治行动或没有进行政治行动，而会说在地方性的群体之间，有一种可被称之为政治关系的结构性的关系。

9. 对于生活在同一区落中的人们之间的不同社会纽带，我们不做描述，但我们可以说，在我们看来，这种个体关系网络——这些个体关系合在一起构成了一个社区——与政治结构——存在于地域性裂变支之间的关系——之间的种种关系，提出了一个相当重要的问题，我们将对此做一些评论。(a)社会关系是由政治结构所安排的，因此，一个人的社会圈子以及生活在同一村落中的许多人的联合性的社会圈子总是倾向于受其政治群体的扩展范围所限制。(b)各个地方性社区之间的关系构成了政治结构，正是因为构成这些地方性社区的那些个体之间存在着众多而各样的关系，这些地方性的社区才成为群体。但是，在目前的讨论中，我们所感兴趣的正是那种把这些关系组织到一个系统内部相互间存在某种关联的群体中去的方式，因而，正如一个人为了某些目的，可以只研究身体中各个器官之间的关系而不研究构成这些器官的细胞之间的相互关系那样，我们只对这些有组织的关系形式进行研究。

(c)在我们看来，努尔人的地域系统在与其他社会系统的关系上总是一个处于支配地位的变量。在努尔人中，各种关系一般以亲属关系的术语来表达，而且，这些术语有着极大的情感成分，但在一起生活要比亲属关系更重要，而且，正如我们所见到的那样，社区纽带总是以这样或那样的方式被变成或被同化为亲属关系纽带，而世系群系统则被缠绕到它在其中起作用的地域系统的形式之中。

10. 我们已根据群体裂变的存在而对结构加以界定并从这一角度对努尔人的某些系统进行了讨论。我们再次强调，我们并不坚持我们的界定，而且，我们承认，还可以从别的方面来对结构加以界定。但是，既然已经如此做出了界定，我们就必须经常提及其中的矛盾原则。然而，为了避免误解，我们要说，我们所提到的矛盾是在结构关系这一抽象层面上而言并通过社会学分析而从各种

266 价值标准的系统化中显露出来的。不应认为我们的意思是说行为

是相互矛盾的或群体之间的关系是相互矛盾的。构成这一原则并为之提供例证的乃是一个系统内部的诸群体的关系。在一个个体的意识中有时可能会存在各种价值标准的冲突，但我们所指的乃是结构的张力。同样，当我们谈到结构的相对性时，我们的意思并不是说群体不是那些可见、可数而且可用时间和空间来进行划分的实际中的一群人，我们的意思是说，在结构关系的层面上，这群人在一个系统中的位置是与该系统在不断变化着的情境中所起的功能相对而言的。

11. 除了对有关尼罗特人的民族学研究有所贡献以外，我们在本书中还尝试着对社会学理论做出一点探讨，不过，我们只能把我们的理论分析做到某一点，而在超出这一点以外，对于进一步的分

析该如何进行，我们就不清楚了。我们在研究及从事这种写作尝试方面的经历已经暗示出了进行更广泛分析的线索。目前，社会人类学所致力探讨的乃是原始的概念、部落、氏族、年龄组等，它们表示了社会大众（social masses）以及这些大众之间的一种假定的关系。如果这也被看成是抽象的话，那么这门科学在这种低水平的抽象分析中将不会取得多大进步，为了要进一步有所发展，就必须用这些概念来表示各种根据社会情境而界定的关系以及这些关系之间的关系。在政治学科中，我们所做的工作很少，所知道的东西也很少，因而，要探索新的知识领域尤为困难。我们觉得自己好像是一个给养已经用完的沙漠中的探险者。他看到前面有大片大片的土地，知道该如何去穿越它们，但他必须返回，希望自己所获得的一点点知识能够使别人进行更为成功的旅行，以此自慰。

索　　引

（索引中的页码为原书页码，参见本书边码）

译后记

从2010年12月到2012年3月初，本书的翻译工作持续了一年多的时间。在这一年多里，除了利用业余时间断断续续进行的零零星星的翻译工作以外，在从2011年11月初到2012年2月初的这三个月里，我每天的时间几乎全部用在翻译上。终于，这本书的译稿完成了，心里的石头也总算落了地。

在当今的大学里，翻译别人的著作实在是费力不讨好的事，在研究型大学里，情形尤其如此，因为大概除了在翻译专业领域以外，译著是既不算科研成果，又不算工作绩效的，然而，如果对待翻译工作的态度足够严肃认真的话，那么翻译一部著作所需花费的时间可能并不比写一部专著少多少。

尽管如此，当我和我的两位好友赵旭东、阎书昌得知商务印书馆要出版《努尔人》这部社会文化人类学经典名著的中文版时，我们还是义无反顾地接受了这项任务，因为在我们看来，我们三人在十多年前共同翻译出来的那个译本虽然有很多瑕疵，但我们确实为之付出了很多心血。从某种意义上说，它就像我们的孩子。我们希望它越完美越好。因此，当我们有机会对以前翻译中的失误进行改正的时候，即使再苦再累，我们也愿意去做。为了使新译本的文字和风格统一，这次的翻译工作由我一人进行。对此，我义不容辞。但是,我想在这里特别指出的是,赵旭东和阎书昌对我接受这项翻译工作给予了极大的鼓励和支持。他们的鼓励和支持是我能够克服种种困难最终完成这项任务的重要动力。由于出版方面的原因,目前这个译本只能署我一个人的名字,从而使他们二人在以前那个译本中的贡献无法在这个新译本中体现出来。因此,他们二人做出了无私的奉献和极大的牺牲。尽管他们二人都表示对此并不介意,我还是希望在此向他们表示诚挚的歉意和衷心的感谢!

在接受这项任务的时候,我忽然发现,我们竟然没有以前那个译本的中文版权,因此,我不得不对原书逐字逐句重新翻译,工作量自然也就比普通的重译大了很多。

在这个新译本的初稿刚刚完成尚未交付之际,书昌发来一篇三峡大学武陵民族研究院谢国先教授批评《努尔人》以前那个译本的文章,题目是"略谈民族志翻译中名词'单数'与'复数'的意义——以《努尔人》的部分误译为例"。看了这篇文章后,我觉得谢国先教授的批评很中肯,便请书昌帮我联系到他,并把刚刚完成的新译稿发给他,请他批评指正。没想到,谢教授非常慷慨,竟然把一篇尚未发表的批评《努尔人》以前那个译本的文章发给我。在感动和感激之余,我根据这两篇文章中的批评意见对新译本做了16处修改,其中,9处直接采用了谢教授的建议,7处参考了他的建议。今年6月,谢教授又把自己重新整理好的关于《努尔人》旧译本的多达105条的意见和建议发给我。尽管其中一些此前他已向我提过,还有一些我自己已经有所注意和修改,但我仍然用了一周的时间,才完成对剩余意见和建议的考虑,并据此做了相应修改。虽然我觉得简单的"谢谢"二字已无法表达我对谢国先教授的敬仰

和感激,我仍愿借这个正式的场合向他表示崇高的敬意和衷心的感谢!

本书正文和参考文献中的一些内容是用法文、德文和拉丁文写成的,在对这些内容进行翻译的过程中,我得到了美国伊利诺伊大学香槟校区历史系施奈德博士(Dorothee Schneider)和人类学系戈特利布教授(Alma Gottlieb)的极大帮助。在此,我谨向她们致以衷心的谢意!

从2011年8月至今,我一直在美国伊利诺伊大学香槟校区东亚与太平洋研究中心弗里曼基金项目做访问学者。正是弗里曼基金项目的资助和邀请使我能够在这里完成本书大部分内容的翻译工作。在此,我谨向弗里曼基金项目表示感谢。

在本书的翻译过程中,我的妻子和我的岳母承担了很多家务。在我来到美国以后,我的妻子、岳父、岳母以及妻姐一家毫无怨言地肩负起了帮我照顾我儿子的任务。这种亲情的力量是无穷的。我要向他们表示感谢!

最后,我想向读者承认,虽然我对本书的翻译是很认真的,而且花费了大量的时间,但是,由于我投入的精力仍然不够,再加上水平的限制,这个译本肯定还会有一些错误。因此,我衷心希望读者能够批评指正,以便我将来有机会再做修改,使译本的质量越来越高。

译　者

2012年3月15日初稿于美国伊利诺伊大学香槟校区寓所

2013年9月12日修订稿于南京图书馆

图书在版编目(CIP)数据

努尔人:对一个尼罗特人群生活方式和政治制度的描述/(英)E. E. 埃文思-普里查德著;褚建芳译. —北京:商务印书馆,2017

(汉译世界学术名著丛书:120年纪念版:珍藏本)

ISBN 978-7-100-14792-7

Ⅰ. ①努… Ⅱ. ①E… ②褚… Ⅲ. ①少数民族—部落—社会生活—研究—苏丹 ②少数民族—部落—政治制度—研究—苏丹 Ⅳ. ①K412.8 ②D741.29

中国版本图书馆CIP数据核字(2017)第160910号

权利保留,侵权必究。

汉译世界学术名著丛书

(120年纪念版·珍藏本)

努 尔 人

——对一个尼罗特人群生活方式和政治制度的描述

(修订译本)

〔英〕E. E. 埃文思-普里查德 著

褚建芳 译

商 务 印 书 馆 出 版

(北京王府井大街36号 邮政编码100710)

商 务 印 书 馆 发 行

北京新华印刷有限公司印刷

ISBN 978-7-100-14792-7

2017年12月第1版 开本710×1000 1/16

2017年12月北京第1次印刷 印张27½

定价:140.00元